Die Welt war so heil

W0406066

## Das Buch

»Die Welt war so heil, daß ich nicht einmal wußte, daß ich Jude war« – so Klaus Heymann, der Neffe von Else Ury, die in den Jahren 1905 bis 1933 zahlreiche Jugendbücher veröffentlichte, darunter die erfolgreichen »Nesthäkchen«-Bände, die Generationen junger Frauen bis in die fünfziger Jahre hinein prägten. In ihnen präsentierte Else Ury die heile Welt der deutschen Familie – eine Welt, die sich in ihrer eigenen weitverzweigten, in Berlin ansässigen deutsch-jüdischen Verwandtschaft spiegelte. Anhand von Briefen, die zwischen 1938 und 1943 von Else Ury und ihren Verwandten geschrieben wurden, aber auch von Aussagen überlebender Verwandter und Bekannter gelingt Angelika Grunenberg eine ergreifende Beschreibung des Alltagslebens dieser typisch bürgerlichen, gänzlich assimilierten Familie, die sich mehrheitlich – wie seinerzeit viele Deutsche – der Ideologie der heilen Welt verschrieben hatte, an ihre Vernichtung nicht glauben wollte, trotz zunehmender Repressalien optimistische Zukunftspläne schmiedete und die Zeichen der Zeit mit Betriebsamkeit aus ihrem Bewußtsein zu verdrängen versuchte.

## Die Autorin

Angelika Grunenberg wurde in Dresden geboren, studierte Philosophie und Germanistik und lebt als freie Autorin in Köln.

Angelika Grunenberg

# Die Welt war so heil

## Die Familie der Else Ury
## Chronik eines jüdischen Schicksals

Für Irmgard Neuenhausen,
meinen guten Geist, der
sich so engagiert und
couragiert für mein Buch
einsetzt —
die dankbare Autorin
Angelika Grunenberg
21.5.07

List Taschenbuch

Besuchen Sie uns im Internet:
www.list-taschenbuch.de

Die Abbildungen im Innenteil stellte Ernest Keith Heyman
für diese Publikation zur Verfügung.

Mix
Produktgruppe aus vorbildlich bewirtschafteten
Wäldern und anderen kontrollierten Herkünften
www.fsc.org Zert.-Nr. GFA-COC-1223
© 1996 Forest Stewardship Council

Dieses Taschenbuch wurde auf FSC-zertifiziertem Papier gedruckt.
FSC (Forest Stewardship Council) ist eine nichtstaatliche, gemeinnützige
Organisation, die sich für eine ökologische und sozialverantwortliche
Nutzung der Wälder unserer Erde einsetzt.

Originalausgabe im List Taschenbuch
List ist ein Verlag der Ullstein Buchverlage GmbH, Berlin
1. Auflage Oktober 2006
© Ullstein Buchverlage GmbH, Berlin 2006
Umschlaggestaltung: RME – Roland Eschlbeck
und Kornelia Bunkofer
Titelabbildung: akg-images
Gesetzt aus der Sabon und Helvetica
bei LVD GmbH, Berlin
Papier: Munken Print von Arctic Paper
Munkedals AB, Schweden
Druck und Bindearbeiten: Clausen & Bosse, Leck
Printed in Germany
ISBN-13: 978-3-548-60683-5
ISBN-10: 3-548-60683-0

*Else Ury als Zwanzigjährige*

»Zu den lächerlichen Unwahrheiten, die die Juden über sich verbreiten lassen, gehört ja die Rede vom Wandervolk der Juden. Ließe man sie einmal in Ruhe, sie gingen nicht mehr vom Fleck. Wo die Gräber ihrer Vorfahren sind, da spüren sie ihre Wurzeln, da sind sie zu Hause.

*Arnold Zweig, 1936*

»Times are now so serious, so quite invisible.«

*Käthe Heymann*

## INHALTSVERZEICHNIS

# VORWORT

Bei Recherchen zum Leben der Schriftstellerin Else Ury stieß ich auf eine Sammlung von fast 200 Briefen, die ihr Neffe, der Londoner Architekt Ernest Keith Heyman (Klaus Heymann), aufbewahrt und noch nie zugänglich gemacht hatte. Absender: seine Eltern Käthe und Hugo Heymann, seine Schwester Lisbeth, ihr Mann Berthold Jachmann und Tante Else Ury, die kurz vor Kriegsende in Auschwitz ermordet wurden. Sie waren Juden.

Die Briefe an den jüngsten Sohn, Bruder und Neffen Klaus, der damals in London studierte, umfassen den Zeitraum 1938 bis 1943, das Jahr ihrer Deportation. Die Schauplätze: Berlin, wo die Familie seit zwei Generationen ansässig war, Krummhübel im schlesischen Riesengebirge, dem Ferienort, und ab 1939 auch Amsterdam, wohin die Eltern Heymann schließlich, gedrängt von den Kindern, auswanderten.

Die Korrespondenz ist ein ergreifendes Zeugnis vom Alltagsleben einer typisch bürgerlichen, vollkommen assimilierten Familie, für die – wie für so viele deutsche Juden damals – die systematische Ausrottung außerhalb ihres Denkens lag. »Die Welt war so heil«, erinnert sich Klaus Heymann heute, »daß ich als Kind nicht einmal wußte, daß ich Jude war.«

Else Ury dienten die Familienmitglieder der Urys und der Heymanns als Vorbilder für die Protagonisten der deutschen Idylle in ihren Romanen – so etwa in den zehn »Nesthäkchen«-Bänden. Mit ihrem traditionellen Wertekanon und einem Optimismus, den kein Schicksalsschlag zunichte machen konnte, haben sie Generationen junger Frauen bis in die Fünfziger Jahre hinein geprägt. »Nesthäkchen« wird bis heute veröffentlicht – und gelesen.

Die Briefe, datiert von Januar 1938 bis April 1943, spiegeln die gleiche Haltung wider. Als gute Deutsche bleiben sich die Absender treu – »immer anständig und korrekt« – selbst einem Regime gegenüber, das sie ausgrenzt, ausraubt und schließlich ermordet.

Der Alltag in Berlin ist trotz der zunehmenden Bedrohung von Seiten der Nazis erträglich, solange die Familie zusammenhält. Doch immer mehr Angehörige wandern aus, vor allem die jungen. Während Else Ury, die einzige unverheiratete Tochter der Familie, allein mit der neunzigjährigen »Omama«, ihrer Mutter, in Berlin zurückbleiben muß, geht 1939 auch das Ehepaar Heymann ins Exil – gequält von Schuldgefühlen und einem unstillbaren Heimweh. In Amsterdam auf engem Raum mit der Familie der Tochter lebend, finanziell abhängig vom Schwiegersohn, geraten sie in einen Generationenkonflikt, der ihre Vorstellungen von heiler Welt vollends ad absurdum führt. Einziger Trost: die Briefe an Sohn Klaus, auf den sie bis zuletzt alle Hoffnungen setzen.

# ANGEHÖRIGE DER FAMILIEN URY UND HEYMANN

Die Eltern: Emil Ury (1835–1920) und Franziska, geborene Schlesinger (1847–1940)

Emil und Franziska Ury hatten vier Kinder:
Justizrat Dr. Ludwig Ury (1870–1963, London) heiratete Else Friedländer (1983–1932, Selbstmord in Berlin). Sie hatten zwei Kinder, Marlene (1909–1932) und Fritz (1906–1975, London). Fritz Ury war verheiratet mit Herta Plaut (1910–1993, London), die sich nach ihrer Emigration Helen nannte und als erfolgreiche Geschäftsfrau in der Familie Ury großes Ansehen genoß.
Dr. med. Hans Ury (1873–1937, Selbstmord in Berlin), blieb unverheiratet und war ein bekannter Magen-Darm-Spezialist.
Else Ury (1877–1943, ermordet in Auschwitz) blieb unverheiratet und war die berühmte Autorin von »Nesthäkchen« und anderen Jugendbüchern.
Käthe Ury (1881–1944, ermordet in Auschwitz), verheiratet mit dem Preußischen Regierungsbaurat Hugo Heymann (1873–1944, ermordet in Auschwitz).

Hugo und Käthe Heymann hatten drei Kinder:
Lisbeth (1903–1943, ermordet in Auschwitz) heiratete den Ingenieur Berthold Jachmann (1901–1944, ermordet in Auschwitz) und bekam einen Sohn, Peter (1933–1943, ermordet in Ausch-

witz). Die Familie lebte von 1939 bis zur Deportation zusammen mit Käthe und Hugo Heymann in Amsterdam.
Ilse (1908–1989, gestorben in Tel Aviv) heiratete den Journalisten Leopold Steinfeld (1891–1964 in Ramat Gan) und bekam eine Tochter, Gabriele (geb. 1938)
Klaus (geb. 1918), Architekt, heiratete Lilo Lachmann (geb. 1919), lebt in London

Fritz (1901–2001, Bingham N. Y.), Rudi (1905, lebt 101 jährig in Rochester N. Y.) und Heinz Wallenberg (1907–2003, gestorben in Chicago) werden in der Familie die »Puppenjungen« genannt. Sie waren die Cousins der Ury- und Heymann-Kinder, denn ihre Großmutter war die Schwester von »Omama« Franziska Ury, Clara Schlesinger, die mit Leopold Davidsohn verheiratet war. Heinz Wallenberg heiratete seine Cousine Marianne Davidsohn (geb. 1913), von deren Verbindung lange Zeit nur Tante Else wußte.

# Familienporträt

*Sind wir alle wieder beisammen gewesen,*
*Haben wir uns alle wieder amüsiert,*
*Ist der Alte gekommen,*
*Hat den Knüppel genommen*
*Und hat alle wieder rausspediert.*

# ABSCHIED

Berlin-Halensee, Weihnachten 1937.

Es schneite.

»Ganz Deutschland unter weißer Decke«, meldete das »Berliner Tageblatt«. So viel Schnee hatte es zu Weihnachten lange nicht mehr gegeben. Während die Verkehrsbetriebe in der Innenstadt mit 320 Schneepflügen gegen das drohende Chaos ankämpften, machten sich die Berliner auf in den Wintersport. Erklärtes Lieblingsziel: das leicht erreichbare Skigebiet im schlesischen Riesengebirge – Hirschberg, Schmiedeberg, Schreiberhau, Krummhübel. In diesem Winter brachen die Hauptstädter alle Rekorde. Für die mehr als 20 000 Urlauber mußte die Reichsbahn ihr Kontingent an Zügen vervierfachen.

Käthe Heymann wäre jetzt auch gern ins Riesengebirge gefahren. Sehnsüchtig dachte sie an »Haus Nesthäkchen« in Krummhübel, das geliebte Feriendomizil ihrer Schwester Else Ury, in dem die Familie sonst jedes Jahr um diese Zeit Weihnachten feierte.

Wie gemütlich war das, wenn nach der Bescherung alle um den großen Tisch herum saßen und Omama ihren Vers anstimmte:

»Sind wir alle wieder beisammen gewesen
Haben wir uns alle wieder amüsiert,
Ist der Alte gekommen,
Hat den Knüppel genommen
Und hat alle wieder rausspediert.«

Doch heute war Käthe Heymann überhaupt nicht in Weihnachtsstimmung. Nicht einmal einen Christbaum hatte sie aufgestellt. Das Klavier, auf dem sie früher im Kreis ihrer Familie am Heiligabend »Stille Nacht, Heilige Nacht« gespielt hatte, blieb stumm. Zum Musizieren verspürte sie schon lange keine Lust mehr. Und es war ja auch keiner mehr da, der ihr zugehört und mitgesungen hätte.

In den letzten zwei Jahren hatte sich vieles verändert. Diesen Sommer der Selbstmord ihres Bruders Hans. Schwarzseherei nannte man seine Krankheit in der Familie. Andere nannten sie auch Hellsichtigkeit. Denn der Arzt Dr. Hans Ury hatte im Nazideutschland keine Zukunft mehr für sich gesehen.

Und dann der Abschied von ihren beiden Töchtern. Sie waren ins Ausland gegangen. So drückte es jedenfalls Käthe Heymann aus. Das Wort Emigration mochte sie nicht. Es klang so endgültig. Wenn sie mit Lisbeth in Amsterdam telefonierte, war die Stimme ihrer Ältesten so nah, als ob es nebenan wäre und man sich jederzeit sehen könnte. Das ließ sich verschmerzen.

Gott sei Dank war Lisbeth gut verheiratet. Berthold, der Schwiegersohn, ein Bauingenieur, wurde in der Familie geschätzt.

Aber Ilse, die Zweitälteste, das Sorgenkind der Familie, lebte mit einem Mann zusammen, den die Eltern gar nicht kannten. Das hatte es bei den Urys und Heymanns noch nie gegeben. Eine bittere Erfahrung für die Mutter. Leo, angeblich Schriftsteller oder so etwas. Ein Habenichts. Ob die beiden überhaupt legal verheiratet waren? In der Familie bezweifelte man das. Ilse war alles zuzutrauen. Sie lebte jetzt in Palästina. Käthe und ihr Mann Hugo Heymann haben das Land auf der Karte gesucht und gestaunt über den Mut ihrer Tochter. So weit weg – im Orient! Fast märchenhaft und unwirklich.

Trotz aller Vorbehalte war Käthe Heymann entschlossen, ihr Kind demnächst dort zu besuchen, auch wenn es nicht einfach werden würde. Es gab immer Wege, redete sie sich gut zu. Sie kannte Leute, die so eine Reise schon gemacht hatten, um zu prüfen, ob sie sich im Gelobten Land endgültig niederlassen wollten. Eine Idee, die ihr selbst nie gekommen wäre. Wie konnte man sich da wohlfühlen? Schon die Vorstellung, daß ihre Tochter in dieser unkultivierten, wüsten Gegend lebte – unter Arabern! –, machte sie schaudern.

Seit einer halben Stunde stand Käthe Heymann am Fenster ihres Eßzimmers und schaute hinaus auf die Westfälische Straße. Den Tisch fürs Abendbrot hatte sie schon gedeckt. Draußen war es dunkel. Unruhig suchte sie mit den Augen den Gehweg ab, der von den Gaslaternen nur schwach beleuchtet wurde.

Sohn Klaus, ihr Jüngster, der in London Architektur studierte, verbrachte seine Ferien immer noch bei den Eltern. Er hätte längst da sein müssen. Ob das Schiff, mit dem er über den Kanal kam, pünktlich in Bremerhaven gelandet war? Hatte er seinen Zug noch bekommen? Laut Reichswetterbericht sollte es Verspätungen bis zu neunzig Minuten geben.

Durch das Schneegestöber beobachtete Käthe Heymann vereinzelte Passanten, die von der Stadtbahn kamen und nun, mit den letzten Weihnachtseinkäufen beladen, so schnell wie möglich zu ihren Familien wollten. Ihr Herz klopfte heftig, als sie eine einsame Gestalt entdeckte, die mit hochgezogenen Schultern, den Kopf halb im Kragen, durch den Schnee auf ihr Haus zustapfte. Ihr Junge. Und ohne Mütze natürlich wieder!

»Klaus ist da!« rief sie ihrem Mann zu und eilte ins Herrenzimmer, wo auf dem wuchtigen Mahagonischreibtisch des Hausherrn das Telefon stand.

»Will nur kurz am Kaiserdamm anläuten. Else macht sich sicher schon Sorgen.«

Doch Else Ury kannte das Temperament ihrer jüngeren Schwester:

»Hauptsache, er ist gut angekommen. Omama freut sich schon auf ihn und läßt grüßen. Onkel Ludwig auch. Und morgen kommt ihr zum Mittagessen. Aber nicht zu spät, damit wir recht viel von ihm haben!«

Bevor Käthe Heymann ihrem Sohn die Tür öffnete, warf sie einen Blick in den Flurspiegel, klopfte sich auf die blassen Wangen und strich das Haar glatt. Ihr Jüngster sollte nicht gleich sehen, daß es ihr in letzter Zeit nicht gut gegangen war. Immer neue Schikanen der Nazis und diese Angst, die man nicht mehr los wurde. Die Nerven lagen blank. Auch das Geld war knapper, seit ihr Mann, Baurat Hugo Heymann, aus seinem Amt entlassen worden war. Zwangspensioniert. Und das nach vierzig Jahren treuem Staatsdienst! Wie demütigend für ihn, daß er wegen der neuen Devisenbestimmungen jetzt nicht einmal mehr das Studium seines Sohnes finanzieren konnte und zulassen mußte, daß seine Schwägerin Else Ury dafür aufkam. Else, der gute Geist der Familie.

Käthe Heymann verscheuchte die sorgenvollen Gedanken. Mit all diesen Dingen wollte sie den Jungen nicht belasten. Er sollte die Feiertage in der Familie genießen. Ganz wie früher.

Und nun stand er vor ihr. Mit seinen fast zwanzig Jahren und der Welterfahrung, die er im Ausland erworben hatte, wirkte er auf seine Mutter plötzlich sehr erwachsen. Für einen Moment wurde sie unsicher. Dann strich sie ihm über die Wange. »Ach, mein Kläuschen«, sagte sie, »mein Geschöpf!«

Der junge Mann lächelte verlegen und entzog sich weiteren Zärtlichkeiten seiner Mutter.

Baurat Hugo Heymann begrüßte den Sohn mit festem Handschlag:

»Guten Tag, Klaus! Überfahrt gut verlaufen?«

Die Feiertage verstrichen wie immer mit Verwandtenbesuchen, Einladungen zu Kaffee und Kuchen und Spaziergängen im Grunewald. Hugo Heymann studierte in der Zeitung das Silvesterprogramm, das ihn und seine Frau seit langem nicht mehr lockte. In den drei Opernhäusern leichte Kost: »Die Fledermaus«, »Die verkaufte Braut«, »Der Barbier von Sevilla«; in der Deutschlandhalle Zirkus. Der »Fernsehsender Paul Nipkow« lud in verschiedenen Sälen der Stadt um 20 Uhr zu einer – wie man damals sagte – »unmittelbaren Sendung« ein, der Live-Übertragung einer Silvesterschau unter dem Titel »Heiter, froh und ungebunden verbringen wir die letzten Stunden«. Und überall »rauschende Ballnächte bis in die frühen Morgenstunden«.

Klaus überlegte, ob er seinen Vetter Kurt Levy auf ein Fest begleiten sollte. Nach Kurts Informationen könnte er dort vielleicht Lilo Lachmann treffen, die Freundin aus Kindertagen. Die hätte er gern gesehen, aber aus Schüchternheit hatte er sich nicht mit ihr verabredet. Daß er sie fünf Jahre später heiraten würde, ahnte zu dieser Zeit niemand.

Seinen Eltern zuliebe blieb Klaus zu Hause. Es wurde ein beschaulicher Abend am Kaiserdamm mit Omama, Tante Else und Onkel Ludwig.

Um Mitternacht, als draußen die Böllerschüsse krachten, öffnete man die Fenster. Eiskalte Luft strömte herein. Heymanns und Urys stießen mit Sekt an:

»Auf ein gutes Neues Jahr!«– »Daß alles besser wird!«

Doch der Höhepunkt war der Anruf in Amsterdam. Dort wartete Lisbeth schon und hob sofort ab:

»Prost Neujahr!« Dann fragte sie:

»Von Ilse was gehört?« – »Nichts. Kein Brief, keine Karte. Wie die wohl in Haifa Silvester feiern?«

Auch Berthold, der Schwiegersohn, kam an den Apparat:

»Habt Ihr schon mal übers Auswandern nachgedacht?« fragte er Käthe Heymann.

Sie schreckte aus ihrer Feiertagslaune, schluckte, sagte dann – und es klang wie ein Tadel:

»Wir werden Deutschland nicht verlassen!«

Mit der Stimmung war es vorbei.

Am nächsten Morgen reiste Klaus Heymann ab, der »stud. arch.«, wie Else Ury ihn auf ihren Briefen titulierte, fuhr mit einem neuen Wintermantel und einem Sack frischer Wäsche zurück nach London.

Sein Vater und seine Tante Else Ury würden ihn dort im Frühjahr 1938 noch besuchen können, weil sie gültige Pässe besaßen. Die Mutter sah ihren Sohn nie wieder.

Klaus Heymann erinnert sich sechzig Jahre später an den Abschied in Berlin:

»Meine Eltern und Tante Else brachten mich am Neujahrstag 1938 frühmorgens zum Bahnhof Zoo. Der Zug stand schon da. Ich gab allen die Hand: Auf Wiedersehen in den Sommerferien! Und stieg ein. Keine Umarmung, kein Kuß, keine Zärtlichkeit. Nur: Mach's gut! Ich war absolut unsentimental. So hatte man mich auch erzogen. Ein Junge weint nicht. Gefühle zeigen – das ist unmännlich, das ist undeutsch! Ich glaube, meine Mutter und Tante Else sehnten sich danach, mich beim Abschied in die Arme zu schließen, aber sie wußten, daß ich das nicht mochte. Heute tut es mir sehr leid. Wenn ich so zurückdenke, frage ich mich, ob sie etwas ahnten. Ich kam jedenfalls nicht auf den Gedanken, daß es mein letzter Berlinbesuch sein würde.

Ich fuhr über Amsterdam, wo ich noch zwei Tage bei meiner Schwester blieb. Lisel und ihr Mann Berthold Jachmann waren viel besser über die Zustände in Deutschland informiert als meine Eltern und die Urys. Sie setzten mir den Kopf zurecht, wie ich so blöde sein könnte, noch immer nach Hause zu fahren. Ob ich nicht gehört hätte, was Juden dort passieren kann?

Aber in England erfuhr man kaum etwas darüber, und ich war so beschäftigt mit meinem Studium, daß ich wahrscheinlich nicht mal Zeitung las. Sicher hab ich mit meinem Vetter Fritz Ury, bei dem ich in London wohnte, über Politik, über Hitler gesprochen, über die Situation der Juden. Fritz und seine Frau Helen wußten bestimmt viel mehr, als sie mir sagten. Ich glaube, daß sie mich schonen wollten. Ich war viel jünger als sie und hing noch wie ein Kind an meiner Familie. Aber Lisel und Berthold nahmen kein Blatt vor den Mund. Irgendwie haben sie mich wohl halbwegs überzeugt, denn von da an habe ich alle Briefe, die ich von meinen Eltern und Verwandten bekam, aufgehoben.«

## WURZELN

Klaus Heymann war das jüngste Mitglied einer weitverzweigten jüdischen Familie, deren Stammbaum bis in die Mitte des 18. Jahrhunderts zurückverfolgt werden konnte. Ihre Namen: Schlesinger, Ruhm, Rosenstein, Friedländer, Davidsohn, Wallenberg, Ury, Heymann und viele andere. Sogar ein Mendelssohn ist darunter und läßt an den Freund Lessings denken, den berühmten aufgeklärten Philosophen Moses Mendelssohn, der vor 250 Jahren zum Vorkämpfer für die Emanzipation der Juden wurde.

Um ihre soziale und kulturelle Isolation zu beenden, hatte Mendelssohn seinen zumeist aus Osteuropa eingewanderten Glaubensgenossen empfohlen, nicht nur für ihre Rechte als Staatsbürger zu kämpfen, sondern Deutsch zu lernen und sich die deutsche Bildung anzueignen. So könnten sie sich am besten vorbereiten, einmal nützliche Mitglieder der Gesellschaft zu sein, zu der sie gehören wollten. »Sei Mensch nach außen und Jude nach innen!« lautete seine programmatische Botschaft.

Für viele Juden, auch für die Vorfahren von Klaus Heymann, wurde Assimilation die Grundvoraussetzung für den Weg nach oben.

Welch mühsamer Weg das war, wieviel Anpassungsfähigkeit, Lernbereitschaft, aber auch Selbstverleugnung er den Juden abverlangte, zeigen die Erinnerungen von Klaus Heymanns Onkel Justizrat Dr. Ludwig Ury. Der Jurist war 1939 zu seinem Sohn

Fritz nach England ausgewandert und hatte als einziges der Ury-Geschwister den Holocaust überlebt.

Für seine geretteten und in alle Welt verstreuten Angehörigen schrieb er nach dem Krieg das auf, was er in jungen Jahren von der Geschichte seiner Familie erfahren hatte. Eine Geschichte, die bis in die Zeit von Moses Mendelssohn zurückreicht:

»Der einzige meiner acht Urgroßväter, von dem ich einiges weiß, ist (mütterlicherseits) Hirsch Schlesinger. Er kam mit seinem Bruder etwa 1770 von Hotzeplotz, Böhmen, nach Deutschland. Der Bruder ging nach Hamburg, ließ sich taufen und wurde ein reicher Bankier. Seine Tochter heiratete später einen Christen.

Hirsch Schlesinger ging nach Berlin und machte ein second-hand Herrengarderobengeschäft auf. Das war zu damaliger Zeit ein durchaus anständiges, ja sozial notwendiges Gewerbe, denn es gab weder Kaufhäuser, noch preiswerte Kleiderläden, in denen die unteren Klassen hätten einkaufen können. Allerdings war die damalige jüdische Geschäftsmoral im allgemeinen eine niedrige. Kam ein Kunde in den Laden, so wurde das Signal gegeben: Mach Laile (vom Arabischen: immer währende dunkle Nacht)! Die Fenstervorhänge wurden zugezogen, denn im Halbdunkel ließ sich die schlechte Qualität der Ware leichter verbergen. Wenn die Fabriken abends schlossen und die Arbeiter vom Stadtbahnbau auf dem Weg nach Hause ihre gewohnte Zigarre anzünden wollten – Streichhölzer waren damals ein Luxus –, wartete ein Angestellter meines Urgroßvaters bereits mit brennender Zigarre vor dem Laden und war gern bereit, dem Arbeiter Feuer zu geben, zog sich aber während dieser Prozedur immer weiter ins Ladeninnere zurück. Der Arbeiter mußte ihm folgen. Er schaffte es selten, zu entweichen, ohne etwas gekauft zu haben.

Wie ich hörte, erstand mein Urgroßvater mal eine Partie alter Hüte. Sie wurden in einen Sack gesteckt, und man konnte gegen Zahlung von 1 Silbergroschen, ohne hineinsehen zu dürfen, einen Hut herausnehmen. Daher stammte der Ausdruck: Bei Schlesinger für einen Groschen in den Sack greifen. Jedenfalls lohnte sich das Geschäft, und Hirsch Schlesinger wurde ein wohlhabender Mann.«

Solche Geschichten waren in der Familie von Klaus Heymann nicht sehr beliebt, erinnerten sie doch an eine Vergangenheit, die man ein für allemal hinter sich gelassen hatte.

Seit der offiziellen bürgerlichen Gleichstellung der Juden durch die Gesetze von 1869/71 war das Deutschtum für die Familie selbstverständlich. Und damit die Liebe zum Vaterland, das man sich so hart erkämpft hatte, die Verehrung für den Kaiser und die Hochachtung vor Autorität, Recht und Ordnung. In diesen Prinzipien wurde jede neue Generation erzogen. Und diese Prinzipien kehrten auch in den Büchern von Else Ury wieder.

In der Erzählung »Nesthäkchen und der Weltkrieg« (Band 4, 1916) bekommen die acht- bis zwölfjährigen Leserinnen eine Lektion in korrekter vaterländischer Gesinnung. Nach den Sommerferien 1914, kurz nach Ausbruch des Krieges, so heißt es da, soll die Schule zum Lazarett umfunktioniert werden – »der Krieg verlangt seine Opfer« –, und aus diesem Anlaß hält der Direktor – nach Absingen des Kriegsliedes »Es braust ein Ruf von Donnerhall« – eine feierliche Rede:

»Als wir uns vor fünf Wochen trennten, um nach fleißiger Arbeit neue Kräfte in der Erholung zu sammeln, da ahnten wir nicht, welcher gewaltige Sturm über unser teures Vaterland daherbrausen würde. Die deutsche Eiche ist stark in ihren Wurzeln, ob auch viele feindliche Hände sie zu erschüttern suchen, sie wankt nicht. Nur umso fester steht sie da, nur umso herrlicher wird sie grünen. Jede von euch hat wohl ein liebes Familienmitglied mit hinausziehen lassen in den heiligen Kampf um Deutschlands Freiheit und ist stolz darauf. … Ich bin überzeugt, wie gern eine jede von euch mithelfen wird für die, welche ihr Blut für uns vergießen… Und nun, meine lieben Schülerinnen, stimmt mit mir ein in den Ruf:

Seine Majestät, unser allergnädigster Kaiser – hurra – hurra – hurra!«

In brausender Begeisterung einten sich die jungen Mädchenkehlen im Hochruf auf den obersten Feldherrn, und jauchzend, in heller Hoffnungsfreudigkeit, klang es vielhundertstimmig in den sonnengoldenen Augusttag hinaus: ›Heil dir im Siegerkranz‹.«

So fremd uns diese Manifestation nationaler Gefühle heute erscheinen mag, damals gehörte sie zur offiziellen Pädagogik und war Alltag in Kindergärten, Schulen, Pfadfindergruppen, Turn- und Sportvereinen, auch – oder gerade – in jüdischen Bildungsinstitutionen.

Doch Else Ury fand auch andere Worte. In der Erzählung »Lieb Heimatland«, die 1919, ein Jahr nach dem verlorenen Weltkrieg, als Fortsetzungsgeschichte in der »Kränzchenbibliothek« erschien, ließ sie bei Ausbruch des Krieges die ostpreußische Großmama von Wilden sagen: »Dammlich sind sie, die Menschen, daß sie nicht in Frieden nebeneinander hausen können! Daß heut noch, wo die Kultur aller Völker so weit vorjeschritten ist, das rohe Faustrecht den Ausschlag jeben muß! Da hat man soviel von den Haager Friedenskonferenzen jehofft, und wenn's soweit ist, da fällt's keinem ein, sich dran zu kehren.«

Auch über die Kriegsbegeisterung von 1914 dachte Else Ury fünf Jahre später anders. Als sie diesmal – rückblickend – von der Mobilisierung berichtete, war nicht mehr die Rede vom »heiligen Kampf«. Ihre Schilderung hatte einen tragischen Unterton bekommen:

»Das ledige Mannsvolk freilich lachte, sang und scherzte, als ginge es auf den Tanzboden und nicht zu einem blutigen Völkertanz... Wie vielen von denen, die da hoffnungsfreudig ins Feld zogen, mochte eine Heimkehr beschieden sein?«

Leute wie Hirsch Schlesinger, ostjüdische Einwanderer ohne deutsche Staatsangehörigkeit, lebten zu Beginn des »Dritten Reichs« in Berlin in einem Armenbezirk nördlich vom Alexanderplatz, im sogenannten Scheunenviertel, ernährten sich kümmerlich und waren – ganz wie der Vorfahr aus Hotzeplotz – in der Wahl ihrer Mittel nicht immer zimperlich. Sie bestärkten Antisemiten in sämtlichen Vorurteilen, die über Juden kursierten. Gemessen an der Gesamtzahl der Juden in Berlin war es nur eine kleine Gruppe, etwa 500 bis 600 Menschen, aber mit ihrer altmodischen Tracht, ihren Bärten und Schläfenlocken und ihren fremdartigen Gewohnheiten fielen sie auf. Sie wirkten auf die moderne Großstadtbevölkerung wie ein exotisches Relikt aus dem Mittelalter.

Mit solchen Ostjuden, den »Planjes«, wie man sie abschätzig nannte, wollten die assimilierten Juden aus dem Berliner Westen nichts zu tun haben, auch wenn der eigene Vater oder Großvater noch aus dem einstmals preußischen oder russischen, später polnischen Osten stammte.

Das erfuhr Klaus Heymann schon als kleiner Junge:

»Mein Vater war absolut gegen Ostjuden, und er hätte nichts dagegen gehabt, wie es ja viele andere Mitglieder der liberalen jüdischen Gemeinden wollten, diese Leute in andere Länder abzuschieben. Dafür wurde sogar in den Gemeinden Geld gesammelt, damit sie freiwillig gingen.

Wir Kinder sollten auf gar keinen Fall auch nur in die Nähe dieses Viertels am Alexanderplatz kommen. Schon aus reiner Neugier hätte man's ja machen können. Aber ich hab es nie getan. Meine Schwester Ilse schon. Sie lernte Zionisten kennen, die dort ein Zentrum hatten. Sie warben für einen Judenstaat, für ein künftiges Israel, und bereiteten für junge Juden die Ausreise nach Palästina vor. Diesen Kreisen hat sich meine Schwester heimlich angeschlossen. Sie hat sogar einen Kursus in Landwirtschaft gemacht, irgendwo in Süddeutschland, den die Zionisten organisiert hatten. Ausgerechnet Ilse und Landwirtschaft!

Bei uns zu Hause war es auch streng verboten, also buchstäblich verboten, daß irgendwie gemauschelt wird. Das wurde von Juden gern gemacht, in einem deutschen Satz jiddische Wörter zu benutzen. Also das gibt's ja auch in England, ich bekomm immer einen Stich, wenn Bekannte oder Freunde von uns so ein Wort benutzen! Zum Beispiel das Wort ›schleppen‹: ›I'm not going to schlepp all the luggage myself.‹ I hate this, das hasse ich, weil es mir von meinem Vater ein für allemal eingeprägt worden ist. Die Sprache wird unrein. Für ihn war das eine entsetzliche Sache. Für mich ist das auch heute noch so. Aber wenn wir so um den Tisch herumsaßen, zu Hause in Berlin, hat meine Schwester Ilse manchmal im Scherz solche Wörter benutzt.

Warum mein Vater alles Ostjüdische derart ablehnte, ist klar: weil es nicht deutsch war! Das ist, von heute aus gesehen, wo man alles über Hitlers Politik und den Holocaust weiß, eine ganz falsche Einstellung gewesen. Aber so war es. Es waren doch in Deutschland nicht viele Juden im Staatsdienst. Und er war so stolz darauf, als Regierungsbaurat dieses Privileg zu genießen. Obwohl er seinen Stolz nie zugegeben hätte. Er wollte, daß man diese Stellung, diesen Rang als etwas ganz Normales ansah, als Ergebnis seiner Leistung, nicht als Ausnahme.

Ganz ähnlich dachte auch mein Onkel Ludwig, der Justizrat. Und auch für seine Schwester Else Ury war die deutsche Identität so selbstverständlich, daß sie alle ihre Bücher im christlichen deutschen Milieu spielen ließ. Da geht kein Mensch in die Synagoge, sondern in die Kaiser-Wilhelm-Gedächtniskirche. Man feiert Konfirmation und alle Feste des christlichen Kirchenjahres, Weihnachten, Ostern, Pfingsten. Das Jüdische wird vollkommen ausgespart. Nesthäkchen ist ›rein arisch‹. Die heile Welt ist ›rein arisch‹, auch wenn Else Ury die Vorbilder für ihre Romanfiguren ihrer eigenen jüdischen Familie entnommen hat.«

Heutigen Generationen kommt das merkwürdig vor, aber – »so war es«. Und deshalb stellten die begeisterten Leserinnen von damals (falls sie überhaupt von Urys jüdischer Herkunft wußten) ihrer geliebten Autorin auch keine Fragen, zum Beispiel warum »Nesthäkchen«, »Baumeisters Rangen«, »Kommerzienrats Olly« oder »Professors Zwillinge« protestantisch waren und nicht jüdisch und auch keine jüdischen Freunde hatten.

Bei der jungen Verwandtschaft, aus der Else Ury ihre literarischen Helden rekrutierte, war das Bewußtsein einer doppelten Identität, das ihre Großeltern noch empfanden – und wachhielten –, verblaßt, wie sich Urys Nichte Marianne Wallenberg bei einem Interview erinnert:

»Wir haben nie was Jüdisches von Tante Else gelesen, als wir Kinder waren. Aber es hat uns auch nicht gefehlt! Wir sind gar nicht auf die Idee gekommen, nach etwas Jüdischem bei ihr zu suchen. Wir wußten alle, wir waren jüdisch. Aber – na gut, wir hatten eben jüdischen Religionsunterricht wie andere protestantischen oder katholischen hatten. Oder islamischen. Irgendwann haben wir im Deutschunterricht Lessings ›Nathan der Weise‹ gelesen, und die Fabel von den drei Ringen, die die drei großen Religionen symbolisieren. Das war auch unser Empfinden: egal, was einer glaubt – der Mensch zählt, ob er nun Christ oder Jude oder sonstwas ist.

Das erste Jüdische, was ich von Else Ury gelesen hab, war eine Geschichte ›Im Trödelkeller‹.

Ich lebte schon sechzig Jahre im Exil in Bogotà, als ich sie zugeschickt bekam. Als Fotokopie aus einem Sammelband preisgekrönter Märchen von 1908. Es war direkt eine Offenbarung für mich und meinen Mann, wir hatten ja keine Ahnung, daß Tante Else sich für die jüdische Kultur interessiert hat – und so gut darüber Bescheid wußte.«

Else Ury hatte sich kurz nach der Jahrhundertwende als junge Schriftstellerin an einem Preisausschreiben der Loge B'nai B'rith für das beste jüdische Märchenbuch beteiligt. Die Geschichten sollten »von jüdischen Helden, jüdischen Denkern und jüdischen Örtlichkeiten handeln«, um in einer Epoche der Gottlosigkeit jüdischen Kindern die Tradition ihrer Vorfahren wieder nahezubringen. Ury ließ in der Manier von Hans-Christian Andersens Märchen »Der standhafte Zinnsoldat« einzelne Gegenstände im Keller eines Trödlers lebendig werden und ihr Schicksal erzählen: den Sack, den Joseph als Hausierer getragen hatte, die Silberborte, die seine Atlasmütze schmückte, nachdem er ein Mitglied der bürgerlichen Gesellschaft geworden war, und die kleine Messingrolle mit dem Text aus dem fünften Buch Mose, die Mesusa, die Joseph am Türpfosten seines völlig assimilierten, karrierebewußten Sohnes angebracht hatte, von wo sie bald verschwand. Das Ganze ist ein Gleichnis vom Aufstieg und Fall einer Familie, die sich vom traditionellen Glauben abgewendet hat. Auch wieder – wie so oft bei Else Ury – eine seltsam doppelbödige Botschaft:

»In meinem unscheinbaren Gewande berge ich das heiligste Gebet des Israeliten, das ›Höre, Israel!‹« so erzählt die Mesusa. »Wer durch die Tür trat, berührte mich ehrerbietig mit den Lippen. – Der Reichtum im Hause stieg – aber die Ehrfurcht, die man mir zollte, nahm im gleichen Maße ab.« Die Mesusa landete an der Tür zum Kinderzimmer: ... »Die armen Kinder dauerten mich. Da wuchsen sie nun auf, ohne Frömmigkeit, ohne Ehrfurcht vor den Geboten der Religion. Das Schönste im Leben eines Kindes, das noch im späten Alter die vergangene Jugendzeit mit goldenem Märchenzauber umwebt, das innige jüdische Familienleben und die Weihe der Festtage, lernten sie nicht kennen. Auch mich kannten und ehrten sie nicht, und eines Tages löste mich gar ein mutwilliger Knabe keck von meinem Pfosten.

Schon sollte ich in den Kehrricht wandern, da fand mich der Hausherr, und ein Erinnerungsfunken an das Haus seines Vaters glomm wohl in ihm auf, denn er nahm mich empor und schlug mich an die – Küchentür! …

Ohne Gottesauge gedeiht nichts, das sollte sich auch in diesem Hause bewahrheiten.«

1994 haben Jugendbuch-Forscher noch eine weitere jüdische Erzählung von Else Ury entdeckt: »Die erste Lüge«, erschienen 1911 im »Wegweiser für die Jugendliteratur«, handelt vom Laubhüttenfest, dem letzten der drei im 2. Buch Mose, Kapitel 23 erwähnten Wallfahrtsfeste, die im Laufe eines Jahres gefeiert werden.

Der Stammbaum der Urys nennt viele Männer, die durch ihre Religiosität hervortraten – gelehrte Rabbiner, aber auch Kaufleute, die sich im Hinterzimmer ihres Ladens dem Thora- und Talmudstudium widmeten und oft sogar eine eigene kleine Synagoge einrichteten, »die Schul«, in der sie ihr Wissen an Gemeindemitglieder, vor allem auch an die Kinder, weitergaben, eine Tradition, die sich bis Anfang des 20. Jahrhunderts erhielt, wie Ludwig Ury in seinen Erinnerungen erzählt:

»Mein Urgroßvater Hirsch Schlesinger war nebenbei ein sehr frommer Mann. Er begründete die länger als ein Jahrhundert bestehende Schlesingersche Synagoge in der Klosterstraße gegenüber der Klosterkirche. Georg Hermann (Autor des Romans ›Jettchen Gebert‹, der im jüdischen Milieu spielt) erwähnt sie in einem seiner Bücher.

Auch mein Großvater väterlicherseits, Levin Elias Ury, ebenfalls Altkleiderhändler, ursprünglich aus Tangermünde, war fromm, aber vor allem sehr wohltätig. Er wurde Armenvorsteher der jüdischen Berliner Gemeinde, gab alles, was er besaß, für Bedürftige. Als er 1861 starb, begleitete den Leichenwagen ein langer Zug weinender jüdischer Armer. Die Gemeinde wollte ihn auf dem alten Friedhof in der Schönhauser Allee in der Ehrenreihe beisetzen lassen, da aber damals Frauen in der Ehrenreihe nicht bestattet werden durften und meine Großmutter später neben ihrem Gatten ruhen wollte, lehnte sie das Anerbieten ab, worauf ihr die Gemeinde unmittelbar neben der Ehrenreihe ein Erbbegräbnis für beide Eheleute stiftete.«

## EMIL URY – DER GROSSVATER

Emil Ury (1835–1920), der Vater von Ludwig, gehörte zur ersten Generation, die bereits in Berlin geboren wurde. Er besuchte das Köllnische Gymnasium, wurde Buchhalter und später Inhaber einer alteingesessenen Tabakfirma, die hauptsächlich Zigarren, Schnupf- und Kautabak herstellte: Jacob Doussin & Co. in der Heiligegeiststraße, die im Zentrum Berlins lag. Als sich um 1900 – dank besserer Importmöglichkeiten und massiver Werbekampagnen – das Rauchen von Zigaretten immer mehr durchsetzte und das Geschäft mit Schnupf- und Kautabak zurückging, gab er die Firma auf und widmete sich nun ganz seinem Steckenpferd, mit dem er sich – sprachgewandt und schlagfertig wie die ganze Familie – schon einen Namen gemacht hatte: er ließ sich als Toast- und Versammlungsredner engagieren.

Emil Ury hatte seine vier Kinder noch im orthodox jüdischen Glauben erzogen. Sein ältester Sohn Ludwig erinnerte sich, wie er als Elfjähriger am Vortag des Versöhnungsfestes, Jom Kippur, seinen Vater zum »Guten Ort«, zum Friedhof in die Schönhauser Allee begleiten mußte, um die verstorbenen Verwandten zu besuchen und Gebete für sie zu sprechen. Das dauerte Stunden, weil der Vater die Gelegenheit nutzte, seinen Ältesten in die Familiengeschichte einzuführen, indem er ihm bis ins kleinste Detail den Werdegang jedes einzelnen Verstorbenen schilderte. Nach einer Mahlzeit, die die Köchin in der Zwischenzeit zu Hause zubereitet hatte, ging die ganze Familie in Festtagskleidung, der Vater mit Zylinder, zum Gottesdienst in die Synagoge.

Danach begann das strenge Fasten. 24 Stunden lang waren weder Essen noch Trinken erlaubt. »Auch Körperpflege«, so heißt es in einer Vorschrift, »mit Ausnahme des Benetzens der Hände und Augen mit Wasser, ist untersagt. Der Versöhnungstag soll dazu dienen, den Menschen zu entsühnen, ihn die göttliche Verzeihung für seine Missetaten erlangen zu lassen. Es ist ein Tag der Reue, der Buße und der Umkehr.«

»Sobald wir nach Hause zurückgekehrt waren«, erinnerte sich Ludwig Ury, »gingen mein jüngerer Bruder Hans und ich zu Bett, da ja demjenigen, der sich in ›Morpheus‹ Armen wiegt, Hunger und Durst nicht zu Bewußtsein gelangen. Dies war auch einer der Gründe, warum wir uns am folgenden Morgen erst spät aus den Federn erhoben, als meine Eltern längst wieder zur Synagoge gegangen waren. Rasch machten wir uns fertig – das Frühstück fiel ja fort – und landeten, wegen des Zuspätkommens ein wenig betreten, unmittelbar vor Aushebung der Thora bei unserem Vater, der sich damit begnügte, als Zeichen seines Mißvergnügens uns zur Begrüßung seine Uhr entgegenzuhalten. Bevor die Predigt mit anschließender Totenfeier begann, der wir als Kinder ohnehin nicht beiwohnen durften, erlaubte man uns, in den Hof zu gehen, wo wir andere Schicksalsgenossen trafen.

Danach begannen für uns einige Stunden wirklicher Andacht, die allerdings weniger dem Inhalt der Gebete als den schönen, uns längst vertrauten Mussaf-Melodien galten. Es war in der Tat ein hoher Genuß, dem Wechselgesang zwischen dem hochmusikalischen Kantor Lichtenstein und dem Synagogenchor zu lauschen.

Nach der Abodah, in der die Schöpfungs- und Heilsgeschichte erzählt wurde, durften wir Kinder nach Hause gehen, um uns etwas auszuruhen. In dieser kurzen Pause beging ich eine Schurkerei. Ich verführte meinen kleinen Bruder, der es mir gleichtun und ebenfalls ausfasten wollte, zum Verzehr eines Tellers herrlich duftender Hühnerbouillon, die die Köchin auf mein Geheiß vor ihn hingestellt hatte. Er verzieh sich diese Sünde nicht und blieb trauernd zu Hause. So ging ich zu Beginn des Neila-Gebetes allein zurück zur Synagoge.

Endlich verkündete der Schofar-Bläser das Ende des Versöhnungsfestes. Die Gemeinde eilte frohgemut heim zu den dampfenden Kaffeekannen, nur ich mußte an der Seite meines Vaters, der zu den Unentwegten gehörte, noch das Maariw-Gebet über mich ergehen lassen, ehe wir auch aufbrachen.

Nach diesem anstrengenden Tag war ich ziemlich geschwächt, nicht nur physisch, sondern auch moralisch. Mein Vater, der ein kluger und gütiger Mann war, ahnte wohl, was zwischen seinen Söhnen vorgefallen war. Zu Hause angekommen, ging er gleich ins Kinderzimmer. Ich hörte, wie er Hans tröstete, der als Achtjähriger immerhin 21 Stunden tapfer durchgehalten hatte. Mir fiel ein Stein vom Herzen, als mein Bruder auf mich zutrat und mir die Hand zur Versöhnung reichte.

Dann machten wir uns daran, den Turm der Barchesschnitten, die im Eßzimmer auf uns warteten, allmählich niederzulegen, und der Rest des Tages verlief in der friedlichen und heiteren Stimmung, die ich in meinem Elternhaus von frühauf kannte.«

## FRANZISKA URY – DIE »OMAMA«

Die Mutter der Kinder Hans und Ludwig, Franziska Ury, geborene Schlesinger (1847–1940) – die in den Familienbriefen so oft erwähnte, heißgeliebte und verehrte Omama –, stammte ebenfalls aus Berlin. Sie war die Tochter eines Dichters und Musikers, der sein Geld mit dem Handel von Altkleidern verdiente. Dank seiner Weitsicht durfte Franziska eine Höhere Mädchenschule besuchen, auf der sie die klassische deutsche Bildung erfuhr. Die beiden Fremdsprachen, die sie lernte, beherrschte sie bis ins hohe Alter.

Die Frau ihres Enkels Fritz, Helen Ury, die Anfang der Dreißiger Jahre schon in London lebte, kam auf ihren Geschäftsreisen häufig nach Berlin, um die Familie ihres Mannes zu besuchen. Noch sechzig Jahre später, nun selbst eine alte Dame, erinnert sie sich lebhaft an die Großmutter ihres Mannes:

»Franziska Ury? Eine große Persönlichkeit! Ich habe mich oft mit ihr unterhalten. Sie war eine hochgebildete Frau, die ihre Klassiker kannte, viele Balladen und Gedichte auswendig konnte, aber auch in der modernen Literatur bewandert war. Sie sprach englisch mit mir und hat sich gewundert, daß mein Französisch nicht so gut war wie das ihrige. Sie hatte viel Humor, und den haben ihre Kinder, vor allem Else Ury und Käthe Heymann, von ihr geerbt. Zu ihrer Anziehungskraft gehörte natürlich auch, daß sie immer zu Hause anzutreffen war. Sie hatte Zeit und sehr viel Verständnis für die Probleme der jungen Verwandten.

Seit einem Schlaganfall kurz nach dem Tod ihres Mannes 1920 und wohl auch wegen einer schweren Arthritis konnte sie kaum noch gehen und saß den ganzen Tag in ihrem Sessel.

Sie war geistig sehr rege und eignete sich alles leicht an. Früher, als ihr ältester Sohn, mein Schwiegervater Ludwig Ury, im Gymnasium Latein pauken mußte, das sie selber ja nicht beherrschte, hat sie Latein gelernt, um mit ihm zu arbeiten. Sie war enorm ehrgeizig für ihre Kinder!«

Die mütterlichen Ambitionen zahlten sich aus:

Der Älteste, Ludwig Ury (1870–1963), studierte Jura, wurde Rechtsanwalt, später Justizrat beim Berliner Landgericht.

Der zweite Sohn, Hans Ury (1873–1937), studierte Medizin, wurde ein bekannter Facharzt für Magen- und Darmleiden und machte sich auch in der Krebsforschung verdient.

Else Ury (1877–1943) wurde eine berühmte, vielgelesene Schriftstellerin.

Käthe Heymann, geborene Ury (1881–1944) besuchte nach der mittleren Reife das Lehrerinnenseminar. Wegen des damals geltenden Zölibats für weibliche Pädagogen konnte sie den Beruf allerdings nicht mehr ausüben, nachdem sie geheiratet hatte. Sie brachte drei Kinder zur Welt: Lisbeth (1903–1943), Ilse (1908–1989) und Klaus (*1918), die sie liebevoll, aber auch mit Konsequenz und Strenge, erzog.

## KANTSTRASSE 30

1905 ließen sich die Urys, dem Trend der gehobenen jüdischen Mittelschicht folgend, im vornehmeren Berliner Westen nieder, der zu dieser Zeit noch im Bauen befindlich war. Seit vier Jahren betrieb Dr. Hans Ury dort am Savignyplatz – im damals noch selbständigen Charlottenburg – seine erste Arztpraxis. Nun zog er mit der Familie in die Kantstraße 30, ein nobles Gebäude aus den Gründerjahren mit marmornem Treppenaufgang, griechischen Säulen, Stuck an den Decken und gigantischen goldumrahmten Spiegeln an den Wänden. Von den siebeneinhalb Zimmern nutzte er zwei für Praxis und Labor.

Die Wohnung hatte einen repräsentativen Vordereingang für Familie und Besucher und einen bescheideneren Hintereingang, durch den das Personal vom Hof aus gleich in die Küche gelangte.

In der Wohnung waren die Kinder der Verwandten oft willkommene Gäste. Die beiden Töchter der Heymanns, Lisbeth und Ilse, die wegen ihrer Berufsausbildung zur Sekretärin und Röntgenassistentin die Berliner Lette-Schule besuchten, genossen bei den Urys gratis Kost und Logis, als ihre Eltern noch in Breslau wohnten. Ihr Vetter Fritz, der Sohn von Ludwig Ury, wurde als Dreijähriger für einige Wochen in die Obhut von Tante Else gegeben, als seine Mutter ein zweites Kind bekam. Else Ury, unverheiratet und kinderlos, schilderte ihre Erziehungsversuche im Dezember 1910 unter dem Titel »Mutterfreuden« selbstironisch im Feuilleton der Vossischen Zeitung:

»Herrlich habe ich es mir gedacht, die erwachende Kinderseele zu leiten und zu bekehren, nie habe ich es verstanden, wenn andere einem fragenden Kindermund gegenüber ungeduldig werden konnten, und jetzt gibt mir dieses »Fahum« (Warum) geradezu einen Stich ins Herz. Eigentlich beschämend schnell…«

Klaus Heymann, Else Urys jüngster Neffe, erinnert sich an die Kantstraße 30 als magischen Ort seiner Kindheit:

»Ich wurde schon als Zweijähriger von meiner Mutter dahin gebracht, wahrscheinlich, wenn Vater auf Dienstreise war. Mutter hatte eine sehr enge Beziehung zu ihrer Familie, war fast wie eine Zwillingsschwester von Tante Else. Sie blieb mit mir eine Weile da, dann fuhr sie zurück nach Breslau und ließ mich für mehrere Wochen bei den Urys. Es war für mich das Schönste, bei der Omama zu sein. Und natürlich bei Tante Else. Die hat mich aufgezogen wie eine zweite Mutter.

Sie hatten Personal, wie es ja in den Nesthäkchen-Büchern zum Ausdruck kommt. Das klingt heute wie ein Luxus. Aber man muß dabei bedenken, daß so ein Haushalt und vor allem die Küche noch nicht mit modernen Geräten ausgestattet war, die die Arbeit erleichtern: Waschmaschine, Kühlschrank, Staubsauger usw., das gab es noch nicht, war zwar schon erfunden, aber für einen normalen Haushalt noch unerreichbar.

Oder Tiefkühlkost, Fertignahrung! Das kannte man ja nicht. Mußte alles selber hergestellt werden. Die Teppiche wurden von den Mädchen im Hof geklopft – auf der Teppichstange, die es überall damals noch gab. Den Haushalt zu besorgen war eine schwere körperliche Arbeit, die auch viel Zeit in Anspruch nahm. Ebenso die Wäsche – unglaublich, welcher Aufwand das war mit den Waschkesseln im Keller, die erst beheizt werden mußten. Wer Geld hatte, ließ die Wäsche von einer Firma abholen, die sie schrankfertig zurückbrachte. So machten es die Urys und auch meine Mutter. Aber die feine Wäsche wuschen die Mädchen mit der Hand.

Ich weiß noch, da war eine Köchin, obwohl auch Tante Else

manchmal gekocht und selber eingekauft hat. Die Mahlzeiten waren übrigens sehr einfach. Ich erinnere mich an ein Gericht, das ich haßte. Es hieß Wirsing. Das mochte ich überhaupt nicht, aber es mußte gegessen werden.

Es gab neben der Köchin ein Tagesmädchen, das stundenweise zum Putzen kam, und ein Hausmädchen, das dort wohnte. Die hatte ein sehr merkwürdiges Zimmer, das mich brennend interessierte. Es war der Hängeboden über dem Bad, den man nur mit der Leiter vom Korridor aus erreichen konnte. Als Kind bin ich da raufgeklettert, was ich nicht sollte, und ich sah, daß die Decke in dem Hängeboden so niedrig war, daß sie nicht aufrecht hätte stehen können, sie hätte sich sonst den Kopf angeschlagen. Es gab ein Bett, einen kleinen Schrank für ihre Kleider, einen Nachttisch und das flushing system, den Wasserbehälter für die Toilette mit dem Wasserzug, die Kette ging durch den Boden nach unten. Wenn jemand nachts auf die Toilette ging und spülte, mußte das arme Mädel die ganzen Geräusche hören! Wenn man heute daran denkt!

Die Mädchen waren meistens sehr jung, 14, 15 Jahre, sie kamen aus den ärmeren Bezirken Ostpreußens, Westpreußens, Schlesiens, meist aus kinderreichen Familien, mußten froh sein, eine Stellung zu finden. Bei Tante Else war das Hausmädchen nicht so jung, vielleicht dreißig Jahre.

Heute wundert es einen, daß so gebildete und sozial engagierte Damen wie meine Tante so was zuließen. Aber das war normal damals. Man dachte nicht darüber nach. Und man darf nicht vergessen: zu der Zeit gab es zumindest in den Köpfen der Leute noch die Klassengesellschaft, auch wenn sie seit 1918 in einer Demokratie lebten.

Die Wohnung hatte riesige, hohe Zimmer. Schon die Eingangshalle bei der Entree-Tür war so groß, daß sie als Wartezimmer für die Patienten benutzt wurde, mit sehr bequemen Sesseln und einem Tisch. Das Wohn- Eßzimmer und der Salon wurden in der

Mitte durch eine Schiebetür abgeteilt. Wenn man sie öffnete, war der ganze Raum etwa 15 Meter lang von einem Ende bis zum anderen. Auf dem endlosen, breiten Korridor mit eingebauten Schränken auf der einen Seite verwahrte meine Tante die Freiexemplare ihrer Bücher. Wenn sie jemandem eins schenken wollte – sie war sehr klein – mußte sie immer auf eine Leiter klettern.

Die Zimmer wurden durch große Kachelöfen mit offenem Kamin beheizt. Ich liebte das Feuer, aber es war mir wegen der großen Hitze streng verboten, in die Nähe zu gehen. Die kupfernen Behälter mit allen möglichen Werkzeugen, um die Kohlen zu handhaben, waren für mich als Kind faszinierend, und ich weiß nicht, was meine Tante alles angestellt hat, um mich davon wegzuhalten.

Bevor mich Tante Else abends zu Bett brachte, wusch sie mich. Das ging mit der Waschschüssel und einem Lappen: rechtes Bein, linkes Bein, rechter Arm, linker Arm usw. Dann wurde ich in Tante Elses Arbeitszimmer schlafen gelegt, ein gemütliches, verhältnismäßig großes Zimmer. Ich glaube, es war auch ihr Schlafzimmer, das ging zum Hof hinaus. Dort gab es einen riesigen, herrlichen Mahagonischreibtisch, der mir als Kind sehr imponiert hat. Das Oberteil bestand aus einem Schrank mit Türen. Der Mittelteil war unter einer Bedeckung, die man aufrollen mußte, und dann konnte man die Platte etwas herausziehen, wenn man daran arbeiten wollte. Und an der Rückfront befanden sich viele Kästen und Geheimfächer, die natürlich meine Neugier reizten. Und dann gab es unter dem Schreibtisch einen Raum – wir nennen es knee hole –, der war sehr breit, da waren noch Schränke verborgen, und an der Seite waren Schränke, die man von außen gar nicht sah. Wenn man von außen drückte, öffnete sich eine Tür, und dort hatte sie einen unglaublich großen Papiervorrat aufbewahrt.

In einer Ecke des Zimmers stand ein rotbrauner runder Kachelofen, der vom Fußboden bis zur Decke ging, und ich erinnere mich, wenn ich hohes Fieber hatte, was oft passierte, verwandelte sich dieser Ofen in eine dicke Frau, die auf mich zukam. Da schrie ich: ›Die dicke Frau kommt! Die dicke Frau kommt!‹ Es war nicht schlimm, man hatte ja den Arzt im Hause.

In dieses Arbeitszimmer verschwand Else Ury vormittags und nachmittags für etwa anderthalb Stunden, um zu schreiben, und durfte nicht gestört werden, auch nicht von mir. Danach kam sie wieder raus und kümmerte sich um den Haushalt. Sie schrieb übrigens alles mit der Hand. Ich erinnere mich: eine ganz kleine Handschrift! Deutsche Schrift! Ich weiß gar nicht, ob das Manuskript – buchstäblich manu script – so an den Verlag ging.«

## NESTHÄKCHEN

Else Ury begann ihre Nesthäkchen-Serie etwa 1913. Spätestens ab dem sechsten Band – »Nesthäkchen fliegt aus dem Nest« (1921) – engagierte sie eine Schreibkraft. Es war Kusine Toni Davidsohn (später Levy), die Mutter von Marianne und Kurt, Else Urys Nichte und Neffen, von denen in den Briefen häufig die Rede ist. Nach dem frühen Tod ihres ersten Mannes, eines Hals-, Nasen- und Ohrenarztes, war Toni Davidsohn mittellos zurückgeblieben. Das kleine Vermögen, das die wohlhabende Verwandtschaft zu ihrem Unterhalt gespendet und unklugerweise in Papieren statt in Immobilien angelegt hatte, fiel der Inflation zum Opfer. Als höhere Tochter hatte sie keinen Beruf erlernt, aber da sie über eine schöne Stimme verfügte, bekam sie eine Anstellung als Chor- und Solosängerin an der größten Berliner Synagoge in der Oranienburger Straße. Das Honorar reichte allerdings kaum aus, um ihre kleine Familie durchzubringen. So nahm sie, wie viele Frauen in ihrer Lage, nebenher Schreibarbeiten an.
Else Ury, die in der Verwandtschaft immer aushalf, wenn es nötig war, wurde ihre erste Auftraggeberin. Tochter Marianne (später

Wallenberg) wurde auf diese Weise zur ersten Leserin der Ury-Geschichten:

»In der Inflation schickte eine Tante, die in England lebte, meiner Mutter ein englisches Pfund. Das war überhaupt ein Vermögen! Und mit diesem englischen Pfund kaufte meine Mutter eine Schreibmaschine, eine richtige Remington, so eine hohe, und brachte sich selber bei, auf dieser Maschine zu schreiben, und von dem Moment an wurden alle Bücher von Tante Else damit abgetippt. Und zwar vom Bleistiftoriginal, denn Tante Else schrieb mit Bleistift auf DIN A4, in deutscher Schrift und mit furchtbar vielen Verbesserungen, erst mit einer Fahne am Rand, dann mit zwei, dann mit drei Fahnen usw., manchmal war das ziemlich verwirrend. Aber das Manuskript war noch nicht zur Tür herein, da lag ich schon auf'm Bauch auf'm Sofa und verschlang es vom ersten bis zum letzten Buchstaben, noch bevor meine Mutter überhaupt dazu kam, eine Seite abzutippen. Ich hab all diese Bücher, ›Nesthäkchen‹, ›Lilly Liliput‹, auch ›Das Rosenhäusel‹, ›Professors Zwillinge‹, all das hab ich im Manuskript gelesen. Und wenn wir meine Mutter überraschen wollten, dann hatten mein Bruder und ich manchmal eine Seite schon getippt. Meine Mutter hat das Ganze abgeschrieben, und dann ging es an den Verlag.

Dadurch bin ich mit Nesthäkchen aufgewachsen, und für mich war Nesthäkchen wie ein Teil unserer Familie. Aber das Komische ist, daß es nicht nur mir so ging, sondern vielen anderen Leuten auch. Meine beste Freundin in Kolumbien, die ich erst kennenlernte, als ich 1940 dahin auswanderte, hat mir erzählt: jedes Weihnachten lag der neue Band auf ihrem Gabentisch, und in der ersten Nacht wurde die Taschenlampe unter der Bettdecke angemacht und das Buch von Anfang bis Ende gelesen. Und immer wieder.

Ich kann Nesthäkchen so auswendig, daß es mich furchtbar irritiert, wenn etwas geändert oder gekürzt wird, wie in diesen modernisierten Fassungen aus den Fünfziger Jahren.«

Während der älteste Ury-Sohn Ludwig heiratete und mit seiner Frau Else, geborener Friedländer, und den zwei Kindern Fritz und Marlene einen eigenen Hausstand gründete, blieben seine Geschwister Hans und Else ledig. 1932 starb Tochter Marlene an einer Infektion. Am Tag darauf nahm sich ihre Mutter das Leben. Ludwig Ury, zum Witwer geworden, kehrte zu »Omama«, Schwester Else und Bruder Hans zurück. Sein Sohn Fritz lebte zu der Zeit schon in England.

Am Kaiserdamm 24, einige Kilometer weiter westlich in der Nähe des Lietzensees, bezog die Familie nun gemeinsam eine größere Wohnung. Zur Freude von Franziska Ury – mittlerweile 85 Jahre alt – waren nun »alle wieder beisammen«, denn auch Käthe Heymann, ihre Jüngste, wohnte nicht weit, in der Westfälischen Straße, nur zwei S-Bahn-Stationen entfernt.

Helen Ury lernte das neue Familiendomizil auf ihrer nächsten Berlin-Reise kennen:

»Es war eine Wohnung mit sehr großen Räumen, es müssen etwa neun Zimmer gewesen sein, denn es war ja auch die Praxis von Dr. Hans Ury darin, übrigens mit einem Röntgenraum, den er sich hatte einbauen lassen. Es hingen hervorragende Ölbilder an den Wänden, und es gab schöne alte Biedermeiermöbel. Sie lebten in sehr guten Verhältnissen, der ganze Zuschnitt war sehr kultiviert, aber bescheiden, wie es bei vielen Deutschen der Fall war. Ich habe den Hauptteil meines Lebens in England verbracht, und mich beeindruckte die Bescheidenheit der Leute in Deutschland sehr.

Die Familie aß in diesem riesigen Speisezimmer an einem runden Tisch. Das Dienstmädchen brachte das Essen auf einem Servierwagen von der Küche herein, was eine große Entfernung war.

Ich erinnere mich, ich saß mal mit meinem Schwiegervater und Onkel Hans beim Abendbrot. Es war Sommer und wahnsinnig heiß, und da sagte ich zu den beiden Herren: ›Legt doch Eure Jacketts ab, das ist ja nicht zum Aushalten.‹ Und da atmeten sie auf, und Onkel Hans sagte: ›Ach, du bist doch ein nettes Kind, wir sind das gar nicht gewöhnt, so leger im Hemd zu sitzen.‹ Da sieht man, es ging noch richtig viktorianisch bei ihnen zu.

Einmal kam ich aus London, hatte beruflich in Berlin zu tun, und die Urys wollten immer, daß ich bei ihnen wohnte, es war ja eine Menge Platz. Mein Schwiegervater Ludwig Ury praktizierte damals noch als Anwalt und hatte sein Büro in der Innenstadt am Alexanderplatz. Eines Abends hörte ich die alte Großmutter ausrufen: ›Was ist denn nur mit meinem Ältesten los! Das gehört sich doch gar nicht, daß der Junge um halb sieben abends noch nicht zu Hause ist!‹ Er war 64 Jahre alt! Mir kam das als junger Mensch von zwei-, dreiundzwanzig ganz unglaublich vor.«

## HELEN URY

Helen Ury (1910–1993) wurde von den Urys und Heymanns sehr geschätzt. Trotz ihrer Jugend genoß sie sogar bei den Vertretern der älteren Generation großen Respekt. Man hörte auf sie und vertraute ihrem Urteil.

Helen kam als Herta Helene Plaut in der Nähe von Kassel zur Welt. Noch als alte Dame war sie stolz auf ihre Abstammung von den Sepharden, aus Spanien eingewanderten Juden, was sie bis zum Jahr 1625 belegen konnte, und sie erwähnte gern die Privilegien, die ihren Ahnen als Hofjuden des Barons Schwärzl in der Schwalm gewährt worden waren.

Mit knapp 20 Jahren war sie nach Berlin gekommen, um sich zur Einkäuferin für Mode ausbilden zu lassen.

Als die Urys und die Heymanns sie kennenlernten, konnten sie ihre Professionalität, ihre hervorragenden Manieren und ihre Weltläufigkeit bewundern.

Helen war eine moderne berufstätige Frau. Sie trug als Einkäuferin und Beraterin einer großen Konfektionsfirma schon mit 23 Jahren bedeutende Verantwortung und verdiente gut. Auf ihren Geschäftsreisen betreute sie Kunden in Schweden, England und vor allem in Südafrika, damals noch Teil des British Empire.

Seit ihrer ersten Berliner Zeit zählte Helen zu den engsten Freunden von Lisbeth und Berthold Jachmann. Durch Lisbeths Vermittlung lernte sie bei einem Aufenthalt in Südafrika ein weiteres Mitglied der Familie kennen, Fritz Ury, der dort im Auftrag der französischen Textilfirma »ETAM« (Etablissement Meyer) eine neue Niederlassung aufbaute. Fritz Ury verliebte sich in die schöne, elegante und erfolgreiche Karrierefrau und brachte sie dazu, ihre Verlobung mit einem Arzt zu lösen. Lisbeth und Berthold Jachmann, mit dem betrogenen Verlobten ebenfalls befreundet, reagierten zunächst empört, rangen sich aber zur Hochzeit von Fritz und Helen ein Glückwunschtelegramm ab:

»Nachdem wir uns von dem Schreck erholt haben, gratulieren wir herzlich.«

»Dieser Satz: ›Nachdem wir uns von dem Schreck erholt haben, gratulieren wir herzlich‹ wurde in unserer Familie zur stehenden Redensart«, erinnert sich Klaus Heymann. »Wir haben uns darüber köstlich amüsiert, aber mein Vetter Fritz war verstimmt, zwischen ihm und den Jachmanns trat eine Entfremdung ein, die zeit ihres Lebens anhielt.«

## ASSIMILATION

Seit 1920, mit dem Tod des Vaters Emil Ury hatte sich die Beziehung, die seine Familie jahrhundertelang mit der orthodoxen jüdischen Glaubenstradition verband, mehr und mehr gelockert. Seine Kinder und Enkel, wie auch ihre zahlreichen Vettern und

Kusinen, blieben zwar Mitglieder der jüdischen Gemeinde, sie heirateten auch jüdische Partner, und die Ehen wurden wie eh und je nach jüdischem Brauch geschlossen. Aber das entsprang keinem religiösen Bedürfnis, sondern eher dem Gefühl familiärer Zugehörigkeit und dem Wunsch, einer Tradition treu zu bleiben.

Wie weit man sich dem christlichen Umfeld angepaßt hatte, illustriert eine Anekdote, die man sich in der Familie gern erzählte. Heinz Wallenberg (1907–2003), der in den Briefen häufig erwähnte Danziger Vetter von Klaus Heymann, konnte sich nach fünfzig Jahren noch darüber amüsieren:

»Meine Tante Käthe Heymann hat nach jüdischem Ritus geheiratet. Als sie unter der Chuppe, dem Brauthimmel, stand, trat ihr jemand auf das lange Kleid, und sie rief erschreckt aus: ›Jesses, Maria und Josef, meine Schleppe!‹«

Für die nächste Generation waren die strengen Riten und Bräuche ihrer Voreltern nur noch Symbole einer überlebten Epoche. So erinnert sich Marianne Wallenberg, geborene Davidsohn (*1913), wie sie als zehnjähriges, liberal erzogenes Mädchen in Berlin ihre orthodox jüdische Großmutter besuchte und voller Unverständnis auf deren religiöse Praxis reagierte:

»Meine Großmutter, Clara Davidsohn, war die Schwester von Franziska Ury. Sie war noch sehr religiös, lebte streng nach den Vorschriften, während Tante Fränzchen alles mehr mit der linken Hand machte. Meine Großmutter hatte noch zweierlei Sorten Geschirr, weil man ja Milchiges und Fleischernes bei den orthodoxen Juden auf gar keinen Fall in denselben Gefäßen zubereiten oder aufbewahren durfte. Bei uns zu Hause gab's das alles nicht. Es war auch üblich, daß die Frauen der Orthodoxen eine Perücke oder ein Haarteil trugen. Das nennt man einen ›Scheitel‹. So etwas hat Franziska Ury sicher auch getragen, solange ihr Mann noch lebte.

Ich weiß noch, ich kam mal morgens zu meiner Großmutter, als sie beim Frisieren war. Meine Tante Ola, die als unverheiratete

Tochter bei ihr lebte und für sie sorgte, hat ihr die Haare gekämmt, und der falsche Zopf hing an einem Haken. Ich hatte irgendwie das Gefühl, ich sollte das nicht merken oder nicht wissen, jedenfalls hat sich meine Tante davorgestellt. Plötzlich fiel dieser Zopf auf den Boden, und mit einem artigen Knicks hab ich ihn aufgehoben, denn das gehörte sich für meine gute Erziehung. Ich hatte nun diesen Zopf in der Hand, von dem ich gar nichts wissen sollte. Das war eine ganz peinliche Situation. Ich kann bis heute nicht verstehen, warum die Frauen ihren Kopf bedecken müssen und jemand anderer nicht sehen soll, was sie für Haare haben! Das ist doch Quatsch!«

In den Kreisen gebildeter deutscher Juden wurde die Kultur, vor allem die deutsche Kultur, zu einer Ersatzreligion, als deren Götter, Engel und Heilige man die großen Künstler verehrte: Bach, Beethoven, Goethe, Schiller – für die Urys und die Heymanns verkörperten sie das Vaterland, das sie unerschütterlich liebten.

Bei ihren Besuchen in Berlin konnte Helen Ury auch die Bibliothek bewundern, die, in Bücherschränken durch Glasscheiben vor Staub geschützt, im Laufe der Jahre zusammengekommen war und von den geistigen Interessen und Vorlieben der Urys zeugten:

»Bücher waren für sie sehr wichtig. Sie kannten natürlich die deutschen Klassiker, die sie in edlen Ausgaben besaßen, aber sie lasen auch sehr viel moderne Literatur. Ich erinnere mich an heftige Diskussionen mit meinem Mann, Fritz Ury, über Kafka! Sein Onkel Hans Ury zum Beispiel, der Arzt, bezog die ›Weltbühne‹ von Ossietzky. Aber die Urys waren auch selber alle sehr begabt. Früher machten sie zu jeder Gelegenheit Verse, seitenlang, die sie dann vortrugen oder von den Kindern aufsagen ließen. Kranzgedichte zum Geburtstag, zur silbernen und goldenen Hochzeit, zu allen möglichen Jubiläen. Mein Schwiegervater Ludwig Ury soll sehr gute Verse gemacht haben, das erzählte mir mein Mann. Und die ganze Familie war sehr musikalisch. Sie liebten Konzerte und Opern.

Seit es Radio gab, versammelten sie sich davor – anfangs noch mit Kopfhörern – und lauschten irgendeinem klassischen Konzert. Und jeden Sonntagmorgen, das hab ich selbst erlebt – und das war überhaupt wie ein Heiligtum! –, wurde Bach gehört, Brandenburgische Konzerte. Das war eine feste Einrichtung, daran wurde nichts geändert. Das war heilig!«

Einige Familienmitglieder spielten auch Instrumente, wie sich Klaus Heymann, dessen Interessen mehr auf technischem Gebiet lagen, mit eher gemischten Gefühlen erinnert:

»Man musizierte damals überhaupt sehr viel. Es gab kein Fernsehen, deshalb tat man selber etwas. Meine Mutter spielte Klavier. Mein Onkel Hans war Mitglied eines Ärzte-Quartetts, das auch Aufführungen gab. Sein Instrument war die Bratsche. Ich weiß noch, wie ich als kleines Kind in der Kantstraße zu Besuch war und in Tante Elses Arbeitszimmer ins Bett gebracht wurde. Da ging es im Sprechzimmer meines Onkels, das gegenüber vom Flur lag, den ganzen Abend, wenn ich einschlafen wollte, mit der Bratsche zu. Dieses Gequietsche! Das klang für mich ganz entsetzlich, aber er übte stundenlang, wahrscheinlich für das nächste Konzert.«

Je mehr sich die deutschen Juden von ihren ursprünglichen Wurzeln entfernten und in die bürgerliche, christliche Gesellschaft integrierten, desto wichtiger wurde ihnen die Familie als Ausdruck der Zusammengehörigkeit. Jetzt waren es nicht mehr die traditionellen religiösen Gesetze und Gebote, die ihr Handeln bestimmten, sondern bürgerliche Tugenden und Ideale: Anstand und Sitte, Ehre, Treue, Vaterlandsliebe und eine »natürliche« Loyalität gegenüber der Obrigkeit – mochte sie sie sich nun in Kaiser Wilhelm, Brüning oder Hitler verkörpern. 1933 – einige Monate nach Hitlers Machtergreifung – veröffentlichte Else Ury ein Buch, »Jugend voraus!«, in dem sie diese Prinzipien noch einmal deutlich zum Ausdruck brachte:

»Ende März fand Renates Einsegnung statt.

Mit ihren Kameradinnen zusammen empfing Renate ernst bewegt den Segen der Kirche. Das Geleitwort, das Pastor Richter ihr ins Leben hinein mitgab, lautete: ›Sei getreu bis an den Tod, so will ich dir die Krone des Lebens geben.‹ Ja, sie wollte getreu sein, ihrem Glauben, ihrem Volke, ihrer Pflicht. Und den Eltern, die sie liebevoll bis hierher geführt hatten, wollte sie stets die Treue halten.«

Der Bruder der Konfirmandin lehnt das Angebot, sein Musikstudium in Japan zu vollenden, mit der Begründung ab:

»Unser deutsches Vaterland braucht jetzt seine Jugend. Jeder von uns hat die Pflicht, am Aufbau mitzuhelfen. Keiner darf eigenen Wünschen nachgehen und fahnenflüchtig werden.«

Diese Haltung kommt auch in den Briefen der Eltern Heymann zum Ausdruck. »Man muß korrekt sein!« mahnte noch 1938, nach fünf Jahren nationalsozialistischer Herrschaft, die Beamtengattin Käthe Heymann ihren Sohn Klaus, als sein Jahrgang zur Wehrpflicht gezogen wurde.

Wie tröstlich, muß sie gedacht haben, daß man sich wenigstens dort an Gesetz und Ordnung halten und seine Pflichten in gewohnter Treue erfüllen durfte. Zeigte dies doch, daß man, auch wenn man Jude war, als deutscher Staatsbürger noch dazu gehörte.

Daß die Mutter mit der Aufforderung zum Gehorsam ihr Kind gefährden konnte, mochte sie in dem Augenblick verdrängt haben. Klaus hätte bei einer Verweigerung zwar nicht belangt werden können, weil er in England lebte, womöglich aber seine Verwandten.

Man kann allerdings vermuten, daß hinter ihrer Mahnung auch die nie ganz aufgegebene, irrationale Hoffnung steckte – in den Briefen liest man es oft genug heraus –, ihr Jüngster werde doch noch zu den Eltern nach Berlin zurückkehren, und wenn nicht aus freien Stücken, dann eben durch amtliche Verfügung, denn, so schrieb sie ihm einmal im Brustton der Überzeugung: »Du gehörst doch hierher, Junge!«

Während Verwandte und Freunde emigrierten und der eigene Lebensraum in Berlin mehr und mehr von den Nazis eingeschränkt wurde, beschworen die Eltern Heymann und Tante Else, aber auch Schwester Lisbeth Jachmann in ihren Briefen an Klaus die Gemütlichkeit, die sie früher so gepflegt hatten, und die zu ihrem Lebensgefühl gehörte wie die Luft zum Atmen. Gerade Else Ury, die zwischen 1905 und 1933 fast 40 Bücher veröffentlicht hatte, war berühmt für die Fähigkeit, ihrem Publikum das wunderbare Gefühl von Nestwärme zu vermitteln. Mindestens drei Mädchengenerationen bis in die Adenauer-Ära hinein haben sich davon anstecken lassen und wurden davon geprägt. Ehemalige Leserinnen berichten noch heute, daß diese Bücher regelrechtes Heimweh in ihnen geweckt hätten nach einem Zuhause, das sie in der Realität meist gar nicht besaßen.

In der Erzählung »Nesthäkchen und ihre Enkel« (Band 9/1924) kommt Nesthäkchens Tochter Ursel zu einem Besuch aus den Tropen, wo sie seit Jahren mit ihrem brasilianischen Mann und drei Kindern lebt. All der Luxus, mit dem der Gatte sie verwöhnt, kann ihr nicht ersetzen, was sie verloren hat: ihre Wurzeln. Die sind im deutschen Boden geblieben, dort, wo sie herkommt und wo sie eigentlich hingehört. Jahrelang hat sie ihre Sehnsucht unterdrückt, jetzt nähert sie sich, innerlich aufgewühlt, dem Urgrund ihres Glücks – dem Elternhaus in Berlin-Lichterfelde:

»Heimatluft – Heimatsonne. Die Arme hätte sie weit ausbreiten mögen, das liebe Fleckchen Erde an ihr Herz zu ziehen. Und nun stand sie an dem väterlichen Garten. Die wilden Rosenranken, die das weiße Gartenstaket umkletterten, waren hoch und dicht geworden. Sie wehrten den Durchblick. Zarte Frauenhände bogen sie auseinander, achteten der schmerzenden Dornen nicht. Da lag es … – ihr Vaterhaus. Still und friedlich in Rosen gebettet, als sei die Zeit spurlos an ihm vorübergeschritten … Dort, die alte

Linde – da saßen sie, die zwei, zu denen jeder sehnsüchtige Gedanke in all den Jahren gezogen: Der Vater – er lebte! Und daneben die Mutter – ... Ein Schleier, aus Glückstränen gewoben, trübte ihr den Blick ... Was war das für ein warmes, wohliges Gefühl, wieder daheim zu sein. Sich wieder Kind zu fühlen im Elternhause. Ist man auch noch so alt inzwischen geworden, dieses Sichgeborgenwissen findet man sonst nirgends in der Welt.«

Klaus Heymann, gefragt, ob dieses Gefühl von Geborgenheit auch in der realen Familie von Else Ury empfunden wurde, bejahte das ohne jede Einschränkung:

»Ich glaube, daß ihr Elternhaus ein sehr heiles Heim war – zu einer Zeit, in der die Welt noch verhältnismäßig heil war, zwischen Ende des 19. Jahrhunderts bis zum Ersten Weltkrieg. Es war ein sehr harmonisches Heim. Und das Heim ihres Bruders, des verheirateten Bruders Ludwig, war auch sehr harmonisch. Auch das unsere. Es war eine heile Welt! Die Welt war so heil – für mich als Kind – daß ich nicht mal wußte, daß ich Jude war. Das kommt einem heute ziemlich seltsam vor, aber es war typisch für viele Juden des deutschen Bürgertums.

Ich bin 1918 in Breslau geboren und besuchte dort die Grundschule des katholischen Südlyzeums. Ich muß so siebeneinhalb gewesen sein, als einer der Jungen – der Junge hieß Herbert Havel – einmal zu mir sagte: ›Du alter Jude!‹ Ich hatte dieses Wort noch nie gehört, dachte, das wäre ein Schimpfwort und sagte zu dem Jungen: ›Selber einer! Bist ja selber einer!‹ Er war katholisch. Als ich das zu Hause berichtete, haben sich meine Eltern etwas verlegen angesehen und müssen mir dann erklärt haben, soweit ich das in meinem Alter auffassen konnte, worum es sich handelte. Es war das erste Mal, daß ich erfuhr, daß ich Jude war! Daß meine Schwestern Juden waren! Kam mir seltsam vor. Sie sahen ja genauso aus wie alle anderen.

In Berlin nahm mich meine Mutter dann mal mit in die Synagoge. Wir saßen auf dem Stammplatz meines Großvaters in dieser alten, berühmten Synagoge in der Heidereutergasse, die jetzt längst abgerissen ist. Das war wie ein ganz altmodisches großes Zimmer, ein Saal. Der Gottesdienst wurde orthodox in Hebräisch abgehalten. Die Leute haben jeder laut für sich selbst gebetet, es war ein Riesenlärm da drin. Ich fand es entsetzlich und sagte meiner Mutter: ›Hör mal zu, da geh ich nie wieder hin!‹ Darüber hat sie sich sehr aufgeregt, denn für sie war die Synagoge das Haus ihres Vaters.

Ich habe damals nicht darüber nachgedacht, wieso mein Schulkamerad wußte, daß ich Jude war. Sicher, weil ich nicht am katholischen Religionsunterricht teilnahm. Wahrscheinlich wurde ich sogar an hohen jüdischen Feiertagen nicht zum Unterricht geschickt und wußte gar nicht, warum und hab auch nicht nachgefragt, weil ich froh war, daß ich mal nicht zur Schule brauchte.

Mein Vater ging übrigens nie mit in die Synagoge, und wahrscheinlich lag es an ihm, daß wir zu Hause am Freitagabend nie den Beginn des Sabbat feierten, mit Kerzen und bestimmten Gebeten und einem besonderen Essen. Sehr schade. Ich höre von Freunden, die das von Kindheit an gewöhnt sind; für sie ist das herrlich. Mein Vater hat sich vollkommen von diesen religiösen Dingen ferngehalten. Was sehr tragisch war und was ich nicht ganz verstehe, denn er muß als Kind in seinem Elternhaus auch orthodox aufgezogen worden sein, aber darüber sprach er nicht.«

## HUGO HEYMANN

Hugo Heymann (1873–1944) stammte aus Soldau, Kreis Neidenburg, im südlichen Teil Ostpreußens, der nach dem Ersten Weltkrieg an Polen fiel. Hugo war das älteste von sieben Kindern. Als Zwölfjähriger wurde der Junge von seinem Vater, einem Kaufhausbesitzer, zu Verwandten nach Berlin geschickt, wie es viele jüdische Väter in der Provinz damals mit ihren Söhnen machten, denn in der Hauptstadt gab es bessere Ausbildungs- und Aufstiegsmöglichkeiten. Hugo Heymann studierte Architektur, ging in den Staatsdienst – zunächst bei der Deutschen Reichsbahn – und durchlief dann eine typische Beamtenkarriere vom Bauführer bis zum Regierungsbaurat. Am Ersten Weltkrieg nahm er als Militärbaurat im Range eines Offiziers freiwillig teil. Für seine Verdienste beim Ausbau der Festung Breslau erhielt er das Eiserne Kreuz.

Zwischen 1901 und 1927 wurde er fünfmal versetzt: nach Gollnow (Pommern), wo seine älteste Tochter Lisbeth zur Welt kam, nach Königsberg (Ostpreußen), nach Wohlau (Schlesien), wo Ilse geboren wurde und schließlich Breslau, dem Geburtsort von Klaus, wo Hugo Heymann mit seiner Familie dreizehn Jahre blieb, ehe er, mit der Bestallung zum Preußischen Regierungsbaurat, nach Berlin zurückkehren konnte. Das Büro, das er leitete, lag zeitweise mitten im Regierungsviertel, in der Wilhelmstraße, in der sich nach der Machterfreifung Büros und Abteilungen der NSDAP etablierten.

Als Vorstand des Preußischen Staatshochbauamtes für die Bezirke Nieder-Barnim im Norden von Berlin und Teltow im Süden war Hugo Heymann verantwortlich für die Instandhaltung und Erneuerung der protestantischen Kirchen und den Bau von Pfarrhäusern, die Gebäude der staatlichen Forstverwaltung, einschließlich der Polizeihundeschule in Grünfelde und der ebenfalls staatlichen Rennbahn Hoppegarten mit ihren zahlreichen Pferdeställen und Verwaltungstrakten.

Wie sehr Hugo Heymann von seinen Kollegen geschätzt wurde, zeigt der Brief eines – nichtjüdischen – Ministerialrats aus dem Regierungsbezirk Potsdam, datiert vom 19. Oktober 1935, einen Monat nach Verkündung der Nürnberger Rassengesetze und der Entlassung des Baurats aus seinem Amt. Daß sich der Brief unter den wenigen Dokumenten befand, die Klaus Heymann nach dem

Krieg als einziges Vermächtnis seiner Eltern ausgehändigt wurden, läßt ahnen, wie wichtig dem Vater dieses Zeugnis der Anteilnahme gewesen sein muß:

»Sehr geehrter Herr Heymann,

nachdem ich es erfahren, ist es mir ein Verlangen meines Herzens, Ihnen zu sagen, wie ich mit Ihnen empfinde, was über Sie gekommen ist. Ich denke an unsere gemeinsame achteinhalbjährige Arbeit und vor allem daran, wie schön es für mich immer war, wenn ich mit Ihnen zusammen draußen sein konnte. Es ist nicht meine Aufgabe, Ihnen zu danken, was Sie für die Forstverwaltung hier im Bezirk geleistet haben. Aber ich bitte Sie, meinen persönlichen, aufrichtigen Dank entgegennehmen zu wollen für die liebenswürdige Art des Zusammenarbeitens und für manchen guten Rat, den Sie mir bei den Baubesichtigungen aus der Fülle Ihrer Erfahrung gegeben haben. Ich wünsche Ihnen und Ihrer ganzen Familie alles Gute und eine recht feste Gesundheit.

Mit vielen herzlichen Grüßen verbleibe ich

Ihr sehr ergebener Möhring«

Hugo Heymann wußte bei aller Beamten-Korrektheit durchaus die schönen Seiten des Lebens zu genießen. Dabei schöpfte er die Privilegien, die ihm als Familienoberhaupt gebührten, voll aus. Mit seinem engsten Freund, Obermagistratsrat Dr. Adolf Neumann – genannt Neumi –, einem Juristen, unternahm er im Sommer alle zwei Jahre eine ausgedehnte Schiffsreise. Die Route der genauestens vorbereiteten Fahrt durfte Sohn Klaus auf dem Atlas mitverfolgen:

»Das waren so zwei bis drei Wochen. Damals gab es noch Schiffe, die fahrplanmäßig von Rotterdam über Marseille bis Marokko, Ägypten, Griechenland alle Häfen abfuhren und dann genauso wieder zurück. Auch England haben sie angefahren. Und was interessant dabei ist: die Männer machten diese Reisen allein, die Frauen mußten zu Hause bleiben. Heute wäre das ganz unmöglich! Ich wäre doch nie ohne meine Frau in Urlaub gefahren!

Vater ist furchtbar gern gereist, und meine Mutter hätte das auch gern getan, aber auf diese Weise hat sie überhaupt nichts kennengelernt von der Welt, nicht mal nach England ist sie gekommen, das sie doch so liebte! Sie hat immer von England gesprochen, das war ein Traum seit ihrer Mädchenzeit, einmal dorthin zu fahren. Aber sie hätte niemals gesagt: ›Hör zu, jetzt bin ich mal dran!‹ Das hätte sie nicht g e w a g t! Es stand ihr nicht zu. Mit ihr verreiste der Vater höchstens ins Allgäu, nach Tirol oder so. Mich steckten sie für diese Wochen in ein Kinderheim, ob ich wollte oder nicht, da wurde nicht gefragt. Ich hab es gehaßt und hatte jedesmal großes Heimweh. Aber es war ja noch die wilhelminische Zeit! Obwohl wir zu der Zeit schon in einer Republik lebten. Der Mann war das Oberhaupt der Familie, er verdiente das Geld, er bestimmte alles. In einem dieser Kinderheime hab ich übrigens meine spätere Frau, die Lilo, kennengelernt, das war auf der Insel Norderney.

In den Zwanziger Jahren, nach dem Ersten Weltkrieg, gab es bei uns zu Hause nicht viel zu essen, aber für den Vati wurde eine besondere Mahlzeit gekocht, nicht für den Rest der Familie. Ich bekam manchmal einen Bissen von ihm ab.

Der Vater war die wichtigste Person, die Mutter kam an zweiter Stelle. Trotzdem würde ich sagen, daß sie eine sehr gute Ehe führten. Obwohl – meine Schwester Ilse war da vollkommen anderer Meinung. Sie war zehn Jahre älter als ich, sie wußte bestimmt mehr, hat mehr mitbekommen. Ich wollte davon nichts hören, auch später nicht, als ich sie nach dem Krieg in Israel besuchte und wir über unsere Eltern sprachen.«

Regierungsbaurat Heymann und Obermagistratsrat Neumann trafen sich auch in Berlin regelmäßig alle 14 Tage, meist in einem Restaurant am Kurfürstendamm. Käthe Heymann, die zu Hause bleiben mußte, argwöhnte, daß die Herren dabei ungeniert auf »Gemsenjagd« gingen.

In der Verwandtschaft kursierten Gerüchte. Ilse hatte ihren Vater angeblich mal mit einer Frau ertappt, was ihre Abneigung gegen ihn verstärkt haben soll. Eins stimmte: Hugo Heymann hatte ein Faible für das weibliche Geschlecht. Da seine Ehefrau davon wusste, wurden auch nur häßliche Hausmädchen angestellt. Etwas anderes konnte sie nicht dagegen unternehmen. Der wilhelminische Sittenkodex erlegte ihr tapfere Duldung auf. Wenn Klaus aus der Schule kam, sah er seine Mutter oft in Tränen und war überzeugt, seine Schwester Ilse hätte wieder etwas angestellt. Daß vielleicht der pater familias der Grund sein konnte, kam dem so behütet aufwachsenden Jüngsten nie in den Sinn.

Solche Geschichten waren im übrigen, wie sich Marianne Wallenberg erinnert, in der Familie kein Thema:

»In unserer Verwandtschaft wurde viel miteinander gesprochen, man sah sich ja auch dauernd, man wußte immer, wie es den anderen ging, wo man helfen konnte. Aber über Eheprobleme, Seitensprünge und dergleichen – nein! Nie! Ich weiß, daß ich meine Mutter mal fürchterlich schockiert habe, weil ich gesagt habe: Ich überleg mir manchmal, welcher von den Onkels wohl nebenbei noch Liebschaften hat. Meine Mutter war außer sich! Überhaupt die Idee alleine! Unmöglich! Solche Dinge wurden wahrscheinlich unter den Teppich gekehrt, wenn sie wirklich vorkamen. Das gehörte auch zur heilen Welt. Was nicht so heil war, das wurde – zumindest vor den Kindern – nicht erwähnt. In unserer Familie hat es keine Scheidungen gegeben.

Von einem Onkel und seiner Frau haben wir gehört, die verstehen sich nicht sehr gut. Aber die sind zusammengeblieben, bis – ja, bis die Frau sich das Leben genommen hat. Und daß die Frau von Ludwig Ury nach dem Tod der Tochter Marlene so unglücklich war und sich das Leben genommen hat, deutet ja auch so etwas an. Wenn es eine gute Ehe gewesen wär, hätte sie doch das

Gefühl gehabt, daß der Mann auch eine Stütze braucht. Daß sie ihn im entscheidenden Moment ganz allein gelassen hat – denn der Sohn Fritz war längst im Ausland –, deutet darauf hin, daß die Ehe nicht so hundertprozentig war.

Ich überlege, was für ein Mensch mein Onkel Hugo Heymann gewesen ist. Ich mochte ihn gern, aber er war ein typischer Ostpreuße, etwas schwerfällig. Und er hatte so gar nichts Künstlerisches an sich, keine Phantasie, überhaupt nicht. Er war ein Beamter. So waren die Dinge, so mußten sie sein, und darum konnte sich jemand wie er auch nicht vorstellen, was passieren würde und wozu die Nazis fähig waren. Für ihn war's die Regierung, war's Gesetz und Ordnung, und dagegen gab's gar nichts. Und er hat auch nichts gemacht, was irgendwie im Entferntesten anstößig oder ungesetzlich gewesen wäre, selbst wenn er damit sein Leben hätte retten können. Ausgeschlossen! Er war der Beamtentyp, der deutsche Beamtentyp, der unter Juden genauso vorkam wie unter Nichtjuden. Wo er politisch stand – etwas rechts, würde ich meinen, zumindest sehr konservativ.«

## POLITIK

»Ich glaube mich zu erinnern«, sagt Klaus Heymann, »daß meine Eltern vor dem Ersten Weltkrieg der Nationalliberalen Partei nahestanden. Else Ury könnte Deutsche Volkspartei gewählt haben.«

Die Nationalliberale Partei, 1867 gegründet, war die Partei des gebildeten und besitzenden Bürgertums, einst Bismarcks parlamentarische Hauptstütze im »Kulturkampf« gegen den Einfluß der katholischen Kirche. Im Ersten Weltkrieg trat die Nationalliberale Partei für Annexionen und gegen einen Verständigungsfrieden ein. Ihr rechter Flügel gründete im Dezember 1918 unter Vorsitz von Gustav Stresemann die Deutsche Volkspartei, die anfangs gegen die Weimarer Verfassung und die »Erfüllungspolitik«, d. h. die Erfüllung des Versailler Vertrages stand, durch den Deutschland zu hohen Reparationsleistungen an die Alliierten verpflichtet wurde. Doch der spätere Reichsaußenminister Stresemann (1923–1929) rückte von dieser extrem nationalistischen Position ab und setzte sich – gegen den Widerstand der Rechtsparteien – für die Verständigung mit den einstigen Feinden – vor allem mit dem »Erbfeind« Frankreich – ein. Er erreichte die Aufnahme Deutschlands in den Völkerbund und erhielt, zusammen mit dem französischen Außenminister Aristide Briand, 1926 den Friedensnobelpreis.

In der Familie Ury/Heymann wurde viel über Politik gesprochen. Sogar in ihren Kinder- und Jugendbüchern hat sich Else Ury erstaunlich oft mit politischen Themen befaßt – Krieg, Flüchtlingsschicksal, Arbeitslosigkeit, Ausländerfeindlichkeit. Ihre Botschaft lag ganz auf der Stresemannschen Linie, wenn auch nur im privaten Bereich: Akzeptieren des anderen, Verständigung, Versöhnung. So konfrontierte sie ihre chauvinistischen jungen Romanhelden mit Menschen aus fremden Ländern, etwa mit einem kultivierten japanischen Untermieter oder einer polnischen Schülerin, deren Vater für Deutschland gefallen war, und ließ sie kleinlaut erkennen, daß sie selber nicht besser, sondern einfach überheblich waren.

Im vierten Band der »Nesthäkchen«-Reihe – »Nesthäkchen und der Weltkrieg« (1916) – läßt Else Ury ihre kleine Protagonistin Annemarie nach einer von den Deutschen gewonnenen Schlacht beten:

»Lieber Gott, ... schick uns doch wieder solchen feinen Sieg wie heute, ja? Bitte, hilf uns Deutschen doch ...«

Dabei fällt dem Mädchen ein, »daß vielleicht zur gleichen Stunde französische oder englische Kinder den lieben Gott ebenfalls um seine Hilfe anflehten«, und es bittet Gott: »bleibe wenigstens neutral.«

Nesthäkchens Weltkrieg endet 1916, als sich die kleinen und großen Patrioten im Reich noch kühnen Hoffnungen hingaben:

»Die erste große Seeschlacht war am Skagerrak geschlagen,

Deutschlands junge Flotte hatte einen glänzenden Sieg über Englands weltbeherrschende Seemacht errungen.«

In Wirklichkeit war die Auseinandersetzung am Skagerrak eine unentschiedene Schlacht. Daß sie von der Heeresleitung als Erfolg verbucht wurde, lag an den stärkeren englischen Verlusten. Aber welcher Deutsche wollte das damals so sehen? Deutschland war groß und sollte es bis in alle Ewigkeit bleiben. Auch diese Illusion gehört zu den Aspekten der heilen Welt.

## HITLER

Kein Wunder, wenn national gesinnte Deutsche, und das waren die meisten assimilierten Juden, anfangs trotz aller Sorge in Hitler auch eine Hoffnung sahen. Daß er sich über den Versailler Vertrag hinwegsetzte, ohne auf allzu großen Widerstand bei den ehemaligen Feinden zu stoßen; daß es ihm gelang, dem Reich wieder Ansehen in der Welt und den Deutschen Selbstbewußtsein zu verschaffen, nötigte allen Patrioten Respekt ab.

Nach außen hin schienen Hitlers Erfolge bemerkenswert. Innerhalb kurzer Zeit verschwanden sechs Millionen Arbeitslose von der Straße, die Baubranche blühte, Häuser, Straßen, Autobahnen entstanden, in den Betrieben wurde wieder produziert.

Nachbarstaaten, die seit der Weltwirtschaftskrise die gleichen Problemen zu bewältigen hatten wie die Deutschen, sahen mit Bewunderung zu. Der niederländische Generalsekretär Verwey bezeichnete die deutschen Maßnahmen zur Bekämpfung der Arbeitslosigkeit – zum Beispiel durch den effizienten Ausbau der »Reichsanstalt für Arbeitsvermittlung und Arbeitslosenversicherung« in Nürnberg – als eine Leistung »von welthistorischer Bedeutung«. Daß der Aufschwung allein den – noch geheim gehaltenen – Kriegsvorbereitungen zu verdanken war, wußten nur wenige.

Die ausländische Presse lobte Hitler und seine Partei, weil sie sich als nützliches Bollwerk gegen den allseits gefürchteten Bolschewismus erwiesen.

Es gab nur wenige Deutsche, die dem Diktator nicht glauben wollten, als er 1933 mit geradezu religiösem Eifer prophezeite, daß schon bald »die Millionen, die uns heute hassen, hinter uns stehen und mit uns dann begrüßen werden das gemeinsam geschaffene, mühsam erkämpfte, bitter erworbene deutsche Reich der Größe und der Ehre und der Kraft und der Herrlichkeit und der Gerechtigkeit. Amen.«

Hitlers augenscheinliche Erfolge, aber auch sein selbstsicheres Auftreten und die magische Aura, die er um seine Person zu schaffen wußte, verblendeten viele Zeitgenossen.

»Gar nicht unsympathisch, der Mann«, meinte noch 1937 der österreichische Schriftsteller Franz Werfel, nachdem er Hitler bei einer Rede beobachtet hatte. Daß der »Führer« sein Leben bedrohen würde, nur weil er Jude war, hielt Werfel, der berühmte Verfasser christlicher Romane, so lange für unvorstellbar, bis er ein paar Monate später – nach dem triumphalen Einmarsch der Deutschen und dem »Anschluß« Österreichs – zur Flucht gezwungen wurde.

Die jüdischen Gemeinden und die jüdische Presse waren sich 1933 keineswegs einig über ihr Verhalten gegenüber der antisemitischen Politik Hitlers. Liberale, Orthodoxe, Zionisten, nationaldeutsche Juden, aufgespalten in Splittergruppen, lieferten sich untereinander seit langem erbitterte Richtungskämpfe.

Rechte jüdische Organisationen reagierten auf den Nationalsozialismus, indem sie sich ihm ideologisch annäherten. Sie betonten ihre deutsche Gesinnung, bejahten das Führerprinzip und grenzten sich entschieden von den Ostjuden ab. Daß der Antisemitismus Hitlers für jeden einzelnen von ihnen, ungeachtet seiner Verdienste, seiner Herkunft oder politischen Einstellung, tödlich sein würde, erkannten sie nicht.

Auf einer Kundgebung des Verbandes der Nationaldeutschen Juden im Januar 1934 erklärte deren Vorsitzender Max Naumann:

»Es ist ein Unterschied, ob ein Jude aus einer seit vielen Jahrzehnten in Deutschland ansässigen, mit der deutschen Kultur verwurzelten Familie stammt, oder ob er ein frisch aus Tarnopol eingewanderter Ostjude ist, der eben erst seine Schläfenlöckchen abgeschnitten, aber seinen asiatischen Charakter behalten hat ... Vor den jüdisch-nationalen Zionisten habe ich große Achtung, vorausgesetzt, daß sie nach Palästina auswandern, denn in Deutschland haben sie nichts zu suchen. Wir nationaldeutschen Juden bejahen die nationale Revolution, die unseren Anschauungen entspricht. Wir müssen dahin wirken, daß der nationalsozialistische Staat unsere Gesinnung anerkennt und gegenüber den deutschgesinnten Juden seine Politik nicht anwendet.«

In der Loyalitätserklärung des Reichsbundes jüdischer Frontsoldaten hieß es 1933:

»In alt-soldatischer Disziplin stehen wir mit unserem deutschen Vaterlande bis zum letzten!«

Bei aller Verschiedenheit waren sich die jüdischen Gruppierungen in einem allerdings bald einig: daß es an der Zeit war, die Wurzeln wiederzuentdecken. Von den Zionisten stammte der Satz, den sich viele jetzt zu Herzen nahmen:

»Dem uns umgebenden Haß begegnen wir mit einer neuerwachten Liebe zum Judentum.«

In diesem Zusammenhang sprach die Jüdische Rundschau, das Organ der Zionisten, von einer zweiten jüdischen Emanzipation:

»Das Ziel der neuen Emanzipationskämpfe kann nicht die Gleichstellung des Individuums sein, sondern die Emanzipation als Gruppe ... Auch innerhalb des neuen Deutschland werden wir ... eine wahrhaftige Emanzipation nur dadurch erreichen können, daß wir unserem Judensein wieder ein geistiges Gesicht geben ... Bei der alten Emanzipation war die Parole, das Judentum möglichst unkenntlich zu machen; heute heißt es, das Judentum bewußt zu machen.«

Und wie so oft in der Vergangenheit, wenn die Juden verfolgt wurden, stellten sich auch jetzt viele die Frage, ob sie diese Strafe nicht verdient hätten. Die deutsch-israelitische Zeitung »Laubhütte«, die orthodoxe Anschauungen vertrat, schrieb 1935:

»Daß es für uns überhaupt Probleme gibt, ist unsere eigene Schuld. Als die Ghettotore fielen ... da war es an uns zu zeigen, daß der Jude auch in der ungestörten Entwicklung seiner äußeren Lebensgestaltung sich seiner Eigenart bewußt bleibt, dadurch, daß er die Lebensformung, die die Thora ihm aufprägt, nicht preisgibt .... Wir waren wie Trunkene, wir sogen uns voll mit der Modephilosophie des Tages ... Die Weltgeschichte ist ein Schofarruf des Himmels, die Stimme Gottes, nicht die sinnlose des Zufalls.«

## ANTISEMITISMUS

Schon vor 1933 griffen SA-Schlägertrupps in Berlin jüdische Passanten an, machten Razzien in den von jüdischen Intellektuellen bevorzugten Cafés und Nachtclubs am Kurfürstendamm, demolierten jüdische Geschäfte, störten Ausstellungen und Auftritte jüdischer Künstler.

Auch Helen Ury erinnerte sich an eine Konfrontation mit den Nazis:

»Wir kamen aus London nach Berlin, hatten ja englische Pässe und wollten in die Tschechoslowakei zum Skifahren. Um meinen Schwiegervater und die Familie Ury am Kaiserdamm zu besuchen, fuhren wir mit der Untergrundbahn, mein Mann und ich. Da wurden wir von den brown shirts beschimpft. Mich pöbelte einer an und sagte: ›Wie kannst du als deutsches Mädel mit einem Judenbengel ausgehen!‹ Mein Mann sah jüdisch aus. Ich war blond und blauäugig wie ein deutsches Gretchen. Mein Mann nahm mich beiseite, und an der nächsten Station stiegen wir aus.

Ich glaube, ich war die einzige in der Familie, die sozialdemokratisch orientiert war und auch die einzige, die sich mal eine Naziversammlung angesehen hat. Das war Anfang 1933 in der Hasenheide. Da sprachen Hitler und Goebbels im Freien vor ungefähr 100 000 Menschen. Ich drehte mich um und beobachtete die Leute. Sie waren vollkommen fasziniert, wie betäubt!«

Klaus Heymann kann sich nicht entsinnen, als Halbwüchsiger mit dem Vater über dessen politische Einstellung gesprochen zu haben. Wenn sich die Familie traf, meistens beim Essen, erörterte man zwar aktuelle Ereignisse, berichtete, was man gehört oder in den Zeitungen gelesen hatte.

Aber wie stand der Vater selbst zum Naziregime? Fühlte er sich vom Antisemitismus persönlich berührt? Wie reagierte er auf die öffentliche Diskriminierung der Juden? War er gedemütigt, verletzt, bedroht, wenn er auf seinen Gängen durch die Stadt Schilder und Plakate der Nazis sah: »Die Juden sind Verbrecher!« – »Frauen, Mädchen, hütet euch vor dem Schänder, dem Juden!« – »Vor Juden und Taschendieben wird gewarnt!«? Was empfand er, wenn ein »arischer« Bekannter ihn nicht mehr grüßte?

In dieser Generation stellte ein Kind seinen Eltern keine Fragen. Es hielt sich an das ungeschriebene Gesetz, die eigenen Unsicherheiten und Ängste für sich zu behalten. In der streng patriarchalisch orientierten Familie war es ohnehin nicht üblich, mit dem Oberhaupt von gleich zu gleich zu diskutieren und eigene Meinungen zu vertreten, erst recht nicht politische. Vielleicht war Hugo Heymann auch gar nicht in der Lage, sich selbst Rechenschaft darüber abzulegen, was ihm widerfuhr. Aber Klaus spürte, daß sein Vater gegenüber dem nationalsozialistischen Regime keine eindeutige Haltung einnahm und beobachtete ihn:

»Als Junge habe ich meinen Vater oft auf Baustellen begleitet. Das tat ich sehr gern, wir verstanden uns gut. Und ich erinnere mich, es muß im Herbst 1934 gewesen sein, da waren wir in Hoppegarten auf der Rennbahn, wo er von einem Herrn zu einer Baubesichtigung erwartet wurde. Ich ging zu den Ställen rüber, das war für mich interessanter, aber ich drehte mich zu meinem Vater um, als ich hörte, wie der Herr ihn mit Heil Hitler begrüßte: Heil Hitler, Herr Baurat! Ich guckte auf meinen Vater und sah, daß er im Bergriff war, die Hand zu heben, nur etwas, grade so. Als er meinen Blick sah, nahm er sie sofort runter und schien danach ziemlich verlegen. Ich fragte mich, wenn ich nicht dagewesen wäre, hätte er Heil Hitler gesagt? Ich weiß nicht. Ich hab es zu Hause nicht erzählt, denn wenn meine Schwester Ilse das gehört hätte, dann wäre es zu einem scheußlichen Krach gekommen. Mein Vater war äußerst empfindlich, wenn man seine Autorität in Frage stellte. Es kam vor, daß er sich dann völlig zurückzog und tagelang nicht mit uns sprach.«

## JUDENPOLITIK

Am 30. Januar 1933 wurde Adolf Hitler zum Reichskanzler ernannt:

»Keine Macht der Welt wird mich jemals lebend hier wieder herausbringen!« prophezeite er seinen Anhängern vor seinem neuen Amtssitz.

Einen Monat später brannte der Reichstag, angezündet von einem jungen holländischen Kommunisten, Marinus van der Lubbe, wie die Presse berichtete. Heute weiß man, daß bei der Brandstiftung die Nazis ihre Hand mit im Spiel hatten. Sie brauchten einen Vorwand, um ihre Gegner auszuschalten. Noch in der Brandnacht machte die SA Jagd auf Kommunisten, Liberale und Sozialdemokraten. Rund 10 000 Personen wurden verhaftet und zum Teil in »wilden« Konzentrationslagern interniert. Einen Tag danach traten zwei Notverordnungen in Kraft (»zum

Schutz von Volk und Staat« und »gegen Verrat am deutschen Volk und hochverräterische Umtriebe«), die die Verfassung durch den permanenten Ausnahmezustand außer Kraft setzten.

Ende März ermächtigte der Reichstag die Regierung, in eigener Verantwortung Gesetze zu erlassen. Damit war der Weg frei für die totale Herrschaft Hitlers und seiner Partei.

Mit Beginn der Pogrome (1. April 1933) und der Zunahme antisemitischer Gesetze, Verordnungen und Erlasse begann die Entrechtung und Ausgrenzung der Juden. Deutschland sollte »judenrein« werden. Die Nazis wollten der jüdischen Bevölkerung das Leben in Deutschland so erschweren, daß sie auswanderte. Doch das vollzog sich langamer als vorgesehen. Im Oktober 1937 waren von den rund 525 000 Juden im Reich erst etwa 105 000 emigriert, vor allem Angehörige der wohlhabenden Oberschicht und der jüngeren Generation. Und seit Mitte des Jahres stagnierte die Auswanderung sogar, denn immer mehr Staaten weigerten sich, die europäischen Flüchtlinge aufzunehmen. Palästina, zu vier Fünfteln von Arabern bewohnt, wehrte sich gegen das britische Mandat und die Einwanderung von Juden, politische Unruhen erschütterten das Land. Hinzu kam, daß Deutschland – vier Jahre nach dem Regierungswechsel – den ersten wirtschaftlichen Aufschwung erlebte, der vielen Juden neue Hoffnung gab und sie zum Bleiben bewegte.

Aber auch die taktischen Proklamationen der Nazis sorgten für eine gewisse Beruhigung.

Am 3. März 1933 hatte Reichsminister Hermann Göring vor den Vertretern des »Centralvereins deutscher Staatsbürger jüdischen Glaubens« (CV) beteuert:

»Die Sicherheit des Lebens und des Eigentums der jüdischen Staatsbürger, die sich der Regierung gegenüber loyal verhalten, ist gesetzmäßig gewährleistet.«

Diese Worte, in der CV-Zeitung abgedruckt, betrachtete ein ergebener Staatsdiener wie Hugo Heymann als bindende Zusage. Deshalb konnte für ihn der reichsweite Judenboykott drei Wochen später auch nicht von den Machthabern befohlen worden sein. Das war – so glaubte er wie die meisten Deutschen – das Werk des braunen Pöbels, der ohne Wissen Hitlers seine niederen Triebe auslebte. Dem Reichskanzler, der den zurückhaltenden Staatsmann gab und sich nie persönlich an Ausschreitungen beteiligte, trauten viele keine Gewalttat zu. Zur stehenden Redensart wurde damals der naive Ausspruch: »Wenn das der Führer wüßte!«

Als Hitler im September 1935 die »Gesetze zum Schutz des deutschen Blutes und der deutschen Ehre« (Nürnberger Gesetze) im Reichstag einbrachte, erklärte er:

»Die deutsche Reichsregierung ist dabei beherrscht von dem Gedanken, durch eine einmalige säkulare Lösung vielleicht doch eine Ebene schaffen zu können, auf der es dem deutschen Volk möglich wird, ein erträgliches Verhältnis zum jüdischen Volk zu finden.«

Propagandaminister Joseph Goebbels amüsierte sich in seinem Tagebuch köstlich über diese zynische Gerissenheit.

Die »Jüdische Rundschau«, die auch von Heymanns und Urys gelesen wurde, verstand Hitlers Worte als ein Zeichen der Zuversicht, »daß den Juden doch noch die moralische und wirtschaftliche Existenzmöglichkeit belassen wird«.

Solche hochoffiziellen Lügen gehörten zur Taktik der NS-Politik und täuschten sogar das Ausland über die wahren Absichten Hitlers. Die Entfernung der Juden aus dem öffentlichen Leben, aus Verwaltung, Wirtschaft, Wissenschaft und Kultur, geschah also nicht auf einen Schlag.

Gerade dieses zögerliche, scheinbar legale, oft widersprüchliche Vorgehen machte auf viele Betroffene den Eindruck, alles wäre vielleicht doch nicht so schlimm, eine Art Pogrom wie viele andere vorher. Wenn man sich strikt an die Gesetze hielte, unauffällig bliebe, dann würde man nicht behelligt werden.

Doch Heinrich Heine – ein auch im Hause Ury verehrter Autor – hatte bereits ein Jahrhundert zuvor prophezeit:

»Lächelt nicht über den Phantasten ... und wenn ihr es einst krachen hört, wie es noch niemals in der Weltgeschichte gekracht hat, so wißt: der deutsche Donner hat endlich sein Ziel erreicht ... Es wird ein Stück aufgeführt werden in Deutschland, wogegen die französische Revolution nur wie eine harmlose Idylle erscheinen möchte.«

## NAIVITÄT

Wenn Hugo Heymann sich nichts von dem, was in den nächsten Jahren geschehen sollte, vorzustellen vermochte, so lag das vor allem daran, daß er mit seiner Familie in den ersten beiden Jahren der Naziherrschaft persönlich, zumindest physisch, unangetastet blieb. Mit welcher – heute unbegreiflichen – Naivität viele Juden die Augen vor den Tatsachen verschlossen, schildert Lillian (Lilo) Heyman, geborene Lachmann, die Kinderfreundin und spätere Frau von Klaus:

»Wir wohnten gegenüber vom Tempelhofer Feld, wo ständig diese Massenveranstaltungen abgehalten wurden. Da mußten alle Häuser in der Straße mit Fahnen geschmückt werden. Da, wo Lücken blieben, wohnten Juden. Das wußte man. Wir hatten auch keine Fahne. Aber ich bin mit meiner Schwester – ich war etwa 17 Jahre alt – zu so einer Versammlung hingegangen. Es war im Sommer, sehr heiß. Wir haben das Ganze mit angehört, und als es zu Ende war, sind wir schnell nach Hause gegangen, haben einen kleinen Tisch herausgeholt und Gläser und Orangeade darauf gestellt und haben sie dann den SA-Leuten, die auf dem Rückweg vorbeimarschierten, gereicht. Daß meine Eltern uns das nicht verboten haben! Oder daß wir selbst nicht genug Verstand hatten – da schäm ich mich noch heute!

Dabei, ich wußte doch, daß mein Vater ein-, zweimal untertauchen mußte, weil es gefährlich für ihn war. Aber wir waren Kinder – mit 17 noch! Völlig unreif.«

Die Heymanns und die Urys wohnten im Westen Berlins, in einer ruhigen Gegend, fern von den Massenaufmärschen und den SA-Schlägereien in der Innenstadt. Davon lasen sie in den Zeitungen, hörten auch ab und zu von Bekannten, die es getroffen hatte, die mißhandelt oder verhaftet worden waren. Aber das geschah nur vereinzelt, und das passierte woanders. Mit ihnen selbst, so glaubten sie, hatte das nichts zu tun.

## KARINHALL

Deshalb war es ein Schock für die ganze Familie, als Hugo Heymann eines Tages »abgeholt« wurde, wie sich Klaus Heymann lebhaft erinnert:

»Im Jahr 1934 kam ich mittags aus der Schule, da saß die Mutter in Tränen aufgelöst und war ganz merkwürdig. Sagte ich: Was ist los? Sagte sie: Der Vater ist abgeholt worden. Sagte ich: Von wem? – Von der SS. – Warum? – Weiß nichts. Hab ihn gefragt, er hat nichts gesagt, hat nur gelächelt – mein Vater hat immer gelächelt, wenn irgendeine Gefahr bestand – und gesagt: Mach dir keine Sorgen, ich bin in ein paar Stunden wieder zurück. Aber er kam nicht zurück. Es wurde Nachmittag, es wurde Abend, es war schon dunkel, ich sollte schon schlafen gehen, konnte aber nicht. Ungefähr gegen zwei Uhr morgens wurde er mit einem Auto zurückgebracht. Er schloß die Tür auf, gelächelt, alles in Ordnung. Und was war? Das Jagdschloß von Hermann Göring in der Schorfheide, ›Karinhall‹, war in Brand geraten, und mein Vater war der zuständige Architekt vom Hochbauamt Nieder-Barnim, es gehörte zu seinem Bezirk, und er mußte ein Gutachten abgeben, ob es sich um Brandstiftung oder einen technischen Defekt handelte. Drei Monate später passierte das gleiche noch einmal. Wieder SS, diesmal morgens um fünf. Meine Eltern hatten mich nicht geweckt, ich fand nur noch meine Mutter im Schlafrock, wie sie im Flur stand, ganz bleich. Ich wollte an dem Tag zu Hause bleiben, aber sie schickte mich trotzdem zur Schule. Mein Vater kam zu einer vernünftigen Zeit am Abend zurück, aber er erzählte uns nichts von seinem Ausflug, und ich weiß, ich hatte irgendwie das Gefühl, daß er nicht darüber sprechen wollte.«

Es war die erste direkte Berührung mit der SS. Da offenbar nichts Schlimmes passiert war, fanden die Heymanns »alles in Ordnung«. Möglicherweise fühlte sich der Baurat durch diese hochoffizielle Aktion in seiner Haltung bestärkt, er sei für die Nazis, obgleich er Jude war, unentbehrlich, sogar der mächtige Hermann Göring mußte ihn rufen lassen.

Was Hugo Heymann seiner Meinung nach auch schützte: er hatte am Ersten Weltkrieg teilgenommen, und er war Träger des Eisernen Kreuzes. Deswegen hatte er als »Volljude« – so erklärte er sich den Tatbestand – auch noch im Amt bleiben können, als andere schon entlassen wurden.

## GELBER BRIEF

Scheinbar unbeschwert fuhr Baurat Hugo Heymann mit seiner Frau im September 1935 zu einem längeren Urlaub nach Italien an die Ligurische Küste. Sohn Klaus, den die Eltern bei solchen Anlässeb früher in ein Kinderheim geschickt hatten, war nun mit seinen 17 Jahren alt genug, um eine Weile für sich selbst zu sorgen. Er blieb zu Hause. Und so war er derjenige, der als erster den amtlichen Brief in Empfang nahm, der ihn nichts Gutes ahnen ließ.

Nach der Abreise der Eltern hatte der Parteitag der NSDAP in Nürnberg stattgefunden. Am 15. September veröffentlichten die

Zeitungen die sogenannten Nürnberger Rassengesetze, die den Juden die Bürgerrechte aberkannten und sie zu »volksfremden Elementen« erklärten: «Reichsbürger ist nur der Staatsangehörige deutschen oder artverwandten Blutes«. Was das in der Praxis bedeutete, sollten auch die Heymanns sehr bald erfahren. Klaus erinnert sich:

»An einem Morgen, einem Werktag, ich wollte grade zur Schule gehen, kam der Brief, ein großer gelber Umschlag von der Regierung Potsdam. Den machte ich auf, da stand drin: ›Sie sind auf Grund der Gesetzgebung § soundso, Absatz soundso mit sofortiger Wirkung von Ihrem Amt beurlaubt. Sie haben kein Recht, jemals wieder Ihr Amt, Ihr Büro zu betreten, und Sie werden mit Ablauf des Jahres 1935 in den Ruhestand versetzt.‹

Ich weiß noch, ich war furchtbar aufgeregt, als ich den Brief in Händen hielt. Ich hab sofort Tante Else am Kaiserdamm angeläutet, denn ich wußte nicht, wie ich es meinem Vater schonend beibringen sollte. Meine Eltern wollten am nächsten Morgen zurückkommen, mit dem Schlafwagen von Genua oder Mailand, und ich hatte versprochen, sie abzuholen. Tante Else fuhr mit mir zum Anhalter Bahnhof. Große Wiedersehensfreude! Aber ich war sehr bedrückt. Ich konnte das nie verbergen. Mein Vater fragte sofort: Was ist los? Sagte ich: Hast' n Brief bekommen. Er wußte gleich Bescheid. Obwohl er es vorher nie hatte wahrhaben wollen. Für meinen Vater war die Frühpensionierung nicht nur seelisch ein schwerer Schlag, sie bedeutete auch finanzielle Einbuße. Der Sold von 850 Reichsmark reduzierte sich auf 411,09 Mark. Das war allerdings nicht so wenig, wie es scheint. Das wären heute vielleicht 1600 bis 1800 Euro.«

Im Zuge der Nürnberger Gesetze verlor zwei Jahre später auch Justizrat Dr. Ludwig Ury das Recht, seinen Beruf auszuüben. Sein Bruder, der Arzt Dr. Hans Ury, hatte schon vor diesen Maßnahmen seinem Leben ein Ende gesetzt.

1933 veröffentlichte Else Ury die schon erwähnte Erzählung mit dem programmatischen Titel »Jugend voraus!« Am Beispiel einer Familie mit vier Kindern schilderte sie darin das aktuelle Problem der Arbeitslosigkeit. Ihre Lösung: Fleiß, Eigeninitiative, Opferbereitschaft und Gemeinschaftssinn.

Die Geschichte hat einen Schluß, der – angesichts des Schicksals der Autorin – heutigen Lesern unbegreiflich erscheint. Viele Ury-Freunde ziehen es deshalb vor, ihn gar nicht für das Werk der beliebten Schriftstellerin zu halten:

»Während Frau Felsing überlegte und rechnete, ob man wohl ein kleines Familienfest zu Renates im März stattfindender Konfirmation geben könnte, hielt der Vorfrühling in Deutschlands Staatsregierung seinen Einzug.

Plötzlich war sie da, die allgemeine nationale Erhebung Deutschlands. Die aufbauwilligen Deutschen schlossen sich unter Führung des Reichskanzlers Hitler zusammen. Mithelfen wollten sie alle, Deutschland wieder groß und stark zu machen, es aus seiner wirtschaftlichen Not zu befreien. Das ganze deutsche Volk einte sich, um dem Elend der Nachkriegsjahre ein Ende zu bereiten. Berlin war ein Flaggenmeer. Alles hoffte wieder auf bessere Zeiten. Allen voraus die Jugend, die Hoffnung des deutschen Volkes.«

Die von den Nazis wohlkalkulierte Propagandaveranstaltung zum »Tag der Arbeit« mit paramilitärischen Aufmärschen nimmt sich bei Else Ury wie ein spontanes Volksfest aus. Tatsächlich war diese Maifeier von 1933, deren Höhepunkt auf dem Tempelhofer Feld zelebriert wurde, die erste ästhetische und logistische Meisterleistung des späteren Generalbauinspektors Albert Speer, der damit seine schwindelerregende Karriere als Protegé Hitlers begann.

Bei Else Ury marschieren nicht die Männerhorden von SA und SS, da werden keine Hetzlieder gebrüllt. Es geht friedlich und zivil zu:

»Von der Schloßrampe herab erklingt vom Berliner Sängerbund feierlich das Lied ›Deutschland, du mein Vaterland‹. Riesenlautsprecher übertragen die erhebende Kundgebung. Laute Hoch- und Heilrufe erbrausen von den Linden her, schwellen lauter und immer lauter an. Nur mit Mühe kann der Wagen, der den Reichspräsidenten und den Reichskanzler, das alte und das junge Deutschland verkörpernd, an der lebendigen Mauer der ihnen zujubelnden Jugend vorbeiführt, bis zum Lustgarten gelangen.«

Auf die Rednertribüne stellt Else Ury keinen sich bis zur Ekstase steigernden Reichskanzler Hitler, sondern den 86jährigen Reichspräsidenten Paul von Hindenburg, den »Helden von Tannenberg«, der seit seinen siegreichen Schlachten von 1917 zur Legende geworden war. »Ein Recke der Vorzeit«, spottete Thomas Mann. Für die nostalgischen Deutschen, die ihr Glück in der Vergangenheit suchten, eine Vaterfigur, vertrauenerweckend, ermutigend. Und ihm, dem »alten Generalfeldmarschall« gilt bei Else Ury auch das rührende Ständchen »aus hunderttausend hellen Kinderstimmen«:

»Ich hab mich ergeben mit Herz und mit Hand
Dir, Land voll Lieb' und Leben, mein deutsches Vaterland!«

Else Ury hat eine Massenveranstaltung der Nazis selbst nie besucht. Sie verfolgte die – staatlich zensierten – Zeitungsberichte und muß dabei auch jenes harmlos wirkende Pressefoto vom 1. Mai 1933 gesehen haben: im Fond einer Regierungslimousine neben Hindenburg der neue Reichskanzler Adolf Hitler (Thomas Mann: »der Adel und der Pöbel«), bejubelt von einem Heer fahnenschwenkender Menschen.

Else Ury hat – wie viele Zeitgenossen – in der »nationalen Erhebung« Hitlers anfangs eine Parallele zum nationalen Aufschwung nach der Reichsgründung von 1871 gesehen. In der Kaiserzeit aufgewachsen, war sie vom wilhelminischen Lebensgefühl und dem überwältigenden Nationalstolz jener Zeit bis in die Wurzeln geprägt.

Es ist bestimmt kein Zufall, daß ihre Maifeier von 1933 jenem Straßenfest gleicht, das Julius Stinde knapp fünfzig Jahre vorher in seinem berühmten Romanzyklus »Familie Buchholz« beschrieben hat: den Fackelzug zum 70. Geburtstag Bismarcks, des Kanzlers und Reichsgründers. Auch er ein Held, ein Führer, eine Legende. Bismarck war es gelungen, dank geschickter Bündnispolitik und erfolgreicher Kriege, Deutschland zu vergrößern (»von der Maas bis an die Memel«), die einzelnen deutschen Staaten zu einem Reich zu einen und ihm zur Weltmacht zu verhelfen. Kein Wunder, daß die populäre Familienliteratur jener Zeit ganz auf der Welle vaterländischer Gesinnung schwamm. »Wilhelm«, so läßt Julius Stinde einen ehemaligen Teilnehmer des deutsch-französischen Krieges ausrufen, »kein Tropfen Blut ist umsonst dahingegeben, aus jedem ist Ehre entsprossen und Macht. Uns kann keiner! Deutschland ist groß, wie es niemals zuvor gewesen, und das danken wir dem Kaiser und seinem Kanzler.« Und: »Die Zeit, in der wir leben, ist so groß, daß wir sie kaum zu fassen vermögen.«

Auf dieses Zitat bezog sich offenbar Baurat Hugo Heymann ironisch, als er bei Ausbruch des Zweiten Weltkrieges seinem Sohn Klaus schrieb: »Auch Du erlebst jetzt eine große Zeit!«

Kritiker der jüngeren Generation werfen Else Ury heute ihre nationale Gesinnung wie eine Entgleisung vor. Manche glauben, in ihrem Patriotismus gar eine Annäherung an den Nationalsozialismus zu sehen.

Aber man muß die Haltung Else Urys vor dem Hintergrund der Zeitgeschichte sehen. Viele Angehörige des gebildeten Bürgertums standen damals ziemlich einhellig hinter der »nationalen Erhebung«. Der Schriftsteller Rudolf G. Binding schrieb in einem Brief an Thomas Mann:

»Selbst ganz ruhige und kühle Menschen waren mitgerissen

und hingerissen ... Es wehte uns etwas an ... Es ist eine echte Revolution!«

Im Herbst 1933 vertrat der »Centralverein deutscher Staatsbürger jüdischen Glaubens« die Ansicht, nach der sich die meisten Gemeindemitglieder richteten:

»Auch unter den veränderten politischen Umständen können wir auf unser Heimatrecht nicht verzichten, das keine Angelegenheit von gestern und vorgestern ist, sondern ein Anspruch, der sich auf 60 Generationen fast zweitausendjähriger Verbundenheit mit deutscher Erde, Sprache und Kultur gründen kann ... Der ganze optimistische Grundzug unseres Wesens zwingt uns auch in der trübsten Zeit zu hoffen, daß das Vaterland sich aus gegenwärtiger Not erheben wird und das deutsche Judentum darin den Platz unserer Väter in Glück, Ruhm und Ehre finden wird.«

Nur eine Minderheit der Deutschen erkannte, wie gefährlich die von Hitler gesteuerte nationale Erhebung war.

Klaus Heymann, der bei Erscheinen von »Jugend voraus!« fünfzehn Jahre alt war, erinnert sich, daß seine Tante ihm den Schluß des Buches gezeigt und ihn um seine Meinung gebeten habe:

»Ich weiß noch, wir sprachen darüber im Riesengebirge, und da sagte ich ihr, solche Sachen dürfte sie nicht in ihr Buch reinbringen. Aber sie meinte, sie müßte das, sonst würde das Ganze nicht richtig enden, und sie wollte mit dieser nationalen Erhebung die Geschichte zu einem Abschluß bringen.

Aber als die Korrekturfahnen mit den Illustrationen ankamen, zeigte die letzte Zeichnung eine Demonstration der Jugend, vor allem Mädchen in BDM-Uniformen und mit Fahnen, und eine Fahne hatte ein Hakenkreuz. Da hat sie sich furchtbar aufgeregt, und sie hat den Verlag gebeten, sie sollten mindestens die Hakenkreuzfahne rausnehmen. Der Verlag hat sich geweigert, und sie war mehr als enttäuscht, sie war ganz erbost darüber. Das weiß ich noch.«

Der Verlag – Meidingers Jugendschriften Verlag Berlin, eine Tochtergesellschaft des jüdischen Kaufhauskonzerns Wertheim – konnte wegen dieser Zugeständnisse noch bis 1938 publizieren.

Else Ury hat das Bekenntnis zum Vaterland nicht gerettet. Eine der ersten einschneidenden Veränderungen der »großen Staatsmaschine«, wie sie es in ihrem Buch nannte, war die Gleichschaltung, d. h. die Vereinheitlichung aller Lebensäußerungen auf politischem, wirtschaftlichem und kulturellem Gebiet. Mit dem Arier-Paragraphen wurde ein wirksames Mittel gefunden, die Juden auszugrenzen und zu isolieren. Nach dem Reichskulturkammergesetz vom 22. September 1933 durften nur noch Kammerangehörige ihren Beruf weiter ausüben. Else Ury wurde als Mitglied des Schriftstellerverbandes zunächst – wie alle anderen Kollegen – in die Reichsschrifttumskammer übernommen und erst im Mai 1935, nachdem alle Autoren auf ihre Abstammung und politische Gesinnung überprüft worden waren, ausgeschlossen. Damit war das Ende ihrer Laufbahn als Schriftstellerin besiegelt. Aber ihre Bücher wurden in allen deutschsprachigen Ländern noch Jahre lang unter der Ladentheke verkauft.

## GRUNEWALDSCHULE

Ende 1935, als sein Vater aus dem Staatsdienst entlassen worden war, bereitete sich Klaus Heymann gerade auf das Abitur vor. Seit 1928 besuchte er das Grunewaldgymnasium, eine weit über Berlin hinaus bekannte Reformschule. In der Oberstufe bot sie verschiedene anspruchsvolle Wahlfächer und Sonderkurse an und hatte dadurch einen universitären Charakter. Die Lehrer waren hochqualifiziert. Finanziert wurde die Schule – mit ihren großzügigen Klassenzimmern, den amphitheatralischen Hörsälen und den vorzüglich ausgestatteten Chemie-und Physiklaboratorien –

nicht von der öffentlichen Hand. Das Geld kam von Eltern, vor allem von den im Grunewald ansässigen reichen Juden, die ihre Kinder vorzugsweise hierher schickten, was dem Grunewaldgymnasium im Volksmund den Namen »Judenschule« einbrachte.

In den ersten Jahren der Nazi-Herrschaft reduzierte sich der Anteil jüdischer Schüler von fünfundzwanzig auf etwa fünf Prozent. Familien, die Geld besaßen, gingen ins Ausland und vor ihren Villen standen nun die Schilder der Immobilienhändler: »Zum Verkauf«.

Ins Grunewaldgymnasium, die liberalste aller Berliner Schulen, zog allmählich der Geist des »Tausendjährigen Reiches« ein. Klaus Heymann, der mit Prüfungsvorbereitungen beschäftigt war, bekam davon allerdings nicht viel mit:

»Vom Antisemitismus habe ich nicht allzuviel gespürt. Natürlich wurde in jedes Klassenzimmer ein Hitlerbild gehängt. Das mußte sein. Einige Lehrer waren überzeugte Nationalsozialisten und erschienen in Uniform. Da war der Musiklehrer Protz. Der ließ diese fürchterlichen Lieder singen: ›Wenn's Judenblut vom Messer spritzt ...‹ Aber Musik war nur ein Nebenfach für mich, daran mußte ich nicht teilnehmen. Dann gab es noch einen Physiklehrer, Hamann, der kam auch in Uniform. Er soll ziemlich gemein gewesen sein, aber da ich Physik in der Oberstufe fallenlassen konnte, hatte ich mit ihm nichts zu tun. Unser alter Direktor, ein sehr bekannter liberaler Mann, wurde frühpensioniert, der neue war ein Nazi, aber er hat sich mir gegenüber anständig verhalten, hat mich nicht schikaniert, wie das an anderen Schulen viele Lehrer mit den Juden machten. Auch die Mitschüler, die ›arischen‹, benahmen sich anständig.

Mein einschneidenstes Erlebnis in dieser Hinsicht war, als mein bester Freund, Gerhard Witte, kein Jude, eines Tages – das muß schon 1934 gewesen sein – in der braunen Uniform der Hitlerjugend erschien. Mit dem Hakenkreuz am linken Arm. Früher haben wir sehr viel zusammen unternommen, fast jeden Tag, waren sogar gemeinsam in den Ferien. Aber von dem Moment an haben wir nie mehr ein Wort gewechselt. Ich hab ihn nur erstaunt angesehen, denn zu der Zeit war das an unserer Schule noch ganz unüblich. Lange nach dem Krieg hab ich ihn dann mal gefragt, warum er das gemacht hätte. Er sagte: ›Weil ich so schlecht im Turnen war!‹ Sein Vater hatte ihm das geraten. Die nationalsozialistische Erziehung legte doch so viel Wert auf Sport, und er war so ein schlacksiger Typ, völlig unsportlich.

Mein Abitur war am Freitag, dem 13. März 1936, und am 14. März wußte ich, daß ich bestanden hatte. Als Jude konnte ich zwar kein Prädikat bekommen, aber mir wurde das durch einen Lehrer mündlich übermittelt: wäre ich ›Arier‹, dann hätte ich mit gut bestanden. Und am 14., am Sonnabend, bin ich sofort nach Krummhübel gefahren, ins Haus meiner Tante, um mich etwas zu erholen. Zur Abschlußfeier am 27. März in der Aula sollte ich wieder in Berlin sein. Aber zwei Tage vorher wurde ich angeläutet, und mir wurde mitgeteilt, daß ich als Jude zu der Feier nicht erwünscht sei. Ich hab mich darüber gefreut, denn mir lag nichts daran, dort hinzugehen.

Auf diese Weise konnte ich noch eine Woche länger im Riesengebirge bleiben, ehe ich dann Anfang April nach England fuhr. Ich bekam in Deutschland keine Zulassung zum Studium mehr. Mein Vetter Fritz Ury und seine Frau Helen hatten mir angeboten, in London bei ihnen zu wohnen. So schrieb ich mich dort an der Polytechnical School im Fach Architektur ein.«

## ONKEL HANS

Alle Ferien verbrachte Klaus noch bei den Eltern. Auch zu Omamas 90. Geburtstag im März 1937 kam er nach Berlin. Die ganze Familie war da, die Urys, die Heymanns, die Schlesingers, Davidsons, Levys, Wallenbergs und alle Freunde, soweit sie noch nicht emigriert waren. Eine fröhliche Runde, die mit der Jubilarin anstieß. Doch ein Familienmitglied war nicht dabei:.

»Ich wurde von meiner Mutter beiseite genommen: ›Geh, sag mal Onkel Hans guten Tag! Aber bereite dich darauf vor, daß er in keiner schönen Verfassung ist.‹ Ich klopfte an die Tür, er saß in seinem Sprechzimmer am Schreibtisch, ganz zusammengesunken, düster. Er war seit einiger Zeit depressiv, und es wurde immer schlimmer. Ich wußte von seinem vorhergegangenen Selbstmordversuch, und es war mir furchtbar peinlich, zu ihm zu gehen. Als ich ihn begrüßte, da sagte er: ›Es hat keinen Zweck! Es hat keinen Zweck!‹ Weiterzuleben, das meinte er.

Er hätte auswandern müssen, denn er durfte in Deutschland nicht mehr praktizieren. Aber er sagte, er könnte sich nicht mehr umstellen. Er war 63, wie mein Vater. Heute ist man mit 63 jung genug, um noch was Neues anzufangen, aber damals?

Als ich im Sommer wiederkam, besuchten meine Mutter und ich ihn in einer phantastischen Villa am Wannsee. Vor den Fenstern im Erdgeschoß waren schmiedeeiserne Gitter, wie das auch an anderen Häusern gegen Einbruch üblich war. Es war eine Nervenheilanstalt, wo er sich aber nur kurze Zeit aufhielt. Wir saßen an einem Tisch in diesem herrlichen Garten und warteten auf ihn, als er von einer weißgekleideten Schwester langsam herausgeführt wurde. Das erste, was er zu uns sagte, war: ›Na, seht ihr, wo ich jetzt bin? Hinter Gittern! So weit ist es mit mir gekommen.‹

Er kam wieder nach Hause an den Kaiserdamm, und plötzlich war er weg! Ist es ihm schließlich doch gelungen. Er wurde eingeäschert und auf dem Jüdischen Friedhof in Weißensee bestattet. Aber zu der Feier durfte ich nicht mitgehen. Ich wurde als zu jung betrachtet. Man wollte mich nicht belasten. Ich war 19, aber man behandelte mich wie ein Kind. Für mich war das entsetzlich bedrückend. Ich hatte ihn sehr gemocht.

Ich hab bis heute keine Ahnung, wie er sich umgebracht hat, ob mit Gift, Tabletten oder so. Als Arzt wäre es leicht für ihn gewesen, an so etwas zu kommen. Trotzdem – es ist natürlich merkwürdig, daß seine ersten Versuche nicht geglückt sind! Ich weiß auch nicht, wo er's getan hat, ob zu Hause? Ich habe nie! niemals! mit jemandem darüber gesprochen. Das Thema war absolut tabu. Ich kann mich nicht erinnern, daß es früher irgendwelche Probleme mit ihm gegeben hätte, solange ich noch zur Schule ging. Ich bemerkte nur, wenn ich abends bei Urys eingeladen war, und Onkel Hans mit Bekannten oder Freunden Schach spielte, wie er dauernd seine Augen prüfte, wenn er meinte, daß niemand hinsah. Er fürchtete zu erblinden. Das war eine gewisse Hypochondrie.«

Helen Ury, die den Onkel ihres Mannes sehr verehrte, hat ihn nicht als depressiven Kranken in Erinnerung. In einem Interview findet sie bewundernde Worte:

»Onkel Hans war ein hochgebildeter, vornehmer Mann und von einer unglaublichen Bescheidenheit. Er war ganz klein und unscheinbar, aber mit einem großartigen Kopf! Er betrieb neben seiner Privatpraxis zusammen mit einem Kollegen eine Poliklinik am Prenzlauer Berg. Die Patienten waren arme Leute. Sie zahlten so viel, wie sie konnten, oft wohl gar nichts. Hans Ury muß ein hervorragender Arzt gewesen sein. Für mich war er die interessanteste Persönlichkeit von allen. Er war kritischer, informierte sich auch in den linken Blättern. In der Familie wurde er als Hypochonder und Schwarzseher bezeichnet, weil er die Dinge nicht so rosig sah. Und zwar schon in den Zwanziger Jahren, bevor Hitler ans Ruder kam, sah er die Katastrophe voraus und versuchte seine Familie zu warnen.«

1926, kurz nachdem Else Ury den letzten Band ihrer erfolgreichen »Nesthäkchen«-Serie auf den Markt gebracht hatte – übrigens gleichzeitig mit dem Beginn einer neuen Reihe »Professors Zwillinge« –, wurde bei den Urys ein Vorhaben diskutiert, das die ganze Familie monatelang beschäftigte. Auch Baurat Heymann und seine Frau Käthe, die zu der Zeit noch in Breslau wohnten, wurden als Berater hinzugezogen. Klaus, damals erst acht Jahre alt, bekam bald mit, worum es ging:

»Im Jahre 1926 dachte meine Tante Else daran, ein Haus außerhalb von Berlin zu kaufen, ein Ferienhaus, damit auch ihre alte Mutter mal raus kam. Da wurde alles mögliche in Erwägung gezogen, man dachte vor allem ans Riesengebirge, weil die Familie schon immer dort Urlaub gemacht hatte und diese Landschaft liebte. Onkel Hans riet ab und sagte: ›Kauft euch nicht das Haus in Schlesien, siedelt euch in der Schweiz an! Kauft das Haus in der Schweiz!‹ Er sah ganz deutlich, daß das Leben für die Juden in Deutschland nicht mehr lange sicher bleiben würde. Aber sein Rat wurde nicht befolgt, aus dem einfachen Grund, weil die Reise für Omama zu weit gewesen wäre. Von Berlin nach der Schweiz mit dem Nachtzug – unmöglich! Man mußte innerhalb von fünf, sechs Stunden mit der Mutter am Ziel sein. Aber auch der Gedanke, Deutschland zu verlassen und sich in der Schweiz anzusiedeln, war für Else Ury unannehmbar. Wie konnte man Deutschland verlassen! Deutschland war für sie alles! Für uns alles! Und so wurde das Haus in Krummhübel gekauft, ›Haus Nesthäkchen‹ in der Brückenberger Chaussee 191, eins der letzten Häuser von Krummhübel, ganz oben, den Hang rauf. Von ihrem Zimmer aus sah meine Tante dann die geliebte Schneekoppe.«

## LETZTER URLAUB

Die Sommerferien 1937 verbrachte Klaus Heymann mit seinen Eltern im Kleinen Walsertal. Noch war Österreich unabhängig. Während viele deutsche Kurorte in vorauseilendem Gehorsam schon 1934 keine Juden mehr aufnahmen, empfing sie das Nachbarland noch mit offenen Armen und behandelte sie wie normale Urlauber.

Der Aufenthalt, so erinnert sich Klaus Heymann, verlief nicht problemlos:

»Wir wohnten in Mittelberg am Fuß des Widdersteins und wanderten von unserer Pension aus jeden Tag irgendwohin in die Berge, zu einem hübschen Ort. Es ist ja eine herrliche Landschaft. Eines Tages bekam mein Vater wieder einen seiner Anfälle. Das passierte bei warmem Wetter, wenn er erhitzt war und dann z. B. ein kaltes Bier trank. Er hatte seit langem Beschwerden mit der Prostata, konnte dann kein Wasser lassen, hatte grauenhafte Schmerzen. In dem Fall mußte ganz schnell kathedrisiert werden, sonst wäre die Blase geplatzt. Es war aber ein Wochenende, das Telefonnetz außer Betrieb. Es gab nur eine Rettungsstelle auf dem Widderstein in 1900 Metern Höhe. Da bin ich raufgerast, normalerweise brauchte man dafür mehr als zwei Stunden. Ich sagte den Rettungsleuten, sie müßten sofort ihren Arzt runterschicken. Der Arzt war aber auf einer Geburtstagsfeier unten im Ort. Dort haben sie ihn erreicht, und er kam sofort. Ich machte mich dann vollkommen erschöpft und ganz langsam an den Abstieg. Als ich in unserer Pension in Mittelberg ankam, stand mein Vater lächelnd in der Tür und war wieder wohlauf.

In diesen Tagen hatten wir auch eine Auseinandersetzung, ganz lächerlich eigentlich, aber sie zeigt den Unterschied der Generationen und wie reizbar mein Vater reagierte.

Auf einem unserer Ausflüge kamen wir zu einem Hotel in Hirschegg, das hieß, glaub ich, Sporthotel Iven, mit Restaurant und Café. Das war nach modernster Weise gebaut und hat mir unglaublich imponiert. Und zwar hatte die große Halle, in der sich das Café befand, ein riesiges Aussichtsfenster, das mindestens fünf bis sechs Meter hoch und genauso breit war. Es war e i n e große Glasscheibe, etwas Sensationelles damals. Dadurch kam das Gebirge buchstäblich in diese Halle herein.

Meinem Vater gefiel das nicht. Er fand es unzweckmäßig und brachte alle möglichen Gründe dafür vor, warum das architektonisch vollkommen daneben wäre. Meine Mutter – und das war auch ungewöhnlich – stimmte nicht ihrem Mann zu, sondern mir und meinte: ›Der Klaus hat doch recht, es macht einen herrlichen Eindruck!‹ Und mein Vater, der mimosenhaft empfindlich war, schnappte ein. Erstens war er schon verärgert, daß ich ihm widersprochen hatte, zweitens, daß seine Frau mir recht gab, und das hat uns den ganzen Nachmittag verdorben. Wir waren nämlich zum Kaffeetrinken dorthin gegangen, und er sprach überhaupt kein Wort mehr. Auf dem Nachhauseweg ging er verkracht hinter uns her.

Einen Tag machten wir einen Ausflug nach München, wo wir mehrere von Albert Speer entworfene Bauten besichtigten. Mein Vater verfolgte dessen Tätigkeit anhand von Fachzeitschriften, wie zum Beispiel der ›Baukunst‹, die von Speer herausgegeben wurde, und war auf diese Weise über alles informiert, aber er verachtete Speers monumentale Architektur. Mir gefiel sie. Diese Großzügigkeit und Eleganz! Und vor allem: Speer hatte ja die modernsten technischen Möglichkeiten, die besten Materialien zur Verfügung, das war natürlich etwas, was mich als angehenden Architekten faszinierte. Und das sagte ich meinem Vater. Darüber war er sehr zornig, und so wurde auch dieser Tag nicht sehr erfreulich für uns alle.«

Das letzte gemeinsame Foto der Heymanns stammt aus dem Walsertal. Es zeigt Vater, Mutter und Sohn – wieder versöhnt – mit lächelnden Mienen, mit Rucksack, Stock und Wanderschuhen auf einem sonnenbeschienenen Waldweg.

Zurück in Berlin, sah Käthe Heymann die Garderobe ihres Sohnes durch. Die Zugehfrau, Fräulein Hakl, wurde mit dem Baumwollzeug in die Wäscherei Testorp geschickt, der Rest gebürstet, geputzt, gebügelt, notfalls geflickt oder durch ein neues Teil ersetzt. Die Mutter schichtete alles ordentlich in einen Segeltuchsack, der, mit einer soliden Stahlschiene und einem Schloß gesichert, den Sohn nach England begleitete.

Als Klaus nicht mehr zurückkehrte, pendelte der Wäschesack an seiner statt regelmäßig alle vierzehn Tage zwischen Berlin und London hin und her. Er wurde zu einem wichtigen Transportmittel mütterlicher Fürsorge – und Kontrolle. Und zu einem unerschöpflichen Thema in der nun beginnenden Korrespondenz.

# Briefe und Kommentare
# Januar 1938 bis April 1943

*Die lieben Deutschen kenn ich schon:*
*erst schweigen sie, dann mäkeln sie,*
*dann beseitigen sie, dann bestehlen*
*und verschweigen sie.*

J. W. Goethe

Berlin-Halensee, Westfälische Str. 42,
den 20. Januar 1938

Ich danke Dir, mein Kläuschen, vielmals für den schönen Brief. Er traf mich in recht betrübter Stimmung. Mir ist nämlich am Montag, wo ich nochmals zur Polizei beordert wurde, kurz und bündig eröffnet worden, daß die Verlängerung meines Passes abgelehnt worden sei, bums, fertig, ohne weitere Erklärung. Du kannst Dir denken, wie mir zumute war und ist. Ich bin so unglücklich, daß ich nicht mehr die Möglichkeit haben soll, meine Kinder wiederzusehen, grade jetzt, wo wir die Reise zu Ilse vorbereiten wollten, daß ich Dir gar nicht sagen kann, wie erbittert ich bin. Ich hoffe zuversichtlich, daß da noch eine andere Lösung gefunden wird, denn das geht ja nicht auf die Dauer. Aber mich hat die Aufregung wieder ganz elend gemacht, ich rette mich zu meiner Arbeit, die mir etwas darüber hinweghilft.

Morgen wird Dein Sportanzug mit der Wäsche an Dich abgehen, diesmal im Karton, hoffentlich macht das beim Zoll keine Schwierigkeiten, ich werde den Wäschesack einlegen, wenn das Paket nicht zu schwer wird.

Gestern war wieder Skat bei Nürnbergs draußen, mich hat das Bridge, das wir Frauen spielen, aber gräßlich angestrengt, denk mal, von 1/2 5–10 Uhr, das hält doch kein Mensch aus! Und die Unterhaltung dazwischen strengt mich auch an. Ich möchte nur nicht Spielverderber sein, wo die Herren solche Freude an ihrem Skat haben.

Morgen nachmittag kommt meine Freundin Elli mit dem schiefen Kopp zu mir, ist mir ganz wertvoll, sie kann mir raten. Am Abend sind wir bei Hugo und Setta Heymann eingeladen. Und am Mittwoch ist Skat bei uns, eine Woche darauf sind meine Klassenkinder bei mir. Du siehst, es ist allerhand vor.

Tante Else hat sich nun das Sprechzimmer von Onkel Hans als Wohnzimmer eingerichtet, sieht sehr gut aus, sehr vornehm. Sie hätte aber gern darauf verzichtet.

Nun, mein Jungchen, ich will noch Deine Unterwäsche durchsehen, daß sie fort kann.

Leb wohl, mein Junge. Laß es Dir weiter gut ergehen, grüße Urys, gutes Wochenende, hoffentlich bei etwas besserem Wetter, daß Du mal wieder spazierengehen kannst.

Innigen Gruß und Kuß. Mutti

Mein lieber Klaus,
nun sitz ich auch wieder an der braven Lokomotive, da die beweglichere kleine Remington bereits auf dem Weg zu Ilse nach Haifa ist, wo sie allerdings frühestens Ende Februar ankommen wird. Ich hoffe, daß Muttis Paßangelegenheit behördlicherseits so geordnet wird, daß dringliche Reisen, wie es der Besuch der Kinder ist, ermöglicht werden. Sei vielmals herzlich gegrüßt. Vater

Seit dem 16. November 1937 wurden Reisepässe von Juden nicht mehr verlängert, es sei denn, ihre Besitzer konnten gültige Ausreisepapiere vorweisen. Eine Forderung, die jetzt immer schwerer zu erfüllen war.

Wie die folgenden Briefe noch deutlicher zeigen, war Käthe Heymann außerstande, die Maßnahmen des Regimes – und ihre eigene Lage – so ernst zu nehmen, wie sie gemeint waren. Immer sah sie irgendwo eine Hoffnung, »daß da noch eine Lösung gefunden wird«, denn, so meinte sie, das geht »ja nicht auf die Dauer«. Auch ihr Mann glaubte bei dieser neuen Verordnung mit den Pässen eher an den Irrtum eines subalternen Beamten als an die Vorschrift der Regierung. Selbst nach fünf Jahren nationalsozialistischer Diktatur war sein Vertrauen in den Rechtsstaat noch immer ungebrochen.

Während der Baurat sich in sein Pensionärsdasein fügte und seine Tage mit aller Umsicht und Bedachtsamkeit strukturierte, wurde Käthe Heymann immer hektischer. Sie versuchte ihre Ängste zu betäuben, indem sie sich »allerhand« vornahm: Kochen, Putzen, Aufräumen, Waschen, Bügeln, Flicken, den Wäschesack für Klaus füllen, durch den Zoll bringen, vom Zoll abholen, Behördengänge, Einkäufe. Dazu fast jeden Tag Besuche von und bei Verwandten, Freunden, Bekannten; die regelmäßigen Treffen mit ihren »Klassenkindern«, den ehemaligen Kameradinnen aus der Luisenschule; die Skat- und Bridgeabende, die jede Woche reihum stattfanden; und schließlich die Veranstaltungen im Kulturbund, für die die Heymanns und Urys ein Abonnement hatten. Dennoch machte sie sich unablässig Sorgen – nicht um sich selbst, sondern immer um andere.

Berlin, den 27. Januar 1938

Mein liebes Jungchen!
Von Ilse aus Haifa seit Deinem Geburtstag keine Nachricht. Sie ahnt noch nicht, daß wir nicht kommen können. Sollte man Vater veranlassen, wenn angängig, allein zu fahren? Nur um ihren Mann, diesen Leo, kennenzulernen.

Dir innigen Gruß und Kuß! Fräulein Hakl läßt Dich auch grüßen, alles Gute wünschen, und noch ne Masse anderes, was ich vergessen habe. Auf Wiedersehen!

Mutti

Vor allem in den jüdischen Zeitungen machten Reisebüros in diesen Jahren täglich Reklame für Besichtigungsfahrten nach Palästina. Eine Gelegenheit für Hugo Heymann, der ja noch einen gültigen Paß besaß, seine Tochter Ilse zu besuchen und dem unbekannten Schwiegersohn zu begegnen, den am Ende niemand von der Familie kennenlernen sollte, auch Klaus Heymann nicht:

»Leo Steinfeld war der zweite Mann meiner Schwester Ilse in Palästina. Mit dem ersten hatte es eine ganz besondere Bewandtnis. Mein Vater war ja preußischer Staatsbeamter, und er war so preußisch in seinem Denken, viel preußischer als jeder Preuße. Und das war ein Grund dafür, daß meine Schwester Ilse und mein Vater nicht sehr gut miteinander standen. Er war sehr streng zu ihr, und sie hatte Angst vor ihm, und alles, was sie tat, war bewußt oder unbewußt so, daß Vater sich darüber ärgerte.

Er wollte mit Zionismus nichts zu tun haben, war absolut dagegen, und weil er dagegen war, hat sie sich absichtlich in diesen zionistischen Kreisen bewegt und wollte nach Palästina. Meine Schwester hatte schon immer gesagt, also nach dem 30. Januar 1933, als Hitler an die Regierung kam: ›Wartet nur, bis ihr raus müßt!‹ Mein Vater wollte das nicht hören. Hat auch gar nicht dran gedacht! Kein Mensch hat damals daran gedacht, daß es mal so sein würde, wie es dann kam während des Zweiten Weltkriegs.

Ilse hatte sich auf Palästina vorbereitet, indem sie einen Kursus in Landwirtschaft machte. Wie kam man aber nach Palästina? Man konnte nicht einfach dorthin fahren. Das stand unter englischem Mandat, Mandatsregierung. Ilse brauchte ein Zertifikat, der Landwirtschaftskurs reichte nicht, und da sie das als junge Frau – sie war 26 damals – nicht bekommen konnte, ist sie zunächst eine Scheinehe eingegangen.

Ich erinnere mich noch. Ich war damals 16 Jahre alt, Ende 1934, da wurde der ›Ehemann‹ meiner Schwester Ilse zum Tee eingeladen. Sie hatten, glaub ich, am Tage zuvor – oder danach? – geheiratet. Sie können sich vorstellen, was für ein Schlag das für meine Eltern war – damals im Jahre 34! –, daß ihre Tochter eine Scheinehe einging! Aber dadurch, daß sie diese Ehe einging und den Namen hatte – Ruwelsky hieß der Mann –, konnte sie auswandern. Der junge Mann war Zionist, was für einen Beruf er hatte, weiß ich nicht, aber er hatte ein Zertifikat. Mit diesem Mann brach Ilse im Februar 1935 nach Palästina auf.

An den Abend erinnere ich mich noch sehr gut. Gegen Mitternacht ging der Zug vom Anhalter Bahnhof ab nach Triest, und meine Eltern und ich und meine Schwester Lisbeth mit ihrem Mann aßen zusammen Abendbrot im ›Haus Vaterland‹ am Potsdamer Platz. Kurz vor 12 Uhr brachten wir Ilse zum Bahnhof. Es war eine Unmenge Menschen auf dem Bahnsteig, der Zug voll mit Auswanderern! Und meine Schwester halb verkracht mit ihrem Vater – meine Mutter litt entsetzlich! Es war das erste Kind, das auswanderte. Ich weiß noch, daß mein Vater, als er sich von Ilse verabschiedete, zu ihr sagte: ›Wenn's dir nicht gefällt, kannst du ja immer zurückkommen.‹ Mein Vater wollte als preußischer Beamter einfach nicht wahrhaben, daß seine eigene Situation so unsicher war und er mal aus dem Amt geworfen würde. Was ja sechs Monate später passierte.

Der Zug sollte gleich abfahren, aber ich bin noch mal rein ins Abteil. Da saß die Ilse und weinte bitterlich.

Die Scheinehe wurde sofort nach Ankunft in Palästina geschieden. Ilse lernte einen neuen Mann kennen, Leo Steinfeld, einen Journalisten aus Köln, er hatte Jura studiert, muß zehn Jahre älter gewesen sein als meine Schwester, Kriegsteilnehmer aus dem Ersten Weltkrieg mit einer Verletzung, ihm fehlte ein Teil seiner Hand. Er war ein Mensch, der finanziell nichts geleistet hat, ein Pechvogel, genauso wie meine Schwester. Sie paßten wirklich zusammen. Und sie hatten ein erbärmliches Leben. Sie wohnten in einem arabischen Dorf, in einer Hütte ohne fließendes Wasser und elektrisches Licht, ohne Geld. Er bekam eine kleine Kriegsverletzten-Pension, die aber 1938 von den Nazis nicht mehr gezahlt wurde. Sie schlugen sich irgendwie durch, indem Leo einige Artikel für Emigrantenblättchen schrieb, und Ilse verdiente etwas mit dem Austragen von Zeitungen und solchen Sachen. In diesem Elend, von dem man sich in Deutschland überhaupt keine Vorstellung machen konnte, bekam Ilse Ende 1938 ihr Kind, Gabriele.«

Ein ganz anderes Bild von Ilse Steinfeld gab ihre Kusine Helen Ury:

»Ilse hatte Schwierigkeiten mit der Familie, weil sie einen moderneren Ausblick hatte. Sie war eine intelligente Frau, revolutionär, hat sich gegen die konservative Art ihres Vaters aufgelehnt. Und damit hatte sie ja recht, deswegen hat sie überlebt!

Nach dem Krieg hat sie uns mal in London besucht. Sie saß hier am Tisch. So ein feines, vornehmes Gesicht! Als ich es ansah, bin ich fast erschrocken – ich dachte, ich sehe Tante Else vor mir! So eine Ähnlichkeit! Das Leben hatte Ilse sehr verändert.«

Amsterdam, den 1. Februar 1938

Meine liebe Mieja,
ich war so froh, daß Du nur verjefft warst und nicht krank, wie wir befürchtet hatten. Mein Sohn Peter verstieg sich sogar zu der Vermutung, daß Du bereits tot wärst. Auf meine entsetzte Frage, wie er darauf käme, meinte er: »Das weiß ich.«

Mein Brüderchen, wer schleppt Dich denn zu all den musikalischen Genüssen? Wie heißt sie???????? Oder sollte Deine Liebe zur Musik allein auf Deinem Mist gewachsen sein? Bitte Antwort darauf!

Hier glänzt alles in Sonnenschein und Festesfreude. Kronprinzessin Juliana hat ein Mädchen zur Welt gebracht, und nun ist alles gespannt, wie das Prinzeßchen heißen wird. Ich sage: Sophia. Hab das mal geträumt und würde mir einen Ast lachen, wenn das wirklich so wäre. Lange hatte Juliana sich quälen müssen. Das Baby wog siebeneinhalb Pfund.

Die Eltern sind leider wieder in neue Aufregung gestürzt worden. Man verlangt jetzt von Vater, daß er den Nachweis erbringen soll, ob seine Großeltern und Urgroßeltern bereits in Deutschland ansässig waren. Du kannst Dir denken, wie schwierig, wenn nicht unmöglich es ist, das festzustellen. Denn was an Familienpapieren vorhanden war, ist doch 1914 von den Deutschen verbrannt worden, als das Haus von Großvater, das so nah an der polnischen Grenze lag, als Schußlinie benutzt worden ist. Jedenfalls will er versuchen, alte Grabsteine ausfindig zu machen und zu fotografieren. Von dem Nachweis macht die Bande abhängig, ob sie dem Vater die Staatsangehörigkeit entziehen und damit die Pension nicht mehr zu zahlen brauchen. Schöne Zustände!

Man hört jetzt auch, daß allen Juden bis zum 3. April die Pässe abgenommen werden sollten. Man begänne jetzt bereits straßenweise damit. Es geschieht so, daß ein Beamter in die Wohnung käme und sie abverlangte.

Wir haben den Eltern gesagt, daß sie beide jederzeit zu uns kommen können. Es sieht wirklich jetzt sehr böse in Deutschland aus.

So, nun muß ich den Tisch decken und das Essen vorbereiten. Herzliche Grüße, und mach nicht wieder so eine lange Pause.

Deine Lisel.

Zu seiner ältesten Schwester Lisbeth hatte Klaus Heymann eine besondere Beziehung. Lisel war fünfzehn Jahre älter als er, und in seiner Kindheit war sie – neben Käthe Heymann und Tante Else – eine der drei Mütter, die abwechselnd den niedlichen blonden Jungen unter ihre Fittiche nahm.

Lisbeth hatte großen Einfluß auf seine Entscheidungen. Sie sprach ihren kleinen Bruder mit seinem Kosenamen an – »Mieja«, von »Miau«, denn er war das Junge der »Katze«, wie Käthe Heymann von der jüngeren Generation genannt wurde. Marianne Davidsohn-Levy (später Wallenberg) schrieb ihre Briefe an »Tante Katze«, und als Käthe Heymann in die Niederlande emigrierte, unterzeichnete sie ihre Briefe an die Nichte mit »Tante Puus«.

Auch Marianne hatte zu Lisel ein enges Verhältnis:

»Lisbeth war meine liebste Kusine, eine entzückende Person. Wir haben uns sehr gut verstanden, obwohl sie über 10 Jahre älter war als ich. In Holland war ich oft bei ihnen.

Lisel ist mit einer Behinderung zur Welt gekommen. Die rechte Hand fehlte, an dem Arm war nur ein Stummel. Schuld daran waren amnyotische Fäden, die ihr, als sie noch ein Embryo war, die Hand abgeschnürt haben, so daß die sich nicht weiter entwickeln konnte – wie in Thomas Manns »Königliche Hoheit«. Auf den Stummel zog sie eine Lederhand. Die konnte sie biegen, daß sie ganz beweglich war. Das sah ganz natürlich aus. Und dann hatte sie, wenn sie ausging, beige gestrickte Handschuhe an beiden Händen an, dann fiel das gar nicht auf. Alle Kinderbilder und alle späteren Fotos von ihr sind so gestellt, daß man die rechte Hand nicht sieht. Wie bei Kaiser Wilhelm. Es hat sie überhaupt nicht gestört. Sie hat nur immer gesagt, sie muß aufpassen, wenn sie dem Peter einen Klaps gibt, daß er nicht zu doll wird, denn ihre gesunde linke Hand ist soviel kräftiger als bei anderen Leuten.«

In der Verwandtschaft wurde Lisbeths rätselhafte Behinderung viel diskutiert. Abergläubische Mitglieder deuteten sie als Zeichen der Vorsehung, andere als genetischen Defekt, der sich auf ihre Nachkommenschaft auswirken würde, falls sie mal heiraten sollte. Als Klaus 1918 auf die Welt kam, Gott sei Dank ganz heil und gesund, lag das Drama um Lisel bereits weit zurück:

»Nach der Geburt von Lisbeth soll das Haar meiner Mutter innerhalb einer Woche schlohweiß geworden sein«, so erzählte man ihm. Aber für den kleinen Bruder war das Geheimnis um die fehlende Hand ein Grund mehr, seine geliebte Schwester zu bewundern:

»Ich hab ihr immer fasziniert zugesehen, wenn sie mit ihren Händen arbeitete. Sie hat alles gemacht. Sie war Stenotypistin und Sekretärin bei der Commerz- und Privatbank in Berlin, bevor sie geheiratet hat, und hat schneller getippt als andere Leute mit zwei Händen.

Sie war in allem sehr geschickt, sogar beim Stricken. Irgendwie hatte sie dieses Strickzeug unterm Arm, rechts, und machte das mit einer Hand in unglaublicher Geschwindigkeit. Es gab nichts, was sie nicht tun konnte. Zum Kartoffelschälen hatte sie einen kleinen mechanischen Apparat: sie spießte eine Kartoffel auf, dann drehte sie einen kleinen Hebel, die Kartoffel wurde an einem Messer lang geführt und geschält. Oder wie sie mit einer Hand den kleinen Peter gebadet hat als Baby! Man merkte ihr die Behinderung gar nicht an.«

Lisbeth war mit dem Ingenieur Berthold Jachmann (1901–1943) verheiratet. Ihr Sohn Peter, trotz der Unkenrufe der Verwandten ein gesunder Junge, kam 1933 auf die Welt und war zu Beginn des Briefwechsels viereinhalb Jahre alt.

Berthold leitete das Büro einer amerikanischen Im- und Exportfirma, für die er im großen Stil Maschinen an- und verkaufte. Daß er den Standort Amsterdam dafür gewählt hatte und nicht London, New York oder Toronto, was ebenso gut möglich gewesen wäre, gehört zur Tragik seines Lebens. Bei aller Intelligenz, die die Verwandten an ihm rühmten, erwies er sich, wie Marianne Wallenberg später feststellte, politisch als ebenso kurzsichtig wie seine Schwiegereltern:

»Berthold Jachmann? Hochintelligent! Aber er war ein Besserwisser. Er war jemand, der nach bestem Wissen und Gewissen in Holland alles so gemacht hat, wie es nur falsch sein konnte. Ich meine, daß sie überhaupt erstmal nach Holland gegangen sind! Ich war auch zuerst in Holland, aber ich versuchte so schnell wie möglich woanders hin zu kommen. Berthold hat immer gesagt: ›Warum willst du weg? Hier passiert doch nichts! Holland ist im vorigen Krieg neutral gewesen, wird es auch im zweiten bleiben.‹

Ein bißchen zweifelhaft ist auch sein Verhalten, daß er sich in den Judenrat hat wählen lassen. Deren sehr zweideutige, oder eigentlich eindeutige Verantwortung hätte ich um nichts in der Welt haben wollen! Andere Leute auf die Deportationsliste setzen, damit die eigene Familie nicht drauf kommt! Das ist doch etwas Fürchterliches! Ich weiß nicht, wie er das hat machen können, aber er hat's gemacht, weil er geglaubt hat, es schützt ihn und seine Familie. Na, aber auch das war's nicht. Auch das war's nicht.«

Für Verwandte und Freunde, die per Schiff das Land verlassen wollten, waren Lisel und Berthold die wichtigste Anlaufadresse vor dem Start ins Unbekannte. Die Jachmanns halfen bei Behördengängen, gaben nützliche Informationen und sorgten für preiswerte Unterkünfte und Mahlzeiten, wenn die Reisenden tagelang auf die Abfahrt des Schiffes warten mußten. Durch die vielen Gespräche mit den Auswanderern waren sie über die Situation in Deutschland besser unterrichtet als die Heymanns und Urys in Berlin. Umso befremdlicher, daß sie aus so viel Wissen die falschen Rückschlüsse zogen.

6. Februar 1938, 10 Uhr 15 im Zuge nach Bentheim

Mein lieber Klaus,
Ich bin nun doch heute gefahren. Mutti brachte mich eben zur Bahn, ist mittags und nachmittags bei Urys. Morgen vormittag fährt sie mit Tante Else nach Krummhübel. Brief folgt. Herzlichen Gruß. Vater

Amsterdam, den 8. Februar 1938

Mein lieber Klausemann!
Jetzt sind wir beide – der Peter und ich – schon 24 Stunden beisammen und leben noch immer in ungetrübter Freundschaft. Er spielt nebenan sehr verständig mit dem von mir ihm mitgebrachten Auto »Anno 2000«, das auf Befehl anfährt, stehenbleibt, rechts oder links

herum, vorwärts oder rückwärts fahren kann. Bei der Vorführung im Kaufhaus Wertheim staunten auch die Erwachsenen, da der Vorführer eine allerdings kaum nachzumachende Geschicklichkeit an den Tag legte, so daß man absolut nicht merkte, daß er außer den Kommandorufen an den Chauffeur noch irgendwelche Hebel betätigte. Auf seinen Ruf »Ab!« ging das Auto los, auf den Ruf »Stop!« blieb das Auto stehen. Damit der innensitzende Chauffeur die Kommandorufe hörte, beugte der Verkäufer sich ganz auf das Auto herab, wobei er kurz hineinblies und mittels einer dort angebrachten Membran den Mechanismus auslöste oder zur Ruhe brachte, was natürlich keiner merkte.

Peter läßt den Wagen nicht aus der Hand und nahm ihn auch auch auf den Spaziergang mit, von dem wir eben zurückgekommen sind.

Wegen der behördlichen Anfrage, »welche Staatsangehörigkeit ich zu haben glaube«, hatte ich mir keine Sorgen gemacht, aber über den Sinn der Frage habe ich lange ohne Erfolg nachgedacht, zumal ich zunächst der einzige Fall dieser Art war. Schließlich aber hörte ich von noch zwei Fällen, die mit mir gemeinsam hatten, daß die Betreffenden auch im abgetrennten Gebiet (südliches Ostpreußen) geboren waren.

Meines Erachtens ist die Angelegenheit bei mir durchaus klar, zumal ich ja, woran der expedierende Beamte der Behörde offenbar nicht gedacht hat, über vierzig Jahre Staatsbeamter gewesen bin. In dem Fragebogen, den ich auszufüllen hatte, sollte ich Geburts- und Sterbejahr, sowie Aufenthaltsorte meiner Voreltern väterlicherseits bis zu meinem Urgroßvater angeben

Was ich in dieser Hinsicht mit Hilfe von Onkel Hugo ermittelt habe, ersiehst Du aus anliegender Abschrift.

Danach liegt das Jahr 1784 sogar urkundlich fest.

Es geht mir hier sehr gut. Auf dem Harmonikabett in Peters Zimmer schlafe ich glänzend. Bei nächster Gelegenheit werde ich noch so ein gleiches Bett herschaffen. Lisel sorgt rührend für mich, aber ich sehe mich mit meiner Blase auch selbst vor, damit alles in Ordnung bleibt.

Nun leb wohl, mein lieber Junge, laß es Dir recht gutgehen und sei vielmals herzlichst gegrüßt. Vater.

Meine liebe Mieja,
Du kannst Dir sicherlich vorstellen, daß wir uns alle hier mit dem Vater sehr freuen. Er ist ganz guter Stimmung, was wir nicht erhoffen konnten nach all dem. Die arme Katze tut mir ja so leid, sie wäre natürlich viel lieber hierher gekommen, aber vielleicht gibt es nochmal eine Änderung wegen des Passes.

Klaus, wie heißt SIE? Ich, die ich Dich als Baby gepündelt habe, habe mir damit doch gewissermaßen ein Anrecht erworben, das zu erfahren. Bitte sende umgehend Personalbeschreibung! Das interessiert einen doch.

Herzliche Grüße
Deine Lisel.

Krummhübel, den 10. Februar 1938

Mein Geschöpf! Guten Morgen!
Eine Tasse Kaffee hab ich intus, mit der zweiten warte ich auf Tante Else. Hatten zwei so unsagbar schöne Sonnentage, daß wir am ersten Tag stundenlang oben in Brückenberg auf der Bank hinter Haus »Brunhilde« in der Sonne saßen, abwechselnd den Bauch und ein anderes Körperteil wie eine Ente der Sonne entgegengestreckt. Wir hatten auf Frühling gehofft, aber es liegt noch viel Schnee, nur die Straßen sind aufgetaut. Wenn die Sonne fort ist, überfriert es und ist spiegelglatt ist, so daß wir im Dunkeln gar nicht mehr fortgehen.

Dagegen kletterten wir gestern zur »Schlingelbaude« und zur »Kleinen Teichbaude«. Oberhalb Wangen ist der Weg schneebedeckt, und es geht sich wunderbar. Es wird auch noch viel gerodelt, aber wir wollten nicht.

Auf der Talsperre herrliche Eisbahn, vorgestern Kostümfest, aber Du dürftest nicht hin. Drei Schilder warnen Dich. Immerhin nehmen wir noch nach wie vor unseren Weg nach Brückenberg, und keiner tut uns was. Aber fast alle Bauden außer Kleinteich, Schweizerhaus, Café

Wien tragen ein kleines schwarzes Plakat, auf dem uns mit Silberschrift der Zutritt verboten wird.

Aber die Berge und die schönen Wälder gehören uns noch, und die sind die Hauptsache.

Ich wünschte, Du wärst bei uns. Vielleicht können wir Ostern alle wieder hier sein.

Nun lebe wohl, mein Junge, innigen Gruß und Kuß

Mutti.

Mein lieber Klausejunge!

Das »Nesthäkchen« scheint wieder seine Kraft zu bewähren. Ich fühle mich hier schon bedeutend frischer. Vorhin Schneesturm, jetzt Sonne. Wir gehen gleich los. Heute wollen wir nach Heinbergshöh. Ob wir da noch erwünscht sind? Grüße Fritz und Helen herzlich. Dir selbst herzliche Grüße, mein Junge, von

Deiner Tante Else.

Frau Neumann hat uns alle Vasen mit Blumen gefüllt. Du würdest sie sicher wieder auf dem Schrank oben aussetzen.

Das Riesengebirge kannten Käthe und Else, seit sie denken konnten. Schon als Kinder hatten sie hier mit ihren Eltern und Brüdern die Ferien verbracht. Allerdings damals nicht in Krummhübel, sondern in Johannisbad auf der österreichischen Seite, dem »böhmischen Gastein«, einem beliebten Kurort, den man wegen der radiumhaltigen Heilquellen aufsuchte. Ab 1919 fuhr die Familie in die Sommerfrische fast nur noch nach Krummhübel. Auch in den Winterferien über Weihnachten und Silvester. Sie wohnte dann nicht im Hotel, sondern mietete einige Zimmer im Haus des Schuhmachermeisters Emil Völkel.

Krummhübel – heute polnisch Karpacz – zieht sich in einer Höhe von 480 bis 885 Metern am nördlichen Hang der Schneekoppe entlang, begleitet von den beiden Flüssen Große und Kleine Lomnitz.

Der Ort hat Geschichte. Entstanden ist er im frühen 16. Jahrhundert aus den Hütten der Holzfäller und Köhler, die den bis dahin undurchdringlichen Fichtenwald schlugen, um die Erzbergwerke und Schmieden der Gegend mit Grubenholz und Holzkohle zu versorgen. Ruhm erlangte das Dorf ein Jahrhundert später als Sitz der »Krummhübeler Laboranten«, einer strengen Zunft »selbstgelehrter Naturapotheker«, die aus Gebirgskräutern Arzneien bereiteten und sie in alle Welt verkauften. Vom Vertrieb ihrer Tinkturen, Salben, Tees und Pillen profitierte das gesamte heimische Handwerk – die Glashersteller in Schreiberhau, die Töpfer in Bunzlau, die zahlreichen Papiermühlen der umliegenden Dörfer, nicht zuletzt die Schachtelmacher, die aus den Spänen der Bergfichten haltbare Dosen für den Versand fertigten. Viele Einwohner verdienten sich mit dem Sammeln von Heilpflanzen ihren Lebensunterhalt.

Das änderte sich Anfang des 19. Jahrhunderts mit dem Fortschritt der wissenschaftlichen Medizin und der Pharmaindustrie. Die schlesischen Naturapotheker mußten aufgeben. Immer mehr Handwerker und Geschäftsleute – wie Schuhmachermeister Völkel – schufen sich ein Zubrot, indem sie Zimmer an Feriengäste vermieteten. Krummhübel entwickelte sich zum Urlaubsort. Die idyllische Lage, das gesunde Klima, die moderaten Preise zogen vor allem Berliner an:

»Hier ist es wundervoll«, schrieb Theodor Fontane 1885 an seine Frau in Berlin und erklärte ihr, warum er an diesem gottgesegneten Ort dreieinhalb Sommermonate zu verbringen gedachte:

»In Krummhübel kann ich arbeiten, in die Berge gehen, mit freundlichen Menschen plaudern und genieße dabei vor allem des Vorzugs, eine bei jedem Atemzuge mich erquickende Luft zu atmen.«

Es ging bescheiden zu damals. Die Urlauber, die mit ihren Familien – samt Dienstmädchen und Hausrat – aus der Stadt kamen, versorgten sich selbst und konnten es sich auf diese Weise leisten, so lange zu bleiben, wie es ihnen gefiel. Auch Fontane notierte schon 1872 in sein Tagebuch:

»6. Juli ich und der ganze Haushalt nach Krummhübel, vier Wochen.«

Das Haus, das Else Ury 1926 von den Erlösen aus ihren Bestsellern kaufte, war eine geräumige Villa, die ehemalige Pension Haus Emden. Mit ausgebautem Keller und Dachgeschoß bot sie vier Wohnungen, von denen Else Ury nur das Erdgeschoß beanspruchte. Es gab eine Veranda und einen bequemen Zugang zum Garten. Komfort, den man heute für selbstverständlich hält, kannte man, wie Klaus Heymann sich erinnert, damals kaum:

»Es war ganz primitiv im ›Haus Nesthäkchen‹. In der Küche gab es nur einen Ausguß mit kaltem Wasser, gekocht wurde auf einem zweiflammigen Gaskocher, der auf einem kleinen Gestell stand. Gegessen wurde meistens am Küchentisch. Wenn mehr Personen da waren, wurde im Onkel-Hans-Zimmer gedeckt, wo ein größerer Tisch stand. Im Sommer wurden alle Mahlzeiten auf der Veranda eingenommen.

Im Schlafzimmer hatte man eine Waschschüssel mit einem dazu passenden Krug. Morgens brachte die Hauswartsfrau in einem Topf aus der Küche warmes Wasser. Allerdings war meine Mutter aus Abhärtungsgründen mehr für kaltes Wasser. Das hat sie mir auch später immer wieder in ihren Briefen gepredigt. Man wusch sich mit Waschlappen und Seife. Zur Toilette mußte man eine halbe Treppe rauf. Wir hatten auch kein Telefon, nur der Arzt im 1. Stock hatte eins, und das benutzten wir manchmal, wenn es dringende Nachrichten zu übermitteln gab.

Das Ehepaar Neumann kümmerte sich um das Haus, wenn Tante Else nicht da war. Als Juden in Krummhübel die Läden nicht mehr betreten durften, besorgte meist Frau Neumann alles, was für den Lebensunterhalt von Else Ury und ihren Gästen nötig war. Aber es gab auch nette Geschäftsleute. Meine Tante rief sie an, gab ihre Liste durch mit dem, was sie brauchte, und sie brachten es ihr dann.«

Krummhübel, den 16. Februar 1938

Mein Geschöpf!
Bei uns war tagelang Schneefall. Kläuschen, Du hast mich mißverstanden. Alle Bauden tragen das ominöse Schild, nur nicht die Kleine Teichbaude, Emmenhof, Strietzel, Heinbergshöh. Nach letzterer wollen wir gleich wieder hin. Ich denke, man kann heute runterrodeln bis Brotbaude.

Im Hause ist alles ruhig. Aber es gab eine große Überraschung: Herr Neumann erschien plötzlich, zwei Monate früher. Er erzählt interessant. Schwer, wieder hier hereinzukommen. Hoffentlich findet er wieder Arbeit.

Das Barometer steigt, klare Luft. Könnte sein, daß auch auf dem Kamm die Sonne scheint.

Mutti.

Mein lieber Klausejunge!
Während Mutti eine halbe Treppe höher hinaufgesprungen ist, füge ich herzliche Grüße für Dich an. Es geht uns sehr gut. Die Stille, der Frieden und jetzt die schöne Sonne, der Schnee, wirken sich günstig auf Körper und Seele aus. Ich glaube bestimmt, daß wir uns gut erholen.

Leb wohl, mein guter Junge, die Pflicht ruft. Und der Rodelschlitten.

Tausend Grüße

Deine Tante Else

Der neue Zeitgeist hatte auch vor der friedlichen Welt von »Haus Nesthäkchen« nicht haltgemacht. Einer der Mieter aus dem oberen Stock, Herr Pförtner, protzte mit seiner Parteimitgliedschaft und hielt bedrohliche Reden. Ein Bewohner hatte die Maßnahmen der neuen Machthaber zu spüren bekommern, wie Klaus aus den Andeutungen seiner Mutter und Tante entnahm:

»Hauswart Neumann und seine Familie gehörten den Zeugen Jehovas an. Er hatte die Wehrpflicht verweigert und wurde deswegen verhaftet und in ein Konzentrationslager gesteckt. Anscheinend hatte man ihn früher entlassen, und er erzählte ›interessant‹, d. h. das müssen schreckliche Sachen gewesen sein, aber meine Mutter verschlüsselt das, weil es natürlich verboten war, vom KZ zu berichten; er wäre sofort wieder verhaftet worden. In seiner Situation war es nun besonders schwer, wieder Arbeit zu finden.«

Amsterdam, den 17. Februar 1938

Meine liebe Mieja!
Inzwischen ist der Vater Richtung Hilversum abgedampft, das er heute besichtigen will. Hoffentlich erkältet er sich nicht, wo er weder unter meiner, noch unter Bertholds Kontrolle steht.

Das Zusammensein mit dem Vater ist, wie Du Dir vielleicht denken kannst, sehr gemütlich. Er liest viel, und im übrigen beschäftigen ihn und uns alle die politischen Ereignisse sehr.

Laß es Dir gutgehen und schreib noch mal, bevor der Vater abfährt. Er wartet so auf Post. Außerdem ist das die letzte Gelegenheit, ihm noch Dinge unverblümt zu sagen.

Womit ich verbleibe mit herzlichen Grüßen

Deine Lisel

Amsterdam, den 22. Februar 1938

Mein lieber Klausemann!
Peters ersten Vorschultag, der gestern war, und den heutigen zweiten habe ich mit erlebt und muß Dir bestätigen, daß beide Tage nicht ohne Tränen, und zwar nicht nur bei Peter, verliefen.

Als er heute früh zur Schule gebracht werden sollte, erkrankte er plötzlich gleichzeitig am Hals, am Mund, am Kopf, und schließlich behauptete er, ein Zahn ginge ihm raus, so daß er auf Lisels Frage sofort bereit war, zur Zahnärztin zu gehen, zu der er vorher nicht zu bringen war. Es gelang Lisel aber doch, ihn zur Schule zu bringen, wo die Krankheitserscheinungen auch von selbst verschwanden.

Mittwoch, den 23. Februar 1938

Heute wollte ich nach Hause fahren. Aber dann rief Bertholds Chef Rösler an, um mitzuteilen, daß im heutigen »Telegraaf« eine weitergehende Verweigerung von Pässen an »Nichtarier« in Deutschland bekannt gegeben ist und ich unter diesen Umständen noch einige Tage hierbleiben sollte. Das war ganz besonders nett von Dr. Rösler. Lisel und Berthold redeten mir nun weiter zu, und ich gab nach.

Liebe Mieja,
Peter und seine liebe Mutti leiden wegen der Schule an chronischem Darmkatharrh. Sein Debut war, daß er die eine Lehrerin verhauen hat und dann, »geh raus, die Hübsche soll reinkommen«, sagte. Und er hat es durchgesetzt, daß er in die Klasse von der Hübschen kam, die wirklich besonders sympathisch ist. Hoffnungsvoller Sohn! Möge er in allem so erfolgreich sein.

Herzliche Grüße Deine Lisel

Berlin, den 25. Februar 1938

Mein liebes Jungchen!
Heute sollst Du den ersten Schreibmaschinenbrief erhalten. Wir sind schon seit Dienstag abend wieder zu Hause, hatten uns ganz plötzlich entschlossen, einen Tag früher abzufahren, da es Dienstag früh wieder anfing zu schneien und für den Abend Verdunkelung angesetzt war, so daß wir doch nichts mehr hätten unternehmen können.

Die Omama freut sich sehr, daß wir wieder da sind, wir haben sie auch gut angetroffen, vor allem hat sich Tante Else tadellos erholt, sie hatte so ganz Abstand zu allem genommen, war frisch und vergnügt, hat gut gegessen, und das war ja die Hauptsache. Leider wird sie ihre Erholung nicht lange behalten, denn sie schickt morgen Frl. Lina, die elend aussieht und noch mehr abgenommen hat, auf 14 Tage nach Krummhübel.

Da ist sie doch wieder ans Haus gefesselt und durch die Betreuung der Omama am Tage überlastet. Aber da kann man nix machen.

Hier zu Hause habe ich alles in Ordnung vorgefunden, d. h. mein Stern, der Untermieter, scheint ausgekniffen zu sein, ist am Donnerstag vor acht Tagen ganz plötzlich, ohne Frl. Hakl vorher was zu sagen, weg, ließ ihr einen Zettel zurück, daß er auf acht Tage verreist. Sie hat auch gar keinen Verdacht geschöpft, trotzdem sein Mädel am nächsten Morgen angerufen und Weinkrämpfe am Telefon bekommen hat, als sie hörte, er sei weg, und dann nochmal angerufen hat, ob er alle seine Sachen mitgenommen hat, ob sie mal hinkommen könnte, selbst nachsehen, was ihr Frl. Hakl verweigert hat. Na, ich ging mit ihr rein, machte den Kleiderschrank auf, wo sonst ein Rudel Sachen wie bei Ilse lag: alles leer, Schreibtisch zu, Bücherschrank auch, es gelang mir aber eben, ihn mit einem zweiten Schlüssel zu öffnen. Da hat er lauter Schnokes drin, ein halbes Brot, Flaschen, Tassen etc., es macht mir den Eindruck, als wenn er ganz plötzlich sich zur Abreise entschlossen hätte. Seine gute Kamelhaardecke, seine Stiluhr sind dageblieben, ein Handtuch hat er mitgenommen, sonst fehlt nichts. Leider aber alle Schlüssel. Das ist das Schlimmste.

Vater wird mir wieder die Schuld geben und nicht mehr vermieten wollen. Na, abwarten!

Es hängt nicht von Dir ab, mein Junge, ob Du Dich wegen des Wehrdienstes beim deutschen Konsul meldest, entweder Du bist dran oder es kommt für Dich nicht in Frage. Aber man muß korrekt sein wegen aller möglichen Konsequenzen.

Ich will nachher mal ins Palästina-Amt. Am 13. findet eine Informationsreise durch Palästina statt, und ich will mal hören, ob ein Mensch wie ich – ohne Paß, und das sind jetzt schon die meisten – überhaupt mit kann und wie teuer.

Wo ist Dein Wäschepaket? Noch nicht da. Na, dann muß es für nächste Woche bleiben.

So, nun werde ich auf den Markt gehen. Ich freue mich auf Vater!

Leb wohl, mein Junge, jetzt warst Du ein paar Tage sehr unter Druck, heut sollte die Arbeit abgegeben werden, bist Du fertig geworden, ist's gut geworden?

Übrigens, es war grade am Dienstag ein sehr netter Brief von Ilse und Leo an die Omama gekommen, zwei Bilder hatte sie eingelegt, er sehr sympathisch und nett, sie, als ob sie einem Friseurladen entsprungen wäre, so zurechtgemachte Haare, Augenbrauen, Lippen geschminkt, gräulich! Sie schreibt selbst, es sei ein grelles Paßbild, ganz aufgeschwemmtes Gesicht. Traurig, daß sie wieder mit sowas anfängt, das kostet viel Geld.

So, nun endgültig Schluß, sonst ist der Vormittag futsch. Leb wohl und bleib gesund, sieh Dir den Film »Maienzeit« an, oder kennst Du ihn schon? Soll vorzüglich sein! Grüße Urys, Dir innigen

Gruß und Kuß. Mutti

»Wenn ich die Briefe meiner Eltern las«, erinnert sich Klaus Heymann, »sah ich immer unsere Wohnung vor mir, die Fünf-Zimmer-Wohnung in der Westfälischen Straße. Die gibt es heute noch.

Sie lag im ersten Stock über einem Lebensmittelgeschäft. Als wir im Jahr 1928 einzogen, roch es bei uns stark nach Käse. Bis mein Vater dann die Ursache entdeckte, ein Loch im Boden, und den Schaden fachmännisch behob.

Unsere Möbel stammten alle noch aus der Zeit der Eheschließung meiner Eltern. Es gab einige sehr gute Ölgemälde, die mein Vater gesammelt hatte, darunter ein Lesser Ury und ein Courbaud. Eine Wand des Eßzimmers nahm ein Riesenbüfett aus Eiche ein, mit geschnitzten Säulen und geschliffenen Glasscheiben, hinter denen wertvolle kleine Porzellanfiguren zu sehen waren. An einem runden Tisch mit einer Lederbank wurden die Mahlzeiten eingenommen. In der Nähe des Fensters stand auch ein kleiner Schreibtisch, der meiner Mutter gehörte, auf den sie sehr stolz war. ›Mein eigener Schreibtisch!‹ Da schrieb sie, wenn sie mit der Hand schrieb, ihre Briefe. Nicht nur an mich, auch an meine Schwestern, an unsere Vettern und Kusinen und andere Verwandte und Freunde. Sie schrieb sehr viel. Das war, besonders in dieser Zeit, wo die Familie auseinanderfiel, ein wichtiges Mittel, Verbindung untereinander zu halten, um Nachrichten auszutauschen. Oft scheinbar nebensächliche Dinge, von heute aus gesehen, aber für mich war so ein Brief wie eine Unterhaltung mit meiner Mutter. Sie schrieb ja wie sie sprach, spontan, wie es ihr gerade einfiel. Ich sah sie vor mir und merkte an ihrer Schrift und ihrem Stil, daß sie immer nervöser wurde, je schlimmer es in Deutschland zuging.

Das Herrenzimmer war ganz repräsentativ ausgestattet mit einer Bücherwand, dem gewaltigen Mahagonischreibtisch meines Vaters und einer Clubsesselecke mit Rauchtisch und eingebauter Lampe. An den Wänden hingen, eingerahmt, einige Entwurfszeichnungen meines Vaters, z. B., daran erinnere ich mich gut, ein Entwurf für den Stettiner Bahnhof in Berlin. Das war einer seiner ersten Aufträge gewesen. Auf Vaters Schreibtisch stand das Telefon, auch die Schreibmaschine, eine Remington Portable, die meine Eltern dann zu meiner Schwester Ilse nach Haifa schickten.

In einem Raum neben der Küche schlief früher das Mädchen, die Emma. Meine Mutter hat immer häßliche Mädchen engagiert – aus verständlichen Gründen! Nach der Frühpensionierung konnte sie sich nur noch stundenweise eine Zugehfrau leisten, die ihr im Haushalt half, Fräulein Hakl.

Seit ich nicht mehr da war, nahm meine Mutter Untermieter auf, um das zusammengeschmolzene Haushaltsbudget etwas aufzubessern. Das war in bürgerlichen Familien ganz üblich, wenn das Geld knapp wurde, ein möbliertes Zimmer an Einzelpersonen, am liebsten alleinstehende Herren, zu vermieten. Meine Tante Else Ury beschreibt das auch in ihrem Buch ›Jugend voraus!‹ Mutter annoncierte an einem Anschlagbrett. In der Nazizeit durften sie natürlich nur an Juden vermieten. Offensichtlich hatte meine Mutter die Referenzen ihres Herrn Stern nicht überprüft.

Fräulein Lina war die – jüdische – Pflegerin meiner Großmutter. Sie wurde fast als Familienmitglied betrachtet und sehr vermißt, als sie später emigrierte.«

Berlin, den 2. März 1938

Mein lieber Klausemann!
Herzlichen Dank für Deinen Brief. Gestern kam auch Dein Wäschepaket an, das Mutti aber noch nicht geöffnet hat.

Die Zeit bei Lisel und Berthold war wirklich sehr schön. Lisel besonders hat sich soviel Mühe gemacht, mir alles so angenehm wie möglich zu gestalten.

Peter hat sich körperlich recht gut entwickelt, aber sein Wesen läßt leider sehr viel zu wünschen übrig.

Er schlägt noch immer und tobt und schimpft wie früher, wenn ihm etwas nicht paßt oder bewilligt werden soll. Dann wirft er die Türen zu, wirft alle Stühle um und dergl. mehr.

Um keinen Mißton in unser Beisammensein zu bringen, habe ich dort keinerlei Erziehungsversuche unternommen. Lisel – und ich glaube, auch Berthold – verziehen ihn als einziges Kind zu sehr.

Mein Kollege Weinmann und Frau sind am Sonnabend abend bei uns. Dann werden wir über die Pläne ihres Sohnes Günter Näheres hören. Er ist bereits in England, aber unbestimmt, für welche Zeit.

Sonntag abend waren Herr und Frau Lewens, die Eltern Deines Klassenkameraden, bei uns, vorgestern waren wir beide bei ihnen. Wir wollen, bezw. werden jetzt wohl öfters zusammenkommen. Frau Lewens ist ganz besonders nett. Stefan geht es gut. Sein Bruder Georg macht morgen das Abitur am Grunewald-Gymnasium. Er sollte alsbald zum Chemie-Studium zu Stefan in die Schweiz, wird aber wohl erst in einigen Wochen fortkommen.

Was nun die von Dir angeschnittene Frage bezüglich Deines Studiums anbetrifft, praktische Arbeit oder gar Abschluß nach dem Vorexamen, so trage ich mich seit einigen Tagen mit dem Gedanken, für einige Tage eventuell zu Dir herüberzukommen, da sich diese Dinge am besten mündlich besprechen lassen. Voraussetzung wäre natürlich, daß Fritz seine freundliche Einladung noch aufrechterhält und mir dies schriftlich mitteilen würde, da die Engländer Zureisenden gegenüber so mißtrauisch sein sollen. Zweitens, daß es Fritz und Helen, sowie Dir, überhaupt paßt.

Übrigens erhieltest Du hier letzten Sonntag die Aufforderung zur Paßschau, d. h. zur Polizei zu kommen. Du wirst Deinen Paß in London auf dem deutschen Konsulat vorlegen müssen, was aber wohl nichts auf sich hat, weil Schüler und Studierende im Ausland im Besitz der Pässe bleiben. Ich habe die Polizei entsprechend benachrichtigt.

Grüße Urys und sei auch Du selbst aufs herzlichste gegrüßt

Vater

Mein liebes Jungchen,

Von Ilse kam schon wieder ein Brief, weil ich sie nach Wünschen gefragt hatte. Sie schreibt sehr nett und vergnügt. Sie haben sich sehr gefreut über unsere Sendung. Ilse schrieb auf der Remington.

Wir waren gestern bei Neumis, sehr langweilig, die Frau liegt mir nicht. Hier gibt es nur ein Gespräch: Auswanderung! Wovon sprach man früher?

Hoffentlich bist Du bald mit dem Senatshaus fertig.

Dir innigen Gruß und Kuß

Mutti

Eventuell nimmt Vater Deine Wäsche mit.

»Hier gibt es nur ein Gespräch: Auswanderung!« klagte Käthe Heymann. Aber es gab noch ein anderes Thema, nämlich: wo holt man sich Rat und Unterstützung für die Probleme, die als Folge der Nazi-Gesetzgebung beinahe täglich neu auftauchten?

Bis zur Machtübernahme Hitlers waren die Juden in Deutschland nicht zentral organisiert. Es gab zwar seit langem Bestrebungen, einen Dachverband zu gründen, um die Interessen der jüdischen Bevölkerung zu vertreten. Aber religiöse und politische Uneinigkeiten in den einzelnen jüdischen Gemeinden und Landesverbänden hatten solche Vorhaben immer wieder zunichte gemacht. Erst im Herbst 1933, als sich die Gefahren der nationalsozialistischen Ausgrenzungs- und Verfolgungspolitik deutlicher abzeichneten, kam es in Berlin zur Gründung der »Reichsvertretung der Deutschen Juden«. Zum Präsidenten wählte der Vorstand den Berliner Rabbiner Dr. Leo Baeck. Nach dem Erlaß der »Nürnberger Rassegesetze« 1935 mußte sich der Verband umnennen in »Reichsvertretung der Juden in Deutschland«, da es nach nationalsozialistischem Verständnis keine deutschen Juden mehr geben konnte.

Wichtigste Aufgabe der »Reichsvertretung« war die Koordination jüdischer Selbsthilfe, die als Antwort auf die antisemitische Gesetzgebung der Nazis entstanden war. Neben wirtschaftlicher Unterstützung und Wohlfahrtspflege kümmerte sich der Dachverband auch um das jüdische Schul – und Bildungswesen, vor allem die berufliche Aus- und Weiterbildung und – von Jahr zu Jahr immer stärker – um die Auswanderung.

Eine Vielzahl jüdischer Organisationen im In- und Ausland beteiligte sich daran, unter anderen auch das von Käthe Heymann häufig erwähnte Woburn House in London und das Palästina-Amt der Jewish Agency, einer Auswandererorganisation, die in engem Kontakt zur Britischen Mandatsregierung Einwanderungszertifikate ausstellte – oder auch verweigerte – und Informationsreisen nach Palästina anbot.

Entfernte Verwandte der Heymanns, Rudi und Setta Heymann, traten Anfang 1938 eine solche Reise an. Bei der Gelegenheit sollten sie Ilse Steinfeld aufsuchen. Was sie bei ihrer Rückkehr über Ilses Lebensverhältnisse berichteten, war nicht dazu angetan, die Eltern Heymann zu beruhigen oder ihr Urteil über ihre Tochter zu revidieren.

Amsterdam, den 7. März 1938

Meine liebe Mieja,
nun hab bloß keinen Portier im Verdacht, daß er unseren Brief aufgefressen hat. Er ist nämlich noch gar nicht geschrieben worden.

Wir fanden den Vater ruhig und gleichmäßig. Alle Nervosität, von der Du berichtet hast, war hier nicht mehr vorhanden, und letzten Endes haben wir ihm nochmal klargemacht, daß die Eltern, wenn sie es in Deutschland nicht mehr aushalten können, uns hier jederzeit willkommen sind. Dann würden wir eben in ein Haus wie z. B. in Amstelveen ziehen, wo man fürs gleiche Geld sehr viel mehr Raum hat, und auch zwei Familien sich nicht ständig im Wege zu sein brauchen.

Interessant ist übrigens gewesen, daß der Kaufpreis für so ein Haus – man braucht es aber nicht zu kaufen, sondern kann auch Monatsmiete bezahlen – nur 7000 Gulden beträgt.

Ich bin ja nun gespannt, was inzwischen aus Deiner Paßsache geworden ist. Unsere Ansicht darin ist ja, daß nun mal reiner Tisch gemacht werden muß, d. h. daß Du ordnungsgemäß ab- und in London angemeldet werden mußt.

Wir erwarten Dich bestimmt in den Osterferien. So schmerzlich es für die Eltern sein wird, aber wir halten es für verkehrt, daß Du nach Berlin fährst. Dann wird Dir womöglich Dein Paß weggenommen oder zumindestens verkürzt.

Herzliche Grüße! Schreibe bald

Deine Lisel

Seit langem wurde Klaus Heymann von Lisel und Berthold gedrängt, sich endgültig in Deutschland abzumelden und sich zu seinem Emigrantenstatus zu bekennen. Doch der Zwanzigjährige war in mehr als einer Beziehung von Berlin abhängig:

»Mein Studium wurde mir durch zwei Faktoren ermöglicht. Erstens hat mir mein Vetter Fritz Ury angeboten, daß ich bei ihnen in London wohnen kann, das war schon sehr wichtig. Zweitens hat mir meine Tante Else das Studium finanziell ermöglicht, weil sie gewisse englische Staatspapiere hatte, das sind Obligationen, also Pfunde. Es herrschte damals eine Devisensperre, vollkommene Devisenkontrolle, und sie konnte diese englischen Staatspapiere nur der Reichsbank zum Verkauf anbieten. Sagen wir, sie hätte tausend Pfund Papiere gehabt, und sie hätte die der Reichsbank zum Verkauf angeboten, dann hätte sie 500 Pfund nach England transferieren können, die anderen 500 Pfund wären ihr in deutscher Reichsmark ausgezahlt worden. Das war für die Reichsbank eine Gelegenheit, Devisen, für meine Tante oder für mich eine Möglichkeit, etwas Geld nach England zu bekommen. Auf diese Weise erhielt ich, als ich in England mit meinem Studium anfing, im April 1936 bis ca. Herbst 1938, jeden Monat 16 Pfund. Das waren 200 Reichsmark nach dem damaligen Kurs. 200 Reichsmark durften transferiert werden, 16 Pfund wurden mir ausgezahlt. Die Lebenshaltungskosten waren sehr gering – ich brauchte nur meine Studiengelder am Polytechnikum und ich glaube eine kleine Miete bei Vetter Fritz zu bezahlen, einige Bücher und Papier, Farben und solche kleineren Sachen, und Fahrgelder natürlich. Und Lunch, Getränke – ich habe aber sehr sparsam gelebt.

Dadurch bin ich nicht nur mit dem Geld ausgekommen, sondern konnte mir das meiste davon zurücklegen. Das Studium sollte fünf Jahre dauern, aber ich wollte keine Zeit verlieren und konnte es auf vier Jahre reduzieren, da ich bereits nach drei Monaten durch besonders fleißiges Lernen in das zweite Studienjahr versetzt wurde. Damals war ich noch zu solchen Sachen fähig. Ende 1938 hörte der Zuschuß auf. Dann wurden mir über eine ganz andere Stelle für sechs Monate nur noch 10 Pfund geschickt. Das war ein Abkommen mit einer jüdischen Organisation in England und einer jüdischen Hilfsorganisation in Deutschland. Es gab eine Möglichkeit: durch sehr hohe Einzahlungen, sagen wir, für 50 bis 100 Pfund bekam man nur 10 Pfund ausgezahlt. Der Rest ging an die verschiedenen Stellen, einschließlich der Reichsbank. Das hat Tante Else alles finanziert. Vater war ja pensioniert und hatte wenig Geld. Diese Sache mit den 10 Pfund hörte dann aber auch auf.«

Berlin, den 17. März 1938

Mein liebes Jungchen!
Ich bin allein zu Haus, der Vater ist eben zu Neumi gegangen, wo er mit ihm und Hugo Heymann Skat spielt.

Nun muß ich Dir erst mal etwas beichten. Ich schreibe heute an Dich hinter Vaters Rücken, da ich genau weiß, daß das, was ich Dir schreibe, ihn verstimmen würde. Das will ich vermeiden. Andererseits fühle ich mich verpflichtet, Dir meine Ansicht zu schreiben.

Zunächst sei überzeugt, wie sehr ich Euch ein längeres Zusammensein in London gönne, aber ich, wie auch – unausgesprochen – Onkel Ludwig und Tante Else halten es bestimmt nicht für richtig. Letztere haben es nicht geäußert, aber ich habe es herausgefühlt, und sie haben recht. Unbedingt! Du schreibst von einem ca. achttägigen Aufenthalt von Vater mit einem allerdings sehr verlockenden, aber absolut undurchführbaren Programm. Wie soll das finanziert werden?

Vater ist gekränkt, daß man nicht von seinem Plan begeistert ist. Wenn alles normal vor uns läge, wäre ich ja auch dafür, denn wir wissen nicht, obs nochmal möglich ist.

Ich persönlich möchte vorschlagen, daß Vater auf zwei Tage zu Dir kommt und, wenn es sein Gesundheitszustand erlaubt, dann die Ferien mit Dir bei Lisel verbringt.

Zwei Tage wären nicht eine solche Belastung, und Vater könnte immerhin schon einen Überblick über London bekommen, vor allem Dein Polytechnikum besichtigen und sich ein Bild von der Arbeit dort machen.

Im Übrigen: weißt Du denn gar nicht, daß Fritz Tante Else jetzt eingeladen hat, dringendst und schnellstens? Sie fährt am Montag mittag nach Amsterdam zu Lisel, wo sie eine Woche bleibt und dann zu Euch weiterfährt.

Mein Jungchen, ich kenne Dich und weiß, daß Du manchmal leichtsinnig bist, wenn es gilt, etwas, worauf Du Dich freust, durchzusetzen. Aber versteh mich recht.

Er denkt, ich gönne es Euch beiden nicht. Ach, wie sehr! Ich bin nur vernünftig und weitsichtiger. Vielleicht auch pessimistischer. Der Vater verschließt sich allen Überlegungen, bis es soweit ist, und dann ist er erschlagen. Wir haben es doch mehr als einmal durchgemacht, nicht wahr?

Tu mir den Gefallen, mein Junge, zerreiß den Brief, antworte mir nicht darauf, denn ich will mir doch nicht Vaters Vertrauen verscherzen. Er würde es mir sicher übelnehmen, daß ich Dir heimlich geschrieben habe. Also tu mir die Liebe und mach keinen Stunk. Über alles andere im offiziellen Brief.

Lebe wohl und sei tausendmal innig gegrüßt von Deiner
Mutti

Berlin, den 27. März 1938

Mein Jungchen, mein liebes!
Ja, nun ist der Vater fort, ist gut gelandet, fand leider Peter mit Windpocken vor. Aber er scheint sie nur sehr leicht zu haben. Lisel hatte nicht mal einen Arzt, da nur ein Tag Fieber war. Man soll nur froh sein, wenn das die einzige Störung ist.

Ich hoffe, Du wirst gleich ein Zimmer nehmen, wo Du Vater die drei Nächte unterbringen kannst. Das wäre für Euch doch unendlich gemütlich, vielleicht auch billiger, wenn zwei auf einem Zimmer schlafen. Oder wird das pro Bett berechnet?

Kläuschen, jage den Vater nicht zuviel in London herum, er kann nicht mehr soviel aushalten.

Neulich nahm er mir hier nur die Koffer vom Hängeboden ab, wo sich Mottenrudel gezeigt hatten. Während ich ganz frisch eine wahnsinnige Generalreinigung da oben veranstaltete, saß der Vater von der Anstrengung des Abnehmens wie eine matte Fliege auf dem Lehnstuhl. Körperliche Arbeit kann er gar nicht leisten, während sie mich aufpeitscht und leistungsfähig macht.

Du fragst nach dem Zimmer, Kläuschen? Ja, das ist auch eine Doktorfrage. Vater hat erklärt, er will nicht mehr vermieten. Er will mir nicht noch mehr Arbeit machen. Ich habe erklärt, ich denke nicht daran, zwei Zimmer leerstehen zu haben. Ist doch auch ein Wahnsinn, wo ich das Fräulein habe zum Aufräumen! Ich merke die Leute überhaupt nicht. Grade, daß sie das Badezimmer benutzen. Ich habe nun in Ruhe das Zimmer fertiggemacht, habe die schadhaften Tapeten fein säuberlich geklebt – ein bißchen schief, aber wenns Herz nur gut ist! Es sieht bildhübsch aus. Auch das fehlende Schloß habe ich eigenhändig erneuert, so daß Vater nicht sagen kann, es kostet mehr als es einbringt. Und nun habe ich mir gestern erlaubt, wieder eine Annonce am Aushang zu machen. Wer weiß überhaupt, ob jemand kommt, denn es werden derartig viele Zimmer angeboten.

Also, wenn ich jemanden finde, vermiete ich, und ich schwöre, das Geld behalte ich mir, wo er nicht gewollt hat. Deine Aufgabe ist es nun, mein Jungchen, dem Vater klar zu machen, daß es ein Wahnsinn wäre, das Zimmer frei zu lassen.

Ich komme mir direkt gemein vor, daß ich so gegen den Vater intrigiere, aber ich sehe nicht ein, warum man sich den Vorteil der großen Wohnung entgehen lassen soll, wo das Zimmer auch so für sich allein liegt.

Vater ist sein Leben lang zu vornehm gewesen, nicht kaufmännisch.

Omama ist vergnügt. Dadurch, daß ich da bin, entbehrt sie Tante Else nicht so sehr. Ich bin vormittags immer bei ihr, nachmittags Tante Ola.

So, nun endgültig Schluß! Innige Grüße von Mutti

Berlin, den 4. April 1938

Mein liebes Jungchen!
Mir ist noch nicht ganz klar, wie der Vater es mit den Mahlzeiten halten wird, denn soviel ich weiß – und das wirst Du verstehen – möchte Vater nicht die Gastfreundschaft von Fritz in Anspruch nehmen. Das muß er natürlich zur Sprache bringen, ohne jemanden irgendwie zu verletzen. Wenigstens hatten wir uns in diesem Sinn noch vor seiner Abreise so besprochen. Ich denke, er wird Morgenfrühstück irgendwo nehmen können, wo es nicht viel kostet. Mittags ißt er irgendwo, und abends kauft er sich was. Aber das muß er natürlich halten wie er will.

Vater wird bestimmt gern das Polytechnikum besichtigen, wenn das möglich ist. Leider kann er kein Englisch, sonst hätte er sich mit dem Headmaster in Verbindung setzen können. An mir liegts nicht. Wenn der Vater gewollt hätte, hätte er jetzt schöne Sprachkenntnisse, wo doch jetzt die vorzüglichen Anfänger- und Fortgeschrittenen- Kurse im Lehrhaus angeboten werden.

Jungchen, gib dem Vater alles mit, was Du schon wieder an schmutziger Wäsche hast, auch alles, was in Amsterdam noch schmutzig wird. Vater hat Platz in seinem Koffer.

Nun, mein Jungchen, leb wohl. Sorg für Vater! Hoffentlich wird alles harmonisch. Innige Grüße und Küsse. Mutti

Das Treffen zwischen Baurat Hugo Heymann und seinem Sohn, dem »cand. arch.«, verlief nicht ganz unproblematisch. Sie hatten sich zwei Jahre nicht gesehen, vieles hatte sich verändert und vor allem – Klaus war kein Kind mehr:

»Ich kann mich noch sehr gut an den Besuch meines Vaters erinnern. Besonders an eine Sache. Er hat doch kein Geld gehabt. Er durfte nur 10 Mark aus Deutschland mitnehmen, und er hätte sich niemals elf Mark mitgenommen! Mit 10 Mark – das war noch nicht mal ein Pfund – konnte man nicht viel anfangen.

Ich weiß noch, daß ich mit ihm in einem Restaurant in der City war, in der Nähe von Holburn, und da bestellte ich Leber. Es war das erste Mal, daß ich ihn einlud, und das gefiel ihm gar nicht, auch, daß ich das Geld hatte und nicht er. Die Leber wurde uns vorgesetzt, mir schmeckte sie ausgezeichnet. Aber nun war das ein typisch englisches Restaurant, die Leber war in Speck gebraten. Das kannte er nicht. Da saß er vor diesem riesigen Stück Leber mit Speck und rührte es nicht an. Nach einer Weile sagte er ganz verlegen: ›Hör mal zu, mein Junge, hoffentlich bist du nicht gekränkt, aber das kann ich nicht essen.‹ Ich weiß noch sehr gut, wie embarrassed er war von dieser ganzen Situation.«

Anders Else Ury, die sich in London ganz zu Hause fühlte und sogar einen Verleger aufsuchte, um ihm ihre Bücher zur Veröffentlichung anzubieten. Sie sprach Englisch, noch von Schulzeiten her und weil sie gemeinsam mit ihren Brüdern in Berlin regelmäßig Konversationsübungen machte. Ihre Lehrerin war jenes von Käthe Heymann oft erwähnte Fräulein Appelbaum, das in der Familie seit Jahren eine Rolle spielte. Eine Figur wie aus einem Roman von Thomas Mann, erinnert sich Klaus:

»1933, als die Nationalsozialisten an die Macht kamen, hatten die Urys das Gefühl, daß es sinnvoll wäre, ihre englischen Sprachkenntnisse aufzufrischen. Sie kamen, vermutlich durch eine Zeitungsannonce, auf Miss Oie Appelbaum. Die war, soweit man wußte, geborene Engländerin und jüdisch. Alter vielleicht Ende dreißig, keine hübsche Frau, aber sehr amüsant. Immer mit einer Zigarette im Mund. Da ich in der Schule Probleme mit Englisch hatte, wurde ausgemacht, daß Miss Appelbaum auch zu uns in die Wohnung kommen sollte, damals noch Friedrichsruher Straße 20, ich glaube, zweimal pro Woche nachmittags zum Tee. Sie erzählte, daß ihr Vater ebenfalls Architekt wäre und in Sheffield lebte. Dieser Hintergrund hat meine Mutter beeindruckt. Später in den Briefen wird man sehen, daß sie diese Beziehung für mich nutzen wollte und wie das auf geradezu lächerliche Weise schief ging. Miss Appelbaum war eine Hochstaplerin.

Aber als Englisch-Lehrerin machte sie ihre Sache sehr gut. Durch diese Konversationsstunden am Nachmittag verbesserten sich meine Leistungen in der Schule und damit auch mein Selbstvertrauen.«

Berlin, den 24. April 1938

Mein geliebtes Jungchen!
Sonntag nachmittag am Kaiserdamm. Die anderen halten noch ihren Mittagsschlaf.

Nun, mein Jungchen, muß ich mit einer Hiobsbotschaft kommen, die ich, Kassandra, ja schon lange vorausgesehen habe.

Folgende Notiz fand ich heute früh in der Morgenpost, und ich muß sagen, daß sie mir den Sonntag gründlich verdorben hat:

Für Studium und Schulbesuch im Ausland ist die devisenrechtliche Behandlung der Anträge durch einen neuen Runderlaß des Reichs- und preußischen Wirtschaftsministeriums insofern geändert, als die Verwendung ausländischer Wertpapiere oder des Erlöses aus dem Verkauf, der Beleihung oder der Verpfändung ausländischer Lebensversicherungen künftig wegfällt. Der Runderlaß enthält ferner die Bestimmungen über die Inanspruchnahme von Reise- und Verrechnungsabkommen für Zahlungen von Studien- und Schulkosten nach dem neuesten Stand. Also wären wir soweit! Was nun?

Tante Else wird morgen auf der Bank Näheres zu erfahren suchen, und Du kannst sicher sein, daß wir hier keinen Schritt unversucht lassen.

Es muß auch von Deiner Seite schnellstens etwas geschehen, geh sobald wie möglich ins Woburn House, bitte um ihren Rat, wie Du die zwei Studienjahre noch durchführen kannst.

Es tut mir schrecklich leid, mein Junge, daß ich Dir jetzt so kurz vorm Zwischenexamen damit kommen muß. Bei uns ist bisher immer noch alles einigermaßen glatt gegangen. Mal kommts dann auch anders.

Ich habe mir erlaubt, in den Wäschesack etwas Schokolade einzulegen und für Fritz eine kleine Wurst, die ihm doch immer so gut schmeckt.

Leb wohl, mein Kläuschen, überlege alles in Ruhe.

Innigen Gruß und Kuß. Mutti.

Amsterdam, den 3. Mai 1938

Meine liebe Mieja!
Dank für Deine Karte und den gestrigen Brief. Und alles Gute zum morgigen Tag! Wie gefallen Dir die Fotos? Wir haben dem Vater ein kleines Album zusammengestellt, und hoffentlich erhält er es pünktlich und unbeanstandet.

Bekommst noch mehr, die waren aber noch nicht fertig.

Daß Dir Deine finanzielle Situation sehr durch den Kopf geht, können wir uns vorstellen. Wir alle machen uns auch hier Gedanken, wie alles sich weiter entwickeln wird. Vielleicht ist es keine schlechte Idee, wenn Tante Else und Onkel Ludwig Deutschland verlassen, denn wir sind auch der Ansicht, daß man von seinem Besitz retten soll, was man kann und es nicht den Betrügern überlassen darf. Für Omama seh ich es allerdings als lebensgefährliches Unternehmen. So alten Menschen bekommt das Verpflanzen meistens schlecht.

Heute früh hatten wir einen Brief von den Eltern, daß sie unbedingt so lange bleiben wollen, wie die Pension bezahlt wird. Natürlich verblümt ausgedrückt. Das ist zu verstehen, wenn wir auch befürchten, daß es immer schwieriger sein wird, nach Holland reinzukommen.

Im Augenblick hörten wir, daß in Amstelveen – Du weißt, wo die hübschen Häuser sind – nur 3000 Gulden Vorzeigegeld verlangt wird. Das wäre ja aufzubringen. Berthold empfing heute die Mitteilung vom Konsulat, daß er in seiner Paßangelegenheit jetzt vorsprechen könnte. Also scheinen sie ihm doch noch einen Paß zu geben.

Berthold ist genau der gleichen Ansicht wie Fritz, daß die Nazis nämlich die Juden nicht offiziell ausrauben, sondern mit Tricks, und ihnen die äußerst niedrig verzinsten Göring-Anteile in die Hand drücken werden, für die sie später keinen Pfennig mehr kriegen.

Gehab Dich wohl und sei herzlich gegrüßt
von Deiner Lisel

Berlin, den 5. Mai 1938

Mein liebes Jungchen!
Ich will einen Brief an Dich wenigstens beginnen. Ob ich fertig werde, ist sehr die Frage, denn bald muß ich mich ums Essen kümmern. Jedenfalls sollst Du wissen, daß wir Vaters Geburtstag sehr hübsch verlebt haben. Der zweite Teil mit Heymanns folgt Sonnabend nach, sonst hätte ich 17 Personen gehabt! Kommt gar nicht in Frage. So waren wir zum Kaffee nur zehn, mit Neumi und Jakov.

So, jetzt muß ich Essen machen – Schneidebohnen und Koteletts, und noch Zitronencrème von gestern. Mitessen? Du darfst mittags nicht nur Brötchen essen. Daran sollst Du nicht sparen! Ordentlich sattessen mußt Du Dich.

Leb wohl! Innige Grüße, grüße Fritz! Mutti

Meine Lieben! Lieber Peter, lieber Klaus!
Habt alle herzlichen Dank für Eure treuen Wünsche – lieber Berthold und liebes Lisel. Besonders noch Dank für Eure erneute Einladung.

Dein Album, Klausemann, ist pünktlich eingetroffen, und ich habe mich sehr gefreut, da es fast alle die Stätten wiedergibt, die ich in den fünfeinhalb Tagen unter Deiner Führung gesehen habe. Mit großer Befriedigung sehe ich auf diese Zeit zurück.

Der Geburtstagstisch war auch diesmal sehr reich. Mutti hat mir eine wunderbar sitzende Wollweste gearbeitet. Dazu von ihr Oberhemden, Krawatte, fotografische Sachen und dergl. Von Tante Else »Knaur Handel 1938«.Von Onkel Ludwig eine sehr schöne Krawatte. Omama Hausjoppe. Herr Deutsch eine Flasche französischen Bordeaux usw. Die Nachfeier abends bei Omama besonders schön, da Omama frisch und vergnügt war.

Lebt alle wohl! Herzliche Grüße und Dank. Vater.

Berlin, den 8. Mai 1938

Geschöpf!
Bei uns heute sonniges, aber kaltes, windiges Wetter. Wir werden wohl unseren gewohnten Spaziergang machen, ihn aber etwas ändern müssen, weil die großen Bauvorhaben unweit Heerstraße bereits begonnen haben – Wehrmachtskommando, Universitätsviertel. Alles ist dort abgeholzt, Feldbahnen durchziehen die Gegend, und man muß durch dichten Sand waten.

Heymanns kommen in diesen Tagen aus Palästina zurück.

Wenn ich in die Wohnung kann, will ich ihnen etwas zum Empfang hinstellen, daß sie sehen, sie sind hier nicht ganz verlassen. Übrigens schrieb uns auch Ilse in diesen Tagen. Es geht ihr leider nicht besonders. Schwanger! Sie muß viel Tribut zahlen, aber das muß in den ersten Monaten durchgekämpft werden, geht anderen auch nicht besser. Auch Leo schrieb nett. Leider scheinen Heymanns ihn gar nicht oder nur ganz flüchtig gesehen zu haben, was mir sehr leid tut. Ihr Urteil wäre mir sehr wertvoll gewesen.

Gestern abend waren Max Heymann, Tante Frieda und Tante Else bei uns. Es war sehr gemütlich. Aber heut bin ich müde.

Dein Wäschepaket ist noch nicht gekommen.

Morgen nachmittags ist bei uns Skat. Jetzt hab ich noch das Vergnügen, für die Bridgequälerei, die mich so anstrengt, eine Mark zu blechen! Aber sonst sieht es so aus, als wenn ich mich drücken will, wo die eine Dame, die uns Unterricht gibt, dafür bezahlt wird.

In dieser Woche sind wir bei Lewens. Ihr Sohn Georg konnte bisher immer noch nicht fort. Könnte für Dich solch Risiko, wenn Du kommst, auch bestehen?

Es wurde uns neulich geraten, Dich einfach mit einem deutschen Schiff herkommen zu lassen. Vielleicht ist es das Richtigste. Du gehörst doch hierher!

Leb wohl, mein Junge. Gruß und Kuß. Mutti

Sei aufs herzlichste gegrüßt. Vater

Berlin, den 23. Mai 1938

Mein liebes Jungchen!
Hoffentlich hast Du gestern nicht den ganzen Sonntag durchgezeichnet, sondern wenigstens irgendwann ein bißchen frische Luft genossen. Bei uns war sie so frisch, daß Vater zu Hause am elektrischen Öfchen saß, das ihn wenigstens untenrum mit genügend Wärme versah.

Ich habe mich gestern gleich mit der Tante von Miss Appelbaum in Verbindung gesetzt. Zufällig war ihre Mutter zu Besuch hier, die mir ihre Adresse gab. Eine sehr liebenswürdige Dame. Sie wohnen nicht mehr in Liverpool, sondern in Sheffield, wo die Tochter dem Vater hilft, so daß er gar nicht mehr ohne sie fertig werden kann. Sie gab mir die Geschäftsadresse, damit Deine Post die Tochter schnellstens erreicht. Du sollst mal auf der Sonntagsfahrkarte herüberkommen, dann holt die Oie Dich von der Bahn ab, und Du sollst dann bis zum letzten Zuge bei ihnen bleiben. Ist doch furchtbar nett, daß sie Dich so freundlich eingeladen hat. Nun würde ich es wirklich bald tun.

Jetzt werde ich mal bei Grete Rappaport anläuten und sie um eine Empfehlung bitten.

Gesagt, getan. Langer Speach mit Grete Rappaport. Vater schimpft zwar, daß ich die Menschen immer nur anrufe, wenn ich sie brauche. Sie hat sich aber so mit mir gefreut, und wir wollen nach Pfingsten mal zusammensein. Deine Bitte habe ich geschickt in die Unterhaltung eingeflochten. Sie sagt, falls ihr Neffe Erich Mendelsohn überhaupt jetzt in London ist, sollst Du Dich auf sie berufen und sagen, daß Dein Vater ein Vetter von ihr ist.

Wen würdest Du denn in die Pfingstferien mitnehmen? Das klingt ja so zweideutig: »Aber nicht allein-«.

Wir möchten schrecklich gern im Juni wegfahren, aber es ist so schwer, etwas zu finden. Nichts geht. Tirol ist auch so gut wie ausgeschlossen. Krummhübel ist besser. Ich weiß wirklich nicht, wohin. Und dabei habe ich das Bedürfnis, mal raus zu kommen! Woanders hin.

Gestern vormittag wollten wir unseren üblichen Grunewaldspaziergang machen, aber wegen des neuen Hochschulviertels da draußen am Bahnhof Heerstraße ist alles aufgebuddelt und Sandwüste. Auch die Potsdamer Straße fuhr ich neulich nach Monaten wieder lang. Gar nicht wiederzuerkennen. Berlin bekommt ein ganz neues Gesicht. Es würde Dich sicher interessieren, das alles mal zu sehen.

Dir herzlichen Gruß und Kuß. Mutti

Miß Oie Appelbaum, 30,London Road, Sheffield. England.

Klaus Heymann reagierte auf die unausgesetzten Ermahnungen aus Berlin, etwas für seine Karriere zu tun, meistens passiv:

»Meine Eltern drängten mich immer, gute Beziehungen auszunutzen oder aufzubauen, womit sie ja völlig recht hatten. Mir war das aber sehr unangenehm. Zufällig gehörte der bekannte Architekt Erich Mendelsohn weitläufig zu unserer Verwandtschaft. Er hatte sich in den Zwanziger Jahren in Deutschland einen Ruf als Vertreter der Moderne erworben, war aber schon 1933 ausgewandert und unterhielt Büros in Palästina und in England. Etwa zwei Monate, nachdem meine Mutter mit der Tante meines Vaters, Grete Rappaport, telefoniert hatte, bekam ich eine Einladung von ihm, einen Termin zu machen und mich bei ihm einzufinden. Den Brief hab ich noch. Es war eine vornehme Adresse, Davies Street im Bezirk Westminster. Ich nahm mir einen kleinen Mietwagen, um meine schwere Zeichenmappe zu transportieren, ich weiß noch, es war ein Austin 7, er kostete 15 Shilling pro Tag. Damit fuhr ich nach Mayfair. Mendelsohn empfing mich sehr freundlich, beinahe väterlich, erzählte mir viel von seinen revolutionären Arbeiten, aber dann sagte er, es sei im Moment sehr schwer, Aufträge zu bekommen, selbst für ihn, er könne mir keine Hoffnung machen. Er war gerade im Begriff, wieder nach Palästina zu fahren.«

»Berlin bekommt ein ganz neues Gesicht«, schrieb Käthe Heymann. Auf ihren beinahe täglichen Gängen und Fahrten durch die Stadt kamen die Heymanns an zahlreichen Großbaustellen vorbei: das neue Hochschulviertel an der Heerstraße, die Verwaltungskomplexe der Nordstern Versicherung und der Rudolf-Karstadt AG am Fehrbelliner Platz, die Bürohochhäuser verschiedener privater Konzerne entlang des Hohenzollerndamm, die zahlreichen Neu- und Umbauten für Partei und Regierung in Berlin-Mitte.

Der zwangspensionierte Regierungsarchitekt Hugo Heymann, der wußte, wie sensibel die Bauwirtschaft auf konjunkturelle Schwankungen reagiert, nahm die Entwicklung als Zeichen, daß es unter Hitler aufwärts ging. Wie gern hätte er selber mitgearbeitet! Und welche Möglichkeiten hätten sich für Klaus hier geboten, wenn der erst mal mit dem Studium fertig gewesen wäre! Interessiert verfolgte Hugo Heymann den Fortgang der Bauten und ärgerte seine Frau mit fachmännischen Kommentaren, die eigentlich seinem Sohn galten.

Nach den Plänen Adolf Hitlers sollte Berlin ein ganz anderes Gesicht bekommen. In seinen Träumen sah er schon die »Welthauptstadt Germania« als Zentrum eines mächtigen Großreiches nach dem Vorbild des antiken Griechenland und des alten Rom: »Weil wir an die Ewigkeit dieses Reiches glauben, sollen auch diese Werke ewige sein ... sie sollen hineinragen gleich den Domen unserer Vergangenheit in die Jahrtausende der Zukunft.«

Im Frühjahr 1936 hatte Hitler den jungen Architekten Albert Speer mit einer kompletten »Neugestaltung« beauftragt. Zwei Jahre später war sie – unter Mitwirkung des Führers, der sich als »erster Architekt des Reiches« fühlte – im Modell soweit gediehen, daß mit der Realisierung begonnen werden konnte. Doch der Ausbruch des Krieges stoppte das Unternehmen. Tatsächlich gebaut wurden schließlich nur die Neue Reichskanzlei in der Voßstraße, das Reichsluftfahrtministerium in der Wilhelmstraße und der Neubau des Flughafens Tempelhof.

Amsterdam, den 30. Mai 1938

Lieber Klaus!
Da Deine edle Schwester sich konstant weigert, den Brief anzufangen, mache ich den Beginn.

So ein dämlicher Hund! Weiter ist er auch nicht gekommen. Also beginnt und beendet die edle Schwester doch den ersten Teil des Briefes. Der Herr Sohn ist seit gestern wieder mal bis zur nächsten Infektion in der Schule. Seine Grippe ist endlich vorbei, nachdem der Arzt Blinddarm, Masern und Scharlach vorausgesagt und nach seinem jeweiligen Besuch ein schluchzendes Pferd hinterlassen hatte. Nun sieht Peter wieder munter und frisch aus. Aber ein Riesenknabe ist er geworden, nichts paßt ihm mehr. Sein hübsches Sommermäntelchen sieht aus, als ob er es sich vom jüngeren Brüderlein gepumpt hätte. Na, dies stört uns am wenigsten.

Berthold ist mir zu meinem Kummer und Schmerz wieder mal für beinahe eine Woche davongeschwebt, wieder gen Kopenhagen, Malmö und Oslo. Mit seinem Chef Rösler!

Schon früh um acht Uhr mußte er zum drittenmal antichambrieren beim deutschen Konsulat, den Paß abholen, der für ein halbes Jahr mit dreimaliger Verlängerung ausgestellt wurde. Dann der Weg zur Fremdenpolizei zwecks Stempels, ohne den man hier nicht wieder rein kommt.

Einmal hat mich Berthold zum Trost angerufen. Es war eine besondere Überraschung und Freude.

Gestern kam wieder ein langer Brief von der Katze, der aber nicht sehr erfreulich war. Sie fühlt sich schlecht, hoher Blutdruck! Na, ein Wunder ist es ja nicht. Was jeffen die auch in Berlin herum! Die gewöhnlichste Karte von ihr atmet immer eine derartige Unruhe aus, daß mir direkt immer Hören und Sehen vergeht. Wenn sie in der Woche nicht mindestens sechs Abende und dito Nachmittage besetzt haben, ist ihnen nicht wohl.

Ist Fritz Ury eigentlich in Berlin gewesen, und hat er wegen der Auswanderungspläne was erreicht? Es wird ja immer mehr erschwert. Die Zürcher Zeitung brachte wieder neue Bestimmungen, wonach man genau auflisten müßte, was nach 1933 angeschafft worden wäre, zu welchem Zweck usw. Das ist natürlich wieder eine neue Erschwernis, und schließlich sind ja Sachwerte noch das einzige, was man hinausretten könnte.

Klaus, ich halte es für Irrsinn, ohne Erlaubnis – und ist eine solche Dreckerlaubnis eine Gewähr? – nach Berlin zu fahren! Aber Ihr werdet ja alle erst schlau werden, wenn Ihr reingeflogen seid.

Herzliche Grüße und Aufwiedersehen!

Deine Lisel.

Berlin, den 1. Juni 1938

Mein liebes Jungchen!
Auch Du bist diese Woche stiefmütterlich behandelt worden, trotzdem Du uns solch schönen Brief geschrieben hattest. Aber durch den Himmelfahrtstag, daran anschließend die große Wäsche, kam ich nicht richtig zur Muße.

Wir wollen in den nächsten Tagen verreisen. Vater hat an alle möglichen Orte geschrieben, die noch Juden aufnehmen, was er beim Central Verein erfahren hat. Am einleuchtendsten erscheint uns Reichenhall. Tirol soll dieses Jahr von jüdischen Urlaubern überflutet sein. Alles geht dorthin, weil es noch billig ist. Übrigens dürfen wir nur bei unsresgleichen wohnen.

Rudi Wallenberg wurde am Bruch operiert. Mußte vor seiner Auswanderung nach Bogotà gemacht werden. Außerdem wurden wir mit der Nachricht überrascht, daß er sich vorher noch verheiratet mit einem angeblich reizenden Mädel, Marion Epstein. Also wirklich für Wallenbergs allerhand Aufregung.

Nun Schluß. Für Helen gute Wünsche für ihre Weltreise! Aber bestelle das auch. Gute Feiertage! Fahr eventuell allein raus ins Grüne, macht auch Spaß.

In Liebe Mutti

Berlin-Charlottenburg, den 7. Juni 1938

Mein liebes Jungchen,
hoffentlich habt Ihr schöne Feiertage und bei bestem Wetter verlebt. Auch bei uns war es herrlich. Wir haben uns aber nur auf einen Vormittagsspaziergang beschränkt. Unsere Koffer sind gepackt, morgen um 11 geht's auf ca. 3 Wochen nach Krummhübel, bis Urys kommen, was noch nicht feststeht.

Bitte schicke Deinen Wäschesack so schnell wie möglich nach Krummhübel! Ich will sie von Frau Neumann waschen lassen, dann kommst Du nicht in Verlegenheit. Aber nichts als die Wäsche hineintun, damit es sich nicht verzögert. Sonst heute nichts weiter. Gruß und Kuß. Mutti

Schreibe mir über die Prüfung! Eventuell nur Karten.

Viele herzliche Grüße

Vater

Krummhübel, den 15. Juni 1938

Mein lieber Klausejunge!

Heute früh bekamen wir Deinen Brief, den wir nicht gleich lasen, sondern als besonderen Morgengruß auf unsere Sonnenbank mitnahmen – hinter der Holzbude über die Lomnitz. Ich schreibe Dir sogleich, da mir gerade einfällt, daß Du sicher zwei Dinge noch nicht gefunden hast, die ich Dir mit dem Wäschepaket mitgeschickt habe, und die ich, soweit ich mich erinnere, in eine Tasche des Pyjamas oder auch der grauen Hose gesteckt habe. Es ist eine Krawattennadel und ein Päckchen mit neun Rasierklingen.

Du hast übrigens auch die mitgeschickte Schokolade nicht erwähnt. Hast sie doch hoffentlich erhalten? Sie war von Vilczek. Ich freue mich sehr darüber, daß Dir die Hose, Oberhemden und Krawatten gefallen.

Heute nachmittag kam zu Muttis größter Freude auch der Wäschesack richtig an. Frau Neumann hat sich der Sachen schon bemächtigt.

Wir leben hier wie immer sehr gemütlich. Ich glaube, daß Mutti sich schon einigermaßen erholt hat. Sie hat glänzenden Appetit, sieht gut aus, ist schon viel ruhiger als in Berlin.

Für heute herzliche Grüße. Vater

Mein liebes Geschöpf!
Es war so schön, als wir gestern früh Deinen Brief im Wald lasen, es war so, als ob Du bei uns wärst. Vielleicht kannst Du in den Ferien doch noch hierher kommen.

Mutti

Amsterdam, den 23. Juni 1938

Meine liebe Mieja,
daß Du immer noch zu 10 Prozent entschlossen bist, in den Ferien nach Hause zu fahren, ist sehr bedauerlich und wahnsinnig blöd von Dir. Wir schicken Dir demnächst noch mal einen Abgesandten, der Dir diese letzten 10 Prozent auch noch austreiben soll. Sag mal, Junge, bist Du denn vollkommen irrsinnig geworden, man sollte doch beinahe annehmen, daß Du keinerlei Zeitungen liest. Kann man so verdreht sein, wegen Auffüllung der Garderobe, sich solchen Unsicherheiten, wenn nicht noch mehr, auszusetzen? Du wirst Dich eben mit den Anzügen behelfen müssen, die Du hast, Berthold tuts ja hier auch. Schuhe werden wir hier mit Dir zusammen kaufen, ich glaube, daß es hier billiger ist. Die Preise schwanken hier zwischen 2,50 und 5 Gulden. Ich weiß nicht, was Du in London dafür bezahlen mußt. Du kannst Dich ja mal informieren.
Die Eltern sollen, und werden es auch, froh sein, daß wir alle sicher draußen sind, und über kurz oder lang werden sie auch heraus müssen. Dann können wir, und auch Du, wenn Du in London bist, ihnen mehr nützen, als wenn Du vielleicht auch noch mit in der Mausefalle sitzt. Ich nehme an, daß Fritz darin unserer Meinung ist. Will er seinem Vater das Auswandern brieflich klarmachen, oder fährt er nach Berlin rüber?

Ich habe heute den Eltern nochmal geschrieben, daß wir hoffen, im Augenblick ihre Aufenthaltsgenehmigungen noch durchsetzen zu können, und daß sie uns hier jederzeit willkommen sind, und sie sollen jetzt ihre Entschlüsse fassen. Mehr können wir ja von hier aus nicht tun, wir können sie ja schließlich nicht zwingen, denn sie sind Erwachsene, die selber wissen müssen, was sie zu tun haben.

Im übrigen glauben wir, daß die Lage der Juden in Deutschland so unerträglich geworden ist, daß jetzt die richtige große Aus- bezw. Abwanderung (aber wohin?) beginnen wird. Das geht aus allen Briefen hervor, die wir bekommen: »Wir freuen uns jeden Morgen, daß wir noch beieinander sind«, oder: »Es ist reiner Zufall, wenn man noch nicht abgeholt worden ist« etc. Die Spannung und Nervosität hat nun wohl ihren Höhepunkt erreicht, es geht eben so einfach nicht mehr weiter, und diejenigen, die immer noch schlauer sind, und sich nicht entschließen können, werden letzten Endes froh sein, wenn sie noch lebendig mit dem Rucksack unter Zurücklassung ihrer sämtlichen Habe raus- und irgendwo reinkommen.

Wenn Du übrigens England verläßt, und sei es auch nur für eine kurze Reise, mußt Du Dir ein Visum besorgen, das weißt Du aber wahrscheinlich. Und wenn Du zu uns kommst, bring eine Bescheinigung mit, daß Du ohne weiteres wieder nach England zurück kannst. Außerdem auch Studentenkarte usw. Schreib uns doch, wann ungefähr Deine Ferien beginnen, damit wir Dir rechtzeitig eine Einladung schikken. Ohne die kommst Du hier nicht mehr rein.

Eben ein langer Brief von den Eltern. Sie machen Deinetwegen (Dein Besuch in Deutschland) alles abhängig vom Entscheid der Behörden. So'n Quatsch! Glauben noch an ein Stück Papier! Wo wir hier Beweise haben, daß auch sowas bereits schiefgegangen ist.

Wir hatten letzten Sonnabend den Besuch eines Freundes, Herbert Fließ. Der Junge – er ist verheiratet, und seine Frau soll jetzt auf dem gleichen Weg nachkommen – ist ohne Paß über die sogenannte grüne Grenze gekommen. Das erste Mal wurde er von den Holländern gefaßt. Sie waren sehr nett zu ihm, bewirteten ihn, fragten ihn, ob er wieder zurück will, da sie ihn nicht durchlassen dürften. Er verneinte, da er die deutschen Kugeln fürchtete. Also fietste der Gendarm mit ihm bis zur Grenze und übergab ihn den Deutschen. Die sagten: »Wie haste denn das gemacht, daß die dich gekriegt haben? Na, dann müssen wir die Sache anders anfangen.« Sie wiesen ihm den Weg zu einem Bauerngehöft, wo er übernachten durfte und den ganzen folgenden Tag bis zur Dunkelheit verpflegt wurde. Dann fuhr ein Taxi vor und brachte ihn auf Umwegen nach Amsterdam. Hier erst zum Komitée, fünf Stunden antichambrieren, dann mit dem Brief des Komitées zur Fremdenpolizei, die ihn besonders freundlich aufnahm. Er darf bleiben, wohnt bei Verwandten, das Komitée zahlt ihm 6 1/2 Gulden für die Tante und 1 Gulden Taschengeld für 14 Tage.

Interessant? Dinge erleben wir hier! Zur Nachahmung empfohlen.

Herzlichen Gruß

Lisel

Krummhübel, den 23.Juni 1938
Max Heinzelstein- Baude

Mein liebes Jungchen!
Seit Sonntag haben wir schönes Wetter, waren den ganzen Dienstag auf dem Kamm, wo wir vor- und nachmittags stundenlang zwischen Kiefernlatschen in der Sonne schliefen. Dazwischen im Schlesierhaus als gerngesehene Gäste Mittagessen und Kaffeetrinken. Es war ein schöner Tag. Hier, Max Heinzelstein, ist es auch herrlich. Da braucht man nicht nach Heinbergshöhe. Wir haben uns gut erholt. Am 28. sind wir wieder zu Haus.

Ich denke, daß wir nochmal im August fortfahren und bin so optimistisch zu hoffen, daß wir mit Dir reisen werden. Abwarten!

Wir haben einen tüchtigen Sonnenbrand – der eine Tag auf dem Kamm! Wie gerne hätte ich Dich dabei, Jungchen.

Und nun lebe wohl. Grüße Fritz. Hat Miß Margaret meine Karte bekommen? Auf Englisch! Viele Fehler!

Innige Grüße

Mutti

Krummhübel, den 24. Juni 1938

Mein lieber Klausemann!
Gestern erst haben wir von der Max-Heinzel-Baude geschrieben, und heute muß ich Dir wieder schreiben, da ich heute früh vom CV in Deiner Sache Nachricht bekommen habe. Hiernach mußt Du für Deinen Besuch bei uns, und zwar für längstens vier Wochen, einen schriftlichen Antrag beim dortigen deutschen Generalkonsul auf Ausfertigung einer Einreiseerlaubnis stellen. Für den Besuch ist der genaue Beginn und das Ende des Aufenthaltes anzugeben.

Heute habe ich Dir die gewünschten Sockenhalter bei Gittler besorgt. Sehr gut! Ich schicke sie in einer extra Sendung.

Leb Wohl! Sei herzlich gegrüßt und grüße auch Urys

Vater

Gruß und Kuß. Mutti

Klaus Heymann, der seine Heimat liebte und auch die Eltern nicht enttäuschen mochte, konnte sich trotz der Ermahnungen aus Amsterdam lange nicht entscheiden, ob er zu einem Besuch nach Deutschland fahren sollte oder nicht. Seine Briefe müssen in dieser Hinsicht ziemlich hinhaltend gewesen sein:

»Meine Eltern haben den Gedanken, mich in den Ferien in Berlin zu haben, nie aufgegeben. Es gab ein regelrechtes Tauziehen um meinen Besuch. Sie wollten einfach nicht wahrhaben, was für Verhältnisse in Deutschland herrschten und daß ich vielleicht festgehalten würde. Es war die Naivität, die auch Tausende andere hatten, daß sie immer noch glaubten, die deutsche Regierung würde immer nach Recht und Gesetz handeln. Das ist bis zum Schluß so gewesen. Auch der letzte Brief meines Vaters, der mir erst nach dem Krieg ausgehändigt wurde, besagt das noch. Mein Vater konnte nie glauben, daß irgendetwas Illegales, etwas Ungesetzmäßiges vorkommen könnte. Gut, die Maßnahmen richten sich immer mehr gegen die Juden, aber – das Gesetz wird immer bleiben. Und das ist der Grund, warum sie annahmen, daß sie in Ruhe weiterleben könnten.

Wenn man das liest vom Urlaub meiner Eltern in Krummhübel: Es war doch ›friedlich‹, sie waren sogar willkommen im Schlesierhaus, einem deutschen Restaurant! Gut, wenn sie in das eine Restaurant, das eine Geschäft nicht hineinkamen, dann gingen sie in das andere, das kein Schild hatte ›Juden unerwünscht!‹ Da gab es immer noch die Berge, die Landschaft, die ihnen vertraut waren, da fühlten sie sich wohl.

In Berlin war das anders. Da spürten sie mehr den Druck. In Berlin wurde Mutter nervös, vertrug die Luft nicht. Dort kamen sie wieder täglich mit vielen Verwandten und Bekannten zusammen und hörten furchtbare Sachen. Aber ganz furchtbar war es für sie noch nicht. Meine Schwester Lisel drängte sie, raus zu gehen. Aber wie? Mein Vater bekam seine Pension, die ihn in Berlin hielt. Und meine Mutter war völlig an Deutschland gebunden – das Land von Goethe und Schiller und Beethoven! Unmöglich, woanders hinzugehen! Das ist etwas, was man sich heute kaum vorstellen kann. Diese Identifikation mit Deutschland – das war eine vollkommene Illusion. Wenn man sich das überlegt: eine wirkliche Emanzipation der Juden bestand doch eigentlich nur in der Weimarer Republik, also zwischen dem Ende des Ersten Weltkrieges und dem 30. Januar 1933, nur 14 Jahre. Sonst wurden die Juden doch immer als Menschen zweiter Klasse angesehen.«

Berlin, den 1. Juli 1938

Geschöpf!
Es ist ekelhaft in Berlin. Die Luft spricht mich nicht an, und man wird auch noch künstlich angeekelt.

Ich bin natürlich tief traurig, daß Du nicht kommst. Kann aber nur sagen, daß Du recht hast. Alles andere muß da schweigen.

Heute hat mir leider mein Untermieter, der nette und sehr bequeme Herr Haas zum 1. August gekündigt. Er zieht wieder in die Waldschule, die in andere Hände übergeht, da die Inhaber nach New York auswandern. Er denkt, daß er mir einen Junglehrer zuweisen kann. Schade! Er war von halb acht bis zwölf Uhr nachts fort.

Leb wohl, mein Junge. Alles Gute fürs Examen!

Innige Grüße Euch allen.

Mutti

Amsterdam, den 2. Juli 1938

Meine liebe Mieja!

Ich bin leider nicht eher dazu gekommen, Dir rechtzeitig zum bevorstehenden Examen Hals- und Beinbruch zu wünschen. Hoffentlich fällst Du ohne den schwesterlichen Kaninchensegen nicht durch!

Mit Deinem ausführlichen Brief haben wir uns sehr gefreut, zumal Du ja anscheinend bis auf 5 % zu Verstand gekommen bist. Aber auch die Eltern scheinen es kapiert zu haben. Sie schreiben an mich, ob Du denn wirklich in den Ferien zu uns kommen kannst? Na, das habe ich Dir oft genug zu verstehen gegeben, daß Du uns jederzeit willkommen bist, und für den Fall, daß Du nicht gerade den Ferientrip in Schottland oder bei Manchester machen willst, sollst Du gleich nach Schulschluß zu uns kommen.

Also komm, so rasch Du Lust hast.

Ich erhielt eben einen netten Brief von den Eltern. Bißchen aufgeklärter als sie es in Krummhübel gewesen sind, scheinen sie nun. Aber sie wollen nach wie vor nichts von einer Übersiedlung hierher hören.

Ilse Klein, Vaters Nichte, genannt die Amsel, ist als Haustochter bei Mutti, und die scheint sehr entlastet dadurch zu sein. Übrigens schrieb Mutti noch was Eigenartiges als Nachtrag. Ich schreibe es wörtlich ab:

»Ich war in meiner Paßsache zur Polizei bestellt, brauche u. a. noch eine Bescheinigung aus Amsterdam, daß Du dort lebst, Lisel, da ich den Besuch bei Dir als wesentlich angab.«

Was stellst Du Dir darunter vor? Es wäre ja herrlich, wenn die Katze einen Paß bekäme!

Schreibe uns bald, wann wir Dich erwarten können.

Herzlich Deine Lisel

Amsterdam, den 15. Juli 1938

Lieber Klaus!
Wir erwarten mit aller Spannung Bericht über den Ausgang Deines Examens. Hoffentlich haben Dir meine letzten Segenswünsche etwas genützt.

Deine Dich liebende Schwester befaßt sich seit ein paar Tagen mit Abtreiben. Aber kriege keinen Schreck. Es handelt sich nur um Spulwürmer. Ich mache mich nicht im Sinne des Paragraphen 208 – so war wohl die Nummer – strafbar. Ich fresse Santonin und harre der Dinge, die da kommen sollen. Aber kein schöner Zustand.

Ich finde es wirklich blöd, mit Verlaub, von der Katze, daß sie den Fritz verhindert hat, uns seine Ankunft in Schiphol gestern zu signalisieren. Ich bin gestern den ganzen Tag wie ein Kater um unsere Wohnung herumgestrichen, weil ich mit aller Bestimmtheit sein Telegramm erwartet hatte.

Die Leute in Deutschland haben doch weiß Gott jetzt andere Sorgen, um sich noch um unsere Angelegenheiten zu kümmern.

Auch in Ilses Angelegenheiten schnüffeln sie herum, allerdings durch die Klatschbase Tante Setta veranlaßt. Aber erwähne nichts Berlin gegenüber. Wenn Du hierher kommst, zeigen wir Dir die Korrespondenz. Es handelt sich, for your information, übrigens nur um Ilses Eheformalitäten – man zweifelt hier, ob sie legal verheiratet ist! Die armen Leute in Palästina haben jetzt genug andere Sorgen, und da kommen die Berliner, d. h vorläufig nur Tante Else, mit ihren gutbürgerlichen Anschauungen. Helfen können sie keinem mehr. Dafür sitzen sie selbst viel zu sehr in der Mausefalle. Na, in diesem Sinne hat Berthold an Tante Else, und auch an Ilse und Leo geschrieben. Weißt Du, manchmal könnte man glauben, die Leute sitzen auf dem Mond! Für uns alle, die wir in der Emigration leben, gibt es noch ganz andere Probleme, mit denen wir auch allein fertig werden müssen.

Es ist, wie gesagt, jammerschade, daß aus unserem Zusammensein mit Fritz nichts geworden ist. Wir hätten uns wirklich alle sehr gefreut, ihn nach der langen Spannung (wegen seiner Heirat) wieder mal zu sprechen.

So, nun schreibe ich noch an die Katze, aber keine Bange, ich beiße sie nicht. Ich werde sie nur sanft darauf aufmerksam machen, daß wir schon groß sind und man uns deshalb keine Entscheidungen, die wir sehr viel besser beurteilen können, vorwegnehmen dürfte.

So, nun erwarte ich baldigst Bescheid von Dir.

Inzwischen herzliche Grüße

Deine Lisel

Krummhübel, den16. Juli 1938

Mein lieber Klausejunge!

Das war eine große Freude, als gestern Deine Karte mit dem famosen Resultat kam. Die Omama war ganz aufgeregt. Wir gratulieren dem Herrn cand. arch. von Herzen – vivat sequences! Vorerst wirst Du Dich erst mal tüchtig auf Deinen Lorbeeren ausruhen wollen. Ich freue mich, daß Du Hübsches vorhast. Sehr schade (bes. für Mutti), daß wir Dich diesmal nicht sehen, aber vielleicht kommst Du ja noch. Man kann nie wissen. Die Omama, die neben mir bei freundlichem Wetter auf dem Gartenstuhl sitzt, läßt Dir sagen, wie sehr sie sich gefreut hat und wünscht Dir, daß Dir alles im Leben so glücken möge.

Sag mal, Klaus, könntest Du nicht ein scholarship beantragen? Ein Neffe von Frau Karplus, der Geld herüber bekam, hat jetzt wegen bester Leistungen freie Schule. Erkundige Dich doch mal. Jedenfalls will ich noch beantragen, die restlichen 75 M zu 200 M herüberschicken zu dürfen, habe aber wenig Hoffnung. Die 10 M, die Omama monatlich zu Ilse schickte, sind auch abgelehnt worden. Und Ilse rechnete doch sehr damit.

Hier ist es wieder so schön wie immer, trotz alledem. Über alles Häßliche schweift der Blick zu den Bergen hinauf. Die Gasthäuser hier sind alle leer, viele sind zum Urlaub nach Österreich gefahren. Our people fehlen ganz.

Die Reise ging glatt vonstatten. Seit Donnerstag ist Onkel Ludwig hier, wohnt in Onkel Hans' Zimmer. Grete Levy ist auch seit einer Woche im »Nesthäkchen«. Sie wird wohl zum Herbst die Einreise nach Südafrika erhalten.

Heute bricht Rudi Wallenberg mit seiner Marion zu besseren Gefilden auf, hoffentlich glückt es ihnen. Auch Dein Cousin Kurt erwartet demnächst Entscheidung seines Schicksals. Möglichenfalls geht sein Kurs gen Java zu seiner Schwester Marianne.

Hier im »Nesthäkchen« alles unverändert. Fritz Neumann arbeitet wieder auf der Bergschloßbaude, Günther Pförtner in Hirschberg auf der Oberschule. Im Augenblick baut er auf dem Sandberg neben dem Haus Unterstände und stört mich durch Gehämmer.

Leb wohl, mein guter Junge, weiter viel Gutes! Grüße Urys herzlich. Frohe Ferien wünscht Dir

Deine Tante Else

Cheer, cheer, cheer! Lets go on! Much love – Dein Onkel Ludwig

Dear Klaus! I was glad to hear of your splendid examinations. Many congratulations!

Yours – Grete Levy

Wenn Else Ury aus Krummhübel schrieb: »Die Reise ging glatt vonstatten«, spielte sie auf eine Prozedur an, die für alle mitreisenden Familienmitglieder jedesmal ziemlich anstrengend war, wie sich Klaus Heymann erinnert:

»Die Reise mit der alten Mutter war nicht so einfach! Die Omama war eine überaus dicke, schwere Frau. Man sagte damals ›starke‹ Frau. Anfang der Zwanziger Jahre, kurz nach dem Tod ihres Mannes, hatte sie einen Schlaganfall erlitten, der sich auf ihre Beine ausgewirkt haben mußte. Sie waren fast gelähmt. Ich erinnere mich, als kleiner Junge hab ich das gesehen, sie hat Bestrahlungen bekommen, darüber würde man heute lachen! Es wurden ihr so runde Holzkästen, in denen gewöhnliche elektrische Glühbirnen waren, über beide Beine gestülpt. Wärmebehandlung nannte man das. Hat natürlich überhaupt nichts genützt. Omama konnte später nur, untergefaßt von zwei Leuten, ganz langsam gehen. Dann gar nicht mehr. Und das machte die Reise nach Krummhübel zu einem komplizierten Unternehmen. Man mußte mit ihr erst durch ganz Berlin zum Görlitzer Bahnhof, wo die Züge nach Schlesien abfuhren. Man reiste mit der Fernbahn bis Hirschberg im Riesengebirge. Da wartete Gepäckträger Nr. 7, dem meine Tante ihre Ankunft mitgeteilt hatte, ein reizender Kerl, mit einem Gehilfen. Auf einem Tragesitz schleppten sie die Omama die eine Treppe rauf, oben entlang und wieder runter in den Kleinbahnzug, der von Hirschberg bis Krummhübel fuhr. Dort mußte die schwere Mutter dann in den Postbus rübergetragen werden, was natürlich auch nicht einfach war, aber Gott sei Dank gab's ja damals noch Gepäckträger.

Im ›Haus Nesthäkchen‹ saß die Omama dann bei schönem Wetter in ihrem Stuhl oben auf der kleinen Treppe, die in den Garten führte, eine Art offener Balkon, unterm Sonnenschirm, und da ging's ihr gut. Sie hat immer was gehäkelt. Und es wurde ihr viel vorgelesen.

Meistens kam auch Besuch, diesmal Onkel Ludwig und Grete Levy.

Grete Levy war die engste und älteste Freundin meiner Tante. Sie war unverheiratet, eine bildschöne Frau, und sie hatte in Berlin eine bekannte Tanzschule, die sie unter den Nazis aufgeben mußte. Diese Freundin hat gewissermaßen zu den Nesthäkchen-Büchern beigetragen. Nesthäkchen studiert ja in Heidelberg, wo Else Ury und Grete Levy als junge Frauen Ferien gemacht und die Gegend kennengelernt hatten, die meine Tante dann anschaulich beschrieb.«

Amsterdam, den 19. Juli 1938

Meine liebe Mieja!
Du hättest Deinen Glückwunsch zu dem so fein bestandenen Examen wirklich schon etwas rascher verdient, aber Du hast ja inzwischen von Helen gehört, deren Besuch uns wirklich sehr gefreut hat, zumal die Katze uns das Treffen mit Fritz verpirrt hat.

Es sieht so aus, als ob Berthold im September kein Visum für Belgien bekommt, weil sein Paß dann abläuft. Ich will selbst noch einmal mit dem sehr netten Konsul sprechen, aber Gesetz ist Gesetz.

Und wohin dann? Hilf mit überlegen! Teuer soll es doch nicht werden. Ich dachte bereits an Dänemark, was billig ist. Aber die Schiffsverbindungen sind, wie Berthold behauptet, recht unregelmäßig. Obwohl man dabei den Vorteil hätte, daß man von Amsterdam direkt bis Kopenhagen mit einem kleinen KNSM-Dampfer fahren könnte.

Ach, meine Mieja! Ich freue mich ja schon so auf Dich! Besorge Dir auf jeden Fall das englische Visum für ein Jahr, daß Du hier keine Scherereien bekommst. Sonst müßte man mit Dir zur Fremdenpolizei. Das ist im Augenblick hier eine Strafe, da man sich möglichst schon um sieben Uhr anstellen muß und dann auch noch die Aussicht haben muß, drei Tage ergebnislos anzustehen.

Klaus, wenn Du die Autotour machst, sei vorsichtig. Langsam kommt man auch zum Ziel und bei zu schnellem Fahren könnte man totgehen.

In diesem Sinne herzliche Grüße
Deine Lisel

Amsterdam, den 25. Juli 1938

Lieber Klaus, meine liebe Mieja!
Das Eiligste ist wohl, daß wir uns über unser Reiseprogramm verständigen. Wir können es leider nicht anders einrichten und erst am 10. oder 11. September von Amsterdam abreisen. Die Idee, daß Du voran fährst, finden wir nicht schön, aber darüber braucht man sich heute ja noch nicht zu unterhalten, sondern kann das hier in Ruhe tun. Wir sind auf die gleiche Idee gekommen wie Du, in ein französisches Bad an der Nordseeküste zu gehen und denken an Le Touquet Paris Plage. Es ist zwar entsetzlich groß mit mindestens 70 Hotels, aber im September ist ja Nachsaison, und da kann es sehr schön sein. Auf jeden Fall kann man sich in einem so großen Ort auch bei schlechtem Wetter nicht langweilen.

Reiseführer für Le Touquet sind in ganz Amsterdam nicht zu haben. Vielleicht kannst Du in London etwas finden und uns dann schicken.

Du wolltest unseren Rat. Wir sind durchaus der Ansicht, daß Du das Angebot von Helen, ihren Chauffeur zu vertreten, annehmen solltest, selbstverständlich mit voller Bezahlung, so dicke hast Du es nicht, wohl aber die Firma. Es sei denn, Du fühlst Dich dem Londoner Verkehr gegenüber nicht gewachsen. Dann aber unterlasse es, hörst Du?

Was die Mitarbeit in Helens Firma betrifft, so wird Dir aus Deinem von mir so lange nicht bearbeiteten Lausekopf keine Krone herunterzittern, mein liebes Kind. Wer weiß, was wir später nochmal alles machen müssen. Bei mir darfst Du dann wieder feiner Herr spielen.

Womit ich verbleibe mit herzlichen Grüßen und dem Wunsch, daß Du weder Dich noch andere totfährst.

Deine Lisel

Ansichtskarte aus dem Riesengebirge
Schlesierhaus, den 28. Juli 1938

Lieber Klaus!
Von unserer Kammtour viele Grüße. Es ist ja so belebt wie auf einem Jahrmarkt. Nicht mehr so schön. Nach der Wiesenbaude können wir nicht. Aber im Schlesierhaus hat das Mittagessen gut gemundet. Kleine Teichbaude ungastlich!

Sag mal, Klaus, würdest Du nicht mal zu Mr. Swifton, St.Paul, herangehen und ihn about my books fragen? Ich habe nichts von einer Übersetzung gehört.

Was wird nun aus Dir diesen Sommer? Kommst Du doch noch her? Ich würde mich sehr freuen. Warst Du schon bei Appelbaum und Mendelsohn? Omama geht es gut. Viele herzliche Grüße von

Tante Else
Gruß von Onkel Ludwig
Und herzl. Grüße. Grete Levy

Im Riesengebirge, so erfährt Klaus Heymann aus der verschlüsselten Nachricht seiner Tante, wird es mit jedem Urlaub »ungastlicher«:

»Im Schlesierhaus wurden Juden – ›our people‹, wie meine Tante mal schrieb – noch bewirtet, in der kleinen Teichbaude nicht mehr. Anscheinend hat sie das nicht weiter aufgeregt, denn sie fragt mich ja immer noch, ob ich nach Deutschland komme.

Else Ury hatte die Absicht, einige ihrer Bücher gewissen Jugendschriften-Verlagen in London anzubieten. Sie glaubte, daß ihre Märchen am besten für eine Übersetzung geeignet wären, vor allem das erste Buch, das sie 1905 veröffentlicht hatte ›Was das Sonntagskind erlauscht‹. Und sie hatte mir mal ein Paket mit Übersetzungen geschickt, die ich durchlas und ganz entsetzlich fand. Teilweise sind sie von einer jungen Dame übersetzt worden, die wenig Englisch konnte, teilweise von meiner Tante selbst, handschriftlich. Ich weiß noch, ich bin bei zwei Verlegern gewesen, auch bei diesem Mr. Swifton, der sich die Übersetzungen anschaute, aber es wurde nichts daraus. Er meinte – es war ja kurz vor dem Krieg –, es sei jetzt nicht die richtige Zeit. Schade, denn der Sinn der Sache war, etwas Geld im Ausland zu haben. Else Ury hatte damals noch die Hoffnung, aus der Falle rauszukommen. Aber dieses Rauskommen hing vom Leben oder Ableben ihrer alten Mutter ab. 1937 hätte Else Ury noch mit Hilfe meines Vetters Fritz emigrieren können.«

Berlin, den 29. Juli 1938

Mein lieber Klausemann!
Danke für die zwei Ansichtskarten aus Ventnor von der Isle of Wight, wo Du Dich anscheinend sehr vergnüglich erholst. Ich kenne Ventnor von einer meiner Mittelmeerreisen und habe es als einen großzügig angelegten Seebadeort mit südlicher Vegetation in Erinnerung. Mit dem Wetter hast Du jedenfalls großes Glück gehabt.

Inzwischen ist der neue Radioapparat bei uns. Typ »Sachsenwerk«, vier + eins Röhren, 5-Kreiser, Super, für All-Strom und für Kurzwellen.

Am Tage höre ich schon fast alle Langwellenstationen und natürlich sehr viele Stationen auf Kurzer Welle. Den besten Empfang habe ich am späteren Abend, nach neun bis zehn Uhr, da ich dann mindestens 70 Stationen auf Mittlerer Welle laut und gut höre, was wohl hauptsächlich daran liegt, daß die Trennschärfe so fabelhaft ist, wie ich es mir überhaupt nicht habe vorstellen können. Von England höre ich z.B. nicht weniger als sieben Stationen, und auch so, daß ich niemals ganz aufdrehen darf, nämlich London national, London regional, Midland regional, Nord-Irland, West-regioal, Athlone, North regional und Scottish regional.

Sehr schade, daß Du Dir den Apparat in diesen Ferien nicht ansehen kannst. Es würde Dich doch sicher sehr interessieren, mit ihm noch weitere Versuche zu machen, man kann sicher überseeische Stationen erreichen.

Sei herzlich gegrüßt. Vater

Berlin, den 6. August 1938

Wäschesack! Wäschesack! Wäschesack! Wäschesack! Wäschesack! Wäschesack! Das, mein lieber Klausemann, beschäftigt Mutti unaufhörlich. Sie wird sich aber daran gewöhnen, daß er für einige Zeit ausbleibt.

Gestern erhielten wir Deinen jüngsten Brief. Wir nahmen mit Freude davon Kenntnis, daß Du das Examen mit Auszeichnung gemacht hast und hoffen, daß Mr. Addison Dir später eine Empfehlung schreiben wird. Eine Empfehlung der Anstaltsleiter wird stets hoch bewertet. Die Examensfragen wird Mutti mir noch übersetzen. Wir werden sie alsbald zu Berthold schicken.

Mutti leidet sehr unter der Hitze. Sie nimmt sich aber am Tage durch Besorgungen in der Stadt zuviel vor. Und dann reißen die Zusammenkünfte mit Bekannten nicht ab.

Nun liegt unsere Sommerreise fest. Wir haben aus Kobern im Moseltal, 20 Minuten westlich Koblenz gelegen, für den 15. August Zusage erhalten. Bekannte von Onkel Hugo und Tante Setta waren dort und haben sich außerordentlich wohl gefühlt. Das Moseltal ist bekannt als eine Perle in landschaftlicher Hinsicht, und ich freu mich, einmal hinzukommen. Sicher werden wir Dampferfahrten auf der Mosel, vielleicht bis Trier hin, machen können, dann aber auch auf dem Rhein.

Man soll Badegelegenheit haben. Unmittelbar hinter dem Haus ein kleines Wäldchen.

Ich werde mein Malzeug wieder mitnehmen und diesmal eine ganz andersartige Szenerie zu Papier bringen. Motive wird es dort sicher in Hülle und Fülle geben. Berühmt übrigens die Burgen Kochem und Eltz. Aber schon in Kobern selbst soll es interessante Burgruinen geben.

Kollege Hermann, der mein letztes Aquarell aus Krummhübel, »Waldinneres«, gesehen hat, machte mir wieder Mut, Neues in Angriff zu nehmen.

Als ich neulich bei Goldström war, erzählte mir der Vater, daß er für seinen Sohn alle Räume seiner Wohnung von einem Berufsfotografen habe aufnehmen lassen. Wenn Du darauf Wert legst, werde ich das auch für Dich machen.

Lebe wohl! Viele herzliche Grüße, auch an Urys. Vater

Mein Jungchen!
Mach's weiter so, mein Geschöpf. Wie gern nähme ich Dich nach Kobern mit. Ist mal was Neues, wenn's auch nicht sehr hoch liegt.

Also jetzt werde ich Kaffee machen und Stullen zum Abendbrot. Wir wollen rausfahren. Bitte sage doch Deinem großen Vetter, daß Dein kleiner Vetter ein Ochse ist und schuld, daß seine Sachen, die er hiergelassen hat, erst frühestens im Oktober ankommen. Meine Schuld ist es nicht. Dazu brauchte ich den Wäschesack und noch etwas Wäsche von Dir. Na, zu spät!

Unsere Adresse ab Montag, dem 15. ist: Kobern an der Mosel bei Frau S. Wolff.

Lebe wohl! Wie war es in Sheffield? Viele Grüße Euch allen
Mutti

Amsterdam-Z.
Van Tuyll van Serooskerkenplein 6
den 6. August 1938

Lieber Klaus!
In Beantwortung Deines Briefes: Ich würde Dir raten, die folgenden Visa zu beschaffen:

a) ein belgisches Transitvisum für die Fahrt Ostende-Amsterdam
b) ein weiteres belgisches Transitvisum für die Fahrt Amsterdam-Frankreich.

c) ein französisches Visum für 14 Tage Aufenthalt.
Bei Deiner Reise am nächsten Sonnabend wird es hoffentlich nicht zu heiß werden. Ich meine auch, daß Du nur eine einfache Fahrt auf dem Ostender Schiff buchen solltest. Dann kannst Du die Rückreise von Frankreich direkt machen und bist nicht festgelegt. Ich will noch versuchen, Dir, so gut es geht, die Verbindungen für die Weiterfahrt Ostende- Amsterdam zu geben. Man hat bei dieser Fahrt allerhand Abwechslung. Also: ab Ostende nimmst Du die Straßenbahn nach Knokke (Linie 1 betitelt). Die Wagen fahren alle 15 Minuten. Die Fahrt dauert 1 Stunde. Von Knokke mit Straßenbahn 21 nach Sluis, das bereits in Holland liegt. Ab Sluis geht eine holländische Bahn nach Breskens.

Der erste Zug ist der direkte Bootszug, sieh zu, daß Du ihn erreichst.

Herzlichen Gruß. Berthold

Lisel – auf bald!

Für seine Fahrt in den gemeinsamen Frankreich-Urlaub bekam Klaus Heymann von Berthold über mehrere Briefe hinweg minutiöse Anweisungen über Verkehrsmittel, An- und Abfahrtszeiten, Preise, Sparmöglichkeiten, Gelegenheiten zur Besichtigung während der Wartezeiten usw.:

»Mein Schwager Berthold hatte immer einen Fahrplan für alle möglichen Verkehrsmittel bei sich. Das brauchte er für die Verschickung der Maschinen, mit denen seine Firma handelte. Wenn für die Familie, für Freunde, Bekannte irgendeine Reise anstand, tüftelte er die Route bis auf das Genaueste aus, aber er fand immer die umständlichsten, unbequemsten und blödesten Verbindungen, die entsetzlich anstrengend waren, mit häufigem Umsteigen, und das natürlich mit dem großen Gepäck. Er war in solchen Sachen etwas ungeschickt. Ich weiß noch, wie wir auf unserer Reise in Belgien in eine Straßenbahn einsteigen mußten, Berthold mit einem riesigen Koffer, und statt den zuerst auf den Perron zu schieben und dann selber zuzusteigen, versuchte er, zusammen mit dem sperrigen Ding in die schmale Öffnung zu kommen, prallte ab und fiel rückwärts aus der Bahn, die Gott sei Dank noch nicht fuhr. Lisel und ich mußten schallend lachen, es sah zu komisch aus. So gesehen waren die Reisen mit ihm interessant. Es passierte immer was.«

Kobern an der Mosel, den 16. August 1938

Mein Jungchen!
Unsere Reise bis jetzt gut verlaufen. Bei Regen fuhren wir los, bei Wolkenbruch Ankunft in Kassel. Kein Hotel für uns möglich! Mußten in ein von Neumi empfohlenes Haus.

Kassel eine zauberhafte Residenzstadt. Wilhelmshöhe wunderschön. Vater hätte es Dir gern gezeigt. Mir fehlst Du auch sehr. Neben unserem Zimmer mit Blick auf Nachbars Misthaufen große Bodenkammer mit Bad und fließendem großen Waschbecken und leerem Bett. Daneben großer Boden mit eingebautem WC. Alles sehr primitiv, vor allem, was Sauberkeit anbelangt. Gegend ähnlich wie in Italien. Niedrige Höhen, Weinberge, Burgen. Luft ziemlich weich. Ich hoffe aber doch, daß wir uns gut erholen.

Ein Jammer, wenn ich denke, wie wir hier zusammen leben könnten!

Innige Grüße auch für Urys – Mutti

Herzliche Grüße – Vater

Berlin, den 18. September 1938

Mein geliebtes Jungchen!
Nun bist Du wieder daheim, d. h. wo Du jetzt daheim bist, und Deine Ferien liegen hinter Dir. Ich hoffe, daß Du sie genossen hast.

Nun geht es wieder mit frischen Kräften an die Arbeit, wie Deine Mutti immer so schön zu sagen pflegte.

Ich bin ganz unglücklich, daß ich Euch gestern den letzten Tag noch durch den Flugpostbrief, der hoffentlich überhaupt angekommen ist, verstört habe. Ich kann mir Eure Aufregung vorstellen, aber ebenso werdet Ihr verstanden haben, daß in diesem Notfall nur eine Lösung möglich war.

Das Traurige ist, daß man bei Ilse immer ein großes Fragezeichen machen muß, aber z. Zt. war keine andere Möglichkeit gegeben, da wir nicht klar sehen und ihr bitter unrecht tun können.

Wie mir zumute ist angesichts dieser Ungewißheit kannst Du Dir denken.

Dem Vater geht es gottlob wieder besser, diese Übergangszeit ist ja ohne die Zentralheizung, die natürlich noch nicht im Gange ist, sehr ungünstig für ihn.

Ich hoffe, Du wirst uns bald den Wäschesack schicken, selbst wenn noch nicht viel Wäsche zusammenkommen sollte, da Lisel Dir gewiß manches hat auswaschen lassen. Aber ich habe ja von Dir noch Wäsche hier, die ich dann endlich loswerden kann.

In dieser Woche waren Heinz Wallenberg und seine Schwester Lotte einen Abend bei uns. Heinz hatte an dem Tage ein Telegramm aus Bogotà bekommen, daß er das Visum erhalten hätte, vom Vorzeigegeld befreit sei und Fritz eine Stellung dort hätte in einem Tiefdruckunternehmen. Es ist fabelhaft, wie diese Geschwister füreinander sorgen. Er will ihm im Notfall sogar das Reisegeld schicken. Allerdings wissen sie einer vom anderen, daß sie sich absolut aufeinander verlassen können. Sie sind ja auch derartig an Sparsamkeit gewohnte Menschen, daß sie es schon zu etwas bringen werden. Auch Lotte soll hinkommen, wenn ihr vom Tropenarzt die Eignung zuerkannt wird. Als Säuglingsschwester hat sie dort gute Aussichten. Auch Rudi hat schon zu tun. Fritz ist so überlastet, daß er ihm einen Teil seiner Arbeit abgegeben hat. Marion besorgt das Haus.

Rudi und Frau haben je ein möbliertes Zimmer, sind aber den Tag über zusammen. Ich sehe schon, daß sie später noch ihre Eltern nachkommen lassen. Die Mutter von Fritz' Frau Erika soll schon in absehbarer Zeit bei ihnen eintreffen. So ist es heutzutage, die Kinder bauen den Eltern die Häuser, umgekehrt wie früher. Aber wohin wir hören, ist es so, in allen Ländern.

Hier mußte ich unterbrechen, da der Vater im Radio gute Musik hören wollte. Erst jetzt nach dem Abendbrot Fortsetzung. Ich bringe den Brief nachher noch nach Charlottenburg zum Briefkasten. Es ist herrliches, warmes Wetter draußen, und mir tut das Gehen gut. Macht mich ruhiger. Ich bin doch recht erregt. Aber auch das Schreiben an Dich ist mir eine Wohltat, bringt mich auf andere Gedanken.

Gestern nachmittag waren wir bei Nürnbergs, wo die Herren Skat spielten, was Vater viel Freude macht. Mir war es schrecklich, in meiner Gemütsverfassung hinzugehen. Aber ich konnte auch nicht zu Hause bleiben. Nachher tat es mir doch ganz gut, es sind so liebe Menschen.

Nun habe ich noch zu erzählen, daß ich wieder einen Untermieter habe, einen Litauer. Mir nicht sympathisch, aber sehr empfohlen, so daß ich ihn genommen habe. Er kam auch gerade gestern, als ich nach Krummhübler Gespräch sehr aufgeregt war. War vorher schon mal dagewesen. Da hielt ich alles andere für belanglos und sagte zu.

Laß es Dir gutgehen, mein Junge. Sobald ich von Ilse Näheres höre, gebe ich Dir Nachricht. Aber wer weiß, ob wir nicht lange darauf warten müssen.

Leb wohl, mein guter Junge. Alles Liebe

Mutti

Das friedliche Ferienende wurde von einer Nachricht überschattet, die Klaus Heymann bei seiner Rückkehr nach London erreichte. Sie versetzte die ganze Familie in Aufruhr und hatte noch lange Zeit Nachwirkungen:

»Daß sich vor allem meine Mutter so aufregte, das lag wieder einmal an meiner Schwester Ilse. Während wir alle noch im Urlaub waren, hatte sie ein Telegramm an unseren Vetter Fritz Ury nach London geschickt mit irgendeiner Lüge: ›Leo schwer krank!‹ oder ›Ich schwer krank, im sechsten Monat‹ usw. ›Eilt!

Drahtet 20 Pfund!‹« Fritz hat das anscheinend sofort jemandem aus der Familie mitgeteilt, wahrscheinlich zuerst seinem Vater, Ludwig Ury, der gerade mit Tante Else in Krummhübel war, von da ging das zu meinen Eltern nach Berlin, und die haben es Jachmanns nach Amsterdam in einem Eilbrief berichtet. Berthold hat die 20 Pfund nach Haifa geschickt. Das war für meine Mutter eine furchtbare Sache, von der sie sich lange nicht erholt hat, weil sie ja auch nicht erfuhr, was wirklich los war, ob Ilse vielleicht tatsächlich krank war und das Kind verlieren würde oder so. Sie machte sich die schlimmsten Gedanken.»

Trotz aller Vorwürfe konnte Ilse davon ausgehen, daß ihre Angehörigen sie nicht im Stich lassen würden. Solange alle noch Kontakt zueinander hatten, funktionierte das Netzwerk Familie.

Ein bewundernswertes Beispiel dafür waren die Vettern von Klaus, die drei Wallenberg-Brüder Fritz, Rudi und Heinz, die »Puppenjungen«, wie sie in der Familie genannt wurden, und ihre Schwester Lotte. »Es ist fabelhaft, wie diese Geschwister füreinander sorgen«, bemerkte Käthe Heymann.

Es handelte sich um die Kinder des Danziger Augenarztes Theodor Wallenberg und seiner Frau, der in den Briefen oft erwähnten Tante Martha, einer Sängerin. Die ganze Familie war künstlerisch hochbegabt, ihre Bachabende, zu denen sogar der Bischof von Danzig erschien, Legende. Der älteste Sohn Fritz hatte Maschinenbau und Musik studiert und sich bereits in Mecklenburg einen Namen als Kapellmeister gemacht, als er 1935 nach Bogotà emigrierte. Dort konnte er seine Anstellung als Lehrer an einer Musikakademie nutzen, um die notwendigen Papiere und eine Stelle für seinen Bruder Rudi, einen gelernten Schriftdesigner, zu beschaffen, der 1938 nachkam. Beiden gelang es 1939, ihren jüngsten Bruder Heinz, einen Grafiker und Illustrator, später die Mutter und sogar deren Schwester, Tante Ola, aus Deutschland herauszubekommen. Der Vater starb, siebzigjährig, kurz vor der Auswanderung.

Das jüngste der Geschwister, Lotte, konnte nach New York emigrieren.

Das Schicksal von Ilse Klein, der Nichte von Hugo Heymann, war besonders tragisch. Sie plante, gemeinsam mit ihrem Bruder Paul nach Palästina auszuwandern. Hugo Heymann hatte sich sehr bemüht, ihnen bei der Beschaffung der richtigen Stempel zu helfen. Paul gelang es, aber bei Ilse wurde während der obligaten ärztlichen Untersuchung eine Krankheit entdeckt, von der sie nichts gewußt hatte (Klaus Heymann kann sich nicht erinnern, welche), so daß sie kein Zertifikat für Palästina bekam. Sie wurde mit ihrer Mutter nach Auschwitz deportiert und dort ermordet. Der Vater war vor vielen Jahren schon gestorben.

»Die Kinder bauen den Eltern die Häuser, umgekehrt wie früher«. Die Art, wie Käthe Heymann den biblischen Satz verwendet, läßt vermuten, daß er ein indirekter Appell an ihren Sohn sein sollte, etwas für die Eltern zu tun, so wie es die Wallenbergs, wie es Fritz und Helen Ury und viele andere Angehörige der jungen Generation für die Älteren taten. Und wie es ja auch Lisbeth und Berthold in Amsterdam anboten.

Doch die Heymanns sahen dieser Möglichkeit eher mit gemischten Gefühlen entgegen. Sie fürchteten das Zusammenleben mit dem verzogenen Enkelkind und dem dominanten Schwiegersohn, von dem sie vollkommen abhängig sein würden. Und dies in einem Land, dessen Sprache sie nicht konnten und zu dem sie keine Beziehung hatten. England wäre Käthe Heymann wesentlich lieber gewesen. Dort lebte Klaus, dort waren die jungen Urys und viele andere Bekannte, dort würde bald auch Käthes Bruder, Onkel Ludwig sein. Und die Sprache war ihr auch nicht fremd.

Um die Eltern anfordern zu können, hätte Klaus für sie bürgen müssen. Als Student, ohne festes Einkommen und noch immer mit deutschem Paß, war er dazu nicht in der Lage.

Käthe Heymann, die das wußte, hoffte trotzdem immer noch auf eine glückliche Wendung der Dinge. In dieser undurchsichtigen Zeit, meinte sie, konnte alles passieren, warum nicht auch einmal etwas Positives? Da sie den Verdacht hatte, daß Klaus zu leichtfertig mit dem kostbaren englischen Geld umging, mahnte sie ihn zu äußerster Sparsamkeit und monierte jede überflüssige Ausgabe. Kleidung wie die beiden Anzüge und das Sportjackett oder Arbeitsmaterial und Fachbücher wurden deshalb von den Eltern in Berlin gekauft und mit Reichsmark bezahlt – von dem Konto, über das sie bald ohnehin nicht mehr würden verfügen können.

Berlin, den 26. September 1938

Mein Geschöpf, mein liebes!
Heute ist unser Neujahr. Hast Du daran gedacht? Man wird von Jahr zu Jahr frömmer, die Wünsche intensiver. Auch Dir alles Gute und ungestörte Arbeit. Sind Urys schon zurück? Tante Else, Omama und Onkel Ludwig noch in Krummhübel.

Freitags waren Lewens bei uns. Es war soviel in dieser Woche los, daher kein Wochenendbrief. Ist Dein Magen jetzt ganz in Ordnung?

Innige Grüße. Mutti

Berlin, den 28. September 1938

Mein lieber Junge!
Deinen Wäschesack kriegst Du ganz schnell zurück, kommt aber sicher erst Ende der Woche an.

Heute abend kommen Tante Else, Omama und Onkel Ludwig aus Krummhübel zurück. Ich will nachher zum Görlitzer Bahnhof. Kommen um 9 Uhr an.

Junge, es wäre schön, wenn wir uns mal telefonisch sprechen könnten, da wir uns in absehbarer Zeit ganz bestimmt nicht sehen werden.

Hätte ich geahnt, Klaus, daß Du Dich in Deiner Arbeit von dem hypermodernen Erich Mendelsohn anstecken läßt, hätte ich Dir zum Besuch nicht geraten. Du sollst im Polytechnic nicht gegen den Strom schwimmen! Dazu hast Du später Zeit. Ich hoffe trotzdem sehr, daß Du Deinen Entwurf durchsetzen kannst.

Ich muß Abendbrot machen, weil ich fort will. Also bleib gesund und ruhig. Von Ilse keine Nachricht! Das bewegt mich neben allem anderen.

Tausend Grüße Euch allen. Mutti

Amsterdam, den 2. Oktober 1938

Meine liebe Mieja!
Du bist, um mit Deinem Herrn Neffen Peter zu reden, ein Riesenroß. Lache mich nochmal wegen meiner vermeintlichen Kriegspsychose und damit verbundener Angstmacherei aus. Sowas wie Deinen Brief habe ich bisher noch nicht erlebt!

Die einzige Entschuldigung dafür ist – das ging aus dem englischen Radiobericht hervor, den wir hörten –, daß Ihr alle dort verrückt geworden seid.

So, nun einstweilen Frieden. Aber was für ein Frieden? Je mehr man darüber nachdenkt, und mit je mehr Menschen man darüber redet, desto mehr kommt man zu der Überzeugung, daß es eine Schande und ein Spektakel ist, und daß der Führer jetzt an Darmverschluß leiden muß, nachdem ihm die drei Herren hinten reingekrochen sind. In diesem Falle wäre wirklich das kleinere Übel der Krieg gewesen, wobei man hofft, daß Deutschland es nicht soweit hätte kommen lassen, da es sich absolut noch nicht sicher fühlte. Die andere Version ist, daß er sich im Falle einer Mobilmachung gegen die eigene Regierung gewandt hätte. Kurz und gut, daß der ganze nationalsozialistische Spuk vielleicht damit ein Ende gehabt hätte. Usw. Usw. Man wird ja noch die Folgen zu sehen bekommen, denn es wird noch lange keine Ruhe geben. Und wenn Hitler alles so leicht gemacht wird wie bisher, kann man es ihm nicht einmal verübeln, wenn er sich an Abmachungen nicht hält, zumal ja auch die Großmächte gezeigt haben, daß sie sich an frühere Verträge absolut nicht gebunden fühlen.

Nichtsdestotrotz habe ich mich auch in den letzten Tagen der »Wurstmacherei« mit Inbrunst ergeben, mit der Folge – aber nicht nach Berlin verbellen! –, daß ich alles, was ich bisher zugenommen hatte, wieder verloren habe. Aber wird schon werden.

Nun danke ich Dir erst einmal recht herzlich für Deine Wünsche zu Peters Geburtstag. Er ist ganz ruhig verlaufen, dazu waren wir alle ebenfalls nicht in der Stimmung. Nur am Nachmittag hatte ich etwas Besuch. Außerdem improvisiert, aber dafür etwas heftig, lauter Möpse vom Platz – Henny, Henky, Inneke und der Milchbaby. Sie sollten nur raufkommen, um ein Stück Schokolade zu holen, waren aber nicht mehr runterzukriegen, und da alle Mütter ihre Zustimmung gegeben hatten, ergab ich mich in mein Schicksal und ertrug den ohrenbetäubenden Lärm während zweier Stunden.

Inzwischen hast Du wohl erfahren, daß die Eltern einen Brief von Leo und Ilse bekommen haben, wie wenn nichts gewesen wäre. Leo bekommt seine Rente nicht mehr seit Juli, und dadurch sind sie in Schwierigkeiten geraten. Die Eltern teilen uns das so mit, ohne ein Wort der Kritik. Na, ich finde, das ist eine Unverschämtheit von Ilse und Leo, dann so ein Telegramm zu schicken. Ich bekomme den Brief in den nächsten Tagen und werde ihn Dir abtippen, da die Katze ihn wieder zurückhaben will.

Ich habe übrigens am Geburtstag, kurz bevor wir schlafen gehen wollten, noch einen Berliner Anruf gehabt, mit der Katze in der Hauptsache, aber auch kurz mit Vater und Tante Else telefoniert. Es war wirklich ein hübsches Gefühl, gerade weil man nur Quatsch miteinander geredet hat. So hatte man das Gefühl, sich einen zwar nur kurzen, aber intensiven Besuch abgestattet zu haben.

Herzliche Grüße Deine Lisel

Die Politik beschäftigte in diesen Tagen selbst unpolitische Gemüter. Hitler beanspruchte die Sudeten, das Gebirgsland zwischen Schlesien und Böhmen, das die Tschechei nach dem Ersten Weltkrieg – entgegen dem Selbstbestimmungsrecht der Völker – annektiert hatte, und das ihr im Versailler Vertrag zugesprochen worden war. Dort lebten knapp drei Millionen Deutsche. Die nationalsozialistisch orientierte Sudentendeutsche Partei, stärkste Partei der Tschechoslowakei, betrieb seit 1933 den Anschluß ans Deutsche Reich. Als Prag die Forderung Hitlers ablehnte und Krieg drohte, kam durch Vermittlung Englands am 29. September 1938 die Münchener Konferenz zustande, auf der die Staatschefs von Italien, England und Frankreich – Mussolini, Chamberlain und Daladier – die Wünsche Hitlers erfüllten. Die Staatsmänner wurden in Deutschland und im Ausland bejubelt, Chamberlain vor allem wegen einer deutsch-englischen Nichtangriffserklärung. Eine Erklärung, so meinte Lisbeth Jachmann, die das Papier nicht wert wäre, auf dem sie stünde, weil keine Großmacht sich an Verträge halten würde. Das Sudetenland wurde 1938 Reichsgau.

In England, so hat Klaus nach Amsterdam gemeldet, nahm man die Kriegsgefahr in diesen Tagen sehr ernst.

Berlin, den 2. Oktober 1938

Mein geliebtes Jungchen!
Als ich neulich abends den Hörer hinlegte, fing ich an, bitterlich zu weinen. Dann kam mir der Gedanke, wenn Du mich jetzt sehen könntest, würdest Du mich auslachen. Und da mußte ich selber lachen. Unser Gespräch war so deutlich. Wäre schön gewesen, wenn ich nicht ein bißchen Angst vor Dir gehabt hätte.

Gottlob, daß nun die Gefahr vorübergegangen ist. Das war eine schwere Nervenbelastung, zumal wir auch durch die Angelegenheit von Leo persönlich erregt waren. Ich habe darüber ausführlich an Fritz geschrieben, brauche es also nicht zu wiederholen. Leo bekommt nicht mehr seine monatlichen 52 Mark Rente, auch nicht mehr die 20 Mark von Omama und uns, und da kann man verstehen, daß sie in Not sind, denn zu Rücklagen hat das bißchen Geld bisher doch nicht gereicht. Hoffentlich gelingt es dem Vater, den Transfer für Leos Rente doch noch durchzusetzen. Ilses Brief war sonst wie immer, z.T. ein bißchen albern, aber ich bin schon froh, daß überhaupt Nachricht kam. Die Babywäsche war am 20. September noch nicht bei Ilse.

Was ich Dir jetzt schreibe, mein Junge, soll Dich nicht ärgern, aber ich wollte schon längst darauf zu sprechen kommen. Sieh mal, Du weißt, wir gönnen Dir alles. Aber wie die Verhältnisse liegen, ist es unbedingt notwendig, daß Du wieder so wie im ersten Semester lebst. Ich bin fest davon überzeugt, daß Du vielleicht durch Deine Freunde, vielleicht durch die Mädels, in ein falsches Fahrwasser gekommen bist, wie es sich früher nur Söhne sehr reicher Eltern leisten konnten. Söhne unserer Verhältnisse haben nur Reisen gemacht wie Onkel Ludwig als Student, was sie sich durch Stundengeben erspart hatten. Gewiß, Du hast Deine Pflicht durchaus getan und brauchst vielleicht bei dem ungesunden Klima von London eine Erholung.

Aber überlege es selbst, ob ich mit meinen Worten recht habe. Wenn ich höre, wie die anderen jungen Leute an ihre Eltern schreiben, daß sie jeden Pfennig überlegen, weil sie als Ziel vor sich haben, die Eltern so schnell wie möglich nachkommen zu lassen, dann kommt es mir wahnsinnig vor, daß Du selbst nie auf solche Überlegungen kommst. Ich will wünschen, in Deinem und unserem Interesse, daß es nie dazu kommen möge. Aber wer will es wissen? Wie können wir überhaupt wissen, wie lange wir noch helfen können? Ob Du später bald Arbeit findest? Du bist doch sonst überlegt, aber in diesem Falle sind Deine Freunde Stefan und Georg Lewens in Zürich viel reifer. Aber Goldström? Der gefällt uns mit seinen gebrannten Haaren gar nicht. Und als mir Vater gestern auf mein Betteln wenigstens eins von den eingetroffenen Bildern zeigte, die vorzüglich sind, stellte ich mit Entsetzen fest, daß Du auch gebrannte Haare hast!!!

Kläuschen, Kläuschen! Werde mir bloß keine Ilse! Ich weiß, ich bin reichlich nervös, was ja auch kein Wunder ist. Aber auf Dich habe ich mich mein Leben lang felsenfest verlassen, und jetzt habe ich direkt Angst um Dich. Du weißt doch, wie die Verhältnisse hier liegen. Es gibt keine Garantie, und ich möchte doch gern, daß Du das erreichst, was Du Dir vorgenommen hast. Später kannst Du alles nachholen. Sollst ja auch jetzt vergnügt mit jungen Menschen zusammensein, aber alles in bescheidenem Rahmen. Verstehst Du mich, mein Junge? Ich will weiß Gott nur Dein Bestes. Also Schluß davon!

Nach genossenem Abendbrot nun Fortsetzung. Vater sitzt noch an seinem Schreibtisch und macht Kasse, da kann ich in Ruhe schreiben. Wir haben gestern auch mit Lisel telefoniert, auch so deutlich zu verstehen. Aber wenn ich abhänge, hab ich immer ein Gefühl, als wenn sie glücklich sind, selig sind, alle drei zusammen zu sein. Da bin ich froh. Aber bei Dir hab ich immer das Gefühl, Du gehörst noch zu uns.

Dein Wäschesack ist diesmal von mir sofort in Angriff genommen worden. Am Mittwoch um zwei Uhr kam er hier an und am nächsten Morgen um halb zehn war er bereits wieder auf der Post. Frl. Hakl hatte alles gleich geplättet.

Nun, der Anzug ist noch hier, aber schon by pool, ich hoffe, er wird wieder menschlich werden. Wir wollen danach noch einen ähnlichen besorgen. Außerdem hat Vater neulich, als er Neumi bei dessen Schneider assistierte, einen sehr hübschen Arbeitsanzug für Dich erstanden, genau in Deinen Maßen. Wenn Du Dein Praktikum machst, wirst Du ihn sehr gut gebrauchen können, braun mit feinen rötlichen Streifen, sportmäßig hinten verarbeitet. Ich denke, es wird sich mal eine Möglichkeit bieten.

Leb wohl, mein Junge, laß es Dir gutgehen! Geh mit Lust wieder an Deine Villa, aber ich wünschte, daß Du nicht mit solchen modernen Sachen experimentieren würdest. Und laß Dir mal durch den Kopf gehen, ob Deine Frau Mutti nicht recht mit ihren Sorgen hat.

Innige Grüße und Küsse. Mutti

Lieber Klausemann!
Was Dir Mutti zu Deinem gegenwärtigen Lebensstandard geschrieben hat, ist natürlich das Ergebnis unserer gemeinsamen Überlegungen. Wir wollen Dir selbstverständlich Deine Lebensfreude nicht beeinträchtigen. Im Gegenteil. Wir freuen uns immer, von Dir zu hören, wenn Du etwas vorhast, was Dir Freude macht und einen Ausgleich für Deine Anspannung im Poly bringt. Aber alles das kann, wie Du sicher einsehen wirst, in einem einfacheren Rahmen vor sich gehen. Hat man sich erst einmal an einen größeren Maßstab gewöhnt, so ist es sehr schwer, zum Einfacheren zurückzufinden. Das Brennen der Haare ist natürlich etwas Äußerliches.

Aber ich möchte Dir davon abraten, schon deshalb, weil es recht ungewöhnlich ist, und weil die Personen, bei denen man es bisweilen am Kurfürstendamm hier beobachten kann, alle den gleichen Typ aufweisen.

Leb wohl, mein lieber Junge, sei vielmals herzlich gegrüßt
Vater

Für den zwanzigjährigen Adressaten kam diese elterliche Ermahnung aus heiterem Himmel und führte zu einer Verstimmung:

»Ich hatte meinen Eltern Fotos von mir geschickt. Sie sahen meine gelockten Haare und glaubten sofort, ich hätte mir Dauerwellen machen lassen – wie Ilse! Aber es war einfach die feuchte englische Luft, die meine Haare stärker kräuseln ließ. Meine Eltern regten sich natürlich auf, weil sie annahmen, ich würde mein Geld verschleudern. Sie hofften ja immer noch, ich würde sie nach England holen, sobald ich mein Studium beendet und Arbeit gefunden hätte. Im nächsten Jahr oder so. Dann wären meine englischen Ersparnisse sozusagen ihr Notgroschen gewesen.

Was ihnen aber die größte Sorge bereitete: ein Mann mit Dauerwelle, das assoziierte man damals sofort mit homosexuell. Man wußte nicht viel darüber, jedenfalls nicht meine Eltern, sie glaubten, ich wäre durch die jungen Leute, mit denen ich umging, in ein falsches Fahrwasser geraten. Meine Mutter hat das sofort mit Tante Else besprochen, das ging wahrscheinlich in der ganzen Familie herum. Ich war über die ganze Sache sehr verärgert.

Aber ich erinnere mich, daß auch früher schon diese Sorge geäußert wurde. Ich muß so sechzehn, siebzehn Jahre alt gewesen sein, als ich in Krummhübel mal nachmittags von meiner Tante überrascht wurde, wie ich eins ihrer Nesthäkchen-Bücher las. Das war ihr gar nicht recht, sie nahm es mir sofort aus der Hand. Meistens nahm ich die Bücher heimlich mit auf mein Zimmer, wo ich sie mir in den Nachttisch legte, um sie dann bis spät in die Nacht zu lesen. Ich fand sie so gemütlich und herzlich geschrieben, und ich erkannte doch in beinahe allen Kapiteln meine eigene Familie, unser Milieu, die Reisen nach Schlesien, Krummhübel. Es war viel wiederzuerkennen, und das hat mir sehr gefallen. Aber meine Mutter war ganz dagegen, und meine Tante besonders. Sie fürchteten, daß ich mich mehr für die Mädchenwelt interessieren könnte. Das schien ihnen unnatürlich. Nun war ich auch ein ziemlicher Eigenbrötler und war nicht allzu gern mit eigenen Freunden oder Klassenkameraden zusammen. Das war für meine Mutter, meine Tante schon irgendwie bedenklich. Um irgendwelchen Fehlentwicklungen vorzubeugen sollte ich Jungenbücher lesen. Oder klassische Literatur.«

Berlin, den 7. Oktober 1938

Lieber Klaus!
Du sollst heute, an Muttis Geburtstag, eine Nachricht erhalten.

Dein Brief ist hier am Vormittag mit der zweiten Post eingetroffen, und Mutti hat sich sehr gefreut, insbesondere über die Karte mit den 48 Fotos. Sie ahnt von dem Grunde Deiner Zurückhaltung natürlich nichts, da ich ihr Deinen vorletzten Brief nicht gezeigt habe, in dem Du Dich über mangelndes Vertrauen Deiner Eltern beklagt hast.

Daß wir uns bezüglich Deiner Locken geirrt haben, ist nur erfreulich. Von mangelndem Vertrauen unsererseits kann selbstverständlich keine Rede sein.

Wir sind jetzt wieder öfters nachmittags bei Nürnbergs. Morgen abends bei Weinmanns Eltern, Mittwoch bei Stefans Eltern.

Wir warten jetzt auf die Kaffeegäste. Abends sind wir bei Omama. Onkel Georgs Tod tut mir leid!

Viele herzliche Grüße

Vater

Tausend Grüße! Dank! Ich will Dir doch nichts tun, mein Jungchen!

Mutti

Viele herzliche Grüße, mein lieber Junge! Ich habe Deinen Brief mit Interesse gelesen.

Deine Tante Else

Berlin, den 10. Oktober 1938

Mein geliebtes Jungchen!
Neben mir Deine Bilder, und nun versuche ich mir einzureden, daß wir miteinander sprechen. Es gehört zwar ein bißchen Phantasie dazu, aber ich versuche es wenigstens.

Es tut mir sehr leid, daß wir Dich zu Unrecht beschuldigt haben. Nimms nicht übel, liebes Kind, ich weiß wahrhaftigen Gottes nicht, daß Du solch herrliche Naturdauerwelle hast, um die ich Dich beneiden könnte. Und auch mit allem anderen, was wir Dir geschrieben haben, wollten wir Dich weiß Gott nicht kränken. Aber wie wir miteinander stehen und unser ganzes Leben zueinander gestanden haben – und so soll es bleiben –, müssen wir alles, was uns bewegt, aussprechen. Findest Du, daß wir Unrecht haben? Dann schreibst Du uns eben, und dann ist die Sache erledigt. Wir wollen Dich wirklich nicht gängeln, dazu bist Du ja nun zu alt. Aber miteinander überlegen kann man. Vielleicht sehen wir in mancher Hinsicht ja schärfer als Ihr. Und natürlich auch umgekehrt.

Vater ist auf dem Wehrkommando Deinetwegen. Es steht irgendwas an der Litfassäule von den Jahrgängen 17/18. Daß wir darin nichts versäumen! Und seinetwegen. Während wir verreist waren, hat auch etwas über ihn selbst an der Säule gestanden, wovon man uns erst jetzt erzählt hat. Es ist nicht raus, ob Wehrdienst für ihn als 65jährigen noch in Frage kommt. Jedenfalls soll er sich erkundigen.

Hier habe ich unterbrochen, mein Mittagbrot vorbereiten: Schweinsfilet mit Blumenkohl und Kartoffelklößchen, und noch von gestern Apfeltorte. Willst Du mitessen?

Mein Geburtstag ist hübsch verlaufen, war sehr gemütlich, und man muß dankbar sein, daß man noch so viele liebe Menschen um sich haben kann. Wer weiß, wie es nächstes Jahr aussehen wird. Heinz war wohl zum letzten Mal dabei.

Es ist bei ihm alles in Ordnung bis auf die Kostenfrage, wozu sich der Hilfsverein noch nicht versteht.

Ich habe, als ich meinen Geburtstagstisch abräumte, alle Geschenke aufgeschrieben, lege Dir die Liste ein. Es interessiert Dich doch. Ich habe soviele Blumen bekommen, daß ich täglich eine Stunde zu tun habe, sie zu beschneiden und frisches Wasser zu geben.

Ich hoffe doch, daß Du mir das bestimmte Bild mit den gebrannten Haaren schicken wirst. Ich will's haben!

Schluß des Briefes!

Leb wohl, herzliche Grüße von

Deiner Mutti

Eben zeigt mir Vater Deinen Brief vom 4. Oktober, den er mir verheimlicht hatte. Wenn Du unsere Zeilen so auffassen konntest, kann man tatsächlich in Zukunft nicht mehr alles schreiben, was man auf dem Herzen hat.

Ich bin ziemlich bedrückt davon, kann ich wohl sagen! Du weißt, wir wollen, daß Du Deine Arbeit gern tust und dazwischen auch mal ein paar frohe Stunden verlebst. Also kannst Du uns ruhig weiter auch alles

Private mitteilen, daß man den Zusammenhang nicht verliert, denn Du weißt, viel mehr Freuden als Eure Briefe haben wir jetzt nicht.

Mutti

Amsterdam, 11. Oktober 1938

Meine liebe Mieja!

Wir sind absolut nicht am dransten. Du schweigst Dich ganz aus. Wegen zu großer Arbeit? Oder schämst Du Dich, daß Du uns einen so verrückten Kriegspsychosebrief geschrieben hast? Ihr da in England scheint genauso blöd zu sein wie hier die Holländer. Sehen nur das Nächstliegende. Oder habt Ihr mittlerweile eingesehen, daß abgesehen von alledem England moralisch die größte Eselei seines Lebens begangen hat? Es wird sich, fürchte ich, sehr viel rascher auswirken als sie glauben. Diesem Hund hinten rein zu kriechen! Es ist so unglaublich und schlägt jeder Gerechtigkeit ins Gesicht. Man hat alles Vertrauen verloren, und wenn es möglich wäre, sollte man jetzt wirklich diesem Hexenkessel den Rücken kehren, denn wer weiß, was uns Europäern noch bevorsteht.

Von den Eltern haben wir gute Nachrichten. Der 7. Oktober ist hübsch verlaufen. Im übrigen aber kann man sagen: hat der Mensch keine Sorgen, dann macht er sich welche.

Ich beantwortete ihre diesbezügliche Frage mit den Worten: daß, wenn Du gebrannte Haare hast, ich einen falschen Scheitel trüge.

Ich hoffe, Du hast es nun auch von der komischen Seite genommen.

Ich habe mich übrigens in den »Kriegstagen« so aufgeregt, daß ich auf 94 Pfund runter war.

Womit ich verbleibe mit herzlichen Grüßen, auch für Urys

Deine Lisel Jachmann

Amsterdam, den 19. Oktober 1938

Meine liebe Mieja!
Je mehr wir uns die Sache mit Ilse überlegen, desto mehr kommen wir zu dem Schluß, daß hier wieder genauso ein Schwindel vorliegt wie im letzten Fall. Ilse scheint wieder – oder vielleicht hatte sie damit gar nicht aufgehört – Schulden gemacht zu haben, und anscheinend macht sie das alles heimlich vor Leo, und nun wird sie vermutlich von allen Seiten gemahnt und weiß sich keinen Rat mehr.

Natürlich kann es sein, daß Leo wirklich krank oder verwundet ist. Es ist ein solches Durcheinander im Augenblick in Palästina, aber die Erfahrungen, die wir bisher mit Ilse gemacht haben, hatten uns ja gelehrt, daß in 99 % alles gelogen war, was sie uns erzählt oder geschrieben hatte. Ich schreibe jetzt gleich einen Brief an Ilse, von dem ich Dir eine Abschrift einsende. Aber ich hoffe, daß von Ilses Affaire nichts durchsickert. Wozu? Es genügt, wenn wir uns untereinander darüber verständigen, aber die Eltern sollte man dabei draußen lassen.

Es sieht prächtig auf der Welt aus, wo man nur hinhört. Sehr viele Menschen wandern weiter, soweit sie irgendwo hineinkommen. Man befürchtet sehr, daß das Aas hier auch noch einmarschieren wird. Und was dann? Aber wir haben uns vorgenommen, jetzt nicht darüber nachzudenken, sonst macht man sich verrückt, sondern friedlich, soweit es geht, hier weiterzuwurschteln. Es wäre doch Wahnsinn, wenn Berthold seine sichere Existenz hinschmeißen würde. Das bleibt einem im Notfall immer noch. Und außerdem festigen sich seine ausländischen, ich meine seine Übersee-Beziehungen immer mehr.

Leb wohl, meine Mieja, und grüße Urys. Herzlich

Deine Lisel

Lieber Klaus!
Eben übersendet mir Mutti einen Brief von Ilse und Leo, von dem ich eine Abschrift für Dich beilege. Ich habe das Gefühl, daß Ilses Telegramme heimlich, ohne Wissen von Leo, abgesandt sind. Daher ihre

Verwunderung über die eingegangenen fünf Pfund, von denen sie angeblich nicht ahnt, wer der Absender ist.

Wir hatten mit Ilse schon mehrfache Auseinandersetzungen der Geldsachen wegen, und ich wollte nicht noch einmal der Schwarze Mann sein, besonders, da sie das nicht abgeschreckt hätte, sich dann eben stattdessen nach London zu wenden, wie das zweite Telegramm inzwischen bestätigt. Ich würde es für sehr gut halten, wenn Fritz ihr einmal von sich aus einen recht energischen Brief schreiben könnte.

Besten Gruß. Berthold

Seit den Zeiten des Altkleiderhändlers Hirsch Schlesinger gab es in der Verwandtschaft der Urys ab und zu Außenseiter, die beruflich und gesellschaftlich keinen Erfolg hatten. Von der Familie wurden sie zwar etwas abschätzig beurteilt, aber nicht ausgegrenzt. Wenn sie Originale waren wie der trinkfreudige Onkel William, ein unverheirateter Bruder von Franziska Ury, boten sie mit ungewöhnlichen Auftritten und Aussprüchen immerhin amüsanten Erzählstoff. Aber es gab auch Geisteskranke.

In der Familie des Staatsbeamten Hugo Heymann betrachtete man solche Existenzen mit Sorge. Konnten sie ihre schlechten Gene nicht an die jüngere Generation vererbt haben? Hatte vielleicht Ilse etwas davon?

Schon als Backfisch war Ilse auffällig. Sie wurde dick, sie log, war widerspenstig, benutzte jiddische Ausdrücke, die, wie sie wohl wußte, in der Familie verpönt waren. Wie sie ihrem Bruder Klaus nach dem Krieg gestand, stahl sie dem Vater regelmäßig Kleingeld aus der Manteltasche. Sie borgte sich von Bekannten der Eltern auch größere Summen, die Hugo Heymann, tief beschämt, zurückzahlen mußte. Geld leihen, Schulden machen galt in seinen Kreisen als Skandal, der die ganze Familie in Mißkredit brachte. Als der 10 jährige Klaus – stolz auf seine neue Kamera – eines Tages heimlich Ilses Schrank geöffnet und das Chaos darin geknipst hatte, konnten die entsetzten Eltern auf dem Foto

– zwischen zusammengeknüllten Kleidungsstücken – auch einige Flaschen Alkohol sehen.

Daß Ilse sich schminkte und vom Frisör Dauerwellen machen ließ, vertiefte die Kluft noch.

Moderne Psychologen würden Ilses Probleme sicher mit der Familienkonstellation erklären, in die sie hineingeboren wurde. Als sie 1908 auf die Welt kam, war ihre Schwester Lisbeth fünf Jahre alt und hatte mit ihrer ungewöhnlichen Behinderung die ganze Aufmerksamkeit und Sorge der Familie auf sich konzentriert. Der zehn Jahre später geborene Klaus war der langersehnte Sohn, außerdem ein besonders niedlicher Junge, dessen Anblick alle Welt entzückte. Für Ilse dürfte es schwer gewesen sein, sich unter diesen Bedingungen zu behaupten. Um überhaupt wahrgenommen zu werden, mußte sie auffallen.

Aber gerade dieser Außenseiterrolle verdankte Ilse Heymann ihr Überleben, weil sie rechtzeitig nach Palästina emigrierte, und nicht, wie fast alle ihrer Familie, der Verfolgung und Vernichtung zum Opfer fiel. Ihr unabhängiges Denken, ihr Einfallsreichtum und ihre Fähigkeit zu improvisieren halfen ihr schließlich, sich über Wasser zu halten.

Wie wenig die Familie dieser Tochter zutraute, zeigt 1939 die interne Diskussion darüber, ob man Ilse, nachdem sie Mutter geworden war, das Kind nicht besser wegnehmen sollte. Lisbeth Jachmann war fest überzeugt, daß sie selbst die kleine Gabriele besser erziehen könnte.

Als Klaus Heymann seine Schwester Ilse Steinfeld nach dem Krieg in Israel besuchte, mußte er, wie er später zugab, erstaunt feststellen, daß Ilse ihre Sache großartig gemacht hatte. An der inzwischen zwölfjährigen Gabriele, einem äußerst wohlerzogenen, gepflegten und intelligenten Kind, war nichts auszusetzen.

*Brief von Ilse an ihre Mutter vom 6. Oktober 1938:*

Mein liebes Muttichen!
Natürlich hab ich im Sturm der letzten Tage – Erklärung nachher – verabsäumt, Dir rechtzeitig zum Geburtstag zu schreiben, also sei nicht böse, wenn ich Dir jetzt erst alles nur erdenklich Gute zum siebten wünsche, bleibe Du und Ihr alle gesund, behalte den Kopf oben, Ihr seht ja, es geht immer weiter, und denkt daran, daß Ihr bei uns immer leben könnt.

Aber vorläufig macht Euch keine unnützen Sorgen. Die letzten Ereignisse haben bewiesen, daß es immer noch Auswege gibt. Also nochmals alles Gute, mein Muttichen!

Wir haben jetzt netten Logierbesuch: Ingenieur Fränkl und Frau, reizende Menschen. Er lieferte mir die mitgeschickten Sachen ab – herzlichen Dank für alles, der Morgenrock ist bildschön –, und daraus ergab sich, daß er seine Frau für ein bis zwei Monate bei uns eingemietet hat, bis er selbst festen Fuß fassen kann, und der Zuschuß kommt uns sehr gelegen. Ich koche für alle und bin froh, daß ich jetzt nicht mehr herumlaufen muß (Zeitungen austragen). Da kann das Weitere auch leichter werden. Wir leben sehr gemütlich miteinander. Mit dem Schlafen ließ sich alles gut ordnen. Gestern bekam ich zu meiner grenzenlosen Überraschung einen Geldbrief mit fünf Pfund, von dem wir nicht wissen, woher. Das Postamt ist Portlandstreet.

Hört sich nach England an. Andererseits war der Brief, ebenso wie Lisels Brief und Paket, nur nach Herzlir, nicht nach Haifa-Herzlir adressiert, so daß er auch erst eine Rundreise machte. Ganz abgesehen von allem anderen müssen wir auch wissen, wer das geschickt hat, damit wir, sobald wir die Rente haben, den Betrag zurückgeben können, denn selbstverständlich fassen wir ihn nur als Darlehen auf. Damit können wir die Oktobermiete bezahlen. September ist gestundet, und den Aufenthalt in der Klinik kann ich anzahlen. Trotzdem bitten wir Euch herzlichst, Euch mal mit Fritz zu beraten, da ich ja doch nichts für das Kind hier habe, weder Wäsche für die erste Zeit – die Pakete werden wahrscheinlich später kommen als ›Uri‹ (unser Baby) –, noch einen Kinderwagen. Ihr könnt Euch doch denken, daß uns die Rente seit Juli, das sind 210 Mark, sehr fehlt. Denn das andere Gehalt brauchen wir doch zum Leben, und ich kann doch ›Uri‹ nicht veranlassen, sich noch ein bis zwei Monate zu gedulden. Er ist sowieso schon sehr unruhig und klopft Tag und Nacht, um sich zu erkundigen, ob er wohl bald raus dürfte. Natürlich könnten wir warten, auch mit der Rente, wenn die Frage nicht in ca. zwei Wochen akut würde, nicht wahr?

Für heute Schluß. Nochmals alles Gute, herzliche Glückwünsche, innige Grüße und Küsse.

In Liebe
Eure Illa.

Liebe Mutti!
Auch ich sende Dir meine herzlichsten Glückwünsche zum Wiegenfeste, obwohl sie ja nun verspätet ankommen. Heute, am Jom Kippur, sind wir hier wohlauf, gefastet haben wir allerdings nicht. Ilse fühlt sich wohl, sie sieht recht gut aus. Sie behauptet allerdings, sie bräche unter der Arbeit zusammen. Aber wir waren noch vor ein paar Tagen konditoren, wobei sie nicht einmal Sahne zum Kirschkuchen bekam, die Unglückliche. Auch unser Hund Peggy gratuliert und beißt sich vor Freude in den Schwanz.

Mit herzlichen Grüßen und Küssen
Euer Leo.

### *Mutter an Lisel und Berthold:*

Liebe Kinder!
Ein paar Zeilen als Begleitung zu Ilses Brief, der gestern ankam. Ging über zehn Tage, wohl durch die Unruhen dort. Heute kam eine Karte

vom 12. Sie kommen eben vom Arzt, alles in Ordnung, bereits gesenkt. Niederkunft ungefähr 23. Oktober

Wie mir zumute ist, daß die Wäschepakete von uns anscheinend verlorengegangen sind, könnt Ihr Euch denken. Dazu die wirtschaftlichen Schwierigkeiten, zum Teil unverschuldet. Es kommt eben immer wieder alles zusammen. Aber ich gräme mich zu sehr, wenn ich es auch nicht ändern kann. Spediteur Silberstein betreibt die Sache zu lasch, vielmehr der junge Mann, der das unter sich hat, und sie haben ja immer die Araber-Unruhen als Ausrede. Immerhin, sagt er, wären noch nie Pakete verlorengegangen, also habe ich noch ein winziges bißchen Hoffnung. Die Transfersachen liegen fest auf der Devisenstelle und am Finanzamt. Wir sind machtlos.

Inzwischen von Klaus ein ausführlicher Brief. Sollte er Euch seine Ansichten über Palästina auch so unumwunden geäußert haben, dann bitte ich, warnt ihn, er ist grenzenlos unüberlegt. Schreibt ihm das auf alle Fälle. Das könnte ihm sehr schaden.

*Entwurf des Briefes von Lisel nach Palästina:*

Amsterdam, den 19. Oktober 1938

Liebe Ilse!
Mein Glückwunsch zu Deinem Geburtstag wird wahrscheinlich nicht pünktlich ankommen, aber ich verschob das Schreiben an Dich immer, weil ich glaubte, daß Du zu meinem Geburtstag am 30. September oder zu Muttis am 7. Oktober schreiben würdest und auf diese Weise gleich noch was zum Beantworten hätte. Außerdem vermisse ich noch immer die Bestätigung, ob unser Babysachenpaket inzwischen eingegangen ist. Ich fürchte nämlich sehr, daß eine eventuelle Reklamation nach so langer Zeit erfolglos bleibt.

Also nun erstmal herzliche Wünsche zu Deinem Geburtstag! Ich hoffe, daß unsere Zeilen Euch beide gesund antreffen. Ob das Baby sich dazu auch pünktlich einstellen wird? Wie fühlst Du Dich, Ilse? Bist Du sehr dick geworden? Verstehe gar nicht, daß Ihr nicht ungefähr wißt, wann der Arzt das Kind erwartet. Mein Gräfenberg hatte sich zwar auch getäuscht, aber man kann annehmen, daß von dem Moment an, wo man die erste Bewegung verspürt, genau viereinhalb Monate um sind. Das hat bei Peter damals auf den Tag gestimmt.

Liebe Ilse, nun muß ich Dir leider über verschiedenes anderes schreiben. Du kannst Dir gar nicht vorstellen, was Du mit Deinen unüberlegten Telegrammen immer für ein Unheil anrichtest. Die Eltern, die sich wie alle noch in Deutschland befindlichen Juden in einer schrecklichen seelischen Verfassung befinden, machst Du mit Deinen Dummheiten vollkommen verrückt. Erstens schreibst Du nur, wenn Du was haben willst, bezw. Dich für ein Päckchen oder sowas zu bedanken hast. Das regt sie schon auf. Und Mutti und Vater, die, wie man mir schreibt, sehr elend aussehen, machst Du dadurch schlaflose Nächte. Du kennst die Eltern genug, um zu wissen, daß sie sich alles noch mehr zu Herzen nehmen als andere, zumal sie von dort aus vollkommen machtlos sind, um Dir weiterzuhelfen.

Was hatte es denn für eine Bewandtnis mit dem ersten Telegramm »Ilse Klinik«? Das war doch gar nicht wahr, und nur zu dem Zweck abgesandt, um Geld zu bekommen. Was Du damit angerichtet hast, kannst Du Dir gar nicht vorstellen. Dauernd Telefongespräche Krummhübel-Berlin, Berlin-Krummhübel, Krummhübel-Zürich, Eilbrief der Eltern an uns nach Frankreich, langes Telegramm von uns nach Zürich usw. Und nun gestern hin- und her telefoniert zwischen London und Amsterdam. Es kann natürlich sein, daß Leo krank ist, denn wir sind alle mal krank, ohne daß wir deswegen alle Leute verrückt machen. Aber schließlich kannst du uns nicht übelnehmen, daß wir nach den bisherigen Erfahrungen mißtrauisch geworden sind und kein weiteres Geld mehr schicken werden, bevor wir glaubhafte, nicht immer so mysteriöse Telegramme, als Erklärung haben, bzw. wozu diese Summen, die einen ungeheuren Wert für uns darstellen, benötigt werden. Du scheinst keine Ahnung vom Wert des Geldes zu haben. Die Summe, die Du gestern von Klaus verlangtest, sind 135 Gulden, ein Betrag, der für uns alle unerschwinglich ist, geschweige denn für Klaus, der von den spärlichen Devisen, die ihm von Deutschland bisher noch – wer weiß, wie lange? – geschickt werden konnten, leben und sein Studium bezahlen muß. Du scheinst zu denken, daß wir alle hier ein sehr sorgloses Leben führen. Lest Ihr denn keine Zeitung? Dann müßtet Ihr doch wissen, in welcher Lage wir Emigranten uns hier, wo wir auch sind, befinden. Es hat sich in den letzten Monaten so unendlich viel Unvorhergesehenes in Europa abgespielt, daß wir alle mit großer Sorge in die Zukunft sehen. Denn wer weiß, ob wir nicht alle demnächst weiterwandern müssen. Und was dann? Wer hilft uns dann? Wem können wir mit unseren Sorgen kommen? Das war alles gut und schön, solange normale Verhältnisse waren. Da konnte einer für den anderen dasein und wenn Not war, auch helfen. Aber jetzt ist jeder auf sich selbst angewiesen und muß sehen, wie er weiterkommt. Und last not least wird auch eines Tages der Zeitpunkt kommen, an dem wir die Eltern zu uns nehmen müssen, weil es eben einfach in Deutschland nicht mehr geht. Denn sie alle dort sind vollkommen kaputt. Jeder Tag bringt ihnen dort neue Erschütterungen und Demütigungen, wenn sie auch schon ziemlich abgestumpft sind. Und das alles ist ein Grund mehr, sie nicht aufzuregen. Sie können uns nun einmal nicht mehr helfen. Im Gegenteil, wir alle müssen es tun, und es ist sinnlos, ihnen solche Jammerbriefe zu schreiben. Wir schreiben ihnen auch nichts von unseren Sorgen, sondern, im Gegenteil, ganz harmlose Briefe. Denn das einzige, was sie noch haben, sind unsere Briefe, an die sie sich klammern. Sie nehmen alles so schwer, daß man es ihnen keinesfalls noch schwerer machen dürfte.

Also bitte, sei auch vernünftig. Reg Dich über meinen Brief nicht mehr auf, als notwendig, sondern versuche lieber, Dich in unsere Lage zu versetzen. Euch in Palästina kann man wenigstens nicht rauswerfen, wohl aber uns in Holland, und überhaupt in Europa, und kein anderes Land würde uns nehmen. Bitte, schreib den Eltern regelmäßig, auch wenn es nur Karten sind, und nicht immer, um Dich zu bedanken, sondern, um ihnen zu zeigen, daß Du Dich innerlich nicht vollkommen von ihnen losgelöst hast.

So, nun muß ich Peter von der Schule abholen. Ich lege einen Antwortschein bei und bitte sehr, daß ich bald auf meinen Brief einen direkten und genauen Bescheid erhalte.

Dieser Brief ist im Einvernehmen mit London geschrieben. Ich habe ihnen mit gleicher Post eine Kopie davon gesandt. Es ist auch in Eurem Interesse, wenn Du mir umgehend schreibst, und wenn Du nicht in der Lage bist, vielleicht Leo schreibt, was los ist. Aber bitte, schickt kein Telegramm. Es ist schade ums Geld.

Und nun nochmal alles Gute, liebe Ilse, für alles, was Dir bevorsteht, und Leo recht gute Besserung und Dank für seine Wünsche zu unserem Hochzeitstag.

Deine Lisel

Als ich eben fertig bin, kommt mit der Mittagspost ein Brief von den Eltern, in dem sie mir den Brief an Euch beilegen. Also, erstens, die fünf Pfund, von denen Du angeblich nichts weißt, sind von Fritz, aufgrund des ersten Telegramms »Ilse Klinik« abgesandt. Hast Du das bereits wieder vergessen? Und ferner: ich verstehe nicht, was Du über meinen Brief und das Paket schreibst – hast Du beides erhalten? Das ist mir nicht ganz klar. Sag mal, wenn die beiden Wäschepakete verlorengegangen sind, was ja noch nicht feststeht, hast Du dort niemanden, der Dir mit Babywäsche aushelfen kann? Man hat doch im allgemeinen eine Reihe von Bekannten, die Babies haben und die Wäsche nicht mehr brauchen, bezw. sie ausleihen. Man braucht doch deswegen nicht neu zu kaufen. Ich habe damals soviel geliehen bekommen und Palästina ist doch so ein kinderreiches Land, da mußt Du Dich mal umtun, es gibt bestimmt Menschen, die Kinderwäsche liegen haben und sie verborgen.

Amsterdam, den 20. Oktober 1938

Meine liebe Mieja!
Bevor ich irgendetwas anderes heute früh beginne, will ich Dir Ilses Telegramm und Brief zurückschicken. Unser Briefwechsel ist im Augenblick wirklich sehr rege geworden. Wir haben gestern per Flugpost einen langen Brief an unsere Bekannten Störk nach Haifa (er ist Direktor des dortigen Kraftwerkes) geschrieben und ihnen in aller Ausführlichkeit von Ilse geschrieben, ihnen auch unser Mißtrauen nicht verhehlt. Im übrigen aber gebeten, sich recht bald, da Ilse in den nächsten Tagen ihr erstes Baby erwartet, sich mal nach ihnen umzusehen und zu sondieren, in wieweit sie sich in einer Notlage befinden, wenn nötig, Leo, nicht jedoch Ilse, Geld zur Bestreitung der ärgsten Not auszuhändigen, das wir ihnen dann umgehend zurücksenden. Da Henni Störk vor einem halben Jahr ein Baby bekommen hat, nehme ich an, daß sie eventuell auch mit etwas Babysachen aushelfen wird. Wir haben ihnen das nicht geschrieben, aber Henni ist so ein anständiger Kerl, daß sie bestimmt helfen wird, wenn sie dazu irgendwie in der Lage ist.

Hier kursiert der Witz, daß man in England Chamberlain »Jemberlain« ausspreche – »J'aime Berlin«.

Herzliche Grüße! Ich schreibe Dir, sobald wir was hören. Tu das auch bitte.

Herzlichst Deine Lisel

Berlin, den 30. Oktober 1938

Mein liebes Jungchen!
Zwar ist erst heute morgen Dein ausführlicher Brief gekommen, da ich aber gerade an Jachmanns schreibe, will ich es wieder mit Durchschlag tun. Warum doppelte Arbeit? Aber Vater meint, das sei Betrug.

Also hab Dank für Deine Glückwünsche und Karte und Brief. Du scheinst ja wirklich kolossal zu tun zu haben. Trotzdem ist es richtig, daß Du Dich zu dem Sonderstudium »Städtebau« entschlossen hast. Muß das auch extra bezahlt werden oder ist das in den Studiengeldern eingeschlossen?

Sonst geht es uns gut, nur leide ich jetzt oft an Gedächtnisschwäche, die sich unangenehm auswirkt. So neulich, als endlich die Unbedenklichkeitserklärung für unseren Transfer an Ilse kam. Vater adressierte sie an die Devisenstelle. Dann wußte ich nicht mehr, ob ich den Brief eingeworfen hatte oder gar verloren. Ich war so absorbiert von den Zeitungsüberschriften. Aber ich tu nie einen wichtigen Brief in den Kasten, ohne ihn mit Segenswünschen zu begeiten. Ihr seht also, was für eine verrückte Mutter Ihr habt. Wie soll das enden?

Jedenfalls war ich den übernächsten Tag bei der Devisenstelle, wartete brav anderthalb Stunden, um dann zu erfahren, daß so schnell nie etwas bei den Akten wäre, da täglich etwa 6000 Briefe einliefen. Es käme auch vor, daß mal was verlorenginge. Na, ich soll am Dienstag nächster Woche wieder nachfragen, da ist Tante Elses Geburtstag, und ich kann nicht von Hause fort, da der alte Untermieter auszieht, der neue ein und ich eine Frau zum Reinemachen hierhabe. Geh ich am Mittwoch. Aber so schafft man sich neben allem anderen noch seine kleinen Privataufregungen.

Ich hoffe, daß wir diesmal Weihnachten in Krummhübel sein werden. Urys wohl auch. Da man nur noch in so wenige Lokale kann, ist es ganz anregend, wenn mehr Menschen im Hause sind, auch für Vater. Vielleicht trifft sich Onkel Ludwig bereits mit seinem Sohn. Mit seinen Papieren alles aber noch unbestimmt.

Ja, Ihr habt auch immer Besuch. Es ist schön, daß Ihr zu denjenigen gehört, deren Leben sich weiterhin so abspielt wie früher. Gott sei Dank, und hoffentlich bleibt es so.

Wieso kann Peter (mit fünf Jahren!) noch nicht auf dem richtigen Klo sitzen? Fällt er noch rein? Ich glaube, es wäre gar nicht ungünstig für ihn, wenn er aufs große Klo ginge. Würde die Entlastung fördern.

Sagt mal, kann Peter eigentlich singen? Lernen sie nicht im Kindergarten kleine Liedchen? Du mußt viel mit ihm singen, Lisel. Man muß doch mal wissen, ob er überhaupt musikalisch ist!

Der arme Heinz hatte soviel Schwierigkeiten, bis er tatsächlich das letzte Visum bekommen hat.

Ach, wie das Schiff wohl für ihn ist!? Sie werden ihn doch hoffentlich nicht gerade mit einem Farbigen zusammenlegen! Trotzdem das eigentlich etwas Überhebliches ist.

Wir waren am Geburtstag nachmittags bei Tante Ola, die sich um die Wallenberg-Jungs große Sorgen macht, in pekuniärer Beziehung.

Heute abend Kulturbund: Rigoletto.

Am 28., unserem Hochzeitstag, waren Tante Else, Onkel Ludwig und Omama abends bei uns.

Nun werd ich noch etwas in der Grunewald-Kolonie laufen, es hat aufgehört zu regnen. Mal sehen, ob ich Vater mitbekomme.

Nun Schluß und innige Grüße

Mutti

»Heute abend Kulturbund« – nach Hitlers Machtübernahme wurde, ebenso wie alle anderen gesellschaftlichen Bereiche, auch das Kulturleben gleichgeschaltet. Wer nicht ›arisch‹ war, wurde seines Amtes enthoben oder durfte nicht mehr arbeiten. So verschwanden die Juden aus Verlagen, Redaktionen, Theatern und Opernhäusern, aus den Programmen der Rundfunkanstalten und Plattenfirmen. Jüdische Intellektuelle und Künstler gehörten zu den ersten, die Deutschland verließen, aber nicht alle konnten auswandern.

Als Kurt Singer, stellvertretender Intendant der Städtischen Oper in Berlin-Charlottenburg, mit Gleichgesinnten – und mit Billigung der Nazis – im Sommer 1933 den »Kulturbund deutscher Juden« gründete, gab diese Alternative zum NS-Kulturbetrieb hunderten jüdischer Künstler wenigstens zeitweise die Chance, ihren Beruf weiter auszuüben. Für das jüdische Publikum war es bald die einzige Möglichkeit, überhaupt noch am Kulturleben teilzunehmen.

Der Berliner Kulturbund hatte ein eigenes Orchester, einen Chor und ab 1935 auch ein eigenes Theater. Er bot von Schauspiel- und Opernaufführungen bis zu Konzerten, Kabaretts, Vorträgen und Filmvorführungen beinahe täglich ein anspruchsvolles Programm. Hier sah Käthe Heymann den amerikanischen Film »Maienzeit« (Maytime), den sie ihrem Sohn empfohlen hatte. Finanziert wurde diese Gründung durch Mitgliedsbeiträge, zugelassen waren nur Juden. Aber im Publikum saßen natürlich auch die Spitzel der Geheimen Staatspolizei. Jede Veranstaltung mußte vom »Reichskulturverwalter« Hans Hinkel genehmigt werden und unterlag der Zensur.

Kulturbünde gab es bald in etwa hundert weiteren deutschen Städten. 1935 mußten sie sich zum »Reichsverband jüdischer Kulturbünde in Deutschland« (RJK) zusammenschließen, der dem Reichspropagandaministerium unterstellt war.

Viele Juden beurteilten die Arbeit der Kulturbünde mit Skepsis und sogar mit krasser Ablehnung. Kurt Tucholsky spottete aus dem schwedischen Exil über diesen halb freiwilligen, halb erzwungenen Rückzug aus der Öffentlichkeit:

»Da sehen Sie, daß dieselben Leute, die auf vielen Gebieten die erste Geige gespielt haben, das Ghetto akzeptieren. ...Man sperrt sie ein, man pfercht sie in ein Judentheater mit viel gelben Flekken vorn und hinten, und sie haben nur einen Ehrgeiz: ›Nun werden wir ihnen mal zeigen, daß wir das bessere Theater haben‹. Sie hören nichts. Sie sehen nichts. Sie merken nichts.«

Für die Gestapo waren die jüdischen Organisationen eine gelungene Möglichkeit »zur leichteren Erfassung und zentralen Überwachung«, wie Reinhard Heydrich, Chef der Politischen Polizei, zynisch festhielt. Ab Herbst 1941, als die ersten Deportationszüge in die Vernichtungslager fuhren, hatte der Kulturbund für die Nazis seine Funktion erfüllt.

Berlin, den 4. November 1938

Mein lieber Klaus!
Nach der Wirkung auf die Gäste und Tante Else selbst an ihrem Geburtstag kann ich annehmen, daß mein Porträt von Onkel Hans gelungen ist. Gestern hat mir Tante Else sagen lassen, daß das Bild tagtäglich für sie noch mehr Leben erhält. Von der Fotografie, die ich zugrunde legte, ist natürlich nichts mehr zu sehen. Sie sollte mir ja nur die Schwierigkeit des Zeichnens erleichtern und ist daher auf meinen Wunsch ganz schwach hergestellt worden. Ich habe sie mir dann auch selbst auf Holz aufgezogen. Die Wasserfarben habe ich mit Deckweiß gemischt, so daß das fertige Bild wirkt wie in Tempera gemalt.

Heute habe ich die 10 Pfund für November eingezahlt. Für den Dezember-Antrag muß ich bis spätestens 30. November die neue Bescheinigung des Headmasters über Deine Anwesenheit am Poly erhalten.

Nun ist endlich die Rentensache für Leo Steinfeld in Ordnung gekommen. Vorgestern rief mich die Bank an, daß die Genehmigung für den Transfer eingegangen ist und der Betrag für die Monate Juli bis November per Flugpost geschickt wurde. Auch der Transfer für Ilse dürfte wohl in den nächsten Tagen in Ordnung kommen.

Seit einiger Zeit hören wir von London abends acht Uhr deutsche Nachrichten, und dann, wenn die Uhr des Big Ben schlägt, letztere so laut, daß man glauben könnte, daß eine Uhr in unserem Zimmer schlägt.

Sonst nichts Neues. Lebe wohl, mein Junge, grüße Urys und sei selbst recht herzlich gegrüßt

Vater

Charlottenburg, den 4. November 1938
Kaiserdamm 24

Mein lieber Klausemann,
diesmal beantworte ich Deinen Brief zuerst. Seit Krummhübel wollte ich Dir schon schreiben. Wir merken noch die intensive Erholung. Man hat Abwehrkräfte gegen vieles durch die Stärkung.

Nun will ich Dir zunächst herzlich für Deine guten Wünsche zum Ersten danken. Sie kamen ganz pünktlich zur gleichen Zeit mit Fritz's Brief an. Ich erhielt aus allen Weltteilen Post. Aus Gratulanten werden Briefe.

Trotzdem waren wir Nachmittag so nach und nach zwanzig Personen. Heinz und Kurt als einzige Vertreter der Jugend. Heinz mit einem Bein bereits draußen. Für das andere Bein fehlt noch das Kabel aus Bogotà, das der holländischen Schiffahrtsgesellschaft nochmals, trotzdem die hiesige kolumbianische Gesandtschaft es schon bestätigte, ihre Einreise genehmigen muß, da seit dem vierten Oktober neue, verschärfte Einreisebestimmungen bestehen. Zum 19.11. hat er einen Platz ab Hamburg gebucht. Es geht über Amsterdam. Dort hat er fünf Tage Aufenthalt auf Schiffskosten. Er freut sich natürlich sehr, Jachmanns nochmal zu sehen. Holland war doch schon immer das Ziel seiner Wünsche für sein Skizzenbuch. Na, hoffentlich klappt es. Kurt würde ich es auch wünschen, daß sich für ihn bald eine Möglichkeit ergibt. Er ist für Anfang Mai vorgemerkt, aber das ist nur die Prüfung auf dem Konsulat, dann dauert es nochmal Monate. Dabei sind laut gestriger Verfügung die Patentanwälte ab 30. November außer Kurs gesetzt, was bei dieser Sache sehr einschneidend ist.

Nun zurück zum Geburtstag. Ich wurde sehr verwöhnt, trotzdem jetzt nicht die Zeit dazu ist. Onkel Ludwig ist rührend darin, mir den Tag, der mir natürlich durch den Tod von Hans besonders wehmütige Empfindungen auslöst, schön zu gestalten.

Die Omama war gottlob so frisch und vergnügt den ganzen Tag dabei, daß ich wirklich Grund habe, dankbar zu sein. Die größte Freude hat mir Vater gemacht. Ich weiß nicht, ob er Dir geschrieben hat, daß er Onkel Hans' Foto, das früher in Krummhübel hing, vergrößert und aquarelliert hat. Es ist ganz fabelhaft geworden, direkt sprechend ähnlich. Der Ausdruck in den Augen und das Hautkolorit – ich hätte nie gedacht, daß man überhaupt so ein gutes Bild von jemandem herstellen kann.

Weißt Du Klaus, ich stehe jetzt auf dem Standpunkt, daß es für Onkel Hans tausendmal besser ist, daß er die Aberkennung seiner Approbation nicht mehr erlebt hat. Sein Kollege Karplus betreibt jetzt auch energisch seine Auswanderung, trotzdem er noch zugelassen ist. Wenn es mit USA, wofür er das Affidavit hat, zu lange dauert, will er erst nach Ecuador, wo er gleich seinen Wirkungskreis finden würde. Aber das Tropenklima ist für einen älteren Mann nicht ganz einfach.

Neulich waren wir zum Abschiedstreffen bei Dr. Löwenstein, dem Schwager von Onkel Ludwig. Ihr ältester Sohn ist nach Buenos Aires gefahren, der zweite wohnt eine Woche bei uns. Sie mußten aus ihrer Wohnung raus.

Wenn man heute gesellig in einem Kreis ist, hat man das Gefühl, sich in einem Wartesaal zu befinden. Jeder hat ein fernes Ziel vor sich und spricht von Ausreise. Es fehlt der ruhende Punkt im Wirbel des Geschehens.

Von Ilse noch keine Nachricht, ob der kleine »Uri« schon einpassiert ist. Mutti ist natürlich sehr nervös, bis sie weiß, daß alles gut gegangen ist. Mit Silberstein ist es unerhört, daß solch eine Bummelei vorkommen kann. Na, Mutti hat sich nicht schlecht aufgeregt, und Vater konnte das Wort Kinderwäsche nicht mehr hören.

Nun zu Dir, mein lieber Junge. Alle Deine Briefe und Berichte lese ich mit größtem Interesse. Falls Du den Städtebau- Kursus ohne allzu große Anstrengung durchführen kannst, ist es sicher ein Plus für später. Aber Du mußt auch richtig essen dabei, eine warme Mahlzeit am Tage.

Froh bin ich doch, daß ich London noch kennengelernt habe. Jetzt wäre es damit Essig. Dadurch, daß ich Urys Heim und Dein Zimmer so gut kenne, fühlt man sich viel näher, wenn man aneinander schreibt.

Während ich jetzt klappere, steht Dein Foto vor mir. Das mit ohne »gebrannte Locken«. Da kann ich so schön mit Dir plaudern. Wie konntest Du Dich nur so darüber ärgern? Du bist doch sonst so vernünftig. Die Sache war doch nur zum Lachen, umso mehr, als sie nur auf einem Irrtum beruhte.

Der Film »Things to come« muß sehr interessant gewesen sein. Ich fände die Gegenwart auch interessant, wenn es ein Film wäre. Wird bei Euch nicht der Film »Der Fall Deruga« gegeben? Wenn Du die Möglichkeit hast, sieh ihn Dir an, sehr interessant! Spannend bis zuletzt, eine Detektivsache. Sowas hast Du doch gern.

Am Vorabend meines Geburtstages hatten wir eine fabelhafte Rigoletto-Aufführung im Kulturbund. In diesem Monat wird ein englisches Lustspiel gegeben.

Hast Du schon gehört, daß meine Freundin Grete Levy wieder nicht die Einreise nach Südafrika erhalten hat? Dabei geht es ihrem Bruder drüben gut. Er hat sie angefordert. Es ist eben alles jetzt gesperrt und erschwert. Was wird nur aus den vielen Menschen, die heimatlos werden?

In Krummhübel war es bis zuletzt schön. Jetzt gibt es in meinem »Nesthäkchen« auch allerlei Stänkereien zwischen den Mietern und dem Hausmeister. Sie wollen ihn rausbeißen, haben sich sogar schon bei der Gemeinde über ihn beschwert. Fritz Neumann hat eine Blinddarm-Operation hinter sich, ist aber wieder gesund. Frl. Lina geht es auch besser, nur nimmt sie nicht zu, trotzdem sie jetzt besser ißt. Sie trägt sich auch mit Auswanderungsgedanken. Na, darüber können noch Jahre vergehen, man gewöhnt sich hier, nur im Augenblick zu leben.

Sehr traurig bin ich, daß wir uns wohl Weihnachten auch nicht sehen werden. Fritz Wallenberg hat aus Bogotà an der zuständigen Stelle angefragt, ob er besuchsweise herkommen könnte. Von Mariannchen kam aus Holland auch pünktlich der Glückwunsch an. Von Lisel gute Nachrichten, gottlob.

Ach, es war doch noch hübsch, wie Ihr alle hier wart! Da hat man es als selbstverständlich genommen.

Leb wohl, mein lieber Junge, ich muß der Omama das Abendbrot zurechtmachen. Frl. Lina hat frei. Omama läßt Dich tausendmal grüßen. Auch Onkel Ludwig grüßt. Viel Erfolg bei Deiner Arbeit. Laß es Dir gutgehen. Herzlichst

Deine Tante Else

»Froh bin ich, daß ich London noch kennengelernt habe, jetzt wäre es damit Essig«, schrieb Else Ury an ihren Neffen.

Am 5. Oktober 1938 schränkte eine neue Verordnung die Bewegungsfreiheit der Betroffenen weiter ein: Reisepässe von Juden wurden ungültig und mußten abgeliefert werden. Juden, die mit deutschem Paß im Ausland lebten, wurden aufgefordert, den Vermerk »J« eintragen lassen.

Die Ausreise von Heinz Wallenberg verzögerte sich seit Monaten durch immer neue Schikanen der Behörden. Kurz bevor er die letzte Bestätigung aus Bogotà in der Hand hielt, geriet er fast ins Netz der Gestapo, die sein Elternhaus in Danzig und die Wohnung von Tante Ola in Berlin durchsuchte, wo er seit seiner Studienzeit lebte. Das gültige Einreisevisum nach Kolumbien und seine Danziger Staatsangehörigkeit – als Freistaat stand Danzig seit 1920 unter dem Schutz des Völkerbundes – waren seine Rettung. Nach einem Abschiedsbesuch bei seinen Eltern kehrte er – ausgerechnet am 9. November, wenige Stunden vor Beginn der reichsweiten »Kristallnacht« – nach Berlin zurück, wo er bis zu seiner Abreise am 19. November bei seinen Verwandten Käthe und Hugo Heymann unterkam.

Amsterdam, den 8. November 1938

Meine liebe Mieja!

Da kam zu ihren Jungen die alte Geiß gesprungen. Aber nun Scherz beiseite. Ich habe inzwischen eine Karte von Ilse gehabt, von der ich Dir gleich eine Abschrift mache:

»Meine Lieben!

Besten Dank für Eure Glückwünsche. Inzwischen hat Klaus wohl meinen erklärenden, d.h. vor dem Telegramm geschriebenen Brief bekommen. Wir schnorren nicht. Leo kann nur im Moment nicht sein eigenes Geld bekommen in Höhe von 15 Pfund. Das bedeutet Wohnung räumen und nicht wissen, was wird, wenn das Kind, das gestern fällig war, da ist. Leo war sehr krank. Ist jetzt noch grenzenlos elend und schwach. Ich habe mir doch keinen Rat mehr gewußt. Zum Spaß oder Schwindeln telegrafieren wir nicht. Haben wir nicht nötig. Paket vor einigen Tagen mit herzlichem Dank erhalten.

Herzlichen Gruß Ilse«

Heute nun bekam ich einen Brief von Henni, von dem ich Dir nachstehend ebenfalls eine Abschrift mache. Ich muß sagen, der Brief hat mich sehr erschüttert. Sie tut mir unendlich leid, gerade in diesen kritischen Tagen so in Armut und Sorge zu leben, wenngleich ich es, sowohl von Leo wie von ihr für unverantwortlich gehalten habe, sich unter diesen Umständen ein Kind zu leisten. Berthold versteht es auch nach wie vor nicht, daß Leo nicht uns gegenüber mit offenen Karten spielt. Es ist, wie er sagt, nun mal Sache des Mannes, für Geldsachen zu sorgen und nicht der Frau, noch dazu in diesem Zustand, alle diese Dinge zu überlassen.

Henni erwähnte nichts, ob sie der Ilse bares Geld gegeben hat. Auf jeden Fall werden wir ihr morgen 30 Gulden überweisen, die sie entweder für ihre Auslagen verwenden soll, oder aber, falls sie bisher nichts gegeben hat, an Ilse weiterleiten soll.

Inzwischen hörten wir auch via Berlin, daß Leo in den letzten Tagen acht Pfund – infolge der Entwertung der Mark ist es nicht mehr – erhalten haben muß.

Nun Teilabschrift von Hennis Brief:

»Liebe Lisel und Berthold!

Vor drei Tagen war ich bei Ilse, die ich leicht fand und sogar gleich wiedererkannte, obwohl ich sie nicht mehr deutlich in Erinnerung hatte, und obwohl sie sich auch ziemlich verändert hat. Das Baby war also, wie gesagt, vor drei Tagen noch nicht da, wird aber täglich erwartet. Es geht Ilse, wie sie behauptet, gesundheitlich gut, so daß sie in dieser Beziehung den kommenden Ereignissen mit Zuversicht entgegensieht. Ich erklärte mein Kommen damit, daß ich durch Euch erfahren hätte, daß sie kurz vor der Entbindung stünde und mich nach ihrem Befinden erkundigen wolle. Sie lebt mit ihrem offenbar legalen Mann, den ich aber nicht kennenlernte, in einer mittelprächtigen Zweizimmerwohnung, von der sie ein Zimmer an eine andere deutsche Familie vermietet haben. Ihr eigenes Zimmer ist winzig und spärlichst möbliert. Eine ziemlich traurige Vorstellung, daß dort noch ein Kind, für das vorläufig noch nicht die geringsten Vorbereitungen getroffen worden sind, hausen soll.

Der Mann verdient bei einer kleinen Tageszeitung, die hektografisch erscheint und in deutscher Sprache die wichtigsten Nachrichten aus hebräischen Zeitungen bringt, anderthalb Pfund in der Woche. Das ist sehr wenig. Aber doch soviel, daß zwei Menschen notdürftigst davon leben können. Ilse sprach dann auch noch von einer Rente, die der Mann als Kriegsverletzter aus Deutschland bis Juli regelmäßig bekam. Sie habe sich an ihren Vater gewandt, damit er sich dahinterklemme, daß die Rente weiter gezahlt werde, doch bis jetzt ohne Erfolg.

Ich glaube, daß sie im Hinblick auf diese Summe, mit der sie fest rechnet, allerlei Transaktionen unternommen hat und in Schwierigkeiten geraten ist. Z.B. hat sie im Krankenhaus nicht die vorher fälligen zwei Pfund gezahlt, sondern Wechsel gegeben. Im allgemeinen ist mein Eindruck, daß sie sehr kümmerlich leben, und ich kann mir überhaupt nicht vorstellen, wie sie mit Kind leben wollen. Daß sie Unterstützung dringend brauchen, ist sicher. Ob sie sie sinnvoll anwenden werden, weiß ich nicht.

Ilse macht, ehrlich gesagt, einen etwas verwahrlosten Eindruck, vielleicht hauptsächlich deshalb, weil sie fast keinen gesunden Zahn mehr hat, sondern überhaupt nur noch spärliche Überreste. Sowas entstellt natürlich sehr.

Wenn Ihr möchtet, daß wir uns weiter um Ilse und ihre Angelegenheiten kümmern, so schreibt dies ruhig. Ich werde das sehr gern Euretwegen tun. Direkte persönliche Beziehungen werden sich wohl kaum zwischen Ilse und uns ergeben, aber ich bin jederzeit gern bereit, soweit es möglich ist zu helfen.«

So, Mieja, damit Du über Ilse orientiert bist. Mutti schreibe ich nichts darüber. Das kann ich einfach nicht.

Interessieren wird Dich vielleicht noch die Mitteilung, daß Dr. Max Altmann, der von Helen sitzengelassene Verlobte, jetzt mit einer Chemikerin in Jerusalem verheiratet ist.

Heute bekamen wir Post aus Argentinien, Bolivien, Palästina und Berlin.

Also nochmals auf baldiges Wiederhören.

Herzlichst Dein Kaninchen.

Berlin, den 12. November 1938

Mein lieber Klaus!
Diese Woche erhälst Du keinen Brief. Dafür aber eine zweite Karte, mit der wir auch Deinen Brief beantworten wollen. Ich schicke gleichzeitig eine Drucksache »Profanbau« an Dich ab, der ich die Fotokopie eines Schriftstücks beigefügt habe. Bewahre sie in Deinen Akten auf.

Von uns und dem Kaiserdamm nichts Neues. Heute abend Frl. Jakobus, unsere Reisebekanntschaft aus Kobern, zum erstenmal bei uns.

Leb wohl, grüße Urys und sei selbst herzlich gegrüßt. Vater

Mein Jungchen, wir sind gesund. Urys auch.

Ich war heute vormittag wieder mit Tante Else im Grunewald. Tut wohl! Vater mit Kollegen Hermann im Tiergarten.

Ich sende Euch allen viele Grüße. Hoffentlich hast Du den Sonntag genossen! Mutti

Während Hugo und Käthe Heymann diese so harmlos wirkende Karte schrieben, machten sich ihre Kinder in Amsterdam, London und Haifa die größten Sorgen um die Eltern. Klaus Heymann bekam eine Postkarte aus Berlin:

»Die Karte ist drei Tage nach der Reichspogromnacht vom 9./10. November abgeschickt«, erinnert er sich. »Meine Eltern schreiben, als ob alles wie immer wäre. Ganz normal. Keine Andeutung. Außer: ›Wir sind gesund. Urys auch.‹ Das war die zweite Karte. Ich erinnere mich, daß auf der ersten, die mein Vater erwähnt, auch nur stand: ›Uns geht es gut, alle gesund‹ oder so. Und dann gehen sie wieder spazieren, Vater sogar im Tiergarten, also in der Innenstadt, ganz nahe beim Regierungsviertel. In späteren Briefen wird noch stehen, daß sie der Terror gegen Juden zwar ängstigt, sie sich selbst aber nicht wirklich bedroht fühlen.«

Am 7. November 1938 gab der junge Ostjude Herschel Grünspan auf den Legationssekretär Ernst vom Rath in der deutschen Botschaft in Paris mehrere Schüsse ab, an deren Folgen der schwer Verwundete am 9. November starb. Grünspan hatte vier Tage zuvor eine Postkarte von seiner Schwester aus dem deutsch-polnischen Grenzort Zbaszyn (Bentschen) erhalten, durch die er erfuhr, daß seine Familie, die seit Jahrzehnten in Deutschland lebte, zusammen mit 17 000 anderen Juden Ende Oktober nach Polen deportiert worden war.

In einem Aufruhr der Gefühle kaufte sich der siebzehnjährige arbeits- und heimatlose Grünspan einen Revolver und Munition, ging zur deutschen Botschaft, und als er statt an den Botschafter an einen jüngeren Beamten verwiesen wurde, gab er die Schüsse auf den Legationssekretär ab.

Die Nazis münzten die Tat des Verzweifelten sofort in einen Anschlag des »internationalen Judentums« auf das Deutsche Reich um – ein willkommener Vorwand, ohne Rücksicht auf die Weltöffentlichkeit und ohne den Anschein rechtsstaatlicher Tradition, gegen die Juden vorzugehen. Mit Hilfe der nationalsozialistischen Propagandamaschinerie wurde innerhalb von zwei Tagen in allen Teilen Deutschlands ein Pogrom inszeniert, wie es ihn seit dem 15. Jahrhundert in Mitteleuropa nicht mehr gegeben hatte. Horden der SS und der SA zerstörten tausende jüdischer Wohnungen und Geschäfte, demolierten Schulen und steckten fast alle Synagogen in Brand. Es kam zu Morden, Plünderungen und Vergewaltigungen, und in der Folge davon zu zahlreichen Selbstmorden verzweifelter Juden. Gleichzeitig verschleppte die SS etwa 30 000 jüdische Männer in Konzentrationslager, um den Druck zur Auswanderung zu erhöhen. Erst wenn die Angehörigen die baldige Ausreise zusichern konnten, wurden die Männer freigelassen. Für einige Zeit waren auch alle jüdischen Hilfsorganisationen verboten.

In seinen täglichen Pressekonferenzen gab Propagandaminister Joseph Goebbels die passende Sprachregelung vor: in den Leitartikeln der gleichgeschalteten Zeitungen wurden die Verbrechen der Parteigenossen zum »spontanen Sühneakt« des deutschen Volkes.

Die jüdischen Gemeinden mußten für die entstandenen Schäden selbst aufkommen. Obendrein hatten sie als »Buße« über eine Milliarde Mark an das Reich zu zahlen, das auch die Versicherungsgelder einbehielt.

Die Gier, mit der sich die Nazis des jüdischen Vermögens bemächtigten, zeigte sich nun in immer schärferen Bestimmungen: Die »Verordnung zur Ausschaltung der Juden aus dem Wirtschaftsleben« vom 12. November 1938 verbot Juden den Betrieb von Einzelhandelsgeschäften und Handwerksbetrieben und den Verkauf von Waren aller Art. Alle jüdischen Kapitalvermögen wurden beschlagnahmt, Grundeigentum, Wertpapiere und Schmuck mußten zu Spottpreisen veräußert werden.

Amsterdam, den 14. November 1938

Meine liebe Mieja!
Ich befinde mich hier in der gleichen Gemütsverfassung wie Ihr Euch in London. Es ist grauenvoll, was da alles in Deutschland passiert. Ich habe daher bereits am Sonnabend Mittag an die Eltern geschrieben, daß wir sie jetzt endlich anfordern wollen, und sie sollen uns ihre Zustimmung dazu geben. Ich finde, man müßte sie jetzt einfach dazu zwingen. Berthold schrieb noch dazu, daß sie bei ihrer Zusage berücksichtigen müssen, wie sich ihre Lage eventuell in etwa sechs Wochen gestalten würde etc. Wir haben alles sehr vorsichtig geschrieben, um ihnen nicht zu schaden.

Inzwischen haben mich heute verschiedene Leute angerufen. Ich habe von maßgebender Stelle dabei das folgende Interessante gehört:

Es spielt, so wie die Dinge jetzt liegen, überhaupt keine Rolle, ob der Vater jetzt noch seine Pension bekommt. Das wird m. E. nun wohl innerhalb weniger Wochen sowieso aufhören. Maßgebend ist, ob andere Geschwister auch in der Lage wären, die Eltern aufzunehmen, aber das können wir von Dir und Ilse mit gutem Gewissen verneinen. Wir müssen dann den Nachweis erbringen unter Beifügung der Steuerzettel, daß wir die Eltern in unseren Haushalt aufnehmen können. Die Anträge müssen sehr geschickt – nur durch einen versierten Anwalt – formuliert sein, und es muß dabei die sentimentale Seite sehr herausgekehrt werden, etwa so, daß man den bereits betagten Eltern die paar Jahre, die sie noch vor sich haben, verschönern und einigermaßen friedlich gestalten will usw. Die Anträge sollen wohlwollend geprüft werden, und bis zur Genehmigung soll es etwa nur drei Monate dauern.

Ich werde erst wieder ruhig sein, wenn ich die Eltern hier habe, und ich glaube, daß wir die Genehmigung bekämen. Kinder dürfen Eltern anfordern. Umgekehrt geht es nicht. Und auch Anträge von Geschwistern werden nicht berücksichtigt.

Wir hören auch ununterbrochen Radio, wobei gestern der flämische Sender Brüssel, leider aber kein weiterer, folgendes verbreitete: Roosevelt soll erklärt haben, daß wenn Deutschland nicht seine Haltung den deutschen Juden gegenüber grundlegend änderte, er sämtliche deutschen in Amerika sich aufhaltenden Arier herausschmeißen würde und in die freigewordenen Plätze deutsche Flüchtlinge hineinbringen würde. Zu schön, um wahr zu sein!

Peter liegt heute im Schlafzimmer im Mundharmonikabett, er hat 38 Fieber und röchelt auf der Brust. Katzenausdruck! Sie spielen immer im feuchten Sand, und am Sonnabend war es bis 11 Uhr neblig. Kein Wunder also. Na, und nun bleibt er erst mal ein paar Tage bei mir zu Haus.

Ich finde es absolut nicht richtig, daß Ihr soviel in Berlin anruft. Ich hatte mich am Donnerstag auch mit dem Gedanken getragen, aber ich halte es augenblicklich für sehr unklug, die Aufmerksamkeit der Behörden auf sie zu lenken. Sie sind, und nicht zu Unrecht, sehr verängstigt.

Bei Levys, wo sie hingingen, ist es bestimmt nur eine normale Einladung gewesen, von der wir bereits wußten, jedoch schrieb Tante Else gestern, daß sich in ihrem Bekanntenkreise sehr viel ereignet hätte. Sie schrieb unter anderem, daß Onkel Ludwig zu seiner Schwägerin gefahren sei, um ihr zur Seite zu sein. Daraus muß man wohl schließen, daß Leo Löwenstein verhaftet ist. Mehr weiß ich augenblicklich nicht. Aber wo man hier hinhört, sind die Menschen sehr nervös, und die Stimmung gegen Deutschland hat sich sehr verschlechtert. Die Stimmung gegenüber den deutschen Juden, die zuerst ziemlich unerfreulich gewesen war, hat sich sehr gebessert.

Gestern gingen wir am Hafen entlang, da kam auf der anderen Seite ein Agent auf mich los. Wir dachten zuerst Kontrolle, die natürlich verschärft ist. Er sagte: »Schön sieht es nicht aus!« Ich, auf Holländisch: »Was meinen Sie?« Darauf er, auf Holländisch: »Die deutschen Zustände.« Und dann unterhielten wir uns eine Weile miteinander. Er war ganz empört und sagte, es sei unbeschreiblich, was sich hier abspielte, wenn Flüchtlinge ankämen.

So, nun Schluß. Schreib bald wieder.

Herzliche Grüße

Deine Lisel

Wir erwarten nächsten Sonntag Heinz Wallenberg – wenn er noch rauskommt!

Berlin, den 20. November 1938

Mein liebes Jungchen!

Dem Brief an Fritz wollen wir ein paar Zeilen an Dich beifügen. Hab Dank für Deinen gestrigen Brief. Du siehst also, daß wir wirklich alle Sentimentalität in geradezu grausamer Weise beiseite lassen und uns nun entschlossen haben. Wir haben natürlich jetzt sehr viel Überlegungen, um alles, was möglich sein könnte, auch zu versuchen, aber man sieht ja noch nicht klar und muß erst Näheres aus Amsterdam abwarten.

Von Ilse immer noch nichts. Ihr letzter Brief war ganz kurz vom 11. November, als sie über uns in Sorge war und um umgehende Nachricht bat. Nachgerade fängt mir die Sache an ungemütlich zu werden. So lange irrt man sich selten mit der Schwangerschaft.

Kläuschen, ich war Sherlock Holmes, habe aus Deinen kaputten Strümpfen meine betrüblichen Schlüsse gezogen. Dein Wäschesack ist am 17.11. abgegangen. Deine alte, aber noch gute Arbeitshose liegt dabei. Leider war das Paket so schwer, daß ich Spitzkuchen und Schokolade blutenden Herzens wieder rausnehmen mußte. Daher nur so wenig.

Deine alten schwarzen Schuhe folgen im nächsten Wäschesack. Schicke bitte Anfang Dezember den Sack zurück. Wenn es irgendwie geht, wollen wir das später auch bei Lisel durchführen. Wenn es für die nicht eine zu große Belastung ist, die wir natürlich vermeiden müssen. Aber ich merke es jedem Stück an, das Du dort waschen ließest. Es schont die Wäsche doch ganz anders, wenn wir sie machen und gleich ausbessern können.

Heute ist wieder ein herrlicher Sonntag. Nach Wochen treffen wir uns mal wieder zum Spaziergang, aber Else und Ludwig nicht. Onkel Ludwig hatte noch einen beruflichen Weg, der ihn länger aufhält. Ist auch gut, wenn der Kreis kleiner wird. Wir gehen aber immer nur zu zweien!

Heute abend sind wir bei Urys, wollen noch zusammensein, solange es geht. Das ist das Bitterste daran, daß man so alle Liebe vergilt. Aber ich muß doch in erster Linie an den Vater denken.

Günter Weinmann hat inzwischen mit Angehörigen telefoniert, da seine Eltern keinen Anschluß haben, um Näheres über den Verbleib des Vaters erfahren. Gemütsstimmung sicher entsprechend! Aber ich bin froh, daß Du in ihm einen sachkundigen und interessierten Berater hast. Er ist nicht nur ein tüchtiger Architekt, sondern hat, obwohl er so jung ist, schon eine mehrjährige Praxis hinter sich.

Der Spaziergang war herrlich, der Wald so wunderbar gefärbt. Gar nicht wie im November. Wie wird einem dies alles fehlen! Ich liebe doch die deutsche Landschaft so.

Nach ergiebigem Schlaf wurden wir von der Nachbarin geweckt. Sie wollte netterweise nach uns sehen. Ich habe von ihr eine Adresse erfahren, mit der ich mich gleich morgen in Verbindung setzen will, um noch etwas Schneidern und Wäsche nähen zu lernen und so meinen Teil zur Ersparnis beizutragen. Ich werde zuerst für Dich Flanellpyjamas nähen, die Dir sicher im Winter, wenn es kalt ist, nützen werden.

Leb wohl, mein Junge, tausend Grüße
Mutti

Morgen muß ich den ganzen Vormittag im Hilfsverein anstehen, kriege nur die Erlaubnis, am Schneiderkursus teilzunehmen, wenn auf Grund von Auswanderungsunterlagen (Lisels Brief) klar ist, daß der Antrag läuft. Ein Formular geht an die Schneiderin. Eine reizende, feine Dame.

Amsterdam, den 21. November 1938

Meine liebe Mieja!
Also zunächst: der Peter ist seit drei Tagen fieberfrei, liegt aber noch im Bett. Es war eine sehr schwere Grippe, und ich bin heilfroh, daß ich ihn wieder soweit habe. Morgen darf er etwas aufstehen, aber er ist noch ziemlich schlapp.

Heinz ist heute von Hamburg mit dem Schiff »Simon Bolivar« hier glücklich angelangt. Durch einen Zufall – wir hatten natürlich am Sonnabend wieder mal eine falsche Auskunft von der KNSM bekommen – rief ich auf Peters Befehl heute früh um 10 Uhr nochmal bei ihr an und erfuhr zu meinem Schrecken, daß das Boot bereits Eymuiden passiert hätte und um 11 Uhr an der Kade wäre. Na, ich Berthold angeläutet und wir beide – das ist nämlich j.w.d. – losgesaust, und siehe da, wie wir uns der Kade im Sturmschritt näherten, kamen die beiden Schornsteine unter dumpfem Getute angewackelt. Ganze sechs Passagiere, alles junge nette jüdische Leute, kamen an. Genaue, aber sehr nette Kontrolle. Heinz ist als Dritte-Klasse-Passagier in einem ganz üblen Pensiönchen, sprich Absteigequartier, untergebracht, wenn Du weißt, was das ist, mein unschuldiges Brüderlein. Ich habe mich direkt geniert, als ich aus dem Haus herauskam. Die anderen Passagiere wohnen zweiter Klasse.

Ich finde, es ist wenig nett, daß man ihm in Berlin nicht die 100 Mark, die die zweite Klasse mehr kostet, gegeben hat. Lieber für die Nazis!

Mit dem Antrag für die Eltern wird leider alles nicht so rasch gehen. Es sollen in den letzten Tagen etwa 12 000 Anträge eingereicht worden sein. Man spricht davon, daß es im günstigsten Fall etwa drei bis vier Monate dauern kann. Hoffen wir, daß die Eltern bis dahin unbehelligt bleiben.

Die Haltung der Holländer jeglicher Konfession ist geradezu fabelhaft. Solche Hilfsbereitschaft, solches Mitgefühl, solche Entrüstung bis einschließlich zur faschistischen Mussert-Partei, die offen den Abscheu über das Geschehene ausgesprochen hat.

Was nun im übrigen an Post gekommen ist – schrecklich! Wir haben immer Angst, im Gegensatz zu früher, wenn der Briefträger erscheint. Bei Bertholds Schwester Edith ist der Mann verhaftet, früher Kaufmann in Birkenwerda. Sie weiß nicht, wo er jetzt ist. Tante Emma aus Minden schickte einen Notschrei – beide Söhne verhaftet! Wir sollen sie anfordern. Wir haben einen Brief ans Komitee geschrieben, die beiden Originalbriefe mitgeschickt und dabei bemerkt, daß wir bereits einen Antrag für unsere Eltern laufen haben, und daß wir aber in den drei Fällen nur eine Bürgschaft bis höchstens vier Wochen übernehmen können. Ob es was nützt, wissen wir nicht. Mehr kann man leider nicht tun. Auch von Hilde Deutsch ein ähnlicher Brief. Da mußte ich vollkommen ablehnen, da man für Freunde nichts tun könnte. Man kommt sich so hart vor, aber andererseits kann man ja keinem Menschen Versprechungen machen, die man nicht halten kann.

Es wird für alle Teile das Bequemste und Angenehmste sein, und last not least das Preiswerteste, wenn wir ein Haus mieten. Wir werden uns demnächst mal informieren, was dabei in Frage kommt. Ich und auch Berthold, wir möchten unbedingt, daß die Eltern alles mitbringen, was sie mitbringen dürfen, und daß sie ihr Wohnzimmer und ihr Schlafzimmer mit ihren eigenen Möbeln möblieren. Ich bin der Ansicht, daß auch davon ihr Einleben bei uns abhängig ist, wenn sie sich quasi in ihren eigenen Räumen befinden. Du kennst ja die diversen Häusertypen, zwei Schlafzimmer oben, zwei Wohnzimmer ensuite unten, also gerechte Verteilung.

Natürlich, Klaus, hat Mutti bei mir ihren Wirkungskreis. Sie wird das Kochen und Ausbessern übernehmen, denn ich will ohne Frau wirtschaften, um es Berthold finanziell zu erleichtern, und da hab ich mit Zimmeraufräumen, Abwaschen und was es sonst noch an Dreckarbeit gibt, reichlich zu tun. Na, und der Vater wird in einem ganzen Haus auch noch allerlei Beschäftigung finden. Erst, bis man wieder in Ordnung gekommen ist. Später dann eventuell Gartenarbeit. Dann müssen beide rasch Holländisch lernen. Vater wird dann vielleicht mit Peter, der doch im Herbst in die Schule kommt, Schularbeiten machen.

Weißt Du Klaus, darum ist es mir nicht bang. Langweilen werden sie sich nicht.

Schrecklich mit Tante Else und überhaupt mit all den Unverheirateten! Wie müssen diese armen Wesen das dann erst empfinden! Daß für sie niemand da ist, der ihnen helfen kann. Tante Else war, als sie im Frühjahr hier war, doch schon ziemlich schwankend geworden, ob sie nicht doch raus soll, was bei ihr schon etwas heißen will.

Du ahnst ja gar nicht, wie die Vandalen überall gehaust haben. In kleinen Orten speziell, im Rheinland besonders. Kaum eine Privatwohnung ist gespart worden. Männer irren herum, trauen sich nicht nach Hause, aus Angst vor Verhaftung. Frauen vermissen oft, außer Männern, ihre Kinder. Ich hätte nie gedacht, daß es mal so schlimm werden könnte. Es scheint einem wie ein Alptraum. Oder man hat das Gefühl, man ist verrückt.

Herzliche Grüße Deine Lisel

Heute habe ich den König und die Königin von Belgien gesehen. Wir hatten doch hier wieder einmal große Feste mit illuminierten Grachten, wie im September. Aber es steht einem nicht mehr der Kopf danach.

Mein lieber Klaus!
Wie sehr ich mich freue, Dir gerade von hier Grüße zu senden, kannst Du Dir denken. Wenn nicht die schweren Sorgen um die Zurückbleibenden wären, könnte man hier ganz zufrieden sein. Am Freitag, dem 12. geht mein »Simon Bolivar« hier weiter nach Puerto, Columbia, wo ich am 15. Dezember ankomme. Ich hoffe, daß es Dir gutgeht und grüße Dich herzlichst.

Dein Heinz

Viele Juden, die im Ausland lebten, bekamen jetzt Hilferufe aus allen Teilen Deutschlands, nicht nur von engen Familienangehörigen, sondern auch von Freunden, Bekannten und sogar Unbekannten. Fast immer ging es darum, eine Arbeitsstelle zu finden, damit die Einreise genehmigt würde. In London waren Fritz und Helen Ury rund um die Uhr damit beschäftigt, Juden aus Deutschland herauszuhelfen. Dank ihrer guten Beziehungen in der Textilbranche konnten sie vielen eine Existenz in England verschaffen oder die Weiterreise in ein anderes Land organisieren. Ihr Haus, in dem die Emigranten in Schlafsäcken auf dem Boden campierten, glich einem Durchgangslager. An ein Privatleben war nicht zu denken. Später erinnert sich Helen Ury:

»Franziska Ury, die Omama in Berlin, fragte mich immer, warum ich noch keine Kinder hätte, ich wäre doch nun schon lange genug mit ihrem Enkel verheiratet. Ich konnte ihr nicht erklären, daß die Verhältnisse nicht danach waren. Wir mußten uns sehr quälen. So viele Menschen kamen rüber, die man versucht hat zu retten. Trotzdem, man konnte nicht allen helfen. Allein aus meiner Familie sind 28 Verwandte umgekommen.«

Auch Klaus Heymann erreichten Hilferufe, meist über Amsterdam.

Den indirekten Appell seiner Mutter, etwas für die Eltern zu tun – »heutzutage bauen die Kinder den Eltern Häuser« –, hörte er nicht. Ein schlechtes Gewissen hatte er deshalb kaum, schließlich übernahm ja seine älteste Schwester Lisel die Verantwortung. Theoretisch, so überlegte er später, hätte es auch für ihn Möglichkeiten gegeben, etwas wegen der Eltern zu unternehmen:

»Man hätte eine Haushaltsstelle finden können. Gut, das war nicht leicht. Aber es sind Leute rausgekommen, von denen man nicht annehmen konnte, daß sie es schaffen würden. Wir haben Freunde, deren Eltern damals auch aus Deutschland kamen. Die müssen bestimmt über sechzig Jahre alt gewesen sein. Sie wurden als Ehepaar in einem Haus beschäftigt, die Mutter als Wirtschafterin und der Vater als Hausdiener. Das war die einzige Arbeit, für die man die Einreiseerlaubnis bekam.«

Kurz nach der Reichspogromnacht erreichte Klaus Heymann

ein Hilferuf von Lilo Lachmann aus Berlin, seiner Freundin aus Kindertagen, die ihre Ausbildung bei »N. Israel« abbrechen mußte. Sie erinnert sich:

»Das war ein jüdisches Warenhaus der oberen Preisklasse, ein Familienunternehmen. ›N.‹ war Nathan, der Vater, aber zu meiner Zeit führte es der Sohn Wilfried. Seine Mutter war Engländerin, dadurch war er etwas geschützt, und er konnte vielen Leuten helfen, bevor er selber raus ging. Er war ein sehr progressiver Arbeitgeber, hatte eine eigene Berufsschule eingerichtet, und da wurde ich ausgebildet. Als erstes kam ich in die Taschentuch-Abteilung. Da hab ich gelernt, wie man Taschentücher hübsch faltet, um sie auszustellen. Das kann man in hundert verschiedenen Formen machen, wie mit Servietten. Das machte mir Spaß. Dann ging's in die Oberhemden-Abteilung, und dann kam ich ins Büro, wo ich Rechnungen fürs Ausland checken mußte, Umrechnungen machen. Ich weiß noch genau, das englische Pfund kostete damals 12,20 Reichsmark.

Dann kam diese ›Kristallnacht‹, das ist mir noch sehr im Gedächtnis. Ich fuhr morgens, es war der 10. November, wie üblich ins Geschäft. Ich wußte nicht, was in der Nacht passiert war. Ich ging ins Büro, und wir fingen ganz normal an. Und plötzlich hörten wir das Zerbersten von Scheiben und furchtbares Schreien. Das Warenhaus hatte einen schönen Innenhof, man konnte von unten bis oben jedes Stockwerk mit seinen Abteilungen sehen. Und plötzlich flogen Möbel durch die Scheiben und alles Mögliche, und es gab ein hektisches Hin- und Herlaufen. Alle mußten raus. Es war wirklich lebensgefährlich, dort zu bleiben. Wir rannten in den Keller, um unsere Sachen zu holen. Dort standen eng nebeneinander unsere kleinen Schränke. Und ich erinnere mich genau, rechts und links von mir waren Mädels, die wußten, daß ich jüdisch war, und die schrien mich an: ›Warte nur! Du bist die nächste! Du kommst auch noch dran!‹

Ich war furchtbar aufgeregt. Es war ein ziemlich weiter Weg bis

Tempelhof. Als ich aus der Untergrundbahn ausstieg und durch den langen Tunnel ans Tageslicht kam, war das Blumengeschäft noch da, der Zeitungskiosk, alles wie immer. Aber ich hatte so eine Unruhe in mir, ich wußte nicht, wie ich mein Zuhause vorfinden würde, ob dort vielleicht auch alles in Scherben lag. Und alles war ganz ruhig, alles wie immer. Sehr langsam hab ich mich dann beruhigen können.

Aber von da an wußten wir, daß wir nicht länger bleiben konnten. Ich hatte eine Unterredung mit Wilfried Israel, meinem Chef, und er schlug mir vor, einen Antrag für Australien zu stellen, dort könnte er mir eine Arbeitsmöglichkeit verschaffen. Ich war halb und halb entschlossen, das gemeinsam mit einer Freundin zu tun.

An und für sich hatte ich mich im Februar 1938 mit einem Mann verlobt, den ich vom jüdischen Sportverein her kannte. Ein Kaufmann. Der ging dann mit seiner Familie nach England, wir sahen uns lange Zeit nicht, und ich wurde unsicher, was ihn betraf. Jedenfalls fuhr ich im Juni 38 nach London, um zu sehen, zu entscheiden, ob wir heiraten würden oder nicht. Als wir uns trafen, merkte ich, daß es keinen Sinn mehr hatte. Vor allem für meine Eltern, die gehofft hatten, ich käme durch die Heirat raus, bedeutete das eine große Enttäuschung. Ich fuhr wieder nach Berlin. Es war natürlich der absolute Irrsinn, England wieder zu verlassen, aber ich mußte ja. Ich hatte keine Arbeitserlaubnis. Da dachte ich an Klaus.«

Klaus Heymann gab eine Annonce im Daily Telegraph auf:

»German Jewish Girl, age 19, still in Berlin, requires position immediately in English household as general servant: qualified for every domestic work, fond of children, specialist in Viennese cooking, skilled needleworker and versed in tailoring. – Apply Lachmann, Berlin-Tepelhof, Kaiserkorso 3, or Heymann, 8 Highfield Court, London NW 11.«

(Deutsch-jüdisches Mädchen, 19, noch in Berlin, sucht dringend Stelle in englischem Haushalt, geeignet für jede Hausarbeit,

Else Ury, ca. 1937

Familie Ury, 1912/1913. Im Vordergrund rechts Else Ury, hinter ihr »Omama« Franziska Ury, dahinter stehend ihr Mann Emil Ury

Franziska Ury, die »Omama«, 1927

Emil Ury als junger Mann, ca. 1860

Die Schwestern Käthe und Else Ury,
19 und 23 Jahre alt

Else Ury und ihr Bruder Ludwig
1931 in Krummhübel

Hugo und Käthe Heymann
1936 auf ihrem Balkon in der
Westfälischen Straße 42, Berlin

Die drei Heymann-Kinder Klaus,
Lisbeth und Ilse 1919 in Breslau

Wohnhaus der Familie Heymann von 1928 bis 1939, Westfälische Straße 42, Berlin

Kantstraße 30, Treppenaufgang. Hier lebte Else Ury von 1905 bis 1933.

Else Urys »Haus Nesthäkchen« im schlesischen Krummhübel

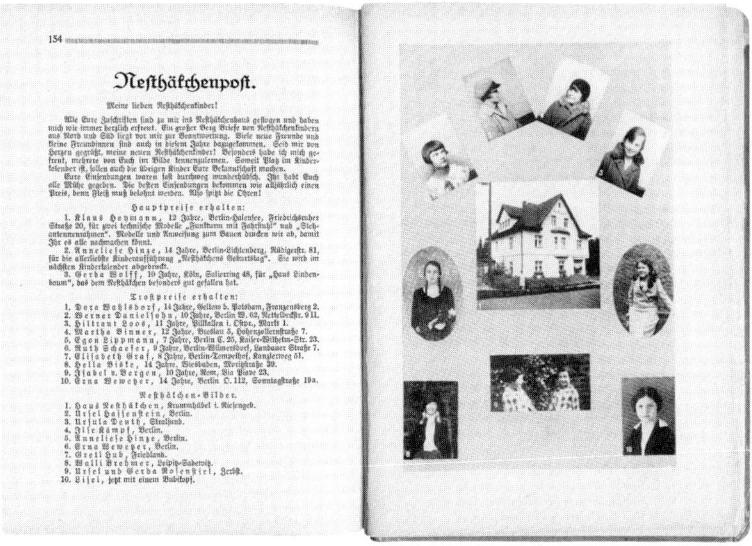

154

# Nesthäkchenpost.

Meine lieben Nesthäkchenkinder!

Alle Eure Zuschriften sind zu mir ins Nesthäkchenhaus geflogen und haben mich wie immer herzlich erfreut. Ein großer Berg Briefe von Nesthäkchenkindern aus Nord und Süd liegt vor mir zur Beantwortung. Viele neue Freunde und kleine Freundinnen sind auch in diesem Jahre dazugekommen. Seid mir von Herzen gegrüßt, meine neuen Nesthäkchenkinder! Besonders habe ich mich gefreut, mehrere von Euch im Bilde kennenzulernen. Soweit Platz im Kinderkalender ist, sollen auch die übrigen Kinder Eure Bekanntschaft machen.

Eure Einsendungen waren fast durchweg wunderhübsch. Ihr habt Euch alle Mühe gegeben. Die besten Einsendungen bekommen wie alljährlich einen Preis, denn Fleiß muß belohnt werden. Also spitzt die Ohren!

Hauptpreise erhalten:

1. Klaus Heymann, 12 Jahre, Berlin-Halensee, Friedrichsruher Straße 20, für zwei technische Modelle „Funkturm mit Fahrstuhl" und „Stehantennenrahmen". Modelle und Anweisung zum Bauen drucken wir ab, damit Ihr es alle nachmachen könnt.
2. Anneliese Hinze, 14 Jahre, Berlin-Lichtenberg, Rüdigerstr. 81, für die allerliebste Kinderaufführung „Nesthäkchens Geburtstag". Sie wird im nächsten Kinderkalender abgedruckt.
3. Gerda Wolff, 10 Jahre, Köln, Salierring 48, für „Haus Lindenbaum", das dem Nesthäkchen besonders gut gefallen hat.

Trostpreise erhalten:

1. Dora Wahlsdorf, 14 Jahre, Geltow b. Potsdam, Franzensberg 2.
2. Werner Danielsohn, 10 Jahre, Berlin W. 62, Nettelbeckstr. 9 II.
3. Hiltraut Loos, 11 Jahre, Pillkallen i. Ostpr., Markt 1.
4. Martha Binner, 12 Jahre, Breslau 5, Hohenzollernstraße 7.
5. Egon Lippmann, 7 Jahre, Berlin C. 25, Kaiser-Wilhelm-Str. 23.
6. Ruth Schaefer, 9 Jahre, Berlin-Wilmersdorf, Landauer Straße 7.
7. Elisabeth Graf, 8 Jahre, Berlin-Tempelhof, Kanzlerweg 51.
8. Hella Biske, 14 Jahre, Wiesbaden, Moritzstraße 39.
9. Isabel v. Bergen, 10 Jahre, Rom, Via Piave 23.
10. Erna Wewetzer, 14 Jahre, Berlin O. 112, Sonntagstraße 19a.

Nesthäkchen-Bilder.

1. Haus Nesthäkchen, Krummhübel i. Riesengeb.
2. Ursel Hassenstein, Berlin.
3. Ursula Deuth, Stralsund.
4. Ilse Kämpf, Berlin.
5. Anneliese Hinze, Berlin.
6. Erna Wewetzer, Berlin.
7. Gretl Hub, Friedland.
8. Walli Brehmer, Leipzig-Sadewitz.
9. Ursel und Gerda Rosenstiel, Zerbst.
10. Lisel, jetzt mit einem Bubikopf.

Der Meidinger's Jugendschriften Verlag, der ab 1908 Else Urys Bücher veröffentlichte, druckte regelmäßig Briefe ihrer kleinen Leser ab.

Das Rosenhäusel

# Das Rosenhäusel

Eine Erzählung aus dem Riesengebirge
für die reifere Jugend
von
Else Ury

Mit einer Heliogravüre und farbigem Umschlagtitel
von Kurt Lange

Meidinger's Jugendschriften Verlag G. m. b. H. Berlin

»Das Rosenhäusel«, Berlin 1930, spielte im Riesengebirge.

Else Ury 1928 im Garten von »Haus Nesthäkchen«

Kaffeetafel im Garten 1929.
Von links: Else Urys Freundin Grete Levy, »Omama« Franziska Ury, Else Ury und »Tante Ola« Olga Davidsohn

Franziska Ury, Else Ury und ihre Schwester Käthe Heymann im Sommer 1931 in Krummhübel

Der letzte gemeinsame Urlaub – Käthe, Klaus und Hugo Heymann
im Kleinen Walsertal 1937

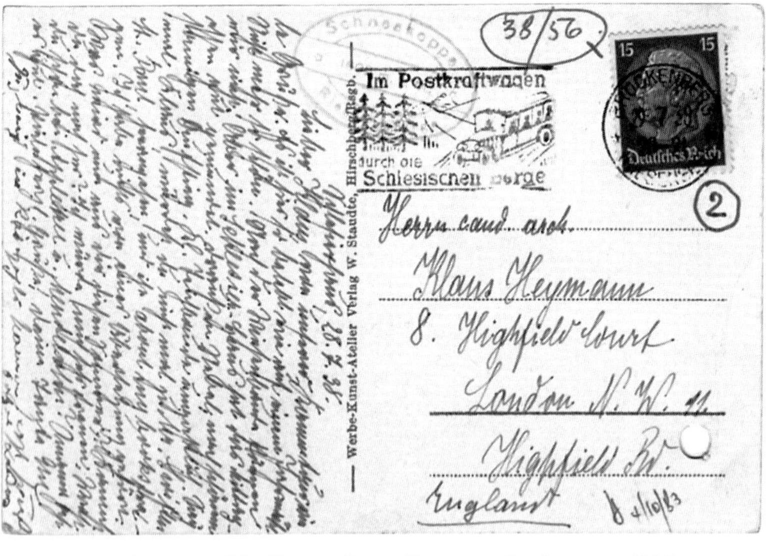


Postkarte von Else Ury an Klaus Heymann. Im Sommer 1938
werden Juden im Schlesierhaus noch bewirtet.

Grüße aus Krummhübel von »Tante Ola« (Olga Davidsohn), 1939

Hugo Heymann, 1937

Käthe Heymann, 1937

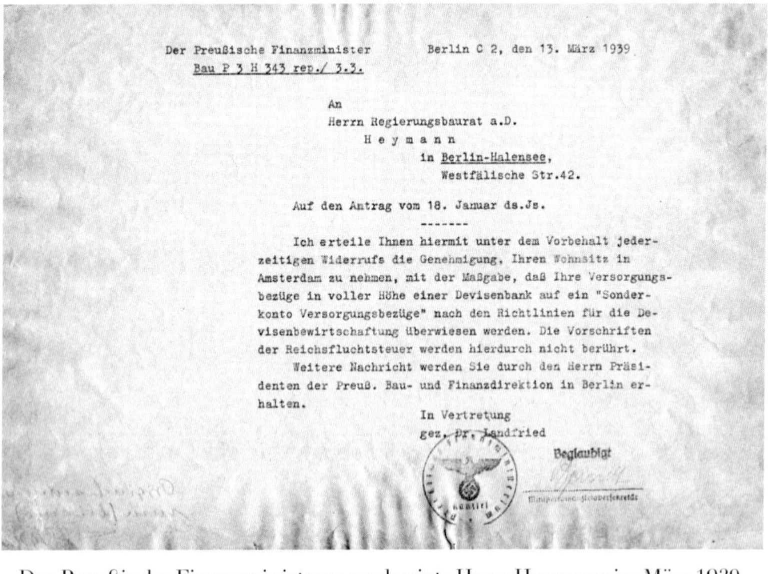

Der Preußische Finanzminister Berlin C 2, den 13. März 1939
Bau P 3 H 343 rep./ 3.3.

An
Herrn Regierungsbaurat a.D.
H e y m a n n
in Berlin-Halensee,
Westfälische Str.42.

Auf den Antrag vom 18. Januar ds.Js.

-------

Ich erteile Ihnen hiermit unter dem Vorbehalt jederzeitigen Widerrufs die Genehmigung, Ihren Wohnsitz in Amsterdam zu nehmen, mit der Maßgabe, daß Ihre Versorgungsbezüge in voller Höhe einer Devisenbank auf ein "Sonderkonto Versorgungsbezüge" nach den Richtlinien für die Devisenbewirtschaftung überwiesen werden. Die Vorschriften der Reichsfluchtsteuer werden hierdurch nicht berührt.

Weitere Nachricht werden Sie durch den Herrn Präsidenten der Preuß. Bau- und Finanzdirektion in Berlin erhalten.

In Vertretung
gez. Dr. Landfried

Beglaubigt

Der Preußische Finanzminister »genehmigt« Hugo Heymann im März 1939, seinen Wohnsitz nach Amsterdam zu verlegen.

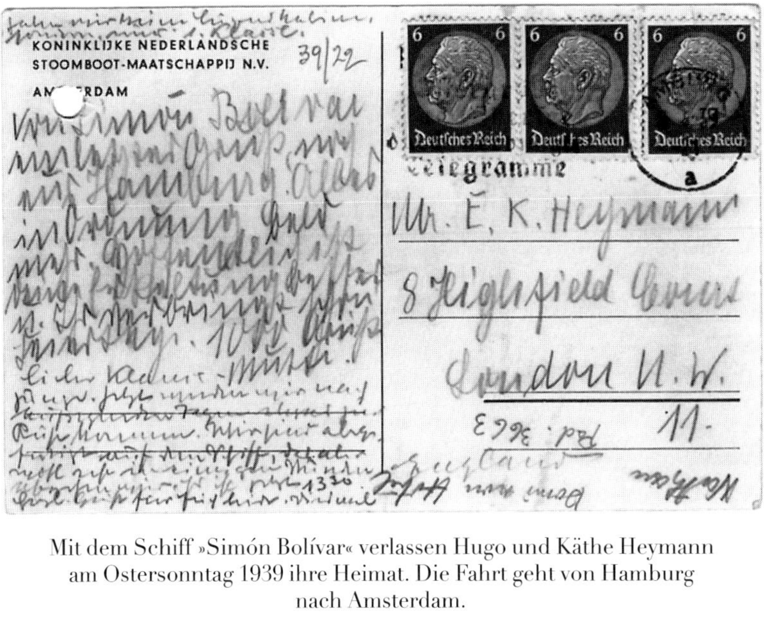


Mit dem Schiff »Simón Bolívar« verlassen Hugo und Käthe Heymann am Ostersonntag 1939 ihre Heimat. Die Fahrt geht von Hamburg nach Amsterdam.

Bauingenieur Berthold Jachmann, Schwiegersohn von Hugo und Käthe Heymann

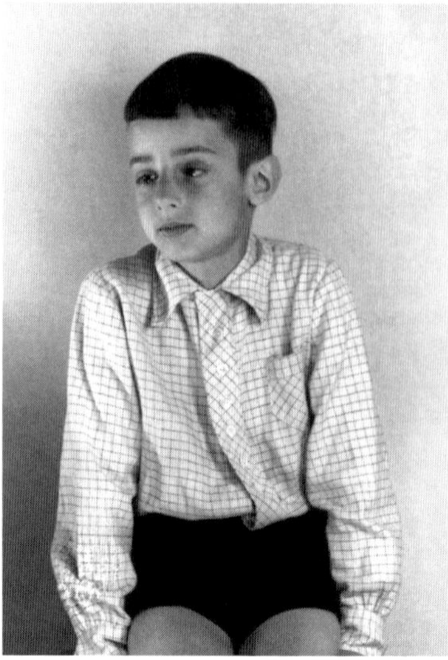

Peter Jachmann im Alter von sechs Jahren

Lisbeth Jachmann mit ihrem Sohn Peter, 1940

Justizrat Dr. Ludwig Ury und sein Sohn Fritz 1928 in Berlin

Heinz und Marianne Wallenberg 1945 in Bogotá mit ihrem ersten Kind

Marianne und Heinz Wallenberg 2002
im jüdischen Altersheim in Chicago

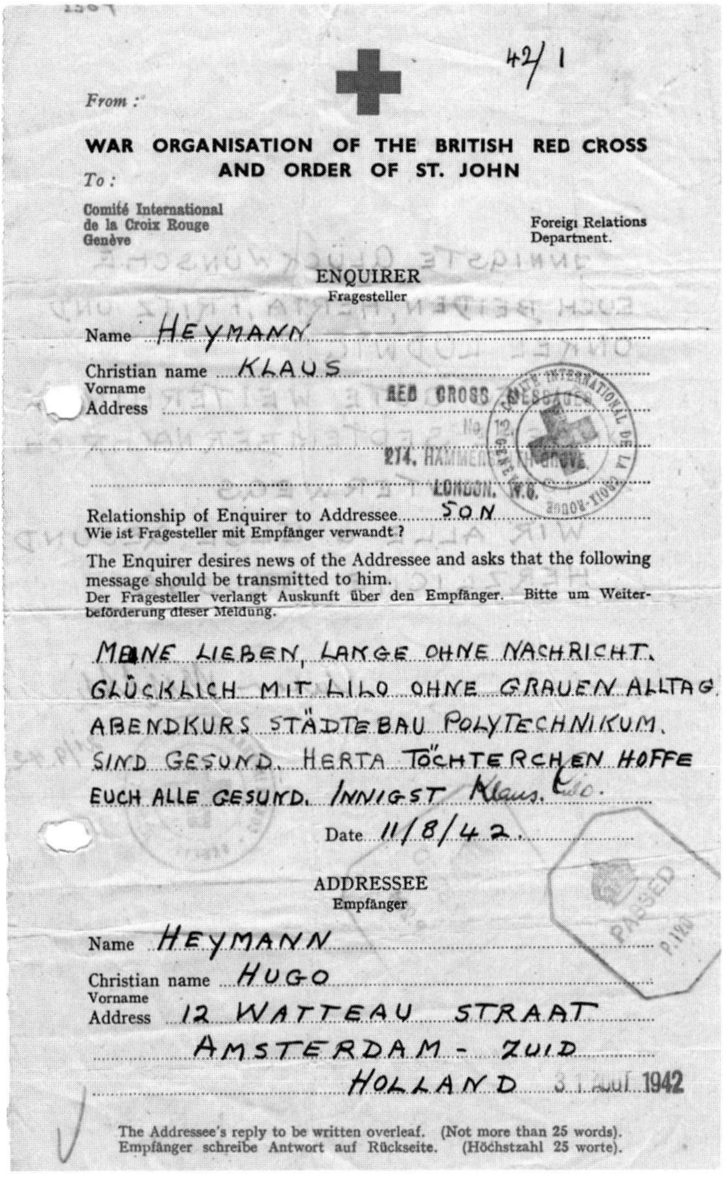

42/1

From :

WAR ORGANISATION OF THE BRITISH RED CROSS
AND ORDER OF ST. JOHN

To :

Comité International
de la Croix Rouge
Genève

Foreign Relations
Department.

ENQUIRER
Fragesteller

Name HEYMANN

Christian name KLAUS
Vorname

Address

RED CROSS MESSAGES
No. 12,
214, HAMMERSMITH GROVE,
LONDON, W.6.

COMITÉ INTERNATIONAL DE LA CROIX-ROUGE GENÈVE

Relationship of Enquirer to Addressee SON
Wie ist Fragesteller mit Empfänger verwandt ?

The Enquirer desires news of the Addressee and asks that the following message should be transmitted to him.
Der Fragesteller verlangt Auskunft über den Empfänger. Bitte um Weiterbeförderung dieser Meldung.

MEINE LIEBEN, LANGE OHNE NACHRICHT.
GLÜCKLICH MIT LILO OHNE GRAUEN ALLTAG.
ABENDKURS STÄDTEBAU POLYTECHNIKUM.
SIND GESUND. HERTA TÖCHTERCHEN HOFFE
EUCH ALLE GESUND. INNIGST Klaus. Lilo.

Date 11/8/42.

ADDRESSEE
Empfänger

PASSED P.120

Name HEYMANN

Christian name HUGO
Vorname

Address 12 WATTEAU STRAAT
AMSTERDAM - ZUID
HOLLAND

31 AUG 1942

The Addressee's reply to be written overleaf. (Not more than 25 words).
Empfänger schreibe Antwort auf Rückseite. (Höchstzahl 25 worte).

Nach dem Eintritt Amerikas in den Krieg 1941 kann die Familie nur noch über das Internationale Rote Kreuz miteinander korrespondieren.

Liselotte (Lilo) Lachmann und Ernst Klaus Heymann – seit seiner Einbürgerung Ernest Keith Heyman – heiraten 1942 in London.

Ernest Keith Heyman und seine Schwester Ilse Steinfeld
1988 in Ramat Gan, Israel

kinderlieb, spezialisiert in Wiener Küche, erfahren im Nähen und Schneidern)

Lilo Heyman erinnert sich, daß es Wochen dauerte, bis sich jemand auf die Anzeige meldete:

»Dann gab es nur zwei Antworten. Eine kam, glaub ich, aus Nottingham, die andere, die ich nahm, aus Norfolk-Chorley Wood, Hertfordshire, zwar auch außerhalb von London, aber da kam man mit der Vorortbahn hin. Es waren ein Rechtsanwalt – später ein sehr bekannter Queens Council, ein Staatsanwalt – und seine Frau und ein Junge von vier Jahren. So wie sie mir schrieben, hatte das junge Ehepaar nichts anderes im Sinn, als mir zu helfen. Sie boten mir Schlaf- und Wohnzimmer und ein eigenes Bad, und wie es schien, gab es für mich kaum etwas zu tun, denn sie beschäftigten bereits eine Köchin und ein Hausmädchen.«

Berlin-Halensee, den 2. Dezember 1938

Lieber Klausemann!
Dank für Deinen Brief.
Neumann will auch zu seinem Sohn fahren. Bei Onkel Max und Tante Frieda alles wohl. Onkel Arthur befindet sich seit vier Wochen auf einer Informationsreise in Palästina.

Ich überlasse Mutti alles weitere, da ich jetzt zu Günther Weinmannns Mutter muß, die mich zu sich gebeten hat. Gestern habe ich die Dezemberrate beantragt. Ist die für November nun eingegangen?

Herzlichst Vater

Liebes Jungchen!
Ich freue mich, daß Helens Vater gesund ist.

Kurt ist auch gesund.

Von Ilse Nachricht – nischte! Schon unheimlich.

Leb wohl! Bald ausführlich. Tausend Grüße an alle

Mutti

Eine Postkarte voller Nachrichten, die die Heymanns aus Angst vor der Postzensur verschlüsselt nach London übermittelten:

»Meine Eltern teilten mir mit, dass Neumann zu seinem Sohn fahren will, das hieß, er hat die Ausreise nach England beantragt oder schon genehmigt bekommen. Dieser und jener ist gesund, das hieß, sie sind nicht verhaftet worden. Vaters ehemaliger Kollege Weinmann wurde offenbar abgeholt, niemand wußte, wohin sie ihn gebracht hatten, und mein Vater kümmerte sich um die Frau, die sehr verzweifelt war. Aber Weinmann kam später frei, konnte auswandern. Mit seinem Sohn Günter, der nach England emigrierte, war ich später zusammen bei der Army, und bis zu seinem Tod vor einigen Jahren waren wir eng befreundet.

Max und Frieda waren Geschwister meines Vaters. Sie wurden mit ihren Familien 1942 nach Auschwitz deportiert und umgebracht. Der Bruder Arthur schaffte es, nach Palästina auszuwandern. »

Berlin-Halensee, den 23. Dezember 1938

Mein lieber Klaus!
Mutti, die zu Besorgungen in die Stadt gefahren ist, hat mir aufgetragen, diese Karte zu beginnen.

Zunächst sollst Du wissen, daß Du Dich auf dem dortigen deutschen Konsulat erkundigen mußt, ob und was Du in der Sache des zusätzlich anzunehmenden Vornamens zu tun hast. Das wurde mir hier auf der Polizei gesagt. Hier nämlich muß die Angelegenheit schon bis zum 31. Dezember geregelt sein.

Inzwischen ist wieder ein Wäschepaket an Dich abgegangen. Hoffentlich kommt es trotz des großen Weihnachtsverkehrs rechtzeitig an. Farbband und Rechenschieber sind dabei. Teilzirkel und Ziehfedereinsatz waren bei Jürgens nicht vorrätig und sind daher in der Fabrik bestellt. Die beiden Reißschienen, je 1m lang, habe ich gekauft. Sie werden bei Jürgens versandfertig gemacht. Ich muß sie mir noch abholen und dann abschicken. Hoffentlich mußt Du nicht soviel Zoll zahlen. Die mitgeschickten Süßigkeiten sind, wie Mutti Dir sagen läßt, für Urys und Dich.

Herzliche Grüße Urys und Dir

Vater

Berlin, den 12. Dezember 1938

Liebes Jungchen!

Da Du doch hierher gehörst, was Du allmonatlich an den bewilligten Studiengeldern merkst, mußt Du wie wir alles Notwendige tun, wegen des zusätzlichen Vornamens usw. Leo sicher auch, wegen seiner Rente.

Am 18. hatte Tante Setta Geburtstag. Ihr habt's alle verschwitzt! Gute Feiertage! Innigste Grüße an alle

Mutti

In bürgerlichen Kreisen, in denen man auf Tradition achtete, gehörten Familienfeiern zu den Höhepunkten des Jahres. Schon als Kind war Klaus darauf eingeschworen worden, kein Datum zu vergessen:

»Damals war es so üblich, daß wir an alle Geburtstage denken mußten, auch an die von den Verwandten, die weiter entfernt waren. Das war furchtbar wichtig, und in gewisser Beziehung hab ich das noch in mir. Ich habe alle Geburtstage von unglaublich vielen Menschen in meinem kleinen Taschenkalender, auch von denen, die gar nicht mehr leben. Hab ich trotzdem alle noch drin, und zwar zum Amüsement meiner Frau und besonders meiner Kinder.

Inzwischen hatte meine Schwester Ilse ihr Baby bekommen. Es war kein Junge geworden, wie sie lange geglaubt hatte, und den sie ja Uri nennen wollte. Das Mädchen bekam den Namen Gabriele. Den Brief von Ilse habe ich nicht mehr, aber ich erinnere mich, daß sie den Bericht über die Geburt ihrer Tochter in einer so albernen Weise verfaßt hat, so als hätte die kleine Gabi ihn selbst an die Großeltern geschrieben.«

Nach einer neuen »Verordnung zur Durchführung des Gesetzes über die Änderung von Familiennamen und Vornamen« vom August 1938 und der »Verordnung über Reisepässe« im Oktober mußten sich alle Juden bei der Polizei melden und ihre Pässe abgeben. Käthe Heymann ermahnte ihren Sohn, »alles Notwendige« zu tun, »da Du doch hierher gehörst«, d. h. ein Deutscher, der nur vorübergehend im Ausland lebte:

»Das hat sie immer gemacht, weil sie meinte, ich wäre bei diesen Behördendingen zu lasch. Ich habe mich nicht daran gehalten, bis auf eine Ausnahme, die ich sehr bereute. Als sie mir jetzt schrieb, ich sollte mit meinem Paß zur deutschen Botschaft gehen, ging ich hin, und da wurde mir in den Paß ein großes rotes ›J‹ gedrückt. Alle Juden bekamen das. Und sie bekamen auch alle einen neuen Vornamen. Ich hieß plötzlich ›Israel‹, meine Mutter, meine Tante wurden ›Sara‹!

Das ist schon merkwürdig: für die Deutschen muß Sara ein fürchterlich jüdischer Name gewesen sein. In England war er einer der beliebtesten, sogar im Königshaus!

Ich hätte da nicht hingehen sollen. Es war natürlich blöde von mir, und meine Schwester hat mich angeschnauzt, was für ein Idiot ich wäre, daß ich alles täte, was mir die Eltern sagten. Andererseits hab ich es vielleicht getan, um meinen Eltern nicht zu schaden. Die Behörde in London hätte es nach Berlin melden können: der Sohn dieser Leute ist nicht hergekommen, und man hätte sie verhaftet. Man wußte ja nie.«

Berlin, den 1. Januar 1939

Mein lieber Junge!
Zunächst Prosit Neujahr! Alles Gute für Dich, und da ich beim Wünschen bin, schließe ich gleich meine Wünsche zum vierten Januar an, denn das soll schon mein offizieller Geburtstagsbrief sein.

Morgen komme ich gar nicht zum Schreiben, da nachmittags und abends Vaters Kollege Nikes und Frau aus Hermstadt, Schlesien, bei uns sind. Man muß die wenigen Menschen, die es noch gut mit einem meinen, doppelt freundlich aufnehmen, auch wenn es für mich etwas anstrengend werden wird. Denn die Frau kenne ich gar nicht. Wir werden nicht viele Berührungspunkte haben.

Ich wünsche Dir von Herzen, mein Junge, daß Deine Arbeit weiter erfolgreich vonstatten geht, daß auch die dazu nötigen Überweisungsraten weiter rübergehen, und ich hoffe, daß die vom Dezember noch nachgeliefert wird. Bleib gesund, erkälte Dich nicht in Deinem kalten Zimmer, schließlich hat der Winter doch erst begonnen.

Bin sehr traurig, Klaus, daß es diesmal nicht so mit dem Wäschesack geklappt hat, konnte ja auch nicht ahnen, daß er so lange unterwegs sein würde. Ich hoffe, daß das große 20 Pfund-Paket inzwischen eingelaufen ist, und daß durch das lange Liegen in vielleicht heißen Räumen nicht auch Pfefferkuchen und Schokolade weich geworden sind und womöglich die Sachen beschmutzt haben. Jedenfalls werden wir in Zukunft vermeiden, Eßsachen hineinzulegen. Ich dachte nur, Du freust Dich darüber und bist enttäuscht, wenn nichts drin liegt.

Im Übrigen, mein Junge, weiß ich nicht, ob ich Dir Deinen nächsten Wäschesack zurückschicken darf. Neue Devisenbestimmungen ab 1. Januar, ohne Genehmigung der Devisenstelle darf nichts ins Ausland geschickt werden. Ich werde in den nächsten Tagen eine Eingabe machen, daß uns der Hin- und Hertransport des Wäschesacks auch in Zukunft gestattet wird.

Hast Du niemand anderes zum Silvesterfeiern als die Dir doch ziemlich fremden jungen Leute? Sicher ist Lilos Schwester Gerda so kurz nach der Entbindung noch nicht wieder ganz in Ordnung, so daß es für Dich etwas trübselig war.

Du fragst nach Vaters Kur. Ich wundere mich, daß wir Dir nicht ausführlich darüber geschrieben haben. Es war uns ein ägyptischer Arzt hier empfohlen worden, der einen Bekannten mit demselben Leiden wie Vater durch Einspritzungen geheilt hat. Er machte auf Vater einen sehr guten Eindruck und behandelt ihn nun seit mehreren Wochen. Vater bekommt zweimal in der Woche eine Hormoneinspritzung vom Stier (wie graulich!). Sie bekommen ihm aber gut. Er meinte, er bemerke schon eine günstige Einwirkung nach fünf Spritzen. Zehn soll er im ganzen kriegen.

Klaus, im letzten Paket sind noch ein Paar Stiefel, die in Deinem Schrank standen. Die sind noch durchaus anständig. Wir haben sie herrichten lassen. Wenn Du ab März praktisch arbeiten mußt, vielleicht auf Bauten rumklettern wirst, werden sie Dir ebenso wie die kurze Knickerbockerhose sicherlich noch gute Dienste leisten.

Die Selbstverständlichkeit, mit der Berthold uns aufnimmt, finde ich großartig. Er ist wirklich ein guter Kerl. Trotzdem haben wir Angst vor dem Zusammenleben. Als Besuch ist alles anders, aber wenn man in Abhängigkeit von ihnen ist und nicht mehr zurück kann? Das geht uns dauernd durch den Kopf.

Aber es ist Unrecht von mir, daß ich den Geburtstagsbrief mit solchen Gedanken trübe. Doch Du weißt ja, wenn deine olle Mutter erst ins Quatschen kommt, findet sie kein Ende. Und dieser Brief muß doch Ersatz für vieles sein. Aber ein Geburtstagspäckchen ist gestern am letzten erlaubten Tag doch noch an Dich abgegangen. Es darf leider nicht mehr als zwei Pfund wiegen, und das ist so wenig. Immer wieder muß man was rausnehmen.

Nun nochmals alles Gute, mein Junge. Verlebe Deinen Geburtstag so vergnügt als möglich.

Grüße Urys! Dir innigen Gruß und Kuß. Mutti

Mein lieber Klausejunge!
Meine herzlichsten Glückwünsche zum vierten Januar. Er ist für Dich diesmal von besonderer Bedeutung, weil Du fortan nicht mehr der väterlichen Gewalt unterstehst. Ich hoffe aber, daß Du von der gesetzlich gegebenen Freiheit nicht allzu großen Gebrauch machen wirst. Alles Gute für Dein neues Lebensjahr und für die Zukunft! Möge Deiner Arbeit auch wie bisher Erfolg beschieden sein.

Ich war immer schon gegen die Beifügung von Eß-, namentlich aber Schokoladensachen zur Wäsche, weil ich eine solche Katastrophe befürchtete. Aber Muttis Liebe versetzt Berge, sie geht daher umso leichter über meinen Rat hinweg.

Sei aufs Herzlichste gegrüßt
Vater

In den Wäschepaketen, die regelmäßig zwischen Berlin und London pendelten, wurde auch ein Stück Alltagsgeschichte transportiert. Knickerbocker, Ärmelschoner und Hemdkragen zum Anknöpfen (damit man nicht immer das ganze Hemd waschen mußte) waren zwar in einer Männergarderobe längst passé, wurden Klaus aber von seinen Eltern aus Sparsamkeitsgründen noch immer warm empfohlen und mitgeschickt. Und obwohl die Mutter schon einige Male schlechte Erfahrungen damit gemacht hatte, ließ sie sich nicht davon abbringen, der Wäsche einige Leckerbissen beizulegen. Mal eine echte deutsche Hartwurst für Fritz, weil er sie so gerne aß, mal eine »gute« Tafel Schokolade der Firma Vilczek für Fritz, Helen und Klaus, die sie miteinander teilen sollten. Denn Süßigkeiten, die heute jedes Kind wahllos und in Mengen konsumiert, waren damals teuer und etwas Besonderes. Doch ohne die Errungenschaften der modernen Verpackungsindustrie – Plastiktüte, Vakuumverschluß, verschweißtes Staniol – durchtränkten Fett und Aroma der Nahrungsmittel das gesamte Paket. Und die aufwendige Prozedur des Waschens und Bügelns, inklusive der Gänge zu Post und Zoll, mußte von vorn beginnen.

Amsterdam, den 2. Januar 1939

Meine herzinniggeliebte Kaninchenmieja!
Das ist seit Jahren zum ersten Male, daß ich Dich nicht mündlich zu Deinem Geburtstag beglückwünschen kann. Wie gern hätte ich Dir wieder einen Regenwurm auf den Geburtstagstisch gelegt, und ich habe leider in meinem mir von Rösler verehrten Alpenveilchen soviele sitzen, daß es mir absolut nicht auf einen oder mehrere ankommen würde.

Also von Herzen alles Gute zum Geburtstag! Laß es Dir weiterhin so gut wie bisher ergehen, dann kannst Du, finde ich, ganz zufrieden sein. Oder meinst Du nicht?

Ich glaube, wir haben Dich noch gar nicht zu Deinem mit Auszeichnung bestandenen Examen beglückwünscht, was ich auch noch hiermit nachholen will. Außerdem danken wir für die Weihnachts- und Neujahrswünsche des Nikolaus, und last not least will Peter für ein soeben empfangenes Schokoladenpäckchen danken, das ohne Zoll hier hineinkam, obwohl die Bezeichnung »sample without value« hier postalisch nicht zulässig ist. Wir nehmen an, daß Du der Absender warst.

In unserer Antragsangelegenheit haben wir noch nichts gehört. Allerdings sind die dollsten Gerüchte hier im Umlauf, daß es bereits mit der wohlwollenden Stimmung in Holland zuende wäre, und daß das jüdische Komitee jede Woche mit 200 Anträgen zum Justizministerium fährt und mit 400 Ablehnungen wieder zurückkommt.

Ich sah bereits eine fabelhafte Wohnung, aber Kostenpunkt: 60 Gulden. Und »das ist der springende Punkt, um den sich alles dreht«. Den in Gänsefüße gesetzten Satz hat die Katze uns in einem ihrer letzten Briefe wörtlich geschrieben, und da ich weiß, daß Du an sowas Freude hast, sollst Du ihn vorgesetzt bekommen.

Ich fresse wieder Sanostol, denn ich habe seit dem berühmten 9. November sieben Pfund abgenommen. Außerdem habe ich mich beim Wohnungsuchen – ohne Brille bei Schnee – überanstrengt, denn ich bin andauernd schwindelig wie bei einer Seekrankheit. Vielleicht ist es nur nervös. »Dann mußt Du eben dagegen ankämpfen, mein liebes Kind!« Wer sagt so? Preisfrage.

Vater scheint es kaum noch erwarten zu können, was ich begreife. Aber Mutti hat immer noch Hemmungen wegen Tante Else und Omama.

Weißt Du, daß man hier alle illegalen Ausländer in Lager steckt, die zum Teil saumäßig sein sollen? Und alles, was nach dem 17. Dezember illegal rein kommt, wieder zurückschickt? Was tatsächlich bereits geschehen ist.

Denkst Du morgen an Bertholds Geburtstag?

Mein Hund, alles Gute und viele Grüße und Küsse.

Deine Lisel

Amsterdam, den 2. Januar 1939

Lieber Klaus!
Sie, was Deine Schwester ist, hat mir keinen Platz gelassen, nicht einmal das! Deswegen bekommst Du Deinen Glückwunsch auf einem Extrabogen. Also: ich gratuliere Dich, um mit Peter zu reden. Werde mit Würde älter und weiser. Helen wird es interessieren, daß unser Freund Herbert Fließ, der illegal über die Grenze gekommen ist, jetzt ebenfalls in einem der holländischen Flüchtlingslager sitzt.

Feiere gut und grüße auch Urys.

Herzlichst Berthold

Charlottenburg Kaiserdamm 24, den
2. Januar 1939

Mein lieber Klausemann!
Das bleibst Du auch, wenn Du majorenn bist. Herzlichen Glückwunsch zu dem wichtigen Tage! Möge Dir weiter im Leben alles glükken! Meistens waren wir ja an Deinem Geburtstag zusammen. Na, man muß sich an vieles gewöhnen.

Hoffentlich feierst Du den Tag vergnügt. Oder sind die Ferien schon zu Ende und Du wieder in der Arbeit?

Ich habe Dir von Vilczek ein süßes Päckchen gesandt. Hoffentlich mußt Du nicht dafür Zoll zahlen. Ferner ein Buch aus dem Nachlaß von Onkel Hans: «Michelangelo« von Brandes. Es ist ein sehr gutes Werk. Ich denke, es wird Dir Freude machen, und Du wirst Nutzen davon haben.

Zwei Briefe von Dir liegen zur Beantwortung vor. Ich danke Dir für beide und für die Mühe, die Du durch die Wege gehabt hast. Daß die Reklameblätter verloren sind, ist sehr schade. Ich hätte sie fotokopieren müssen und nicht die Originale fortgeben, umso mehr, als sie auch im Globus-Verlag nicht mehr zu haben sind. Es wäre für Amerika eine gute Einführung gewesen. Nun muß es auch ohne das gehen. Solltest Du die Blätter noch gegen alles Erwarten bis zum 17. Januar erhalten, so sende sie bitte an Herrn Dr. Kurt Salomon, c/o Dr. Sidney Gross, 53, Hannover Gate Mansions, Regents Park, London, NW 1. Falls Du Dich vergewissern willst, ob er noch da ist, Telefon: Ambassad 2272. Ich glaube, er fährt am 18. oder 19. nach Amerika weiter. Jedenfalls müßtest Du schreiben oder sagen »Neffe von Else Ury«, damit er gleich im Bilde ist. Aber, wie gesagt, es wird sich wohl kaum noch finden.

Ich freue mich, daß Du wieder so gut beim Examen abgeschnitten hast, habe es aber von Dir nicht anders erwartet.

Daß Ihr Weihnachten so gut verlebt habt, hörte ich gestern durch die Eltern, die zu Neujahr bei uns waren. Alles Gute Dir und Urys zum Neuen Jahr!

Mir ist ziemlich bange vor 1939. Es bringt so einschneidende Veränderungen mit. Ich glaube, die Eltern werden ihre Einreise schneller bekommen als Onkel Ludwig. In Holland ist der Andrang wohl nicht so schlimm. Der Entschluß fällt den Eltern unsagbar schwer, aber man hat keine Wahl mehr.

Der Omama geht es gottlob gut. Sie hat sich mit dem Neujahrsgruß des Nikolaus sehr gefreut und läßt Dir herzlich danken. Mal sehen, ob sie Dir selbst einen Glückwunsch schreiben kann. Die Augen lassen sehr nach. Ich will nur hoffen, daß sie ihre Handarbeiten weiter machen kann. Sie fühlt es mehr, als sie es sieht.

Meine Schreibmaschine ist nicht in Ordnung, der Bogen zieht sich immer schief durch. Nimm es nicht übel!

Vorige Woche habe ich mein Nickelchen an die Luft setzen müssen. Die Zeit hatte sie vollständig verändert. Jetzt habe ich für den Haushalt eine jüdische Frau, die sich hoffentlich einarbeiten wird. Frl. Lina möchte auch gern heraus. Sie hat schon ihre ganzen Vettern in Holland, London und Amerika in Bewegung gesetzt. Ich will ihr wünschen, daß es ihr gelingt, wenn sie auch nicht wieder so ein angenehmes Leben wie bei uns haben wird. Zu ersetzen ist schließlich jeder.

Heute ziehen auch Neumanns aus meinem »Nesthäkchen«. Sie haben mir anständige Leute empfohlen, mit denen sie die Wohnung tauschen. Pförtners und die Frau Konsul haben sie rausgegrault. Wie lange ich mein Haus noch haben werde, steht dahin. Drei Käufer haben sich schon gemeldet: Dr. Köhler, dem ich es nicht geben möchte, da er keinen guten Ruf hat und, wie ich höre, das Haus zu ganz geringem Preis zu kaufen gedenkt. Dann hat sich – setze Dich auf einen Stuhl! – Herr Pförtner gemeldet. Es würde in Krummhübel erzählt, daß das Haus zu einem Schleuderpreis verkauft werden soll, dann könnte er es doch haben. Mir würde doch nichts an Barzahlung liegen. So sagte er das: »Mir würde doch nichts an Barzahlung liegen!« Noch nicht mal die Heizung kann der Kerl bezahlen. Dann war vor einigen Tagen der Malermeister Liss aus Krummhübel bei mir. Will aber auch nur wenig geben. Ein Vermittler aus Breslau hat sich bei mir angesagt, der die Häuser von »Hopp« und »Rübezahl« verkauft. Mal sehen. An und für sich brauchte ich ja jetzt noch nicht zu verkaufen. Onkel Ludwig rät mir dazu, weil ich jetzt noch einen besseren Preis erzielen könnte. Ich möchte es als wertbeständig so lange als möglich halten. Aber mal werde ich es ja doch abgeben müssen, und für längere Zeit hinfahren kann ich nicht mehr. Ich kann in keinem Geschäft dort mehr Lebensmittel kaufen. Schade. Auch die Trennung geht mir nahe. Ich habe immer gedacht, daß ich, und auch die Eltern, später mal dort wohnen könnten, und daß es immer ein Stück Heimat für Euch wäre. Wenn es dort anders wäre, würde ich zu Ostern ins »Nesthäkchen«

ganz übersiedeln. Aber das ist ganz ausgeschlossen. Dr. Eisner hat auch sein Haus verkauft. Hat sich Wohnrecht ausbedungen. Ich glaube nicht, daß er es wird ausführen können.

Unser Haus Kaiserdamm 24 ist auch in andere Hände übergegangen. Bis zum 4. können wir noch gekündigt werden. Ich möchte gern erst eine Wohnung haben, ehe ich meine kündige. Es ist so wahnsinnig schwer, etwas zu bekommen, besonders eine Drei- Zimmer- Wohnung, wie ich sie künftig brauchen werde. Es gibt nicht mehr viele jüdische Wirte. Fast alle verkaufen, und andere nehmen mich nicht. Ich hatte in Nikolassee die Wohnung meiner Freundin in Aussicht, aber der Wirt, Jude mit arischer Frau, will nicht mehr an Juden vermieten. Na, irgendwo werde ich schon unterkommen.

Die Eltern sind auch nicht gekündigt worden. Da können sie in Ruhe ihren Umzug erledigen. Für Onkel Ludwig haben wir fast alles besorgt und bestellt. Er war in den letzten Wochen erkältet, und bei der Kälte, die auch in London geherrscht hat, ist es vielleicht auch ganz gut, wenn es erst wärmer ist, bevor er übersiedelt. Bestelle doch Helen, daß ich ihr in den nächsten Tagen eine Aufstellung der Sachen schicke, die mitgehen. Der Nähtisch von Fritz' Mutter ist, wie ich heute festgestellt habe, sehr schlecht. Er müßte eine ganz neue Platte bekommen. Ich weiß nicht, ob sich das für ein solch unmodernes Stück, wie es ein Nähtisch schließlich ist, noch lohnt.

Sprich mal mit Helen darüber.

Um nochmal auf meine Märchen zu kommen, so ist es nett von Mr. Swifton, daß er sie weitergeben will. Vielleicht gibt er einige Empfehlungsworte dazu, wenn man ihn darum ersucht. Ich lasse die Probemärchen hier ins Englische übersetzen, eventuell auch alle anderen später, damit ein Buch nicht so teuer wird. Soll ich sie, wenn ich sie habe, direkt Mr. Swifton einsenden? Oder ist es besser, wenn Du sie ihm bringst?

Du schreibst, Onkel Ludwig soll einen Ölofen mitbringen. Will Fritz das oder ist es Deine Idee? Wenn die neue Wohnung Zentralheizung hat, würde es sich wohl erübrigen.

Nun, mein lieber Junge, wünsche ich Dir einen frohen Geburtstag. Wirst Du irgendetwas unternehmen?

Sei aufs Herzlichste umarmt
von Deiner Tante Else

Ich grüße und gratuliere, mein lieber Junge! Omama
Lieber Klaus! Viele gute Wünsche zu Deinem Geburtstag! Onkel Ludwig

Klaus Heymann kannte die Geschichte vom »Nickelchen«, das seine Tante an die frische Luft setzen mußte:

»Diese ›arische‹ Haushaltshilfe war von der Nazi-Propaganda aufgestachelt und hatte sich Unverschämtheiten gegen meine Tante erlaubt. So was passierte ja jetzt häufiger, und es war auch von den Nazis beabsichtigt. Das gehörte zu dem ganzen Programm, die Juden zu isolieren. Zu der Zeit durften jüdische Haushalte noch christliche, bezw. ›arische‹ Hilfen einstellen, aber die mußten älter sein als 45, später wurde es ganz verboten.«

Amsterdam, den 9. Januar 1939

Meine liebe Mieja!
Ich, Deine liebe Kaninchenschwester, präsentiere mich hiermit als die Sekretärin meines Ehegespenstes und kraft dieser Eigenschaft danke ich Dir in seinem Namen feierlichst für Deine so gut gemeinten Wünsche zu seinem Geburtstag. Er selbst ist derartig überlastet mit Arbeit und Post, die er absolut allein, und zwar dringendst erledigen muß, daß ich ihm einen Teil seiner Privatkorrespondenz abnehmen möchte.

Wir hörten gestern, daß Onkel Ludwig nun sein Permit bekommen hat. Wir sitzen hier immer noch auf Wartburg. Es ist zum Verzweifeln, wieviel Zeit man hier hat. Im Augenblick hört man überhaupt nichts von

Genehmigungen, als ob alles im Justizministerium im Winterschlafe, in den Weihnachtsferien ist. Ich warte vierzehn Tage, und dann machen wir nochmal einen Vorstoß.

Anbei wieder ein Brief von Ilse. Ich freue mich wirklich sehr, daß das Baby so gedeiht. Widerlich jedoch finde ich die Hundewirtschaft bei einem Baby, wo sie sich doch bestimmt nicht nach jedem Hundeanfassen die Hände wäscht.

Übrigens werden hier Gerüchte verbreitet, daß späterhin den Juden allenfalls das Mitnehmen eines oder mehrerer Gepäckstücke gestattet werden soll, aber Möbel und sonstige Sachwerte nicht mehr. Genaues weiß man nicht.

Ich bin so müde! Also schließe ich im Namen meiner Männer herzlichst. Herzlich Deine Lisel

Amsterdam, den 14. Januar 1939

Meine liebe Mieja!
Dir nur ganz schnell die Mitteilung, daß wir heute morgen die Genehmigung für die Eltern erhalten haben und die Fotokopien hoffentlich morgen früh im Besitz der Eltern sein werden. Sind wir hier nicht tüchtige Leute? Das Ganze hat sechs Wochen und drei Tage gedauert, und bei dem Ansturm auf das Ministerium ist das doch ungeheuer rasch, nicht wahr? Ich bin ganz durchgedreht. Hoffentlich geht es nun mit den Eltern einigermaßen hintereinander, damit man sie rasch draußen hat.

Mein lieber Junge, tüchtig bist Du. Könntest Du nicht mal was für Hilde Deutsch tun? Da ist es doch so bitter nötig, daß sie wegkommt. Wenn ja, laß ich Dir ihre Personalien, sowie ein Foto zugehen. Wenn Du die geringste Möglichkeit hast, tue es, denn ihr schlägt wirklich alles fehl.

Nun geht es bei uns ernsthaft los mit der Wohnungssuche. Bisher hatte ich nicht den richtigen Mumm dazu. Wie war mein englischer Brief? Ich war so stolz darauf, weil ich wirklich keinen Schimmer mehr hatte.

Leb mir wohl, grüße Urys. Schreibe bald. Herzlichst Lisel

»Hilde Deutsch«, erinnert sich Klaus Heymann, »war, noch aus unserer Breslauer Zeit, eine sehr enge Freundin meiner Schwester. Sie war in Breslau geblieben, als wir nach Berlin zogen und wollte nach der ›Kristallnacht‹ raus. Ich weiß noch, als kleines Kind hatte ich furchtbare Angst vor ihr, weil sie so häßlich war mit ihren pechschwarzen Haaren, schwarzen Augen. Meine Schwester konnte ihr nicht helfen. Sie forderte stattdessen mich auf, ich glaube auch telefonisch, in England etwas für die Hilde zu tun. Da hab ich ihr geantwortet: Du bist wohl verrückt, ich weigere mich, das kann ich nicht. Da sieht man, wie unreif ich damals war! Ich hätt's natürlich machen können, aber ich hatte andere Sachen im Kopf. Ich wollte möglichst schnell mein Studium beenden, nämlich in vier Jahren statt in den üblichen fünf. Trotzdem, es war nicht recht von mir. Das arme Mädel kannte wahrscheinlich kaum jemand in England. Ich hatte ein sehr schlechtes Gewissen. Doch eines Tages, als ich schon Soldat war, so Ende 1940, kam ich nach Cheltenham. Ich ging in ein Café und – da saß die Hilde! Jemand hatte ihr eine Stelle verschafft. Mir fiel ein Stein vom Herzen, weil ich jetzt wußte, daß sie rausgekommen war.«

Berlin, den 19. Januar 1939

Mein lieber Klausejunge!
Nach Abschluß meiner Tagesarbeit – ich habe eben die Briefe zur Post gebracht – will ich an Dich schreiben, damit Du den Wochenendbrief pünktlich erhältst. Mutti ist wieder in der Schneiderstunde, hat mir aber gnädig vor ihrem Fortgehen Deinen Brief aus ihrer Handtasche, in der sie die 987 anderen Briefe von Euch aufbewahrt, herausgegeben, wenn auch schweren Herzens.

Der Wäschesack ist richtig vorgestern bei uns angekommen. Er hat diesmal nur etwas mehr Zeit zur Reise gebraucht.

Sicher hast Du von Lisel schon gehört, daß wir Sonntag früh durch einen Expreßbrief von ihnen aus dem Schlaf geweckt worden sind. Wir haben es nun weiß auf schwarz – Fotokopie – und sind sofort daran gegangen, alles abzuwickeln. Es gibt natürlich viel zu tun, aber es wird sich alles in Ruhe erledigen lassen. Das erste hat Mutti gemacht, da ich mich mit einer sehr unbedeutenden, aber schleichenden Grippe Montag ins Bett legen mußte. Mutti war trotzdem am Montagvormittag schon in der Linkstraße und war nach einer Viertelstunde schon abgefertigt. Ebenso schnell erhielt sie am Dienstag die Ausfertigung der Paßbescheinigung, auf Grund derer man bei der Polizei nun die Pässe beantragen kann. Onkel Ludwig hat seinerzeit Ende November erst drei Stunden anstehen müssen, bekam für Ende Dezember erst eine Nummer und einen Termin, den er aber gar nicht wahrnehmen konnte, da er zu jenem Zeitpunkt das Permit noch nicht hatte und es erst abwarten mußte.

Die Form der holländischen Einreiseerlaubnis ist übrigens nicht so freundlich wie die englische, denn da heißt es erstens »vorläufig«, zweitens wird gutes Betragen verlangt, was freilich weniger bedenklich, da, wie aus unseren Schulzeugnissen hervorgeht, Mutti fast immer lobenswert und ich meist sehr gut hatte. Drittens aber heißt es, wenn man die Möglichkeit dazu haben sollte, woanders hin zu können, man von dieser Möglichkeit später Gebrauch machen möchte. Berthold hat meine Bedenken hierzu jedoch völlig zerstreut. Das sollen die dort üblichen Floskeln sein.

Wegen der von Dir genannten Bücher schreibe ich im nächsten Brief. Morgen werde ich mir in der Buchhandlung das Buch »Stahl im Hochbau« ansehen.

Mein liebes Jungchen!
Auch ich hatte in diesen Tagen einen dollen Schnupfen, den andere Menschen schon als Grippe bezeichnen würden. Heute frißt sie wieder, Gott sei Dank.

Wir arbeiten jetzt hintereinander, was erledigt werden kann, aber das meiste ist ja Vaters Arbeit, die Besprechung aller möglichen, auch Dich betreffenden Dinge, Finanzamt usw. Es ist jetzt alles sehr schwierig, jedes Stück muß dreifach ausgeschrieben, der Devisenstelle eingereicht werden. Dann kommt ein Schätzer, der feststellt, was wir dafür zu bezahlen haben. Man muß sich bei allem genau überlegen, wann es gekauft worden ist, Stichjahr 1933. Das macht sehr viel Kopfzerbrechen. Viele nehmen sich dazu eine Hilfe. Wir vielleicht auch.

Tante Else hat eine Wohnung! Das ist wie das große Los. Vier-Zimmer-Wohnung Solinger Straße, sehr hübsch. Das kam durch die Schneiderstunde, wo ich von einer Wohnung im Bellevue hörte, Solinger Straße. Ich bin froh, daß wenigstens diese Sorge von ihr genommen ist. Es ist ein bißchen reichlich.

Alles geht zur gleichen Zeit fort. Onkel Ludwig via London, Grete Levy hat das Permit für Südafrika, Karplus' Ziel noch unbekannt. Es bleibt überhaupt keiner hier. Und Krummhübel wird wohl auch in diesen Tagen verkauft werden. Es läßt sich nicht mehr halten. Tante Else hat schon viel auf sich, zeigt es aber nicht.

Tausend Grüße. Mutti
Vater

Berlin, den 27. Januar 1939

Mein liebes Jungchen!
Ich sitze auf der Devisenstelle, Deines Wäschesackes wegen, der mir ohne Genehmigung nicht mehr abgenommen wird. Ich werde wohl lange warten müssen, will daher meine Zeit hier nutzbringend verwenden, auch an Jachmanns schreiben.

Seit neuestem gibt es hier »besondere« Tische! Macht Freude. Apartheid.

Es ist lausiges Wetter draußen, Regen und Schnee durcheinander.

Vater sortiert heute Bücher aus. Sollen wir die Klassiker für Dich mitnehmen? Eventuell geht Zeichenbrett mit Onkel Ludwig ab.

Tausend Grüße an Euch

Mutti

Berlin, den 1. Februar 1939

Meine lieben Kinder!

Auf die Gefahr, daß Du, mein Kläuschen, Dich zeitweilig sehr langweilen wirst, habe ich Dich angeschlossen, denn Du verlangst auch schon wieder nach einem Brief, und es ist wirklich unmöglich, heute noch zwei Briefe zu schreiben.

Zum einen danke ich Euch allen für Eure Nachrichten. Von Euch, Lisel und Bert, liegen Briefe zur Beantwortung vor, auf die ich gleich eingehen will.

Heut ist nun die entscheidende Unterredung mit dem Wirt gewesen, und wir sind gespannt auf das Ergebnis.

Mit großem Interesse haben wir Euren Wohnungsplan besichtigt, den Du, Bert, erstaunlich sachverständig gezeichnet hast, so daß wir unsere im Maßstab ausgeschnittenen Möbel, die wir von den letzten Umzügen haben, bequem rutschen können. Die Wohnung ist sicher für holländische Verhältnisse besonders günstig, vor allem die großen Räume, die sich gut einrichten lassen. Bei dem uns zugedachten Schlafzimmer schwanken wir noch, ob wir es als Schlafzimmer mit zwei Betten oder mit Couches einrichten sollen, die dann nicht nebeneinander stehen würden. Da wir aber heut sahen, daß zwei Betten mit dem Blick zum Fenster hin gehen, bin ich beinahe für letzteres. Ihr wißt wohl noch nicht, ob der Schrank in dem Zimmer für Kleider oder Wäsche ist. Ich finde es überhaupt erstaunlich, daß Ihr Euch die vielen Schränke so gemerkt habt.

Nein, Lisel, Du machst Klaus unnütz Vorwürfe, daß er mir seinen Wäschesack herschickt. Ich habe ihn so darum gebeten, denn die Wäsche, die er in London ein paarmal waschen ließ, ist hinüber, und das können wir uns nicht leisten. Neues kann er sich sobald nicht kaufen, da macht es Herrn Testorp und mir nichts aus, daß wir sie ihm hier waschen und ausbessern.

Mit der Schneiderei habe ich fürs erste Schluß gemacht, da wir in dieser Woche die Listen rauskriegen wollen und mit dem Verkauf der Sachen, die hierbleiben, beginnen möchten.

Ihr könnt Euch darauf verlassen, daß von uns aus alles hintereinander geht, aber uns sind ja die Hände gebunden. Wir müssen alle Bank- und Finanzamtssachen abwarten, das dauert doch alles seine Zeit.

Bei Onkel Ludwig war heut der Schätzer, Näheres weiß ich nicht.

Ich habe einen dunkelgrünen Pullover für mich selbst begonnen, hoffe, daß ich die Wolle mitkriege, wenn ich doch schon mittendrin bin.

Gut, Klaus, wir nehmen die Klassiker für Dich mit. Mir hat auch das Herz geblutet, als der Vater in rigorosester Weise all die schönen Bücher zum Verkauf stellte.

Heute hast Du wenigstens mal richtig zu unserer Anfrage Stellung genommen, Bert. Wir bringen also alles Brauchbare mit, da wir hier nichts dafür bekommen und es doch zum Verschenken an Wildfremde zu schade ist.

Sind eigentlich Spiegel da in dem Zimmer über dem Waschtisch? Gut, also der Ofen kommt auch mit. Ebenso der Römer, an dem ich nicht die Spur hänge. Ich meine nur so.

Bei Onkel Ludwig ist alles glatt gegangen. Wir wollen sehen, daß der Spediteur Knauer die Listen für uns einreicht.

Lebt wohl. Viele Grüße jedem einzelnen von Euch. Mutti

Meine Lieben in Holland und in London!
Ich würde Euch empfehlen, Eure Möbel ebenfalls in den Grundrissen – äußere Abmessungen sind zu nehmen – in Pappe oder starkem Papier darzustellen. Wenn dann in dem Wohnungsplan die Türen und

Fensteröffnungen genau eingezeichnet sind, kann man vor dem Umzug über die Stellung der Möbel völlig im klaren sein.

Im übrigen müssen wir Wohnung und Einrichtung selbstverständlich in allem Euch überlassen.

Wir sind überzeugt, daß Ihr alles so gut wie möglich einrichten werdet.

Für heute Euch allen recht herzliche Grüße. Vater

Amsterdam, den 2. Februar 1939

Meine liebe Mieja!
Du schimpfst sicher schon in gemeinster Weise auf mich, daß ich Dir noch nicht auf Deinen netten und ausführlichen Brief vom 16. Januar geschrieben habe. Ich bin aber im Zusammenhang mit der Wohnungssuche – unsere Wohnung hier am Van Tuyll Van Kerkenplein hängt auch seit gestern aus – dauernd unterwegs.

In engere Wahl haben wir eine Wohnung in der Watteaustraat genommen. Sie enthält große Suite, großes Schlafzimmer für uns mit anschließendem Bad, mittleres Schlafzimmer mit Waschtisch für kalt und warm Wasser für die Eltern, das für Vater obligate WC vis à vis, freundliches Peterzimmer, große Küche, große Diele. Liegt im zweiten Stock. Im vierten Stock ist ein kleinerer Raum für Abstelldinge, aber mit regulärem Fenster, und ein großes Logierzimmer, auch mit richtigen normalen Fenstern. Die Wohnung liegt Ost-West. Die Watteaustraat ist zwei Parallelstraßen von unserem Platz in Richtung Stadt entfernt. Nachteile der Wohnung: ein etwas dunkles Treppenhaus, und, was einen schönheitsliebenden Laien stört, liederliche Installation der Warmwasserleitungen, die alle offen unten entlang gehen.

Vater schrieb, Knauer habe ihm prophezeit, daß er Mitte März startbereit wäre. Aber nach unseren Erfahrungen hier kommen alle Leute erheblich später als beabsichtigt, weil ihnen im letzten Moment aus purer Gemeinheit noch Schikanen bereitet werden.

Übrigens können die Möbel nicht mehr zu Hause verpackt werden, da kein Zollbeamter mehr das Haus eines Juden betreten darf, sondern alles muß auf dem Zollhof kontrolliert werden, und da muß man oft stundenlang antichambrieren, besonders die Menschen, die für bestimmte Schiffe gebucht haben, bis sich einer der Herren herabläßt, ihre Angelegenheiten durchzusehen.

Klaus, schicke Deine Wäschesäcke nicht mehr nach Deutschland. Du machst ihnen solche Mühe damit, und sie verlieren soviel kostbare Zeit für die Genehmigungen, die sie dafür nötig haben. Viel wichtiger ist es jetzt, daß die Eltern ihre eigenen Angelegenheiten so rasch wie möglich zum Abschluß bringen. Es ist unwahrscheinlich, daß Holland einmal erteilte Genehmigungen rückgängig macht, aber man sollte trotzdem alles beschleunigen, denn hundertprozentig sicher ist man niemals, und außerdem sieht niemand voraus, was in Deutschland noch passieren kann.

Wann erwartet Ihr den Onkel Ludwig?

Wann zieht Ihr um, und wohin? Kriegst Du dann auch ein Kämmerchen oder hast Du da noch keine Bleibe? Und wie steht es mit Deiner zukünftigen Stellung? Ich hab übrigens Deinen Brief im Original an Hilde Deutsch geschickt. Hoffentlich bekommst Du keinen Schlaganfall.

Womit ich verbleibe mit herzlichen Grüßen

Deine Lisel

Die Lilo gefällt mir gut. Anbei Foto zurück. Silber und Schmuck wird ihnen wohl gestohlen werden.

Amsterdam, den 2. Februar 1939

Lieber Klaus!
Die Wohnung in der Watteaustraße 12 ist unser Favorit. Umstehend findest Du einen Plan davon.

Wir wollen vielleicht schon morgen Kontrakte machen. Bitte sage uns Deine Meinung zu dem Wohnungsplan, aber mit offener Kritik.

Es ist nicht ganz einfach, Geeignetes zu finden, denn die wenigsten Wohnungen haben mehr als drei große Zimmer, und wir brauchen doch vier, einigermaßen brauchbar, zwei als Wohnzimmer, zwei als Schlafzimmer für die Ehepaare und ein kleines Peterzimmer. Und was uns gefällt, ist leider immer gleich sehr teuer.

Eben haben wir mit den Eltern gesprochen und mit Tante Else noch dazu, denn das Gespräch wurde nach dem Kaiserdamm umgelegt. Beide erklärten ihr volles Einverständnis, so daß wir also morgen vielleicht mieten werden.

Tante Else sagte, daß Onkel Ludwig hofft, in diesem Monat zu kommen, wahrscheinlich zu Schiff, so daß wir ihn nicht bei uns sehen werden.

Also schreib uns Deine Meinung.

Herzlichen Gruß an Urys und Dich

Dein Berthold

Berlin, den 11. Februar 1939

Mein liebes Kläuschen!

Sei nicht enttäuscht, wenn Du in dieser Woche nur diese kurze Karte erhältst, trotz Brief und Karte von Dir. Aber unsere Tage reichen jetzt nicht aus für die zu erledigende Arbeit. Vater sitzt seit Tagen an den Listen.

Bitte schicke sehr schnell Deine Wäsche, es ist vielleicht die letzte!

Heute war ich wieder mit meinen Klassenkindern zusammen, da wird man so irre, ob man das Rechte tut. Aber nun ist der Stein im Rollen.

In Liebe. Mutti

In Berlin traf sich Käthe Heymann noch immer regelmäßig mit ihren »Klassenkindern«, den Freundinnen aus der Schulzeit. Für Klaus ein Alarmzeichen:

»Die waren, soweit ich weiß, alle nicht-jüdisch. Sie erzählte ihnen natürlich, daß sie auswandern wollte, und die haben sich an den Kopf gegriffen: ›Wie kannst du aus Berlin weggehen! Es ist doch alles halb so schlimm, wird ja nicht lange dauern, der Hitler kann sich nicht halten. Du machst den größten Unsinn, Kind, du bist doch hier geboren und zur Schule gegangen!‹ Und so. Die hatten gar keine Ahnung von der bedrohlichen Situation. Aber meine Mutter hörte ihnen nur allzugern zu. Das wollte sie ja auch glauben. Im Innersten glaubte sie es sogar immer noch. Deswegen schreibt sie auch: ›Man wird irre, ob man das Rechte tut.‹

Berlin, den 17. Februar 1939

Mein lieber Klausejunge!
Fräulein Liselotte war also neulich bei uns. Das ist ja aber schon eine fertige Dame! Was nicht verwunderlich ist, da sie ja schon verlobt war. Man kann sich gar nicht denken, daß sie einst mit Dir zusammen im Kinderheim war.

Die Umzugslisten sind seit Anfang dieser Woche schon an die Behörde abgegangen. Ich bin froh, denn das war eine tolle Arbeit. Es fehlt uns nur noch die Genehmigung des Ministers und eine Unbedenklichkeitsbescheinigung des Finanzamts, die jedoch voraussichtlich in einigen Tagen eintreffen dürfte.

Herzlichst
Vater

Mein liebes Jungchen!
Die Liselotte war lange bei uns, ist ein nettes, zielbewußtes Mädel, sehr fertig, und weiß, was sie will. Sie ist Dir schrecklich dankbar, daß Du ihr die Stelle verschafft hast. Sie kommt wohl nochmal her.

Bei uns hängt jetzt ein Zettel heraus wegen Möbelverkauf, aber mit so kleiner Schreibmaschinenschrift. Ich hätte lieber groß mit Blaustift geschrieben. Es kommen wohl Leute, interessieren sich aber für alle modernen Sachen, wollen gerade alles, was wir mitnehmen werden.

Weißt Du, daß Peter ziemlich krank an Ziegenpeter ist und tagelang hohes Fieber hat? Und die kleine Gabi von Ilse hat auch große Sorge gemacht. Ilse konnte nicht mehr stillen, und die Säuglingsstelle beriet Ilse falsch, so daß die Kleine abnahm, wund wurde. Ich kann mir denken, wie sich die arme Ilse geängstigt hat. Und niemand dort zum Aussprechen! Umgezogen sind sie auch schon wieder, warum weiß ich nicht.

Wir haben rasend zu tun. Es ist doch nicht so einfach, einen Haushalt aufzulösen, und nach Möglichkeit wollen wir doch verwenden, was wir haben. Das macht soviel Kopfzerbrechen. Man weiß ja auch nicht, was das Richtigste ist – anschaffen, was nur geht, oder das Wenige halten. Und dabei rast die Zeit beängstigend, mit Schrecken sehe ich, daß der Februar zu Ende geht, und dann gibt es bald kein Zurück mehr. »Nur wer die Sehnsucht kennt, weiß, was ich leide …«

Mittwoch waren wir bei Weinmanns, Donnerstag und diesen Sonntag – Kaiserdamm, immer Kaiserdamm, auf Vorrat.

Schluß, mein Junge. Tausend Grüße

Mutti

»Während ich in Berlin auf meine Ausreise wartete«, erinnert sich Lilo Heymann, »belegte ich einige Kurse: Englisch, Schreibmaschine, Stenografie, Schaufensterdekoration und Plakatschreiben – ich wollte ja ursprünglich mal Kunst studieren – was noch? Nähen! Schneidern! Und diese Wiener Küche. Da hatte ich meine Rezepte, alle schön getippt, aber später, in England, ist es mir nie eingefallen, daß statt zwölf Eiern vielleicht auch zehn reichen würden. Gott sei Dank konnten diese Leute sich das erlauben.

Die Unterbringung war dann doch nicht so komfortabel, wie sie es mir geschrieben hatten. Ich bekam nur ein kleines Zimmer mit Waschgelegenheit, und kurz nach meiner Ankunft entließen sie die Köchin, so daß ich jetzt Gelegenheit hatte, die mir fehlende praktische Erfahrung zu sammeln. Mehr als genug! Meine Arbeitgeberin war im letzten Monat ihrer zweiten Schwangerschaft, und jeden Morgen hatte ich mich in ihrem Schlafzimmer einzufinden, bewaffnet mit meinen sorgsam getippten Wiener Rezepten, meinem Kochbuch und einem deutsch-englischen Wörterbuch. In einer ausgiebigen Sitzung besprach sie dann mit mir die Mahlzeiten für den Tag.

Eine Woche nach Ausbruch des Krieges flüchteten sich Londoner Freunde zu ihnen aus Angst vor Bomben. Da mußte ich plötzlich für acht oder neun Leute kochen. Bis zwei Uhr morgens stand ich in der Küche und durfte noch abwaschen. Es war unglaublich anstrengend. Immerhin erlaubte man mir, noch eine Freundin aus Berlin anzufordern, allerdings nur zum Putzen. Ich blieb die Köchin! Ich glaube, einmal in der Woche hatte ich frei. Dann besuchte mich Klaus manchmal, und er hörte immer geduldig meinen Klagen zu. Das war eine große Erleichterung.

Nach neun Monaten hab ich die Stelle gewechselt. Eines Tages, es muß so 1942 gewesen sein, las ich eine Annonce in der Zeitung: ›Dekorateurin gesucht‹. Und zwar in Glocester. Ich nahm meinen ganzen Mut zusammen, um mich zu bewerben. Sie ließen mich zur Probe ein Schaufenster dekorieren und engagierten mich. Und das war das Ende meiner Dienstbotenlaufbahn.«

Berlin, den 24. Februar 1939

Meine lieben Kinder in Holland, England und Palästina!
Die große Arbeit, die ich jetzt habe, macht es notwendig, Euch alle drei anzuschließen, denn es bleibt mir weiß Gott jetzt nicht genug Zeit, jedem einzelnen zu schreiben.

Zunächst wende ich mich an Euch, Jachmanns, da Lisel die Erstgeburt ist. Vor allem: wie geht es Dir, Lisel? Es ist ja natürlich, daß Berthold nicht die Zeit fand zu schreiben, aber ich schließe auch daraus, daß er leider nichts Neues zu berichten hat, daß also Dein Zustand unverändert war. Euch anderen zur Erklärung, daß sich Lisel mit Grippe gelegt hat, nachdem sie über eine Woche den Peter mit Ziegenpeter und Grippe gepflegt hat. Ihr könnt Euch denken, wie traurig ich bin, daß ich noch nicht in der Lage bin, zu ihrer Pflege hinzufahren. Na, hoffentlich, in einigen Wochen sind wir soweit, aber vorläufig fehlt außer der letzten Unbedenklichkeitserklärung noch der Paß. Onkel Ludwig kriegt ihn morgen. Und für uns vor allem die Genehmigung des Ministers, unseren Aufenthalt ins Ausland zu verlegen. Warum da solche Verzögerung eintritt, ist uns nicht klar. Aber sie mußten die Sache wohl auch anderswo vorlegen.

Wir machen inzwischen alles fertig und die letzten Besorgungen. Dann kann das Packen losgehen, denn wenn wir noch länger zögern, werden wir immer weniger mitnehmen dürfen. Ihr habt wohl die gestrige Zeitung gelesen? Müssen wir eben mit Blechlöffeln essen. Aber schön ist es schon!

Nun zu Euch, Steinfelds. Ich denke soviel an Euch und warte so sehr auf Nachricht, vor allem über das Ergehen der kleinen Gabi. Illa, kannst Du Dir nicht denken, daß ich mein kleinstes Enkelkind unbekannterweise auch sehr in mein Herz geschlossen habe, daß ich so gern wüßte, ob sie nun gedeiht, ob Du noch mit ihr zum Arzt mußt, ob sich das Wundsein gegeben hat? Leider kam vorgestern ein Päckchen zurück, das ich vor einigen Wochen an Dich abgesandt habe. Ich konnte es nicht anders als ein Muster ohne Wert schicken, aber das ist auch jetzt nicht mehr möglich. Es tat mir sehr leid, denn es enthielt ein sehr süßes Kleidchen und Lufthöschen für Gabi, von mir selbst gefertigt, den zum Mantel vergessenen Gürtel, Knöpfe dazu und ein Ende Wurst, das sich so gut gehalten hat, daß wir es jetzt selber verzehren. Leider hat es durch den weiten Transport hin und her das Kleidchen fettig gemacht. Habt Ihr das Päckchen durch Euren Umzug nicht bekommen? Oder hat es zuviel Zoll gekostet, daß Ihr es zurückgehen ließet?

Wir sind jetzt beim Verkauf unserer Sachen. Vater erweist sich als unendlich tüchtiger Kaufmann, unterhält sich ewig lange mit den Leuten, und dann schenkt er ihnen was oder berechnet weit unter Taxe.

Die Prüfung verlief bei uns, im Gegensatz zu allen anderen, sehr ungünstig, dauerte drei Stunden, und es ist uns eine große Summe auferlegt worden, trotzdem wir kaum Neues haben. Auch im Gegensatz zu vielen anderen. Nun müssen wir abwarten, wie die Devisenstelle selbst beschließt, eventuell Einspruch erheben. Aber das gibt natürlich Aufschub. Kläuschen, Dein Wäschesack kam vorgestern an, ist bereits bei Testorp. Hoffentlich darf ich ihn Dir zurückschicken, da Du ja noch immer als Deviseninländer giltst und nicht als ausgewandert.

Vorgestern waren wir in Zehlendorf.Es dauerte nur so lange, da die Herren Skat spielten. Tante Lisbeth hat lauter Auswanderer bei sich aufgenommen, paying guests, darunter unser Zahnarzt mit Frau und Töchtern, die demnächst nach Bolivien gehen.

In diesen Tagen kommen Wallenbergs aus Danzig, die am achten April zu ihren Kindern aufbrechen, denen es in Bogotà so geht, daß sie die Eltern nachkommen lassen. Sicher kommt auch Tante Ola bald hin. Sie haben, etwas tiefer gelegen, und daher gesünder, ein Landhaus gemietet, wo sie Gäste aufnehmen wollen und so vielleicht etwas verdienen können. Es ist fabelhaft, wie es den drei Kürten geglückt ist. Weniger glücklich ist ihre Schwester Lotte bei New York. Sie ist bei sehr netten Menschen, aber sie ist rasend angestrengt, betreut neun Monate alte Zwillige und einen Jungen von zwei Jahren, der ein Schwein ist, und muß dazu alle Hausarbeiten machen. Hoffentlich hält sie gesundheitlich durch.

Soeben hat mich eine Dame verlassen, die ich den März über noch zu meiner Unterstützung genommen habe. Ich hatte sie aus dem Nachrichtenblatt. Es ist eine Bekannte von Tante Ola, die mir schon vorgeschwärmt hatte, wie tüchtig sie ist, daß sie alles macht. Durch Zufall hab ich die nun bekommen. Sie verlangt zwar eine ganze Menge, aber ich bin zur Zeit ein bißchen runter und möchte nicht so abgekämpft zu Euch kommen, Lisel. Da spielen 30 Mark keine Rolle, und ich weiß, wen ich kriege. Sie näht auch und schneidert, also kann ich sie mir verwerten.

Nun lebt alle wohl. Innige Grüße für jeden einzelnen. In Liebe
Mutti

Von Dir, lieber Berthold, möchte ich gelegentlich noch erfahren, wieviel Meter Läufer für die Treppe noch erforderlich sind, bezw. ob, wie ich annehme, acht Meter ausreichen. Die Treppe geht doch wohl in gerader Richtung ohne Zwischenpodest hinauf? Vater.

Baurat Hugo Heymann, der nicht begreifen konnte, daß er nach vierzig Jahren loyaler Arbeit von seiner eigenen Regierung ausgeraubt und abgeschoben werden sollte, versuchte seit Wochen, eine Möglichkeit zu finden, um doch noch an sein Geld zu kommen:

»Mein Vater hat den ›Umzug‹ nach Amsterdam – sie nennen es ja nicht Emigration – generalstabsmäßig bis in alle Eventualitäten hinein vorbereitet. Aber er wollte natürlich nicht raus, ohne seine Pension mitzubekommen. Und da hat er an den Preußischen Finanzminister, der zugleich Chef des Bauwesens, also seiner früheren Behörde, war, einen Brief geschrieben. Darin bittet er um die amtliche Erlaubnis, nach Holland übersiedeln zu dürfen. Das hat er schon im Januar getan, gleich nachdem er die Genehmigung aus Amsterdam hatte. Er mußte zwei Monate warten, aber dann bekam er tatsächlich Antwort, ein hochamtliches Schreiben:

»Der Preußische Finanzminister. Bau P3H 343 REP/0,3.3
Berlin C 2, den 13. März 1939

An Herrn Regierungsbaurat a.D. Heymann in Berlin-Halensee, Westfälische Str. 42

Auf den Antrag vom 18. Januar dieses Jahres.

Ich erteile Ihnen hiermit unter Vorbehalt jederzeitigen Widerrufs die Genehmigung, Ihren Wohnsitz in Amsterdam zu nehmen mit der Maßgabe, daß Ihre Versorgungsbezüge in voller Höhe einer Devisenbank auf ein Sonderkonto »Versorgungsbezüge« nach den Richtlinien für die Devisenbewirtschaftung überwiesen werden. Die Vorschriften der

Reichsfluchtsteuer werden hierdurch nicht berührt. Weitere Nachricht werden Sie durch den Herrn Präsidenten der Preußischen Bau- und Finanzdirektion in Berlin erhalten.

In Vertretung gez. Dr. Landfried

Beglaubigt Bernett, Ministerialfinanzobersekretär.

Diese Bestätigung – mit Hakenkreuz darunter – muß meinen Vater erstmal beruhigt haben. Aber das war natürlich Lug und Trug.

In dem letzten Brief, den mir mein Vater schrieb, bevor er deportiert wurde, drückte er sein Erstaunen darüber aus, daß ihm trotz der Genehmigung des ›Herrn Preußischen Finanzministers‹ doch die Pension abgenommen wurde. Wie war das möglich in einem Rechtsstaat? Bis ins Jahr 42/43, ich glaube, bis zum letzten Atemzug, ist es ihnen nicht in den Kopf gekommen, daß Deutschland kein Rechtsstaat mehr war! Daß alles aus war! Sie dachten immer noch: so was tut man nicht! Aber ich sage Ihnen, ich wäre genauso gewesen! Ich mache den Eltern keinen Vorwurf, es lag ihnen im Blut. Das haben sie mit der Muttermilch aufgenommen. Sie konnten nicht anders. Und deshalb hatte ja Hitler so leichtes Spiel mit ihnen.«

Amsterdam, den 25. Februar 1939

Meine liebe Mieja!
Ein vom Tode auferstandenes Kaninchen begrüßt Dich herzlich und dankt Dir für Deine Karte an Peter. Inzwischen habe ich mir Peters Grippe zugelegt, hatte drei Tage hohes Fieber, bis 39,6. Ich hatte mich bereits beweint, glaubte, ich müßte in die Luft. Nun bin ich aber seit gestern fieberfrei, wenn mir auch die Füße brechen, sobald ich aufstehe.

Berthold hat sich auch als Kindermädchen und Krankenpfleger fabelhaft bewährt. Hoffentlich bleibt er gesund. Husten tut er bereits. Peter ist sehr nett und verständig, läßt sich artig von Vati ins Bett bringen. Vati darf alles sehen. Wenn ihn mal ein anderer auszieht, holt er sich ein Taschentuch und legt es sich über seinen Schwanz.

Ich komme mir ganz komisch vor, so verwöhnt zu werden. Die Wohnung ist voll Blumen und Obst.

Inzwischen ist es abends geworden, ich liege nach wie vor gemütlich in meinem Bettchen mit dito Büchern.

Wir haben die Wohnung in der Watteaustraat 12, 2. Stock, nun zum Mietpreis von 57 1/2 Gulden gemietet.

Was sagst Du zu dieser Betrügerbande in Deutschland? Wenn die Eltern nicht bald kommen, wird man ihnen noch mehr wegnehmen. Wenn ich nur wüßte, wie man die Genehmigung vom Minister beschleunigen könnte!

Ich bin müde. Gute Nacht!

Deine Dich liebende Schwester Lisel.

Berlin, den 1. März 1939

Meine Lieben!
Mutti ist eben wieder in die Stadt gegangen, um Besorgungen zu machen. Ich werde mich jetzt daran setzen, den Brief an Euch zu beginnen, da es nachher mit der Zeit wieder sehr knapp wird, weil wir abends zu Urys kommen sollen, um Onkel Ludwig wegzufeiern.

Anbei eine Pause, in der ich die von uns geplante Unterbringung der Möbel im westlichen Wohnzimmer und im Schlafzimmer dargestellt habe, zur Begutachtung. Was wir sonst noch mitbringen wollen, müßte in die Dachkammer kommen.

Meine lieben Kinder!

Die neue Frau – mehr Dame, »Wirtschafterin« nennt sie sich – ist gut. Ich bin sehr entlastet. Heute sind Eßstubentisch und rotes Plüschsofa und Klaus' Gardine fortgegangen. Es ist blutwenig, was man dafür bekommt. Aber Hauptsache, man ist es los.

Jetzt verläßt uns unser Graf. Fräulein Hakl ging heute früh. Nun wird's leer um uns und in uns. Na, wie Gott will.

Die arme Tante Else kämpft schwer. Ist auch keine frohe Zeit, die ihr bevorsteht. Mit einem alten Menschen zurückzubleiben, ist nicht wie mit einem Kind, wo man aufbaut. Hier ist doch nur Abbau, so frisch unsere Omama doch auch zeitweise ist.

Lebt wohl.

Lebt wohl. Ich lasse allen von Herzen Gutes wünschen. Innige Grüße Euch allen, Peterchen einen Kuß.

Mutti

Berlin, den 5. März 1939

Meine lieben Kinder!
Sonntag nachmittag nach dem Kaffee.

Den heutigen schönen Sonnentag haben wir wie üblich zum Grunewaldspaziergang benutzt, vollzählig, doch ohne Onkel Ludwig, der sich gestern schon aus London mit einer Ansichtskarte meldete.

Ich hoffe Euch alle gesund, danke allen für die letzte Woche erhaltenen Nachrichten und hoffe, daß es Euch allen dreien, nein, fünf, nein, sieben, gut geht.

Zuerst will ich auf Deine kurze Nachricht eingehen, Ilse, die uns doch erfreut hat, da wir daraus ersehen, daß es Gott sei Dank mit der Kleinen vorwärts geht. Acht Pfund sind immerhin für eine so kleine Person von fünf Pfund Anfangsgewicht schon eine ganze Masse. Ich glaube, in vier oder fünf Monaten sollte sich das Anfangsgewicht verdoppelt haben. Nun ist sie aus dem dummen Vierteljahr heraus, aber laß sie ruhig dumm, desto besser. Nun bekommt sie wohl auch bald Gemüse- und Fruchtsäfte, Tomatensaft – nimmt sie das? Und stellt sie sich geschickt dabei?

Daß es Dir, mein Lisel, wieder besser geht, ist wunderschön, doch glaube ich nicht recht an das gute Aussehen, wenn man tagelang über 39 Fieber hatte. Die Mattigkeit ist kein Wunder. Das Frühlingswetter ist trotzdem kalt und windig, also nicht zu leicht anziehen!

Du, mein Kläuschen, bist durch Onkel Ludwig über unser Ergehen genauestens orientiert. Du freust Dich gewiß auch sehr mit ihm und er mit Dir. Ihr bedeutet füreinander ein Stück Heimat. Er ist zur rechten Zeit abgeflogen.

Wir haben immer noch nicht die Genehmigung des Ministers, die irgendwo festliegt und uns zu düsteren Gedanken veranlaßt. Inzwischen machen wir alles weiter.

Einerseits möchten wir so schnell wie möglich fort, da man nicht weiß, was sonst noch kommen kann. Es sind genug Überraschungen in den letzten Monaten gewesen.

Andererseits weiß ich, daß ich dann meine Mutter nie mehr sehen werde, und Ihr könnt Euch denken, wie ich unter dem Gedanken leide. Versetzt Euch nur alle selbst mal in diese Lage, d.h., ich glaube, Illa, daß auch wir uns nie wiedersehen werden. Wie soll das möglich sein, wo wir alle arme Hunde sind und nur mit 10 Mark rausgehen! Und Ihr habt auch nichts. Also Leo und Gabi werden wir wohl nie kennenlernen.

Es ist eine Kette von Abschieden. Alles geht jetzt raus. Aber daß ich meine Mieke, meine Else, mal wiedersehen werde, hoffe ich ganz bestimmt, das hat uns Onkel Ludwig versprochen. Sonst würde ich nicht rausgehen. Das könnte ich nicht ertragen.

Ich wollt noch fragen, Klaus, wie es der Lilo in der Stellung gefällt. Hat sie viel zu tun? Wird sie es leisten? Ist es wahr, daß sie zwei Zimmer haben soll? Klingt mehr als unwahrscheinlich.

So lebt alle wohl. In diesen Tagen kommen die Eltern Wallenberg nach Berlin. Onkel Theodor soll geistig und körperlich unter den Strapazen der letzten Monate gelitten und Depressionen und Denkstörungen haben. Aber nichts Genaues weiß man nicht.

Also lebt wohl, bleibt gesund und schreibt bald wieder. Mutti

Auch für Klaus Heymann sollte sich einiges ändern:

»Mein Onkel Ludwig Ury kam im Mai 1939 nach London, als ich gerade zu einem halbjährigen Praktikum nach Westengland aufbrach. Bei meiner Rückkehr konnte ich nicht wieder zu meinem Vetter ziehen. Er wollte zwar ein Haus mieten, in dem wir alle wohnen sollten, hatte aber noch keins gefunden. So mußte ich mir ein Zimmer in einem Hotel mieten. Das war ein ganz altmodisches Ding in Bayswater. Ich wohnte unterm Dach im fünften oder sechsten Stock ohne Fahrstuhl. Das Zimmer war ziemlich groß, hatte Heiß- und Kaltwasser und ein kleines Gasöfchen, auf dem man sich mal eine Suppe kochen konnte. Ich hatte mit Teilpension gemietet, d. h. Frühstück und Abendessen, nur am Wochenende alle Mahlzeiten. Das kostete 1 Pf.15 pro Woche. Das waren 21 Mark.

Weil ich so lange weg gewesen war, mußte ich am Polytechnikum eine Menge nachholen, und so saß ich jeden Abend an meinem Zeichenbrett und bereitete die Diplomarbeit vor, auch jedes Wochenende von früh morgens bis spät abends hab ich nur gezeichnet. Meine Freundin Lilo war schon in England, sie kam, wenn sie frei hatte, und stopfte meine Strümpfe. Es war sehr gemütlich, sie war sehr still. Wir haben Radio gehört, ich hab gezeichnet. Draußen lag Schnee, es war überhaupt ein sehr schneereicher Winter. Und da sah ich eines Abends – das war so im Januar 1940 – mal zur Decke oben rauf und bemerkte, wie sich direkt über meinem Reißbrett etwas senkte. Und plötzlich – ich hatte das Brett gerade weggenommen – brach die ganze Schneelast durchs Dach, mit Wasser! Gott sei Dank hatte ich meine Zeichnungen gerade noch gerettet, aber ich konnte nicht mehr dort schlafen. Ich bekam ein anderes Zimmer zugewiesen, ein häßliches, dunkles, viel kleineres im zweiten Stock, und für dieses viel schlechtere Zimmer mußte ich 2 Pfund 15 zahlen, also ein Pfund mehr als vorher. Ich weiß noch, das war für mich ganz entsetzlich, wo ich doch jeden Penny sparen wollte.«

Berlin, Freitag, den 10. März 1939

Mein liebes Jungchen!
Wir haben von Anfang an großes Pech. Es begann mit dem ungünstigen Schätzer, mit der entsprechend hohen Geldbelegung, und nun die Verzögerung, die zur Folge hat, daß all unser Schmuck und Silber hierbleiben muß. Für einen Teelöffel ca. 15 Gramm kriegst Du mal 1,7 Pfennige, mal 15 Pfennige. Dafür kann man sich noch nicht mal einen Blechlöffel kaufen. Sicher kommen wir im März nicht mehr fort. Ich habe wirklich kein Interesse, so schnell raus zu kommen, aber je länger es dauert, desto weniger wird unser Umzugsgut.

Nun zur Beantwortung Deines Briefs, soweit mein Ressort.

Matrosen sind »Sehleute« – S e h- Leute: kommen, sehen, gehen. Aber viel haben wir nicht mehr zu verkaufen. Es ist sowieso beinahe alles verschenkt worden.

Hoffentlich verfolgt uns unser Pech nicht nach Holland.

Leider verläßt mich meine tüchtige Frau schon am 15. Sie hat sich angeblich auch schnell zur Auswanderung entschlossen und muß jetzt alles für sich vorbereiten. Schade, so guten Ersatz finde ich nicht. Vor allem lohnt es nicht auf 14 Tage. Deshalb hatte ich in den letzten Tagen so viel zu tun, um möglichst alles zu waschen und zu erledigen, solange die Frau da ist. Die übrigens eine Dame ist, wie ich. Und vorzüglich kocht.

Ist eigentlich Dein Wäschesack schon bei Dir angekommen? Und schickst Du ihn nochmal zurück?

Leb wohl, mein Junge. Zeig Onkel Ludwig den Brief. Lasse ihn tausendmal grüßen. Ich las seine Briefe gestern am Kaiserdamm, wo alles all right ist.

Leb wohl, mein lieber Junge. Mutti

Berlin, den 13. März 1939

Meine lieben Kinder!

So, heut wird Schluß gemacht mit der Arbeit. Und nun flink ein wenig zu Euch. Ich hoffe Euch wieder in Liebe vereint, daß Du, lieber Berthold, wohlbehalten von Deiner Luftfahrt heimgekehrt bist.

Liselchen, ich kam wirklich nicht dazu, Dir einen Gruß in Deine Einsamkeit zu senden. Hatte immer so disponiert, daß ich Dir zu einer bestimmten Stunde schreiben wollte, und dann kam immer jemand, der mich daran hinderte. Hoffentlich hast Du Dich nicht schon wieder geängstigt, wenn Berthold weg ist. Dazu neigst Du ja im besonderen Maße.

Also, wir sind gesund, unsere Sachen gehen langsam vorwärts, aber mit Sicherheit können wir den Termin nicht sagen, da sich immer wieder neue Hindernisse auftürmen. Wir haben aber in den beiden letzten Wochen viel geschafft, so daß mir nicht mehr soviel Arbeit bleibt, wenn mich Mittwoch Frau Kuhn verläßt. Ich habe dann noch in den letzten beiden Wochen mehrmals eine Frau, die aber nur für grobe Arbeiten ist. Aber ich will nicht so körperlich abgearbeitet zu Euch kommen, da ja dann auch bald Euer Umzug vor sich gehen soll.

Also, wenn alles klappt, würden wir mit »Simon Bolivar« am achten April abfahren. Das ist also doch möglich.

Dann bleiben wir also bei unserem Programm, aber ehe es nicht soweit ist, unsere Sachen gepackt, unsere Pässe in Händen, glaube ich nicht daran.

Am Freitag sind Wallenbergs gekommen, sehr traurig. Onkel Theodor ist wohl sehr krank. Sie glauben nicht, daß sie die Reise werden machen können. Körperlich sieht er gut und jung aus, aber es fehlen ihm die Worte, und er quält sich so, sie herauszubekommen. Er freute sich sehr mit mir, aber kann doch nicht an der Unterhaltung teilnehmen, und das ist gerade bei diesem liebenswürdigen, lebhaften Menschen, der für jeden so interessiert war, besonders traurig. Tante Martha ist nur noch ein Schatten ihrer selbst. Gestern ist es wohl den

Kindern in Bogotà mitgeteilt worden, die immer so voller Freude schreiben. Es ist sehr traurig, und ich bin dankbar, daß wir so zu Euch kommen und bemühe mich, ruhiger über alles, was mich naturgemäß mit Wehmut erfüllt hat, zu denken.

Wahrscheinlich wird heute das Schicksal des »Nesthäkchens« besiegelt. Der Vermittler aus Breslau ist bei Tante Else. Sie verliert alles, woran sie ihr Herz hängt: Menschen, Wohnung, Haus. Nun also endgültig Schluß. Ich grüße Euch alle vier von Herzen! Mutti

Herzliche Grüße. Vater

Berlin, den 17. März 1939

Mein lieber Klausejunge!
Ich wollte zwar wie Mutti heute auch in die Stadt gehen, da fiel mir ein, daß Du ja zu morgen Nachricht haben sollst.

Es stehen bei uns immer noch drei Dinge aus:

1) die Freigabe der Möbel zum Einpacken
2) die Unbedenklichkeitsbescheinigung der jüdischen Gemeinde
3) die Pässe

Letzteres ist das einfachste, da die Pässe ausgehändigt werden, sobald wir die Bescheinigung der jüdischen Gemeinde haben und vorlegen. Aber gerade an dieser Stelle scheint sich die Sache hinziehen zu wollen.

Die Firma Knauer war heute vormittag bei uns, um die Möbel anzusehen und danach die Größe des Möbelwagens zu bestimmen. Um keinen Zeitverlust zu haben und in aller Ruhe bis Ende des Monats aus der Wohnung zu gehen, haben wir heute vormittag mit dem Vertreter von Knauer folgendes festgelegt: es wird am 30. und 31. in der Wohnung gepackt, ohne daß der Zollbeamte dabei ist. Knauer nimmt das Umzugsgut auf seinen Speicher, und mit der Zollbehörde regelt er die Sache von dort aus, wobei wir nicht mehr mitzuwirken haben. Hierdurch erhöhen sich die Kosten freilich um 80 M, was ich aber gern drangebe. Wir werden dann am 30.3. zu Tante Else an den Kaiserdamm ziehen und nur noch unser Reisegepäck bei uns haben.

Der Tag gestern bei Omama verlief sehr schön. Dein Glückwunschbrief, Lisels und Mariannchens Briefe waren aus Holland mit der Morgenpost angekommen.

Eben kam Mutti nach Haus. Das Abendbrot ist fertig, ich werde schließen. Lebe wohl, herzliche Grüße

Vater

Mein Jungchen!
Bei Wallenbergs sieht es sehr traurig aus. Die armen Menschen wissen absolut nicht, was sie machen sollen. Es scheint ausgeschlossen, daß Onkel Theodor am 8.4. wird fahren können. Sein Zustand scheint sich vor der Ausreise und den damit verbundenen Aufregungen akut verschlechtert zu haben. Wenigstens soll er in Danzig nicht annähernd so gewesen sein wie jetzt in Berlin. Wäre ja auch unverantwortlich von dem Bruder Adolf, der noch dazu Nervenspezialist ist, ihn so reisen zu lassen. Wir können absolut nicht raten, da man ja nicht weiß, ob überhaupt an eine Besserung nochmal zu denken ist.

An Onkel Ludwig viele Grüße! Dank für seine Zeilen. Er scheint schon wieder unruhig zu sein, und wir haben ihm so gewünscht, daß er wieder etwas zur Ruhe käme.

Kläuschen, eine Stelle für Dein Praktikum brauchtest Du hier nicht lange zu suchen. Es können gar nicht Menschen genug sein für die großen Bauprojekte. Das Studium wird deshalb schon abgekürzt, um Nachwuchs zu erhalten. Auch von der Baugewerbschule können die Begabten fortan studieren.

Draußen in Tempelhof ist tatsächlich eine neue Stadt entstanden mit weiten Bürohäusern, mit Hotels, Restaurationsbetrieben und ich weiß nicht, was noch alles.

Schade, daß ich nicht nochmal für Dich waschen konnte. Wer weiß, ob es in Amsterdam noch geht. Aber bitte suche Dir eine einfache Waschfrau, irgendein früheres Mädchen, die es macht und gleich die

Strümpfe stopft. Die Waschanstalten ruinieren zu sehr. Das liegt an der eleganten Aufmachung, wenn alles zerreißt. Sprich mit irgendeiner Hausfrau, vielleicht mit Deiner Wirtin.

Leb wohl. Innige Grüße Euch allen. Mutti

Berlin, den 23. März 1939

Meine Lieben!
Gestern schon erhielten wir Euren Brief und Deine Karte, Lisel, gleichzeitig. Vielen Dank!

Wir haben inzwischen wieder vieles zu erzählen, zum Teil war es ärgerlich, was uns widerfuhr. Wie ich neulich schon schrieb, tauchen unerwartete Dinge auf an Stellen, wo man nicht vermuten sollte. Nachdem wir die letzte Unbedenklichkeitsbescheinigung schließlich schneller erhielten, als man erwarten konnte, und nun alle Unterlagen zusammen waren, die man für die Ausfertigung des Reisepasses benötigt, begaben wir uns gestern früh zu der betreffenden Behörde in der sicheren Erwartung, daß wir bis nachmittag die Pässe erhalten würden. Ihr könnt Euch unsere Bestürzung denken, als der Beamte bei Durchsicht der Papiere sagte, daß eine Bescheinigung unvollständig sei, da sie nicht auch auf die Ehefrau ausgefertigt war. Neue Bestimmungen!

Es gelang mir gestern noch, für heute einen ersten Termin zu erhalten. Um acht Uhr war ich da, und um halb elf war die Sache in Gang gebracht. Ich erhielt einen zweiten Termin, da bei mir Vordringlichkeit erkannt wurde, für den 27. März vormittags zehn Uhr. Da muß Mutti selbst hin. Hoffentlich erhält sie die Bescheinigung am gleichen Tage, so daß wir für den 28. März mit den Pässen rechnen können.

Nach diesem Ergebnis begab ich mich wieder, und zwar mit Deinem Bescheid, Lisel, in das holländische Reisebüro gegenüber der Kaiser-Wilhelm-Gedächtniskirche. Zunächst kam wieder der junge Beamte heran, den ich schon von meiner ersten Mittelmeerfahrt 1931 her kenne, der aber seit einiger Zeit ein wesentlich selbstsichereres

Auftreten an den Tag legt. Auf Deinen Bescheid wollte er gar nicht eingehen. Er erkühnte sich sogar zu der Bemerkung, daß die holländische Schiffahrtsgesellschaft KNSM für sie nicht maßgebend sei. Ich meinte dann, daß sich dies doch klären lassen müsse und bat den älteren Beamten heran, der mir zuerst die positive Auskunft gegeben hatte. Der ließ sich Deine Karte und die holländische Einreiseerlaubnis geben, und damit begaben sich beide in das Allerheiligste des Chefs. Nach einigen Minuten kam der ältere Beamte zu mir und sagte, die Buchung werde angenommen. Darauf habe ich nun für den »Simon Bolivar« am 8. April ab Hamburg gebucht. Diese Mitteilung für Dich, Berthold, wegen der Benachrichtigung Eurer Behörde.

Im übrigen haben wir auch noch kleinere, allerdings ziemlich viele Besorgungen zu machen. Mutti hatte heute wieder einen schweren Tag – Rücklieferungen von Testorp (Wäsche).

Heute abend wollen wir nach vier Monaten wieder in den Kulturbund gehen. Für uns wohl die Schlußvorstellung. Tante Else hat uns dazu überredet, obwohl Mutti sehr müde ist. Es gibt La Traviata. Damit heute Schluß.

Viele herzliche Grüße

Vater

Oper! Ich bin hundemüde, aber es ist nötig, daß man nicht jeden Tag, wie wir das seit Monaten tun, zu Hause gluckt. Allerdings gestern war ich mit meinen »Kindern« in Pankow, kam erst viertel zwölf nach Haus! Es war wieder reizend. Sie wollen durchaus nochmal mit mir zusammensein, glauben fest, daß wir uns wiedersehen.

Lilo Lachmann Dank für ihren Gruß. Wo wart Ihr zusammen? Bleib nicht mit ihr allein! Bring sie auch mit deinen englischen Freunden, bezw. mit denen zusammen, die Du nicht darüber vernachlässigen darfst. Man muß heute klug sein, mehr denn je. Tausend Grüße. Mutti

Ostersonntag, den 8. April 1939

Ein letzter Gruß von der »Simon Bolivar« aus Hamburg. Alles in Ordnung. Bald mehr.

Schöne Feiertage! Tausend Grüße. Mutti

Lieber Klausemann!

Jetzt werden wir nach anstrengenden Tagen etwas zur Ruhe kommen. Wir sind abgefertigt auf dem Schiff, das also wohl in einigen Stunden abgehen wird. Es ist jetzt 13 Uhr. Herzliche Grüße für Euch beide. Vater

Diesmal haben wir keine Liegekabine, sondern nur 1. Klasse.

Hugo Heymann war 66, seine Frau Käthe 58 Jahre alt, als sie am Ostersonntag 1939 – mit je zehn Reichsmark in der Tasche – Deutschland verließen. Jetzt waren sie das, was sie nie hatten sein wollen: Emigranten, heimatlos, mittellos und völlig abhängig von der Großmut und vom Lebensstil ihrer Kinder, dazu als Juden nur mit Vorbehalt geduldet in einem Land, das sie später ihren Mördern ausliefern sollte. Zwar gab es Proteste der Bevölkerung und der Kirchen, aber die niederländische Bürokratie legte besonderen Ehrgeiz an den Tag, die Aufgabe perfekt – und zur Zufriedenheit der Deutschen – zu erledigen. Das galt für die Verwaltung, vor allem für die zentralen Meldeämter, die 1941 durch die Erstellung neuer Personenstandskarteien erst die notwendigen Vorbereitungen für eine beinahe lückenlose Erfassung der jüdischen Bevölkerung schuf. Und das galt auch für die niederländische Polizei, die sich innerhalb eines Jahres zu einem wichtigen Instrument der Besatzer entwickelt hatte. Die Lage- und Stimmungsberichte der deutschen Sicherheitspolizei und der Wehrmacht konstatierten übereinstimmend, daß abgesehen von kleineren Vorkommnissen »die Mitarbeit der holländischen Behörden ... im großen Ganzen korrekt und loyal« verlaufe. Der Chef der deutschen Sipo und des SD in Amsterdam, Willy Lages, gab nach dem Krieg zu Protokoll:

»Die Hauptstütze der deutschen Stärke im polizeilichen Sektor und darüber hinaus war die niederländische Polizei. Ohne sie wären keine 10 % der deutschen Besatzungsaufgaben zu erfüllen gewesen ... Auch keine 10 %ige Erfassung der Judenschaft ...«

So verfolgte sie, gemeinsam mit Gestapo und SS, unterstützt von einer 2000 Mann starken »Freiwilligen Hilfspolizei«, die auch die berüchtigten Kopfgeldjäger stellte, alteingesessene jüdische Mitbürger genauso rücksichtslos wie jüdische Flüchtlinge aus Deutschland oder Österreich. Von den etwa 140 000 in den Niederlanden lebenden Juden wurden mehr als 100 000 ermordet, ungefähr 75 %. Ein enorm hoher Prozentsatz, verglichen mit allen anderen von den Deutschen besetzten westeuropäischen Ländern: in Belgien und Norwegen waren es jeweils 40 %, in Frankreich 25 %, in Italien 16 %, in Dänemark 2 %. »Somit«, resümierte der holländische Journalist Geert Mak, »ist die Todesrate der Niederlande nur noch mit der Polens und einiger anderer mittel- und osteuropäischer Länder mit einer ausgeprägten antisemitischen Tradition zu vergleichen.«

Adolf Eichmann brüstete sich später: »Es war eine Lust, wie das Judenprogramm in Holland funktionierte.«

Historiker haben später nach Gründen dafür gesucht, warum sich in diesem toleranten Land so wenige Juden retten konnten. Die einen erklärten das mit einem latenten Antisemitismus, der schon immer in den Niederlanden geherrscht und nur einen Anstoß von außen gebraucht habe, um sich zu entfalten, andere wiesen auf die fehlenden Fluchtmöglichkeiten aus den Niederlanden – nach allen Seiten geschlossene Grenzen, keine unzugänglichen, waldreichen Bergregionen, keine Rettungsaktionen wie in Dänemark oder in den französisch-spanischen Pyrenäen, bei denen viele jüdische Flüchtlinge heimlich über die Grenze gebracht wurden. »Diese Erklärung«, so Geert Mak, »läßt allerdings eine unangenehme Frage offen: Wie kommt es, daß sich im gleichen Land Zigtausende nichtjüdischer Untergetauchter versteckt halten konnten?«

Noch Anfang der dreißiger Jahre, als sich die Nachrichten von nationalsozialistischen Ausschreitungen gegen Juden verbreiteten, war das Entsetzen im Ausland allgemein groß. In den Niederlanden entstand von privater Seite und vor allem von Organisationen wie dem Jüdischen Flüchtlingskomitee ein spontanes Hilfswerk. Doch der überwältigende Strom von Emigranten, von denen sich viele im Asylland eine neue Existenz aufzubauen hofften, ließ die Stimmung bald umschlagen. Die anfängliche Solidarität wurde von der Angst vor wirtschaftlicher Konkurrenz und vor ethnischer Überfremdung verdrängt. Zudem fürchtete die Regierung, an der Spitze der konservative Ministerpräsident Hendrik Colijn, im Flüchtlingsproblem eine zusätzliche Belastung für die ohnehin leeren Staatskassen.

Hitlers Rassenideologie fand auch hier offene Ohren. Selbst einflußreiche Kreise waren in den Niederlanden vom nationalsozialistischen Gedankengut infiziert worden. Prinz Bernhard, Vater der heutigen Königin Beatrix, hat nach dem Krieg zugegeben, damals vorübergehend Mitglied der SA, der SS und des NS-Fliegerkorps gewesen zu sein. Wie zwei niederländische Wissenschaftler 1995 im amerikanischen Nationalarchiv, Washington, herausfanden, war er von 1933 bis 1937 sogar Mitglied der NSDAP, Mitgliedsnummer: 2 583 009. Nach dem deutschen Überfall und der Flucht nach England kämpfte er allerdings in der britischen Royal Air Force und als zeitweiliger Oberbefehlshaber der niederländischen Armee gegen Nazi-Deutschland und gilt seither in seinem Land als Widerstandskämpfer.

1933, als Hitler an die Macht kam und den Deutschen wirtschaftlichen Aufschwung versprach, hatten die Niederlande noch mit den Folgen der Weltwirtschaftskrise zu kämpfen. Trotz der reichen ostindischen Kolonien, die etwa ein Siebtel des Bruttosozialproduktes lieferten, sank die Produktion auf die Hälfte und die Konsumgüterherstellung auf Dreiviertel, verglichen mit der Zeit vor dem »Schwarzen Donnerstag« von 1929. Die Flotte wurde verkleinert, Fabriken wurden stillgelegt, Konkurse und Massenentlassungen waren an der Tagesordnung. Bei einer Bevölkerung von fast neun Millionen gab es 340 000 Arbeitslose. Bis 1936 stieg die Zahl auf 600 000, das waren 17,5 %, fünfmal soviel wie im internationalen Durchschnitt.

Holländische Politiker beobachteten deshalb den Aufschwung im Deutschen Reich mit großem Interesse. 1933 kam es zwischen beiden Ländern zu zahlreichen Finanz- und Handelsabkommen.

Hunderte arbeitslose Niederländer fanden jenseits der Grenze Beschäftigung.

Aber auch deutsche Staatsbürger zog es nach Holland, eine Statistik von 1937 gab die Zahl mit 75 000 an, darunter 2000 Nationalsozialisten.

Als diese Deutschen nach 1933 in den Niederlanden offen zu agitieren begannen, wurden sie noch durch richterliche Verfügung mit einem Versammlungsverbot belegt und zum Teil ausgewiesen. Noch waren die Niederlande mit ihrem Export – zum Beispiel kriegswichtiger Rohstoffe – ein bedeutender Partner für das Deutsche Reich, nicht nur umgekehrt.

Bald aber glaubte die Regierung in Den Haag, auf den politisch und ökonomisch mächtigen Nachbarn Rücksicht nehmen zu müssen und schloß – gegen den erklärten Widerstand der Flüchtlingskomitees – bereits im Frühjahr 1934 die Grenzen. Je schlimmer der Druck auf die Juden in Deutschland wurde, desto unnachgiebiger zeigte sich die holländische Regierung in der Frage des Asyls.

Nach einer Verordnung vom Mai 1938 sollte fortan jeder Flüchtling als »unerwünschtes Element« betrachtet werden. Bleiben durfte nur, wer sich nachweislich in Todesgefahr befand. Die deutschen Konzentrationslager empfand der damalige katholische Justizminister Goseling, der später selbst in Buchenwald umkommen sollte, nicht als lebensbedrohend.

Nach dem Novemberpogrom 1938 gestattete die Regierung – auf massive Proteste der niederländischen Öffentlichkeit hin – etwa 8000 deutschen und österreichischen Juden die Einreise. Weitere 40 000 Flüchtlinge, die Asylanträge gestellt hatten, schickte sie an der Grenze zurück. Das bedeutete in den meisten Fällen den sicheren Tod.

Unter denen, die aufgenommen wurden, befanden sich die Eltern Heymann, die das allerdings nicht wirklich würdigen konnten. Zu sehr waren sie mit ihrem persönlichen Kummer beschäftigt: dem Verlust der Heimat, den Schuldgefühlen gegenüber Else Ury und der Omama, die sie allein in Berlin zurückgelassen hatten. Außerdem quälte sie auch die Furcht vor dem ungewohnten Zusammenleben mit den jungen Jachmanns. Denn »sowas«, um mit Käthe Heymann zu sprechen »geht ja nicht auf die Dauer«.

Wenn sie von ihren Kindern nicht so energisch zur Emigration gedrängt worden wären, hätten die Heymanns am liebsten kehrt gemacht. Sie wußten nichts von Vernichtungslagern. Was Fritz Neumann, dem Krummhübeler Hauswart, ein Jahr zuvor in einem KZ widerfahren war, davon hatten sie gehört, das war nicht schön, aber er hatte es überlebt. Konnte es so schlimm sein, in die Heimat zurückzugehen?

Als ihr Schiff »Simon Bolivar« im Hafen von Amsterdam anlegte, warteten Lisel, Berthold und Peter an der Kade. Die Möbel aus Berlin waren schon da, und alle hatten jetzt vollauf damit zu tun, sich in der neuen Wohnung in Amsterdam-Süd so gemütlich wie möglich einzurichten und ihr ungewohntes Umfeld kennenzulernen. Aber so fremd, wie Käthe und Hugo Heymann es ihrem Sohn beschrieben, war es gar nicht. »Amsterdam-Zuid«, so erinnerte sich später eine deutsche Jüdin, die Auschwitz überlebt hatte, »das war eine Welt für sich. Da wohnten damals fast ausschließlich deutsch-jüdische Emigranten. Überall wurde deutsch gesprochen. Da gab es Schlachter mit deutscher Wurst und Bäkker mit deutschem Brot.«

Aber es war eben nicht Deutschland.

Klaus mußte jetzt fünf Wochen lang auf Briefe verzichten.

Amsterdam, den 15. Mai 1939

Mein liebes Jungchen!
Spät abends beginne ich meinen Brief an Dich. Ich kam in den letzten Tagen nicht zum Schreiben. Immer wenn ich mich gerade dazu hingesetzt hatte, wollte der Vater Radio hören, und ich mußte die Schnauze halten.

Bis die Nachrichten beginnen, kann ich noch schreiben.

Onkel Ludwig machte mir heute den Vorschlag, im August nach London zu kommen, wenn die jungen Urys verreisen, und ihm Gesellschaft zu leisten.

Wer weiß, ob sie nicht in den nächsten Tagen schreiben, daß ich kommen und ihnen beim Umzug helfen möchte.

Ich trauere allem nach, was ich in Berlin zurückgelassen habe. Vater, der ein unverbesserlicher Optimist ist, hofft immer noch auf einen kleinen Transfer seiner Pension. Anscheinend hat es jetzt bei Onkel Ludwig damit geklappt.

Die 20 Pfund hat Vater von Dir angenommen, um Geld zu haben für den Arzt, die Medikamente und Spritzen. Man kann doch nie wissen, was kommt, und Vater muß doch wenigstens in Ruhe mal krank sein können. Es lastet schon genug auf ihm, daß er durch das andere Klima – es ist doch hier viel wechselhafter – besonders anfällig ist. Und die Wohnungen sind doch durch die einfachen und nicht sehr fest schließenden Fenster auch nicht so geschützt. Es zieht überall durch. Ich sehe da mit Sorgen in die Zukunft. Wir wissen gar nicht, wie verwöhnt wir in dieser Hinsicht von Deutschland her sind.

Dennoch, wir leben uns langsam ein, versuchen, alles so zu nehmen, wie es ist, und hoffen, daß es nochmal anders kommt.

Natürlich wäre es herrlich, Dich Pfingsten bei uns zu haben. Dann bring doch Deine Wäsche mit, namentlich, was kaputt ist. Hier kann man Pfundwäsche fortgeben, bekommt sie schrankfertig wieder. Das Ausbessern übernehme ich. Und bring, falls Du kommst, die fraise Wollschlafdecke mit. Sie ist doch das Gegenstück zu der von Vater.

Leb wohl, mein Junge, sei vorsichtig auf den Baustellen und überanstrenge Dich nicht. Tausend Grüße

Mutti

Herzlichen Gruß. Vater

Käthe und Hugo Heymann, von Berlin her an große, hohe Zimmer, an Doppelfenster und Zentralheizung gewöhnt, mußten sich jetzt mit zwei kleinen Räumen begnügen, in denen es permanent zog und die, wie der Winter zeigen würde, kaum warm zu kriegen waren. Darüber konnte sich der deutsche Baurat ernstlich aufregen, wie über so manches, was in der Heimat eben ganz anders und viel besser gewesen war. Wie Theodor W. Adorno, selbst Exilant in den USA, später schrieb: »In der Erinnerung der Emigranten schmeckt jeder deutsche Rehbraten, als sei er vom Freischütz erlegt worden.«

Diese Haltung war unter den Flüchtlingen aus Deutschland, besonders unter Juden, weit verbreitet und ärgerte die Niederländer. In der Presse wurde häufig darüber geschrieben. »Het Liberale Wekblad« klagte im Juli 1938:

»Die natürliche Sympathie, die wir den jüdischen Emigranten entgegenbringen, und unsere von Herzen kommende Hilfsbereitschaft werden hierzulande beeinträchtigt durch diejenigen Emigranten, die uns unsympathisch sind, nicht, weil sie deutsche Juden, sondern weil sie deutsche Juden sind. Ihre Vorliebe für die deutsche Sprache, die deutschen Sitten, ihre Verherrlichung Deutschlands im Vergleich zu Holland, sind widerwärtig, nicht nur für unser Nationalgefühl, sondern auch für unsere philosemitischen Gefühle. Kürzlich empfingen wir den Brief einer gebildeten Dame, die wirklich sehr viel für die Sache der Juden und der Emigranten getan hat. Sie schrieb uns: ›Ich koche, wenn ich sehe, wie Amsterdam sich in eine deutsche Stadt verwandelt.‹«

Ein halbes Jahr später druckte die Zeitung eine Art Hausordnung mit folgenden Geboten für die Flüchtlinge ab:

»Sprich auf der Straße oder in öffentlichen Gebäuden wie Restaurants etc. kein Deutsch ... Errege keine Aufmerksamkeit durch lautes Sprechen oder auffällige Kleidung ... Lerne die Sitten und Gebräuche dieses Landes in sozialer und kommerzieller Hinsicht kennen und folge ihnen ...«

Käthe Heymanns Ausdrucksweise »ich mußte die Schnauze halten«, wenn der Ehemann Radio hören wollte, zeigt, in welch gereizter Stimmung sie sich befand. Mit dem Radio hatte es eine besondere Bewandtnis. Als technische Errungenschaft hatte es erst in den Zwanziger Jahren die Haushalte erobert. Um die notwendige Trennschärfe zu erreichen, brauchte man bei den einfachen (Detektor-)Empfängern anfangs etwas Geschick. Es war Männersache, die richtige Welle zu finden, ein Steckenpferd des Hausherrn, das Else Ury schon in ihrem Nesthäkchen (Band 10/1925) als Hauptgrund für einen Ehestreit beschrieben hatte:

»Der Röhrenapparat, den er (der Geheimrat) selbst mit seinem Faktotum Kunze angelegt hatte, funktionierte tadellos, wenn – der alte Herr nicht daran herumbastelte. Bald spielte er zu leise – der alte Geheimrat hörte schon etwas schwer – und mußte verstärkt werden. Mit dem Erfolge, daß es schnarrte und knatterte, daß einem das Trommelfell platzte. Oder das Piano in dem Violinsolo war unbedingt zu scharf – er verstand sich doch darauf, das mußte ganz zart herauskommen – und es ward so pianissimo, daß überhaupt nichts mehr zu hören war. Über fünfundvierzig

Jahre hatten Geheimrats nun schon in der harmonischsten, liebevollsten Ehe gelebt, aber jetzt kam es öfters zu Kabbeleien zwischen ihnen. Und nur wegen des Rundfunks. Wenn Frau Annemarie gerade im Lied an den Abendstern schwelgte – bums – da war er erloschen. Lauschte sie andächtig Schuberts Frauenliebe und Leben, so verwandelten sich die zarten Lieder plötzlich in einen ohrenbetäubenden Soldatenmarsch.

Beim Rundfunk versagte Frau Annemaries Abgeklärtheit und Ruhe. Da kam ihr Jugendtemperament wieder zum Vorschein. Himmelhoch beschwor sie ihren Mann, doch bloß die Hände von dem Apparat zu lassen.«

Amsterdam, den 17. Mai 1939

Mein lieber Junge!
Allmählich kommt hier alles in ein gleichmäßiges Geleise, wenn natürlich auch immer noch zu räumen ist, aber das hat ja Zeit.

Kläuschen, wir würden uns natürlich schrecklich drüber freuen, wenn wir uns Pfingsten wiedersehen könnten, falls Deine Arbeit es zuläßt. Dann würde ich raten, Deine Wäsche mitzubringen, namentlich, was kaputt ist. Das Ausbessern übernehme ich, Oberhemden, Strümpfe.

Und dann noch etwas: Bringe doch, falls Du kommst, die fraise Wollschlafdecke mit. Ich brauche sie hier, gebe Dir dafür eine gute Kamelhaardecke. Nur, es ist doch das Gegenstück zu der vom Vater.

Bitte kein Überraschungsbesuch, Vorfreude viel schöner. Pensionstransfer vom Vater natürlich abgelehnt. Ich hatte es nicht anders erwartet.

Tausend Grüße. Mutti

Recht herzliche Grüße Dir, mein lieber Junge, und allen Urys.

Leb wohl. Vater

Berlin, Solinger Str. 10, den 20. Mai 1939

Mein lieber Klausejunge,
ich habe Dir lange nicht mehr direkt geschrieben, Dir noch nicht mal für Deine guten Wünsche für unsere neue Wohnung gedankt. Ich hoffte, Dir gleichzeitig die gute Nachricht geben zu können, daß die Unterhaltsgelder weiter bewilligt seien. Dies ist nun leider nicht der Fall. Gestern kam die Ablehnung an mich, während es Vater schon vorher abgeschlagen worden war. Nun mußt Du sehen, mein Junge, daß Du für das letzte Studienjahr eventuell Freistudium bekommst. Wo Du immer unter den ersten abgeschnitten hast, wird Dein Headmaster, mit dem Du sprechen mußt, sich sicher dafür einsetzen. Ich sende Dir die Ablehnung mit, die Du vorzeigen kannst. Auch eine Abschrift der an Vater gerichteten Absage.

Jetzt, wo weder der Vater noch ich mehr für Dich sorgen können, mußt Du selbst die notwendigen Schritte dort tun und keinen falschen Stolz haben. Der ist heutzutage für uns nicht am Platze.

Vorgestern hat Kurt das Permit für England bekommen. Er hofft, in vier Wochen drüben zu sein. Er ist nach dem langen Warten und Hin und Her wie aufgebunden. Es ist auch gut, daß er rauskommt. Im Herbst wird wohl seine Nummer für USA dran sein. Er ist ein lieber Junge.

Ich wollte Dich noch fragen, Klaus, was Du von Deinen alten Sachen noch geschickt haben möchtest. Es wäre gut, wenn Du es mir bald schreiben würdest. Hast Du nicht auch noch einen Ski-Anzug in Krummhübel? Und Ski-Stiefel?

Uns geht es gut. Wir haben uns in der neuen Wohnung, die sehr schön geworden ist, recht gut eingelebt. Omama sagt jeden Tag, wie hübsch es hier ist. Daß das Klo etwas eng ist, hat sie in Kauf genommen.

Auch an die Gegend habe ich mich schon gewöhnt. Der Tiergarten ist nah, und der ist jetzt zauberhaft. Es will bei uns nicht warm werden. Man kann nur spazierengehen, nicht sitzen.

Die Charlottenburger Chaussee würdest Du nicht wiedererkennen. Auf dem großen Stern thront die Siegessäule, steht aber viel besser als früher, von allen Seiten weit sichtbar.

Ich hoffe ja immer noch, im Sommer ins »Nesthäkchen« fahren zu können, da es bisher noch nicht verkauft ist und es mir gesundheitlich sehr gut tun würde. Ich spüre die schweren Monate mit allen ihren Trennungen doch jetzt recht sehr, wenn ich mir auch Mühe gebe, mich nicht unterkriegen zu lassen.

Gehst Du manchmal mit Onkel Ludwig spazieren oder spielst Schach mit ihm?

Eben kommt Eure Karte. Es ist inzwischen Sonntag. Dank für Deinen Gruß!

Leb wohl, mein lieber Junge. Schreibe mir umgehend, was Du haben willst und mache so schnell wie möglich die notwendigen Schritte für Dein Freistudium.

Von den Eltern klingen die Nachrichten noch reichlich sehnsüchtig. Omama läßt Dich herzlich grüßen. Ich dito. Deine Tante Else

Auch Frl. Lina läßt grüßen.

Zwei Anlagen

Für Else Ury hatte sich mit dem Weggang ihrer Geschwister Ludwig und Käthe vieles verändert. Sie mußte die große Wohnung am Kaiserdamm aufgeben und war mit ihrer 92 jährigen Mutter und der Pflegerin, Fräulein Lina, ins Tiergartenviertel gezogen, einen Stadtbezirk der krassen Gegensätze. Vor 250 Jahren hatten hier Hugenotten, Glaubensflüchtlinge aus Frankreich, die erste Ansiedlung gegründet und sie »Terre des Moabites« genannt, im Gedenken an die biblischen Moabiter, ein Volk, das den Israeliten in Zeiten der Verfolgung Gastfreundschaft gewährt hatte. Moabit, Alt-Moabit, der Name blieb. Norden und Westen waren von Industriebetrieben und Mietskasernen geprägt. Hier lag auch das Kasernengelände des Wachregiments Berlin, jener Truppe, die den Widerstand der Offiziere des 20. Juli 1944 niederschlagen sollte.

Es gab einen Exerzierplatz und eine später berüchtigte Haftanstalt: das Zellengefängnis Moabit wurde für viele Nazigegner zur Durchgangsstation ins KZ.

Im Süden und Osten aber, jenseits der Spree, lag das Regierungs- und Diplomatenviertel, da logierte die Haute Volée.

Else Ury wohnte im besseren Teil, nahe der Spree. Um in den Großen Tiergarten zu kommen, brauchte sie nur die Hansabrücke zu überqueren. Dann war es nicht mehr weit bis zu dem Ort, an den sie zwanzig Jahre zuvor (Band 1, ca. 1913) ihr Nesthäkchen geführt hatte – und all jene, die seither den Spuren ihrer Lieblingsheldin folgten:

»Annemaries liebster Spaziergang im Tiergarten war die Uferpromenade am Kanal entlang. Da kamen die Entchen, sobald die Kleine ihr Frühstücksbrot herauszog, herangeschwommen und luden sich zu Gaste.«

Auf ihren Spaziergängen hatte Else Ury ein berühmtes Berliner Wahrzeichen im Blick: die Siegessäule. Dieses Denkmal war 1873, vier Jahre vor ihrer Geburt, von Kaiser Wilhelm I. eingeweiht worden und sollte an die Siege der Preußen über Dänemark (1864), über Österreich (1866) und über Frankreich (1871) erinnern. Ursprünglich auf dem Königsplatz (heute Platz der Republik) vor dem Reichstag errichtet, wurde die Säule im Zuge der nationalsozialistischen Neugestaltung durch den Generalbauinspektor Albert Speer 1938 abgetragen und – durch Einfügung einer vierten Trommel von 61 auf 68 Meter erhöht – auf dem Großen Stern im Tiergarten wieder aufgestellt. Nun war sie – mit der frisch vergoldeten Siegesgöttin auf der Spitze – weithin sichtbar als Markierungspunkt auf der Ost-West-Achse, die vom Brandenburger Tor zum heutigen Theodor-Heuss-Platz führt. Schnurgerade, auf 53 Meter verbreitert, von ca. 700 gußeisernen Laternen auf Granitsockeln gesäumt, war sie nach den Plänen von Albert Speer der ideale Ort für die Massenaufmärsche der neuen Machthaber geworden. Auch das Brandenburger Tor, das einst der Nachfolger Friedrichs des Großen hatte erbauen lassen, wurde im Rahmen der nationalsozialistischen Baumaßnahmen von 62 auf 149 Meter verbreitert.

An ihre Nichte Marianne, die auf Java die Ausreise nach Kolumbien vorbereitete, schrieb Else Ury zur gleichen Zeit etwas ausführlicher als an Klaus.

Kurz zuvor war Dr. Theodor Wallenberg, der Vater der drei »Puppenjungen« Fritz, Rudi und Heinz, in Berlin gestorben, die Ausreisepapiere bereits in der Tasche.

Marianne Davidsohn-Levy und Heinz Wallenberg, obgleich verwandt, planten zu heiraten. Marianne hatte Tante Else als einzige der Familie ins Vertrauen gezogen, und die unterstützte die Nichte gegen alle Unkenrufe aus der Familie:

Wie schade, daß Onkel Theodor das nicht mehr erleben konnte. Wie hätte er sich gefreut. Er hat Dich besonders gern gehabt. Es ist brutal vom Schicksal, daß er so kurz vor dem Wiedersehen mit den Kindern fortgerafft wurde. Aber die Ruhe ist ihm nach all dem Schweren zu gönnen. Kurt hat bei der Trauerfeier so schön Cello gespielt. Es war weihevoll.

Tante Martha ist tapfer wie immer. Was wäre die froh, Dich als Heinz' Frau in Bogotà zu wissen. Ach, als sie so traurig war, hätte ich ihr so gern eine Andeutung gemacht, um sie herauszureißen und zu erfreuen. Aber ich habe ganz dicht gehalten, da ich mich nicht dazu befugt fühlte. Und Tante Ola würde sicher überselig sein für Euch beide. Fritz versucht ja alles, um Tante Ola nach Columbien hinein zu bekommen. Es soll noch tausendmal schwieriger sein als früher. Trotzdem doch Onkel Theodors Einreise nur (auf Olas Namen) umgeschrieben zu werden brauchte. Also Tante Martha wird vorerst allein fahren. Fritz hat erst gestern wieder gekabelt, daß sie so schnell wie möglich – noch im Juni – ausreisen soll. Sie ist heute den ganzen Vormittag in den Schiffsbüros gewesen. Es ist keine Passage frei. Weder über Buonaventura, noch über Puerta Colomba.

Tante Ola brauchte ja auch Zeit, um hier aufzulösen. Und es wird ihr auch verdammt schwer, von uns fortzugehen, trotz ihrer Sehnsucht nach den Jungen.

Übrigens, wir frieren. Heute, am 26. Maientag, sitze ich mit Wollpullover, Strickweste und Decke, da natürlich nicht mehr geheizt wird und Petrus Pfingsten mit Weihnachten zu verwechseln scheint. Omama hat Heizkissen und elektrischen Ofen. Ich sitze an meinem Schreibtisch in meinem sehr gemütlichen Biedermeier- Wohnzimmer. Es ist alles so wie am Kaiserdamm – nur in kleinem Format. Über dem Sofa, wo Du in Gedanken neben mir sitzt, hängt der kleine Emil, das große Ölbild meines Vaters.

»Der kleine Emil«, so erinnert sich Klaus Heymann, »hing schon in der Kantstraße an der Wand, und zwar im Salon über dem Klavier. Das Bild stammte, glaub ich, von einem bekannten Maler. Ich hab es mir oft angesehen. Es zeigte einen kleinen Jungen mit goldblonden Locken, der einen Reifen und einen Stock in der Hand hielt, ein Spielzeug, das auch zu meiner Zeit noch benutzt wurde. Ob es das Bild noch gibt? Meine Tante muß es in Sicherheit gebracht haben, bevor sie ihre letzte Wohnung verließ, denn auf der Liste mit ihrem Inventar steht es nicht.«

Das Biedermeierzimmer, das auch Marianne schon aus der Kantstraße vertraut war, hat Else Ury im 10. Band ihres »Nesthäkchens« (1925) verewigt, und man kann annehmen, daß ihre Beschreibung (bis auf den Vogelbauer) weitgehend autobiografisch ist:

»Frau Annemarie begab sich in ihr Biedermeierzimmer, ihr ureigenstes Reich. Dort war jeder Gegenstand, jedes Möbel fest mit ihr verwachsen, durch Überlieferung und Erinnerung ein Teil ihrer Persönlichkeit geworden. Auf dem breiten Erkerfenster standen in weißen Porzellantöpfchen Alpenveilchen in allen Farbstufen, vom zartesten Rosa bis zum tiefsten Pupurrot ... Im Bauer über dem runden Mahagoni-Nähtisch schmetterte Mätzchen ihr seine Jubelhymne entgegen. Und ein letzter Sonnenstrahl verweilte noch einige Sekunden, um Großmamas Lieblingsplätzchen zu vergolden.

Sie ließ sich in dem mit grünem Rips bezogenen Lehnstuhl nieder ...«

Mariannes jüngerer Bruder Kurt, der in Berlin immer noch auf die letzten Stempel für die Ausreisepapiere wartete, machte sich inzwischen bei der Verwandtschaft nützlich, wie Else Ury an ihre Nichte Marianne berichtete:

Kurtchen hat mir so schön geholfen. Am Umzugstag hat er mir männlichen Schutz geleistet. Und dann hat er mir meine Bücher eingeordnet. Nun geht er wie alle übrigen weg. Und das Gemeine ist, daß man sich darüber noch freuen soll und muß.

Von Tante Martha wird mir der Abschied auch entsetzlich schwer, denn der ist für immer. Wir sind jetzt, so viel es geht, zusammen. Mir ging es nach all den Wochen der Aufregungen und Anstregungen nicht so besonders. Ich hatte Beschwerden und die Schmerzen, die ich schon früher in Händen und Füßen gehabt habe. Sie sind nervöser Art. Nun bin ich in Behandlung bei dem Ägypter, der auch Onkel Hugo schon geholfen hat. Die jüdischen Ärzte haben alle mit Auswanderung den Kopf voll.

Wenn es wärmer wird, gehe ich in den Tiergarten – er ist nur sechs Minuten entfernt – und schreibe da meine vielen Briefe. Das ist jetzt meine Hauptbeschäftigung.

Tante Käthe sehnt sich unsagbar nach uns zurück. Man ist eben zu eng verwachsen. Was in normalen Zeiten ein Segen ist, wird in Tagen der Trennung zu schwerer Bedrückung. Ich habe schon zweimal mit ihnen in Amsterdam telefoniert. Man ist mit Flugzeug nur zwei Stunden entfernt und kann nicht zueinander. Aber man darf die Hoffnung nicht aufgeben.

Von meinen Freunden sind nur noch ganz wenige hier. Gestern erhielt ich den ersten Brief aus Port Elizabeth von meiner engsten Freundin Grete Levy. Er klang so erfreulich, daß er mir über die Trennung hinweghilft. Sie ist mit soviel Liebe dort erwartet worden, kommt sich in dem südafrikanischen Milieu, das sehr elegant ist, vor wie in einem Film. Die Hauptsache, sie kann wieder (als Tanz-Lehrerin) arbeiten, so daß sie bald von ihrem Bruder unabhängig wird. Sie fehlt mir sehr. Aber wer fehlt mir nicht?

Das Neueste ist, daß uns auch Fräulein Lina zum Juli verläßt. Als »Dienstbode« hat sie Einreise- und Arbeitserlaubnis für Holland bekommen. Die Trennung fällt ihr ebenso schwer wie uns. Sechs Jahre haben uns fest verbunden. Ersatz für sie habe ich bereits – eine Dame, die jetzt bei der 98jährigen Schwester von Max Liebermann ist.

Froh bin ich, daß ich Tante Ola noch hier behalte. Und auch Deine Mutti. Wenigstens vorläufig. Man weiß ja nie, was alles noch kommt. Und nun, mein Herzchen, sei innig umarmt von Deiner ollen Tante Else.

Amsterdam, den 22. Mai 1939

Mein lieber Junge!
Heute sitzen wir zum ersten Mal im Dünensand, wir beide allein. Peter muß um zwei Uhr in der Schule sein. Es ist etwas reichlich für die kleinen Dinger. Kaum kommen sie nach Hause, haben geluncht und fangen gerade an zu spielen, da müssen sie schon wieder gehen. Aber das ist ja nun das allgemein übliche hier.

Gestern haben wir eine schöne Tour nach Ouderkerk gemacht, mit dem Dampfer zurück. Es war im ersten Frühlingsgrün, herrlich! Das Wasser ganz tiefblau.

Daß Du, Kläuschen, Pfingsten nicht wirst kommen können, hat uns zuerst enttäuscht, aber wir sehen natürlich ein, daß unbedingt erst Deine Arbeit kommt.

Ja, mein Jungchen, von meinem Kommen wollen wir vorläufig absehen. Das würde ich dem Vater nicht antun, daß ich ohne ihn fahre, und damit warten wir lieber, bis Du später mal so weit bist, daß Du uns einladen kannst. Ich würde auch auf keinen Fall jetzt die Gastfreundschaft von Urys in Anspruch nehmen, die schon genug auf sich haben.

Heute bekamen wir einen netten Brief von unserer ehemaligen (arischen) Nachbarin Frau Wauer, allerdings ohne Absender und Unterschrift. Postzensur! Sie haben Angst ihres Sohnes wegen. Sie lassen Dich sehr grüßen, schreiben, daß in unserem Hause nach wie vor alles friedlich ist, und die andere jüdische Familie noch ruhig weiter wohnt.

Inzwischen sind wir auf unsere Bank in den Anlagen weitergezogen. Es war zu heiß im Sande. Dort lagen wir unter Windschutz, hier weht es wieder mehr. Vor uns lauter junge Enten – ein hübsches Plätzchen. Hier habe ich wieder lesen gelernt. Lisel versorgt uns mit hübschen Büchern, und wenn ich auch mit Näherei reichlich zu tun habe, so bleibt doch täglich Zeit zur Lektüre. Augenblicklich richte ich Lisels Sommersachen her. Ich wünschte, ich hätte früher mit der Schneiderei angefangen. Es geht mir nicht sehr schnell von der Hand.

Ist Onkel Ludwig vergnügt, oder ist er solch alter Baum wie ich? Ich bange mich so sehr nach Omama und Tante Else! Der Gedanke, sie vielleicht nie mehr wiederzusehen, quält mich so.

Schöne Feiertage. Innigen Gruß und Kuß. Mutti

Herzlichst. Vater

Klaus Heymann hatte sein vorerst letztes Examen bestanden und nach langer Suche ein Architekturbüro gefunden, in dem er das obligatorische Praktikum absolvieren konnte. Für einen Ausländer, dazu mit deutschem Paß, ein großer Glücksfall:

»Das war in Salisbury, einer hübschen Provinzstadt in Wiltshire, Westengland. Ich hatte mich in einer kleinen Pension in einem Privathaus eingemietet mit Vollpension für 1 Pfund, 10 Shilling pro Woche. Das Büro meines Chefs, der ein reizender Mensch war, konnte ich in zehn Minuten zu Fuß erreichen. Das war fast auf dem Land, und das gefiel mir sehr. Mein Chef, Mr. Potter, vertraute mir schon bald größere Aufgaben an, ich mußte sehr viel arbeiten, aber ich habe so viel verdient, daß ich nach Abzug meiner Unterhaltskosten noch Geld übrig hatte, und das schickte ich so circa alle vier Wochen nach Amsterdam zu meinen Eltern.«

Amsterdam, den 28. Mai 1939

Guten Morgen, mein Geschöpf!
Wenn ich auch gehofft hatte, Dir meinen Pfingstgruß persönlich zu sagen, so sind wir doch über den Inhalt Deines bereits gestern abend empfangenen Briefes so erfreut, daß wir vorläufig gern auf ein Wiedersehen mit Dir verzichten. Und das nicht nur, weil Du jetzt Geld verdienst, wenn ich geldgierige Katze das auch nicht unterschätzen will. Aber daß Du bei einem so netten Chef in reizvoller Gegend so vielseitige Arbeit gefunden hast, macht uns ganz glücklich.

Ich muß Dir auch zur Arbeitserlaubnis gratulieren. Das ist ja das Wichtigste. Hoffentlich wird sie später nach dem Studium auch verlängert.

Jedenfalls war es nach längerer Zeit mal wieder die erste Freude für uns. Gern hätte ich Tante Else den Briefwechsel eingesandt, da sie ja auch einen gewissen Anteil an Dir hat und sich jedenfalls sehr darüber freuen würde. Aber lieber nicht. Der dicke Brief würde sicher geöffnet werden.

Es ist wirklich fabelhaft, wie vielseitig Eure Arbeit ist, so, wie man sie sonst nur in ganz großen Baubüros findet. Und die nehmen sich dafür keinen Anfänger. Also auch das ist besonders günstig.

Ist denn Mrs. Potter die Frau Deines Chefs oder seine Mutter? Hast Du zuerst bei ihnen gewohnt? Wie nett von ihm, es Dir anzubieten. Wie alt ist er und sie? Haben sie Kinder?

Bei uns ist wenig schönes Pfingstwetter, zwar trocken, aber sehr stürmisch. Leider haben die Spritzen nicht verhütet, daß Vater vorgestern nacht wieder eine sehr schmerzhafte Verhaltung hatte. Heute muß er zum Arzt.

Daß Du meinst, Onkel Ludwig würde sich totfreuen, wenn ich käme, spricht eigentlich Bände. Fühlt er sich nicht wohl? Ich meine, sehnt er sich nach Berlin und seiner gewohnten Umgebung zurück? Das ist ja nur zu verständlich.

Es geht uns beiden ja auch so.

Dazu kommt ja noch, daß wir Juden, und besonders wir deutschen Juden, mit besonderer Sentimentalität behaftet sind. Die meisten sehnen sich zurück. Eben erst sagte Vater, wenn der Gedanke über ihn kommt, daß man nie mehr in seine Heimat zurück darf, könnte man wahnsinnig werden. Das ist kein Werturteil gegen unser jetziges Leben, das sorglos und weit angenehmer ist, als es die meisten Emigranten haben. Aber es ist nun mal nicht wegzuleugnen.

So, mein Junge, Familie Jachmann, die jetzt, den ersten Feiertagsnachmittag, fort waren, kommt eben zurück. Vormittag waren wir alle in Karselaan, wunderschöne neue Siedlung besichtigen. Dann im Park auf einer Sonnenbank geschmort. Leb wohl, mein Junge, laß es Dir gut ergehen. Bitte schreib uns so ausführlich wie Du Zeit hast. Interessiert uns doch alles. Innigen Gruß und Kuß

Mutti

Mein lieber Junge!
Ich freu mich ganz besonders darüber, daß Dein Direktor, Mr. Addison, sich für Dich bemüht hat. Ich würde empfehlen, diese Beziehung lange aufrechtzuerhalten. Mr. Potter, Dein jetziger Chef, wird ja dem Poly einen Bericht über Deine Leistungen schreiben, der Dir sicher auch für spätere Zeit zum Vorteil gereichen kann, denn ich bin davon überzeugt, daß er sehr gut ausfallen wird.

Also alles Gute für Deine Tätigkeit als Chief Assistent und viele herzliche Grüße. Übrigens Vorsicht auf den Bauten. Achtung auf Fallen! Niemals auf ein einzelnes Brett gehen, stets mit jedem Fuß auf einem besonderen Brett. Das wurde mir gleich am ersten Tage von meinem derzeitigen Berliner Chef Cornelius beim Bau des Kaiser-Friedrich-Museums im Jahre 1897 gezeigt. Vater

Lieber Klaus, alle Jachmanns gratulieren!

Vivat Salisbury and good health!

Amsterdam, den 3. Juni 1939

Mein liebes Jungchen!
Wir sind mit unserer Semmel an die Stadionkade gezogen, und hier will ich in Ruhe schreiben. Hab Dank für Deinen wirklich schönen Brief, der so froh und befriedigt klingt wie Du lange nicht geschrieben hast. Du kannst Dir denken, daß er dieselbe Stimmung unter uns auslöst.

Gern hätten wir Dir früher geschrieben, aber ich wollte mir die besonders nette Einladung von Helen und Fritz Ury und Deinen Vorschlag, Kläuschen, nochmal durch den Kopf gehen lassen. Ich brauche Dir nicht zu versichern, wie gern ich ihn annehmen würde, denn es klingt alles sehr verlockend, und wenn ich trotzdem in Zweifel bin, so wirst Du Dich dem bei ruhiger Überlegung nicht verschließen.

Wer A sagt, muß auch B sagen können.

Leider haben wir uns überreden lassen, nach hier auszuwandern. Ich sage bis heute, wie von Anfang an in Berlin: für uns lag keine Veranlassung für die so folgenschweren und nicht rückgängig zu machenden Schritte vor.

Leider hatte ich nicht den Mut, mich gewaltsam dagegen zu stemmen, aber da es nun mal geschehen ist, müssen wir die Folgen auf uns nehmen, und ich darf mir einfach solche Reise, die allein 45 Gulden Reisegeld kosten würde, jetzt nicht leisten. Sage nicht, daß Du es ja bezahlst. Das ist ganz gleichgültig.

Ferner möchte ich auch den Vater nicht allein zurücklassen, Der Vater braucht mich seelisch, er braucht mich körperlich. Ich muß jetzt ein bißchen auf ihn aufpassen, denn er ist leichtsinnig wie ein junger Hund und muß es doch hinterher büßen. Das vergißt er viel zu schnell.

Wer die Bücher von Else Ury kennt, wird in den Briefen vieles wiederfinden, was ihm vertraut vorkommt: den Erzählton, die Sprüche und Gewohnheiten der Familie, den spezifischen Berliner Humor und auch das Pathos und die Sentimentalität. Man hat fast den Eindruck, als sei das, was diese Familie bewegte und tat, von Else Ury bereits einmal vorformuliert worden.

Auch den Grund für Käthe Heymanns Entschluß, diese Englandreise, von der sie doch seit ihrer Jugend geträumt hatte, nun nicht antreten zu wollen. Es lag nicht am Geld. Worum es ihr ging, hat ihre Schwester Else Ury 1924 in dem Band »Nesthäkchen und ihre Enkel« (Band 9) erschöpfender erklärt als Käthe das gekonnt hätte:

»Oft hatte sie den Entschluß gefaßt, den Bitten und Einladungen ihrer Kinder nach Brasilien zu folgen ... Damals, als ihr Sohn besuchsweise hinüber fuhr. O Gott, wie war es ihr schwer geworden, zurückbleiben zu müssen. Wie hatte sie geschwankt – überlegt – Entschlüsse gefaßt – und wieder verworfen. Ihr Mann hatte es ihr in selbstloser Weise freigestellt ... Gar nichts würde er entbehren, hatte ihr Rudi oft genug, halb im Scherz, halb im Ernst versichert. Und doch – Frau Annemarie wußte es besser. Die wußte, wie eng verwebt sein Leben mit dem ihrigen war. Daß sein erster Blick morgens ihr galt, sein letztes Wort des Abends. Daß er ihr jeden Morgen mitteilen mußte, wieviel Grad das Thermometer draußen am Fenster anzeigte. Daß ihm der Kaffee nicht schmeckte, wenn sie ihn nicht eingoß, und nicht die Frühstücksbrötchen, die sie nicht bereitet ... Zu allem diesen war Frau Annemarie ihrem Mann unentbehrlich. Vor allem aber, um sich das Schwere ... von der Seele sprechen zu können. Nein, sie konnte nicht fort von ihm. Ein gemeinsames, langes Leben hatte sie zu fest miteinander verknüpft.«

Also, mein Jungchen, sei nicht enttäuscht.
Vielleicht ist es richtiger, wenn Du Weihnachten zu uns kommst. Das ist viel schöner.

Heute fährt Tante Martha ab Hamburg, ist morgen in Eymuiden, aber man darf nicht ans Schiff. Leider. Ich hätte sie so gern nochmal gesehen und gesprochen. Am 7. in Dover. Schwerer Abschied für Tante Ola.

Von Ilse gestern kurze Nachricht: alles gesund. Viele, viele Grüße

Mutti

Mein lieber Klaus!
Mutti ist eben nach Haus, um das Mittagessen zu kochen. Ich soll hier an der Kade auf unserer Sonnenbank noch eine Stunde bleiben. Wir haben jetzt seit drei Tagen nur wolkenlosen Himmel, dennoch ist es nicht heiß, da täglich ein starker Wind von Nord/Nordosten weht, so daß man sich trotz Sonnenhitze immer in Windschutz begeben muß. Gestern vormittag saßen wir ebenfalls in der Prallsonne im Sand, in einer tiefen Grube vom Wind geschützt, wurden aber durch den Wind regelrecht mit Sand bestreut, so daß wir unser Frühstücksbrot kaum schützen konnten.

Mutti wäre die Freude sehr zu gönnen, mit Dir und Onkel Ludwig zusammen zu sein und England kennenzulernen. Und wir reden ihr auch zu. Dennoch will ich offen sagen, daß auch ich Hemmungen habe. Wir sind in einer Lage, wie wir sie uns zuvor auch nicht im entferntesten vorgestellt haben. Ich mache mir oft darüber Gedanken, wie es dazu gekommen ist, ob man sich das vorher wirklich erschöpfend überlegt hat. Ob es nicht auch etwas an der Stimmung lag, in der alle in Berlin sich nach dem 10. November befanden. Dann kam bald die dringende, sozusagen ultimatische Anfrage von Berthold und Lisel, dann umgehend Entscheidung, da nur sofortige Anträge Aussicht auf Erfolg haben würden.

Versteh das recht, Klausemann.

Inzwischen ist es nach dem Mittagbrot. Lisel, Berthold und Peter sind spazierengegangen. Wir beide wollen ins Kino, wozu uns Lisel schon seit vier Tagen einen Gulden hingelegt hat.

Für heute Schluß. Viele herzliche Grüße. Vater

Klaus Heymann war zu sehr mit sich selbst beschäftigt, um sich in die Lage der Eltern hineinversetzen zu können:

»Wenn ich das heute lese, muß ich gestehen, daß er natürlich absolut recht hatte. Aber ich war sehr unreif. Ich habe die Probleme niemals von dieser Seite gesehen. Ob es damit im Zusammenhang stand, daß ich jetzt auch verdiente und ihnen Geld schickte, weiß ich nicht. Was mich übrigens sehr bedrückt hatte, war, daß ich anscheinend, als ich die ersten Gelder nach Amsterdam schickte, ganz klar ausgedrückt habe, daß ich das als ein Darlehen betrachtete. Das ist eine Sache, die mir heute nicht mehr ganz verständlich ist. Wie konnte ich das so schreiben? Jedenfalls muß es so gewesen sein, das kommt in einem späteren Brief von meiner Schwester heraus, die mich anschnauzte, ob ich denn überhaupt verrückt wäre, denn der Vater hatte sich große Sorgen darüber gemacht, daß ich das Geld wieder zurückhaben wollte. Vielleicht hatte ich's so gemeint, daß er mir eines Tages, wenn er die Pension wiederbekommt, das Geld zurückzahlen kann.

Aber ich hab leider das Gefühl, daß ich furchtbar naiv und unüberlegt war, also in dieser Hinsicht an Jahren zurück. Jedenfalls hab ich mir später große Gedanken gemacht, wie ich sowas tun konnte. Aber so war's.«

Krummhübel, den 17. Juni 1939

Mein lieber Junge!
Ich bin wieder in meinem lieben »Nesthäkchen«, und es könnte alles so schön sein, wenn nicht ... Ich bin auf eine Woche allein hergefahren, um selbst zu sehen, ob ein Sommeraufenthalt noch möglich ist,

ob es sich noch wirtschaften läßt, ehe ich mit der Omama die Reise hierher mache.

Ich schreibe in der Veranda bei weit geöffneten Fenstern und im Liegestuhl, weil ein leiser Gewitterregen herabtröpfelt. Draußen blühen Flieder und die Weißdornhecken, Schwertlilien und wilde Rosen. Es ist unsagbar schön hier. Aber ich kann diesmal dessen nicht recht froh werden. Diesmal kannst Du nicht anstimmen: »Sind wir alle mal wieder beisammen gewesen. ...«

Wie schön war es damals. Ich habe hier sehr gegen Erinnerungen anzukämpfen, hoffe aber, ihrer Herr zu werden, denn ich glaube bestimmt, trotzdem Onkel Ludwig starke Bedenken hat, daß wir den Sommer hier noch zubringen können. Ich war schon in den verschiedenen Lebensmittelgeschäften, die beinahe ohne Ausnahme das Schild, das uns den Zutritt verwehrt, tragen. Ich soll meine Hausmeisterfrau schicken oder telefonieren, dann bekomme ich alles.

Mein Vertrag für den Hausverkauf läuft noch. Ich habe den Entwurf noch nicht bekommen. Auf alle Fälle habe ich mir das Wohnrecht bis zum 15. September 39 gesichert. Ich muß ja auch den Haushalt hier auflösen und den größten Teil verkaufen. Das braucht auch Zeit. Ich habe in London angefragt, ob ich Garten- und Verandamöbel, Gartenschlauch usw. für Urys neues Haus aufheben soll. Es gibt doch immer eine Gelegenheit zum rüberschicken.

Nun wollte man mir einen Verwalter vom Kreisobermann Hirschberg einsetzen, einen Architekten, den ich nicht kannte. Mein früherer Verwalter ist ja in Amsterdam! Mein Hauskauf-Vermittler ist Jurist in Breslau, war schon öfters bei mir und hat sich erboten, selbst die Verwaltung bis zum Verkauf zu übernehmen. Das wäre mir natürlich ungleich lieber. Sonst kann ich noch Gottweißwas für meinen Nachfolger machen lassen.

Nun, mein Klausejunge, erstmal zu Dir. Ich habe mich sehr gefreut, daß Du eine Bau-Assistentenstelle gefunden hast, wo Du vielseitig beschäftigt bist und viel lernen kannst. Und die bezahlt ist. Meiner Ansicht nach gut bezahlt, denn Du wirst Dir ja doch das Studiengeld, falls es Dir nicht erlassen wird, für das letzte Jahr zurücklegen müssen. Ich will ja noch einen letzten Versuch machen durch einen Konsulenten – so heißen die zugelassenen jüdischen Rechtsanwälte jetzt – eine Eingabe im Namen der Omama ans Devisenamt, die Studiengelder für ihren Enkel zu schicken, da sie eigenes Vermögen hat. Dr. B., der die Angelegenheit im »Hilfe und Aufbau« unter sich hat, verspricht sich nicht viel davon. Trotzdem werde ich es versuchen, da mir ein Fall bekannt ist, wo es dem Großvater bewilligt wurde.

Du mußt ja rasend zu tun haben, Klaus, wenn für diese Riesenarbeit nur zweieinhalb Mann zur Verfügung stehen. Vielleicht arbeitest Du Dich ja so gut ein, daß Du Dich später mal mit ihm assoziieren kannst, noch dazu, wenn es solch ein netter Mensch ist und Salisbury so schön und idyllisch liegt.

Kannst Du nicht bei der Verpflegung noch nachhelfen mit Obst, Butter, Eiern, Kakao? Gut essen mußt Du, wenn Du so arbeitest. Auch zum regelmäßigen Spaziergang, selbst wenn es abends ist, mußt Du Zeit finden. Du mußt gesund bleiben.

Kannst Du Akustik bis zum 15. Juli schaffen? Mutti schrieb mir, daß Du Dir für die Werkzeichnung Frist bis Weihnachten hast geben lassen. Hoffentlich bekommst Du sie.

Nein, Klaus, Du mußt Dich irren. Kurt hat vor sechs Wochen sehnsüchtig auf die Beantwortung seines Briefes gewartet, in dem er Dich bat, Dich für seine Angelegenheit zu interessieren. Er schrieb zugleich an den Herrn Weill. Von dem kam Antwort, von Dir nicht. Hast Du den Brief nicht erhalten? Kurt wird wohl um den ersten herum fahren. Vielleicht seht Ihr Euch in London. Es ist sehr schade, daß er vorläufig nicht das Arbeitspermit erhält. Am Ende kommt er in ein Camp! Neulich war er in dem neuen Anzug, den ich ihm geschenkt habe, bei uns. Er sah sehr gut aus. Auch Unterwäsche, Pyjamas, Strümpfe habe ich ihm zur Aussteuer geschenkt. Richtig, auch noch Schlipse.

Deinen Skianzug hat Mutti schon mitgenommen. Ich glaube auch, die Skistiefel bringe ich jetzt mit. Brauchst Du Deine Windjacke und die blauleinene von Onkel Hans? Ich hatte Kurt trotz Deines Rates schon zwei Hemden mit abknöpfbarem Kragen gekauft, da die guten alle so waren. Ein billigeres habe ich mit festem Kragen.

Über die Briefe von den Eltern bin ich noch gar nicht begeistert. Mutti hat große Sehnsucht, und ich fürchte, daß Vater den Schritt bereut, weil er seine Selbständigkeit aufgegeben hat. Das darf natürlich nicht sein. Jetzt muß man einen Strich darunter ziehen.

Mir geht es ja gesundheitlich besser, auch die Omama ist munter. Am 22. Juni bin ich zurück und hoffe dann, am 4. Juli wieder herzukommen.

Lebe wohl, mein lieber Junge, überanstrenge Dich nicht.

Viele herzliche Grüße von Deiner Tante Else

Am 12. habe ich ausführlich mit Onkel Ludwig telefoniert. Pförtners ziehen nach Liegnitz, er ist Leiter vom Arbeitsdienst. Fritz Neumann fühlt sich gar nicht wohl in seiner neuen Tätigkeit, aber er muß. Ich war heute bei ihnen.

Der Zeitungsmann Straube bot mir heute an, alles zu besorgen. Nett, nicht?

»Meiner Tante Else gegenüber«, erinnert sich Klaus Heymann, »waren die Leute überaus freundlich, jedenfalls die, die sie kannten. Aber viele, die nur von ihr hörten und wußten, daß sie Jüdin war, die waren sehr gemein zu ihr. Und sie war sehr empfindlich. Aber anscheinend hat sie gegen diese Empfindlichkeit angekämpft. Sie hatte früher immer jemanden um sich, der ihr helfen konnte, zuletzt noch ihren Bruder, den Anwalt Ludwig Ury. Mein Vater war, bis er auswanderte, ihr Hausverwalter – sie schreibt ja: ›mein früherer Verwalter ist ja in Amsterdam‹. Er hat für die Instandsetzung gesorgt und viel für das Haus gemacht. Er hat sogar die Schrift am Haus angebracht. Er hat die Originalschrift aus einem ihrer Bücher genommen, auf dem Reißbrett vergrößert und dann eine Schablone gemacht, damit der Malermeister die Worte ›Haus Nesthäkchen‹ – in deutscher Fraktur – auf die Fassade pinseln konnte. Die Kinder erkannten es sofort aus den Nesthäkchen-Büchern, wenn sie an dem Haus vorbeikamen.«

Viele von ihnen verbrachten in den zwanziger und dreißiger Jahren ihre Ferien im Riesengebirge, nicht nur wegen der guten Luft und der moderaten Preise, sondern auch, um die berühmte Autorin zu besuchen und sich ein Autogramm von ihr geben zu lassen. Und wenn sie nicht da war, konnten sie wenigstens einen Spaziergang zu ihrem Haus machen. Es lag an der Chaussee, die nach Brückenberg und zur Schneekoppe führte und von der aus man die diversen Ausflugsziele erreichen konnte, die von Käthe Heymann und Else Ury oft erwähnten Bauden, in denen die Wanderer einkehrten.

Helen Ury hat so eine Autogramm-Bitte bei ihrem ersten Besuch miterlebt:

»Im Juli 1934, kurz nach meiner Heirat mit Fritz Ury, fuhr ich nach Deutschland, um seine Familie kennenzulernen. Zu der Zeit war Else Ury gerade mit ihrer alten Mutter, sowie der Pflegerin und Klaus Heymann in Krummhübel. Ich fuhr hin. Er holte mich am Bahnhof ab, und wir gingen den Berg rauf. Als wir zum Haus kamen – es lag an einem kleinen Fluß, der Lomnitz – da sah ich ungefähr elf junge Mädchen in einer Schlange warten, um ein Autogramm von Else Ury zu bekommen. Sie kam raus zu ihnen, war sehr nett, hat ein paar Worte mit ihnen gesprochen und ihre Unterschrift in die Bücher geschrieben.«

Klaus Heymann durfte seiner Tante oft helfen, die Briefe der begeisterten Leserinnen zu sichten und zu beantworten:

»Ein paar Mal im Jahr erhielt Else Ury Pakete mit der Post, die an den Verlag gegangen war. Sie nahm die Sachen oft mit nach Krummhübel, weil sie dann mehr Muße hatte, darauf einzugehen. Das machte sie übrigens sehr gern, und manchmal lud sie die Kinder auch zum Tee ein und unterhielt sich mit ihnen.«

Amsterdam, den 19. Juni 1939

Lieber Klaus!
Heute bekommst Du mal direkt von mir ein paar Zeilen, ohne daß die Eltern einen Gruß anfügen dürfen, und ich bitte Dich auch, Deine Antwort entweder an Berthold ins Büro oder an Vater direkt zu richten. Mein liebes Kaninchen, Du hast nämlich einen Fehler gemacht. Wenn mir dieser schon eher aufgestoßen wäre, hätte ich Dir schon viel früher geschrieben. Seit dem Eingang Deines letzten Briefes an die Eltern ist uns aufgefallen, daß der Vater so schrecklich bedrückt herumlief, daß er noch energieloser war als vorher, und wir konnten uns das anfangs gar nicht erklären, zumal wir das Gefühl hatten, daß sich die Eltern bereits langsam, aber sicher einzuleben begannen. Vater hatte absolut keine Lust, mal in die Stadt zu fahren, oder Museum oder irgendwelche Verabredungen mit Bekannten zu treffen. Immerfort zotteln sie zum Zuidelijen-Wandelweg, und auf diese Manier kann der normalste Mensch allmählich rammdösig werden. Ich knöpfte mir nun mal daraufhin die Katze vor, und da kam der ganze Jammer heraus. Lediglich mit Rücksicht auf Fritz hat der Vater die bei Dir nach Januar eingegangenen vier Monatsraten als seine Anleihe, die Du ihm damals auf seinen Wunsch geschickt hast, bezeichnet. In Wirklichkeit betrachteten die Eltern diese 180 Gulden als eine Summe, mit der Du nicht mehr rechnen konntest, und sie wollten sich diese Summe als Notgroschen für sich aufheben, um Vaters Arztkosten, Kurkosten usw. davon zu bestreiten. In Deinem ersten Brief, in dem Du von Deiner Anstellung schriebst, stelltest Du dem Vater in Aussicht, ihm wöchentlich ein bis zwei Pfund von Deinem Gehalt zu schicken, da Du angeblich nur zwei Pfund dort zum Leben nötig hättest. In dem folgenden und letzten Brief an die Eltern hattest Du jedoch alles zurückgerebbelt und schriebst dem Vater, daß Du der Einfachheit halber die zwei Pfund auf die 180 Gulden anrechnen wolltest. Ich weiß nicht, was Dir der Vater darauf geschrieben hat, denn er hat den Brief klammheimlich abgesandt. Vielleicht hat er sich bereits Dir gegenüber ausgesprochen.

Versteh uns bitte richtig. Es handelt sich nicht darum, daß wir Deine zwei Pfund im Augenblick brauchen. Davon ist absolut keine Rede. Worunter der Vater leidet, ist das Bewußtsein, daß er für Ausgaben persönlicher Art, z.B. mal Rasierklingen oder eine Tasse Kaffee oder ich weiß nicht was seine 180 Gulden nicht angreifen will. Und das bedrückt ihn seelisch so sehr. Die Umstellung in dieser Weise ist für ihn sicherlich sehr schwer, und ich bin der Ansicht, daß er lieber von Dir Geld annimmt als von Berthold. Berthold wäre selbstverständlich gern bereit, Vater Geld für seinen persönlichen Gebrauch zu geben. Aber wir halten es für taktisch falsch. Er ist der Schwiegersohn! Aber von seinem Klausejungen würde Vater wahrscheinlich – und hat es damals in London bewiesen – ohne weiteres einen Zuschuß (bitte nenne ihn keinesfalls Taschengeld) annehmen. Überlege es Dir mal gründlich, und wenn es Dir möglich ist, ändere diesen Zustand, der meiner Ansicht nach durch dieses Gefühl der noch größeren Abhängigkeit hervorgerufen ist.

Ansonsten gibt es nichts Neues für uns.

Also herzlichste Grüße und schreib bald!

Deine Lisel

Amsterdam, den 22. Juni 1939
Watteaustraat 12

Lieber Klaus!

Dank für den Brief ins Büro. Wir haben uns natürlich gedacht, daß das Ganze ein Mißverständnis war. Hatten Vater gleich gesagt, er sollte etwas deutlicher an Dich schreiben, aber er hatte offenbar noch zu sehr den versteckten deutschen Stil im Kopf. Ich fürchte aber, daß Du im Begriff bist, wieder einen Fehler zu machen, wenn Du ihm jetzt das ganze Viertel, das Du verdienen wirst, auf einmal schickst. Tu das lieber nicht. Erstens macht es so den Eindruck, als ob man es ihnen so im Ganzen gibt, damit die Sache möglichst schnell erledigt ist. Zweitens verfehlt es den Zweck, denn er möchte gerade jeden Monat einen kleinen Betrag für kleine Auslagen für sich haben. Er könnte es natürlich auch von der großen Summe nehmen, aber das tut man dann nicht. Und drittens, und wichtigstens, nimmst Du ihm die Freude, jede Woche oder jeden Monat verdientes Geld von Dir zu bekommen, das Geld bei der Post abzuholen, sich daran zu freuen. Das ist sehr wichtig. Viel wichtiger, als Du Dir vielleicht vorstellst. Ich möchte Dir deshalb vorschlagen, daß Du, um Porto zu sparen, vielleicht zwei oder drei oder vier Wochen zusammenfaßt, dem Vater die Beträge schickst, am besten per Postanweisung. Es kostet mehr Porto für Dich und ist umständlicher, aber tu es lieber. Es ist ferner nötig, daß Du ihm selbst darüber schreibst, damit er das Gefühl hat, daß das Ganze spontan von Dir kommt. Ich habe es deshalb auch für richtig gehalten, ihm Deinen heutigen Brief nicht zu zeigen.

Schreib mal wieder, wenn Du Zeit und Lust hast, und sei bestens gegrüßt von Deinem Berthold

Amsterdam, den 11. Juli 1939

Mein lieber Junge!
Du warst sicher sehr froh, daß Du im Akustik-Examen so gut abgeschnitten und solchen Dusel in Bezug auf die Examensfragen hattest. Nun liegt wieder eine Prüfung hinter Dir. Ich wünschte, politisch würde sich alles so lange hinziehen, daß Du in Ruhe Dein Studium vollenden und Deine Diplomarbeit machen kannst. Aber wer weiß, wie alles kommt?

Tante Else und Omama werden hoffentlich die notwendige Erholung finden. Was hätte uns das geschadet, wenn wir noch dort und in unserer schönen Wohnung geblieben wären und jetzt mit ihnen in Krummhübel!

Hiermit teile ich Dir inoffiziell mit, daß im Herbst Mariannchen von Java über Amsterdam nach Kolumbien geht und Heinz Wallenbergs Frau wird. Und die Liebe ist größer als alle Überlegungen. Ich wünsche ihnen von Herzen, daß sie glücklich miteinander werden.

Ich glaube allerdings, daß sich ihre Mutter, so gern sie Heinz hat, einen anderen Schwiegersohn gewünscht hätte. Es wäre Marianne leicht gewesen, sich in Bandung mit einem Holländer zu versprechen. Sie hatte mehrmals die Möglichkeit.

Womit ich mit vielen herzlichen Grüßen verbleibe in Liebe

Mutti

Die Nachricht von der geplanten Heirat zwischen Marianne Davidsohn-Levy und Heinz Wallenberg, dem jüngsten der drei »Puppenjungen«, wurde in der Familie mit gemischten Gefühlen aufgenommen und eifrig diskutiert: »Geht das überhaupt? Dürfen die das?« Die beiden waren verwandt, Vetter und Kusine ersten Grades. Nach dem Gesetz war das zwar erlaubt und kam unter Juden häufiger vor. Aber konnte es sich genetisch nicht negativ auf die Nachkommenschaft auswirken? Wie groß war das Risiko? Anscheinend hatte das Brautpaar das Vorhaben lange geheim gehalten, nur Tante Else Ury, die den beiden besonders nahestand, wußte Bescheid und gab Marianne ihren Segen:

Berlin, den 19. Mai 1939

Mein Mariannchen,

wir haben uns ja immer gut verstanden. Auch das neue Lebensziel, auf das Du zusteuerst, ist mir so verständlich – es gibt eben Dinge, die stärker sind als Vornahme und guter Wille. Und ich muß sagen, die Leute, die so von großen Gefühlen abhängig sind, sind nicht die schlechtesten. Mein Herzchen, Du hast sehr Schweres hinter Dir, und ich hoffe von Herzen, daß der Weg, der nun vor Dir liegt, für Euch beide ein leichterer und glücklich machender sein wird. Was ich von Heinz halte, weißt Du. Er war mir immer am nächsten von den drei Jungen. Ihr habt das Menschenmöglichste getan, auch Dein Fortgehen von hier war mir begreiflich. Wenn Ihr trotzdem wißt und fühlt, daß keine Trennung Euch auseinander bringen kann, dann ist es eben das

Richtige, und dann soll man auch unbeirrt seinen Weg gehen. Hoffentlich führt er Euch bald wieder zusammen. Ich habe keine Ahnung, ob die Eltern von Dir schon irgend etwas gehört haben? Jedenfalls, Mariannchen, wenn ich irgendwie die elterliche Festung stürmen soll – ich tu's. Und ich glaube auch, daß Mutti was auf mein Wort gibt. Sie müßte doch meines Erachtens nach glücklich und zufrieden sein, wenn Du solch einen famosen Menschen wie den Heinz bekommst, den sie kennt und schätzen muß. Daß er keine Reichtümer hat, wiegt doch heute nicht mehr. Arbeit ist zur Zeit mehr wert. Und daß sie Dich dann in dem netten Kreis weiß, auch das müßte ihr doch große Beruhigung sein. Du hättest ihr ja auch irgendeinen Exoten anbringen können.

Die Verwandtenehe ist natürlich ein ziemlich unerforschtes Problem. Aber als Lisel damals heiratete, hielt man es auch für leichtsinnig, daß sie ein Kind bekam – und der Peter ist doch recht nett ausgefallen. Besser brauchen Eure auch nicht zu sein.

Marianne, damals noch Davidsohn-Levy (ihre Mutter Toni Davidsohn hatte ein zweites Mal geheiratet), befand sich zu dieser Zeit in Niederländisch-Ostindien auf der Insel Java. Sie hatte 1932 in Berlin Abitur gemacht und ein Physikstudium begonnen:

»Dann kam der Januar 33 und dann der 1. April mit dem ersten furchtbaren Judenboykott, und am 10. Mai war die Bücherverbrennung. Da wollte ich weg. Meine Eltern waren vollkommen entsetzt über diese Idee, und mein Stiefvater Levy redete mir gut zu: ›Wirst doch das Studium nicht aufgeben, hast doch eine glänzende Zukunft vor dir.‹ Aber ich hab's durchgesetzt. Da bin ich erst zu Verwandten meines Stiefvaters nach Holland gegangen und machte zwei Jahre lang eine Ausbildung zur Chemie-Laborantin, bekam dann aber keine Arbeitserlaubnis. Worüber ich sehr glücklich war, denn ich wollte ja viel lieber noch weiter weg, denn ich dachte mir, wenn Krieg kommt, dann würde Holland nicht neutral bleiben. So kam ich Ende 1937 nach Java. Dort lebte die Tochter der holländischen Verwandten. Ich fand Arbeit in einem chemischen Laboratorium und sparte mir drei Jahre lang jeden Pfennig ab, weil ich das Geld zusammenkriegen wollte, um nach Kolumbien zu fahren. In Berlin hatte ich mich in meinen Vetter Heinz Wallenberg verliebt. Er war schon in Bogotà, und ich sollte nachkommen. Aber als unverheiratete Frau bekam ich kein Visum, und so mußten wir ›über den Handschuh‹ heiraten, so nannte man das, eine Ferntrauung. Am 13. September 1939 konnte ich mit einem Stellvertreter – das war der Ehemann meiner Freundin – per Vollmacht, ›über den Handschuh‹ – die Ehe schließen. Meinem Mann hab ich dann telegrafiert: ›Jetzt biste verheiratet.‹ Inzwischen war aber der Krieg ausgebrochen, und ich erlebte als ›feindliche Ausländerin‹ eine wahre Odyssee über Japan, Hawai, Costa Rica, bis ich im Dezember 1940 in Buonaventura, Kolumbien eintraf. Hier war inzwischen, bis auf den Vater, der in Berlin verstorben war, und auf Lotte, die in New York lebte, die ganze Familie Wallenberg versammelt.«

Amsterdam, den 17. Juli 1939

Mein liebes Jongetche!
Ja, mein Junge, ich brauche Dir nicht zu sagen, wie gern ich zu Dir und nach England käme, was ich mir doch schon als junges Ding gewünscht habe. Ich würde ja sagen, man wartet bis zum nächsten Jahr, aber man weiß ja wirklich nicht, was die Zukunft bringt. Vielleicht sind wir da schon wieder in Berlin. Jawoll! Dann täte es einem vielleicht leid, daß man die Gelegenheit nicht ausgenutzt hätte.

So, und nun mach ich mein Nachmittagsschläfchen.

Lieber Klausejunge!
Deine neue Geldsendung, 7 Pfund, das sind 65,25 Gulden, ist hier schon vor einigen Tagen eingegangen. Vielen herzlichen Dank! Ich werde den Betrag morgen an der Post abholen.

Meine Transfer-Angelegenheiten sind bisher kaum einen Schritt vorwärts gekommen, trotzdem ich einen lebhaften Schriftwechsel mit den Börsenstellen in Berlin führe, der Deutschen Bank, bei der ich jetzt nun zwei Konti führe – das Sonderkonto, auf das lediglich meine Pension kommt, und das Sperrkonto für das zurückgelassene Geld und meine Wertpapiere. Ferner mit der Devisenstelle, dem Finanzamt, dem Staatssteueramt und der Lebensversicherung in Hannover. Fast täglich erhalte ich Briefe, muß solche schreiben und beantworten. Niemals ist bisher eine Sache sofort erledigt worden, sondern immer wird von der betreffenden Stelle nach einer Sache gefragt, so daß man wirklich auf den Gedanken kommen könnte, daß die Erledigung bewußt und systematisch hingehalten wird. Meine beiden Anträge auf den Transfer der Pension, die jetzt monatlich übrigens nur noch 411,09 Reichsmark beträgt, aber mit gewohnter Pünktlichkeit auf dem Sonderkonto eingeht, sind abgelehnt worden.

Wir empfangen hier mit unserem Radioapparat England ganz besonders gut, und ich versäume fast an keinem Abend, die deutschen Nachrichten aus London zu hören. Manchmal sogar beide, die auf Kurzwelle halb neun Greenwicher Zeit, und die späteren um 22 Uhr. Ebenso höre ich natürlich um 21Uhr 30 Paris.

Nun Schluß. Für heute viele herzliche Grüße, auch an Deinen Chef und Chefeuse. Vater

Acht Uhr abends, da bin ich wieder. Tante Martha hat mir aus Baranquilla einen langen, netten Brief geschrieben hat, Sie ist das letzte Stück nach Bogotà vom Panama-Kanal aus geflogen. Hoffentlich gut gelandet. Wirklich, die Wallenberg-Jungen setzen alles durch. Auch Mutter und Großmutter von Erika, Fritz's Frau, sind schon drüben, und die Eltern von Rudis Frau, Marion, schon angefordert. Ich glaube, alle zusammen wollen sie eine kleine Pension fürs Wochenende aufmachen. Schön! Würd ich auch gern machen.

Bleib gesund, mein Junge. Kuß

Mutti

Amsterdam, den 21. Juli 1939

Mein lieber Klaus,
Der Katze hab ich zugeredet wie einem kranken Schimmel – soweit man Katze und Schimmel vergleichen kann – sie soll sich zu der Englandreise entschließen, die unter uns gesagt, für sie viel notwendiger ist als für Vater. Vater hat sich jetzt schon ganz gut hineingefunden und fängt bereits an zu malen, was für ihn sicher ein gutes Zeichen ist, während Deine Mutti von Zeit zu Zeit unerträglich sentimental wird und anfängt, sich und Tante Else zu bejammern, anstatt froh zu sein und anzuerkennen, daß sie es so gut getroffen hat und daß sie ohne Sorgen alle beide bei uns sein können. Aber es ist ihnen in Deutschland tatsächlich nicht schlecht genug dafür ergangen. Ich glaube auch, daß Deine Mutti sich langsam auf die Englandreise einzustimmen beginnt. Das einzige, was noch dazwischen kommen könnte, wäre die von Vater verfolgte Möglichkeit, mit Mutti unter Bezahlung von Sperrmark eine größere Seereise mit einem deutschen Dampfer zu machen, z.B. mit der deutschen Afrikalinie von Rotterdam nach Madeira und wieder zurück. Wenn das zustande kommt, was vom guten Willen der Dampferlinie und von der Genehmigung der Devisenstelle abhängt, wäre ich dafür, daß die Eltern die Reise machen, dann haben sie wenigstens noch was Richtiges von ihrer Sperrmark. Das wird sich in Kürze entscheiden.

Lisel läßt grüßen, Peter auch, ich auch.

Herzlichst

Dein Berthold

Amsterdam, den 21. Juli 1939

Mein lieber Klaus!
Unsere Reisepläne sind jetzt soweit gediehen, daß wir am Donnerstag, 25.7. nach Belgien fahren, zuerst für eine Woche nach Spa, dann ein bis zwei Tage nach Brüssel, und dann irgendwo an die belgische

Küste, wohin wir Peter nachkommen lassen. Wir haben mit Vater vereinbart, daß er uns Peter am Donnerstag, 3. August, nach Vlissingen bringt, wo wir ihn im Empfang nehmen werden. Bei dieser Gelegenheit kann Vater noch Middelburg bewundern, wo Donnerstag der berühmte Markttag ist. Dazu gehen von Amsterdam sehr billige Sonderzüge, die Vater und Peter benützen können. Wir kommen von der belgischen Küste via Knogge/Breskens sehr bequem dahin. So hat Peter noch seinen Teil Ferien mit uns zusammen, und wir haben den ersten Teil für uns allein, womit den Interessen aller gedient sein wird.

Das belgische Visum hat keine Schwierigkeiten gemacht. Wir hatten es in knapp einer Minute.

Mit besten Grüßen Dein Berthold

Amsterdam, den 24. Juli 1939

Mein lieber Klausejunge!
Gestern lief bei uns Deine Sendung mit dem Medikament ein. Ich danke Dir herzlich dafür.

Seit vier Wochen geht es mir wieder ganz gut, und ich bin daher nicht mehr zum Arzt gegangen. Habe übrigens jetzt auch schon seine Rechnung erhalten und sie mit dem von Dir zugesandten Geld bezahlt. Es machte 40 Gulden, an sich für 16 Besuche, darunter sechs Eingriffe, nicht viel, für unsere Verhältnisse erschreckend hoch, da zur Wiedergutmachung dieses Betrages genau 900 Reichsmark transferiert werden müßten. Du wirst einsehen, daß man sich nicht scheuen soll, solche klarstellenden Umrechnungen zu machen.

Meine Transferversuche sind bis jetzt zu keinem Resultat gediehen, aber vielleicht klappt es eines Tages doch noch.

Auf diesen Gedanken komme ich nach der heutigen Nachricht, die ich von meinem Freund Neumann aus Bremen bekam, wo er mit seiner Frau gerade das Schiff nach Southampton bestieg, nachdem sie schon ganz verzweifelt gewesen waren, weil sie aus ihrer Wohnung raus mußten, ohne eine andere zu haben und dergleichen mehr. Da regelte sich alles plötzlich, so daß sie den geplanten Zeitpunkt für ihre Ausreise nach England tatsächlich einhalten konnten. Heute sind sie also schon bei ihren Kindern angekommen. Onkel Ludwig hat nun seinen Skatpartner da.

Nun lebe wohl. Nutze die freie Zeit, die Dir bleibt, voll zur Erholung aus. Herzlichst. Vater

Mein liebes Geschöpf!
Heut früh sind nun Jachmanns abgefahren. Berthold namentlich ist sehr erholungsbedürftig, immer müde. Lisel nur furchtbar kribbelig und zapplig, schimpft viel mit dem Kinde, um es im nächsten Augenblick vor Liebe zu fressen à la Lämmchen und Möpschen. Es wird dem Jungen guttun, mal wieder mit uns zusammenzusein.

Wenn Vater den Peter da hin bringt, ist das auch für ihn mal eine Abwechslung. Er hat hier wirklich niemanden, während Onkel Ludwig, wenn er wollte, täglich mit seinen alten Bekannten zusammensein könnte. Er tut es nur nicht.

Das macht mir ja auch das Wegfahren so schwer. Als Vater letztes Jahr in Amsterdam bei Lisel war, da war er nur zu Besuch hier, alles hat sich um ihn gedreht. Jetzt zieht sich jeder doch mehr oder weniger auf sich selbst zurück. Da ist er natürlich viel allein, wenn ich nicht da bin. Er sagt, daß er sich manchmal wie in Einzelhaft fühlt.

Liebes Jungchen, das Wetter hat absolut nichts mit dem Einleben zu tun. Aber natürlich sehnt man sich ewig nach dem aufgegebenen Leben zurück, nach Omama und Tante Else, nach dem »Nesthäkchen«, wo wir jetzt so schön sein könnten. Na, und dann sehnt man sich nach allem, was einem lieb war, auch nach der schönen Landschaft, während doch die Amsterdamer Gegend furchtbar reizlos ist – Wiesen, Wasser, südlicher Wandelweg, Wandelpark.

Versteh mich recht, Kläuschen, ich bin nicht undankbar. Wir haben es hier sehr gut, sind schnell im Freien und im Grünen. Nur manchmal kommt die Langeweile so über einen, und Du weißt ja, alles, was hinter einem liegt, wird idealsiert, und man vergißt nur zu schnell das Schlechte.

Baut Ihr auch so schlechte Fenster wie hier, Kläuschen? Ich sehe mit Sorgen in die Zukunft! Kein Fenster, keine Verandatür schließt dicht. Es zieht jetzt schon an kühlen Tagen wie verrückt. Und was hier in Holland noch allerliebst ist – jetzt wo Berthold fort ist, kann ich es ja aussprechen, sonst nimmt er diese Kritik übel – also es ist katastrophal: das einzige WC im oberen Stock hat nur Abzug nach dem Badezimmer, so daß man jeden Laut von hüben und drüben vernimmt. Vom Bad geht eine Tür ins Schlafzimmer von Lisel. Meist steht diese Tür auf. Also gehen alle Düfte ins Schlafzimmer. Angenehme Zustände! Als ich das mal monierte, meinte Berthold: »Ja, das wirst Du überall in Holland finden.« Das ist keine Entschuldigung!

Mein lieber Junge, tu mir den Gefallen, bau nicht auch so. Ein solcher Mist, und dann nennt man den holländischen Baustil noch vorbildlich! Gibt es nirgends bei Euch Doppelfenster?

Jetzt, während Peter bei uns allein ist, ist er wieder entzückend, lieb und artig, funktioniert gut.

So, mein Jungchen, recht gute Besserung. Laß es Dir gutgehen.

Innige Grüße. Mutti

Peter

Von den Urys in London, Fritz, Helen und Onkel Ludwig, bekamen beide Heymanns erneut eine Einladung. Klaus Heymann war allerdings skeptisch:

»Im August 1939, einige Tage vor Beginn des Krieges – was wir natürlich nicht wußten – sollten meine Eltern auf einen Besuch nach England kommen. Es gab zwei Faktoren, die dagegen sprachen. Erstens hatte ich entsetzlich viel zu arbeiten und überhaupt keine Zeit, sie abzuholen. Ich glaube, die Mutter sollte bei meinem Vetter und ihrem Bruder in London wohnen, und mein Vater hätte ohne weiteres in einem zweiten Bett in meinem Zimmer in Salisbury bleiben können. Oder auch in dem Haus meines Vetters, das war ein großes Haus, zweistöckig. Der eine Faktor war, daß ich keine Zeit hatte. Der zweite, daß sich mit jedem Tag die politische Lage so zuspitzte, daß ich das Gefühl hatte – ich möchte gern, daß Sie das hier aufnehmen – ich war so naiv und auch so unreif, und ich hatte Angst, daß die Eltern rüber kämen und durch den Kriegsausbruch nicht mehr zurückkönnten. Stellen Sie sich das vor! Daran denk ich dauernd. Da hab ich ihnen abgeraten. Ich hab ihnen wahrscheinlich einen Brief geschrieben, hört mal zu, jetzt könnt Ihr nicht kommen. Sie wären sowieso gar nicht mehr raus gekommen, denn der Krieg brach ja aus. Nur – mein Brief an die Eltern, hört mal zu, kommt jetzt nicht, mit jedem Schlag wird es schlimmer, und ich hab überhaupt sowieso keine Zeit – daran dachte ich! Das war mein Gedankengang: mein Gott, was passiert mit den Eltern, wenn sie hier sind! Ich hab kein Geld!

Wenn man sich überlegt – aber man wußte doch nicht, man hat doch keine Ahnung gehabt, daß die Deutschen nach Holland einmarschieren würden, daß die Leute dann ins Konzentrationslager kämen! Wenn man das gewußt hätte, hätt ich in meiner idiotenhaften Unreife wahrscheinlich doch gesagt, du hast dann die Eltern wenigstens hier. Es spielt doch keine Rolle, was sie hier machen. Besser, hier in England betteln zu gehen, als dort drüben im KZ umzukommen. Aber daran dachte ich nicht, natürlich.

Damals – im Jahr 1939 – da gab es noch keine Vernichtungslager, das fing erst langsam an, nicht wahr? Dann wurde die Schraube angezogen. Die Wannsee-Konferenz, auf der die ›Endlösung‹, die totale Ausrottung der Juden, beschlossen wurde, war erst im Jahre 1942!«

Amsterdam, den 3. August 1939

Mein liebes Jungchen!
Paulinchen ist allein zu Haus ... Das heißt, das Meisje, das hier im Haushalt arbeiten soll, treibt draußen sein Unwesen. Aber es ist ein

braves Lämmchen, macht seine Sache schon ganz schön für ein 14 jähriges Mädchen, das aber wie ein zehnjähriges Kind aussieht. Immerhin haben wir aber jetzt doch große Erleichterung, sie saugt, wäscht ab, schält Kartoffeln und macht alle grobe Arbeit, nur noch nicht selbständig, man muß ihr jedes bißchen sagen.

Heute früh ist Vater mit Peter nach Vlissingen gefahren, wo Jachmanns sie erwarten. Dann besichtigen sie alle zusammen Middelburg, und dann fahren Jachmanns nach Knokke, während sich der arme Vater noch bis acht Uhr abends rumtreiben muß, da er mit einem billigen Sonderzug gefahren ist, mit dem er nur um acht zurückfahren kann, so daß er erst um zwölf Uhr zu Hause ist.

Wir haben das Wochenende wirklich hübsch verlebt. Und zwar waren wir mit Peter den Sonnabend über in Zandvoort und Sonntag am Strande in Eymuiden, wo es uns noch besser gefiel, da es viel schlichter dort ist. Die Luft – richtige Nordseeluft dort – war so herrlich! Vaters Katharrh, mit dem er sich monatelang rumgeschleppt hat, war am ersten Tag fort. Peter war so selig. Ich ließ ihn ruhig ohne Schuh am Wasser spielen. Er lief natürlich rein und mußte ganz ausgezogen werden.

Nun ist es amtlich: Die Pension kann nicht transferiert werden. Wir könnten damit Reisen für uns innerhalb Deutschlands bestreiten. Aber da das von den hiesigen Leuten als etwas Absurdes angesehen wird, was man uns auch angeblich hier in Holland sehr verübeln könnte – wir sehen das zwar nicht recht ein – käme nur eine Schiffsreise auf einem deutschen Schiff in Frage. Aber auch da bin ich skeptisch, daß man uns überhaupt auf das Schiff lassen wird. Dieselbe Luft atmen mit den Volksgenossen! Immerhin steht ja noch der Bescheid aus.

Klaus, Kurt hatte eine ganze Menge Sachen für Dich mit, die er wohl bei Urys abliefern wird. Die gute Tante Else hat gesorgt. Im übrigen ist er doch in ein Lager gekommen, also nicht so frei, wenn er auch später sicherlich mal Urlaub kriegt.

So, mein Kläuschen, jetzt werde ich mit meinem Trintjen lunchen. Sie ißt mit uns am Tisch. Einen Stiebel rede ich da mit ihr zusammen!

Peter lacht sich immer tot. Er war sehr nett, solange wir allein waren, natürlich zwischendurch, auch namentlich gegen mich, reichlich unartig. Das Luder kneift so heimtückisch. Ich glaube, das hat er von Lisel. Den Opa liebt er unbändig. Der beschäftigt sich aber auch reizend mit ihm. Peter ist ein kluges Kerlchen. Gestern – er saß auf Opas Schoß: »Geh weg, Oma, ich muß was Technisches mit dem Opa besprechen!« Er hatte ein Brett vor sich und überlegte, wie er daraus eine Fähre machen kann. Kommt wirklich auf gute Gedanken und erfaßt unheimlich schnell.

Lieber Klausemann!
Gestern abend bin ich erst gegen zwölf Uhr zurückgekehrt. Mutti sah natürlich schon zum Fenster nach mir aus. Trotzdem die Exkursion recht anstrengend war – am Nachmittag hat uns Berthold wieder halb totgelaufen, so daß Lisel schon ganz kribbelig geworden war –, ist mir der Tag doch gut bekommen.

Neulich machte Peter übrigens einen guten Witz. Er war mit Mutti im Fischgeschäft und erzählte mir nachher, wie die Schleie vor seinen Augen getötet worden waren. Ich sagte zu ihm, die Fische seien in den Himmel gekommen. Worauf er meinte: »Unser Bauch ist der Himmel für die Fische.«

Leb wohl, sei herzlich gegrüßt

Vater

Krummhübel, den 4. August 1939 im Liegestuhl

Mein lieber Junge!
Hoffentlich hast Du die ekligen Zahnbeschwerden los, wenn Du diesen Brief erhältst. Ich hörte es über Amsterdam. Wie kommst Du denn schon zu einem Weisheitszahn? Bei allem Respekt vor Deinem Grips – weise brauchst Du noch nicht zu sein. Und dabei arbeiten zu müssen, das ist wirklich reichlich.

Nun zunächst herzlichen Glückwunsch zu dem bestandenen Akustikexamen. Du hast ja wirklich Glück, oder wie es in der Studentensprache heißt, Schwein gehabt. Hoffentlich bleibt es Dir weiter treu. Es ist ja sehr erfreulich, daß Du Dich dort so wohlfühlst, daß Dich die Arbeit befriedigt, und daß Du Deinen Chef zufrieden stellst. Du mußt wirklich bei dem vielen, was Du in die Finger bekommst, Erfahrung sammeln können und viel lernen.

Unter uns, Kläuschen, ich glaube bestimmt, daß Fritz etwas für Kurt tun könnte. Aber der steht auf dem Standpunkt, wie Onkel Ludwig schreibt, daß in erster Linie denen geholfen werden muß, für die nicht gebürgt ist. Aber ich finde, in diesem Falle könnte er schon helfen. Vielleicht könnte Kurt später im Ausland darauf aufbauen. Aber in USA gibt es ja kein ETAM. Jedenfalls werde ich mal bei Onkel Ludwig Feuer hinterher machen. Fritz hört doch auf seinen Vater.

Ich freu mich sehr, daß Dir Haus und Garten so gut gefallen. Da hat doch Onkel Ludwig ein Äquivalent und wird sich dort wohlfühlen. Nun hat er ja Neumi dort, mit dem er jetzt regelmäßig zusammen ist.

Nun zu uns. Eben rief mich die Omama rauf, durch Trommeln am Verandafenster – sie sitzt an der offenen Tür –, um »herzlichste Grüße für meinen Klaus« aufzutragen. Es geht ihr gottlob so gut wie immer. Sie ist fast täglich im Garten, sieht frisch und knusprig aus. Auch ich, ebenso Tante Ola, die ich von Dir gegrüßt habe, sind recht gut erholt und haben schon einige Kilo zugenommen. Tat auch not.

Die ersten Wochen verliefen in paradiesischem Frieden. Jetzt ist das Gleichgewicht etwas gestört worden, und der Überzieher war weg. Wenigstens so gut wie sicher. Ich spreche vom Hausverkauf. Es war schon zu weit zugesagt, Vertragsentwurf fertig. Der Käufer hatte meine Bedingungen, Übergabe nicht vor dem 15. September, angenommen, so daß ich, wenn er den Kaufpreis bei einer Bank hinterlegt, meinerseits auch die Zusage halten mußte. Es war noch ein anderer Reflektant, Berliner Sommergast, der das Haus mit allen Möbeln usw. übernehmen wollte. Das wäre natürlich bequemer und vorteilhafter gewesen, aber wer weiß, ob es genehmigt worden wäre, weil der Ortsansässige den Vorzug hat und mit allen verbrüdert ist.

Ob ich das Haus überhaupt hätte behalten können, bezweifle ich. Die Gegenseite ist zu stark. Sie haben alle Hebel in Bewegung gesetzt. Es geht doch jetzt schon seit Januar! Ich hätte es gern behalten und will nur hoffen, daß meine Befürchtung in materieller Hinsicht dabei nicht eintrifft – daß sie nicht zahlen! Aber auch ideell wird es mir unsagbar schwer. Ich war gestern sehr traurig, wie Dr. Reinitz aus Breslau, der vermittelt, bei mir war. Gar nicht vorstellbar, daß in unserer Veranda Fremde sein sollen, und noch dazu solch wenig sympathischer Mensch. Die Verhältnisse lagen im Winter so, daß man kaum denken konnte, jemals wieder hierherzukommen. Auch jetzt hat man mir fünf Mark Strafe aufgebrummt wegen Nichtanmeldung, was sonst nicht nötig. Dann erhielt ich vom Amtsvorsteher einen Brief, daß wir in einem jüdischen Haus untergebracht werden müssen, bei längerem Aufenthalt nach § soundso durch Verfügung vom 30. April, daß es unstatthaft sei, mit arischen Mietern zusammen zu wohnen. Da ich diese Verfügung genau kannte, konnte ich ihm Wort für Wort widerlegen. Da mein Haus ja ein jüdisches Haus ist, käme eine Unterbringung in ein anderes jüdisches Haus nicht in Frage. Auch die Mieterfrage war mir genau bekannt. Es ist jetzt über acht Tage her und keine Antwort gekommen. Aber es regt doch alles auf.

Mit dem Wirtschaften geht es. Wir kaufen zum Teil selbst, trotz alledem. Besonders treu sind Neumanns.

Also, sobald Onkel Ludwig den Vertrag einwandfrei findet, muß ich an den Verkauf der Möbel gehen. Gar nicht einfach.

Ich würde mich ja riesig freuen, wenn es mit Muttis englischer Reise klappen würde. Täte ihr sicher gut.

Vater und Mutti wären mit uns so gern hier.

Eben haben wir Dich zitiert: »Das übrige bringe ich.«

Frl. Lina geht es gut. Sie betreut ihre alte Tante in Rotterdam.

Das neue Frl. Wolf ist sehr wenig tüchtig. Hat alle möglichen Krankheiten. Heute liegt sie mit geschwollenem Knie. Aber zu Omama ist sie nett.

Tante Ola, die bei mir ist, lernt Spanisch. Wir waren schon in Petzer, Grenzbauden. Nächstens Spindlermühle.

Es ist so schön hier. Nie mehr werden wir singen: »Sind wir alle mal wieder beisammen gewesen usw., ist der Köhler gekommen und hat uns alle nach Haus spediert«. Eine Gemeinheit! Ich lasse eventuell die ganze Einrichtung von einem hiesigen Auktionär versteigern. Schreibe mir eine Karte, da Du wenig Zeit hast, welche Deine Windjacke ist und wegen Tennisschläger und Skistiefeln. Wohin?

Laß es Dir gutgehen, mein guter Junge.

Tausend Grüße von

Deiner Tante Else

Herzliche Grüße, mein lieber Junge. Wir denken und sprechen so oft von Dir, zitieren alle Deine hübschen Schlagworte. Ach, wenn es doch wieder mal wie früher wäre. Hoffentlich bleibst Du gesund und arbeitest nicht soviel.

Deine Tante Ola

Amsterdam, den 9.August 1939

Mein lieber Klausemann!

Zunächst die Mitteilung, daß wir sowohl das Notizbuch, als auch Deine Zeichnung des Bungalow, und schließlich Deinen Brief vom 6. erhalten haben. Herzlichen Dank für alles.

Der Briefumschlag, den ich neulich an Dich schickte, gehört zu denen, die mir Berthold zum Geburtstag geschenkt hat. Dabei hat er, ohne mich zu fragen, meine Berufsbezeichnung fortgelassen. Ich hätte es nicht getan. Vorläufig wenigstens ist sie mir noch nicht abgesprochen. Sie wird übrigens auch von Deutschland aus, ich meine von Behörden, nur manchmal fortgelassen, was ich auf Willkür von Unterbeamten zurückführe. Das Finanzministerium und die Kassen wenden sie stets an. Berthold selbst hat seinen Diplom-Ingenieur auch auf seinen Umschlägen.

Gestern erhielt ich zu meiner Überraschung von der Deutschen Bank die Nachricht, daß die Devisenstelle auf Antrag der deutschen Afrika-Linien in Hamburg die Freigabe des Geldes für unsere Reise nach Las Palmas bewilligt habe. Damit ist also sogar der Aufenthalt – sechs Tage auf Las Palmas – mit genehmigt, was ganz ungewöhnlich ist, und worüber man am besten nicht spricht.

Jetzt habe ich wegen der verschiedenen nötigen Visa Erkundigungen eingeholt. Wenn die Reise zustande kommt, ist die Abfahrt ab Rotterdam mit der »Prätoria« (ca. 17 Tonnen) am 26. August an, am 27. ab Southampton, am 31. August an Las Palmas. Von dort ab mit der »Windhuk« (ebenfalls 17 Tonnen) am 6. September. An Southampton mit der »Adolf Woerman« am 13. September. An Rotterdam oder Antwerpen am 14. September. Ob die Kriegskrisis die Reise behindern wird, bleibt noch zu beobachten.

Radio, Bücher, Zeitungen und Aquarellkasten sind schon etwas, aber ich hoffe, an Bord doch mal mit einem gleichgesinnten Menschen sprechen zu können, nicht nur über das Alltägliche.

Gestern nachmittag waren Mutti und ich bei Herrn und Frau Halberstamm aus Berlin, die wir seinerzeit auf der »Simon Bolivar« kennengelernt und zum Kaffee eingeladen hatten. Sie wohnen hier auch bei ihrem Sohn, der ebenfalls seit fünf Jahren hier lebt. Beides sehr nette Menschen, mit denen wir gern in Verkehr kommen möchten.

Herzliche Grüße. Vater

Mein liebes Jungchen,
Ilse hat etwas Übles gemacht, was sehr auf uns lastet. Wir sind uns noch nicht klar, wie wir uns verhalten sollen, da es sich in diesem Fall um Menschen handelt, die wir kennen. Es ist furchtbar! Man kann nur sagen, Ilse scheint krank zu sein, daß sie sich so vergehen konnte. Immerhin muß man mal einen Punkt hinter alles machen, denn wir alle können uns nicht ihretwegen unser Leben versauern. Es mag hart von mir als Mutter klingen, aber Ihr baut alle neu auf, habt mehr Verpflichtungen durch die Sorge für uns übernommen, als man nur denken

konnte. Schließlich muß jeder an sich selbst denken. Mir tut nur das kleine Kind leid. Was für eine Rolle der Mann dabei spielt, darüber sind wir uns nicht klar. Vielleicht leben sie gar nicht mehr zusammen. Wir haben doch seit Ende Mai nichts mehr von ihr gehört.

Ob es einen guten Eindruck macht, daß ihr Euch alle freiwillig zur Armee gemeldet habt, darüber kann man zweierlei Ansicht sein. Aber daß Du mit 21 Jahren niemanden mehr brauchst, um einen Rat einzuholen, macht mich sehr traurig, Kläuschen. Ich hoffe, daß Du kein Sonderling wirst. Denke an Onkel Hans!

Hast Du in Salisbury gar keine jungen Menschen kennengelernt? Ich finde ja, auch ein bißchen Sport müßtest Du treiben, ganz gleich, welchen, aber Auto fahren rechne ich nicht darunter.

Seit der Nachricht aus Palästina schlafe ich nachts schlecht. Schlafe ein und bin nach ein paar Stunden wieder da, und dann kommen die Gedanken. Bin ganz glücklich, daß Du so genau mit dem Gelde bist wie Vater und ich. Lisel ist es ja leider nicht. Die Jachmanns könnten viel sparsamer sein, aber das ist ihre Sache. Hauptsache, Berthold ist damit einverstanden.

Leb wohl, mein Junge, gönn Dir doch auch mal ein paar Stunden Erholung, wirst es sicher nötig haben. Klappt alles mit Deiner Wäsche? Ich würde sie Dir so gern machen, aber Holland ist in dieser Beziehung so schrecklich umständlich. Immerhin, im Notfall probieren wir's.

Tausend Grüße. Mutti

Was Ilse Schlimmes angestellt hatte, schrieb die Mutter nicht. Es ging – mal wieder – um Geld. Ilse hatte Schulden gemacht und konnte sie nicht zurückzahlen. Für die Eltern Heymann war das genauso schlimm wie Diebstahl, ein schweres Vergehen, und vor allem eine Schande, die auf die ganze Familie zurückfiel. »Man muß korrekt sein«, auch wenn die Welt um einen herum auseinanderbricht.

Amsterdam, den 17. August 1939

Mein lieber Junge!
Wir waren so froh in dem Gedanken, Dich bald mal wieder zu sehen. Und jetzt ist alles wieder zurückgerebbelt und wir sehr traurig darüber. Nachdem alles geregelt war, Schiffe gebucht, Genehmigungen usw., hat das deutsche Konsulat den für das spanische Visum notwendigen Sichtvermerk ohne Angabe von Gründen abgelehnt, und unsere schöne Reise ist damit zu Wasser geworden. Alle Felle sind uns weggeschwommen. Vater besonders enttäuscht. Er versuchte dann, eine neue Reise auszuknobeln, auch sehr schön, und vorläufig ohne Visumzwang, und zwar: 14. September ab Rotterdam ohne Anlegen in Southampton nach Genua mit gutem Frachtdampfer. Dauert fünf Tage, und zurück mit großem Schiff über Marseille, Sizilien, Nordafrika, Lissabon, Southampton, wo am 8.10. Eintreffen, von dort am 11. zurück.

Das wäre alles sehr schön. Wir sind aber in Sorge, daß das noch sehr lange hin ist, und daß der politische Horizont sich immer mehr bewölkt. Wir hören es im Radio von allen Seiten.

Und überhaupt, alles nicht ganz ohne. Der Frachtdampfer ca. 30 Personen, Einheitsklasse, sicher nur ein junger Arzt an Bord, der eben die notdürftigsten Examen hinter sich hat, und ohne jegliche Erfahrung. Außerdem weiß man nicht, wie Italien sich zu uns (deutschen Juden) stellen wird bei fünf Tagen Aufenthalt. Letzten Endes ist man auf der ganzen Rückreise unter Umständen sehr gefährdet. Das macht einen nervös und läßt einen nicht zum Genuß der Fahrt kommen. Um den 20. September kommt man auch in die Äquinoktialstürme hinein, was in der Biskaya kein besonderer Genuß sein dürfte. Und last, not least würden die Tage vom 8.–11. Oktober so kurz vor Deinem Weggang aus Salisbury, wo Du gewiß noch sehr viel fertigzustellen haben wirst, auch ungünstig liegen. Also viele Gründe, um die Reise aufzustecken. Es ist natürlich schade, denn man weiß nicht, ob man nochmal die Genehmigung dafür bekommt.

Ich sitze jetzt allein im Sande. Vater ist nochmal ins Reisebüro, ob noch irgendwas anderes möglich. Er will eventuell einen Versuch machen, für uns beide auf einem deutschen Schiff England hin und her mit Aufenthalt dort. Ich fürchte aber, sowas wird nicht genehmigt werden. Ausgerechnet jetzt nach England!

Ich glaube jetzt an nichts mehr, weiß nur soviel, daß ich den Vater, wo er so enttäuscht worden, jetzt nicht allein lassen würde. Ich käme mir treulos vor, und er würde es auch dafür halten. Ich werde schon nochmal nach England kommen.

Wir haben uns jetzt fast ein dreiviertel Jahr nicht gesehen, mein Junge, werden wir noch ein viertel Jahr aushalten.

Jachmanns sind sehr erholt und befriedigt zurückgekommen, Berthold schwarz, Peter braun, Lisel rot.

Peter war gestern zum ersten Mal in der großen Schule. Sehr begeistert. Für die anderen war er wohl schon zu weit. Vater hat ihm zum Geburtstag am 8. August eine entzückende Fähre gebaut. Er gibt dem Vater immer Bestellungen auf, da er ein felsenfestes Vertrauen zu seiner Geschicklichkeit hat. Vater macht auch alles immer wunderschön, mit Liebe und Präzision.

Unter die Affäre Ilse müssen wir jetzt einen Strich ziehen. Wir hören jetzt von so vielen gleichartigen Fällen, so vielen Familien, die solchen Kummer mit sich rumschleppen. Die armen Menschen, meist besonders intelligent, können nichts dafür. Auch soll ärztliche Behandlung absolut zwecklos sein. Es kommt sporadisch über sie, ohne, daß sie widerstehen können. Dann darf man sie doch aber nicht fallenlassen, Klaus! Sie kann einem doch nur unsagbar leid tun. Lisel würde sich das Kind hernehmen, aber Ilse würde es freiwillig sicher nicht hergeben. Und Berthold sagt, es wäre ein Unrecht, ein in Palästina geborenes Kind aus dem Milieu herauszureißen.

Am 19. August hat Tante Ola Geburtstag. Sie schickte mir heute einen Brief von Tante Martha aus Bogotà ein. Sie scheint sich auch noch furchtbar zu sehnen, trotz aller Liebe, die man ihr entgegenbringt. Überall la meme chose.

Jetzt geh ich zum Lunch nach Hause.

Eben schickt übrigens die Afrika-Linie aus Hamburg die Bescheinigung, daß alles zu unserer Verfügung ist. Vielleicht schaffen sie ja doch noch das spanische Visum mit Umgehung des Konsulats.

Und damit Gott befohlen. Laß es Dir gutgehen. Vielleicht sehen wir uns doch in absehbarer Zeit.

Innigen Gruß und Kuß. Mutti

Amsterdam, den 24. August 1939

Lieber Klaus!
Nur, um Dir über den augenblicklichen Stand der Dinge Nachricht zu geben, diese Karte, von der ich allerdings nicht weiß, wann sie in Deine Hände gelangen wird. Also heute mittag 13 Uhr läutete das hiesige Reisebüro an, daß unsere Schiffskarten eben angekommen waren. Damit wäre nun alles in bester Odnung gewesen, wenn nicht … usw. Wir waren jetzt im Reisebüro, wo man uns unbedingt zu fahren riet. Von dort gingen Mutti und ich gleich ins Konsulat, wo man uns für morgen 10 Uhr zur Empfangnahme der Visa hinbestellt hat. Ich wäre nicht verwundert gewesen, wenn man uns dort gleich abgewinkt hätte. Nun sind die Ansichten hier geteilt. Von Bedeutung werden ja auch die heutigen Abendberichte sein. Ich werde diese Karte, die mit dem Flugzeug abgehen soll, obendrein mit Expreß schicken, damit Du uns noch morgen, falls die Reise nach dortiger Anschauung nicht ratsam sein sollte, entsprechend telegraphieren kannst.

Ob und wann das Schiff, die »Prätoria«, in Southampton ankommt, ist dort bei H. Müller &Co., 20–22 Queens Terrace, zu erfahren.

Noch herzliche Grüße, und Glückwünsche zum Examensergebnis.
Vater

Amsterdam, den 25. August 1939

Mein liebes Jungchen!
Da Sonntag keine Post bei Euch ausgetragen wird, will ich Dich heute in Kenntnis setzen, daß man uns im Konsulat das Visum geben wollte, daß der sehr nette Konsul aber dringend abgeraten hat, jetzt die Reise zu unternehmen, da es keinerlei Garantie gibt, selbst mit Visum reingelassen zu werden. Also haben wir von unserem schönen Plan Abstand genommen. Gewiß, es geht jetzt um Größeres. Aber uns persönlich trifft es aus verschiedenen Gründen hart. Sollte bis früh Sonnabend um 10 Uhr noch eine politische Wendung kommen, könnten wir immer noch das Visum rechtzeitig erhalten. Aber ich glaube nicht mehr daran. Sei auch Du nicht traurig. Es wird viel Unruhe und Arbeit bei Euch geben. Ich rette mich auch zur Arbeit, um nicht zu denken.

Für heute nur innige Grüße

Deine Mutti

Schreibe bald. Herzlichen Gruß. Vater

Krummhübel , den 25. August 1939

Mein lieber Klaus!
Hoffentlich hast Du Deine beiden Ohren noch am Kopf, denn das war kein Grund zum Abreißen. Ich habe mich auch über Deine nachträglichen Glückwünsche sehr gefreut und danke Dir herzlich dafür. Aber schön wärs gewesen, wenn wir den Tag, wie früher so oft, alle zusammen hätten begehen können. Doch leider all is over. Aber ich will ja nie mehr englisch reden, treibe auf Mord Spanisch, hatte in Berlin schon Stunden, werde sie nachher weiter nehmen und habe neulich an Heinz schon einen spanischen Brief geschrieben. Aber wann ich hinkommen werde?

Ich freue mich, daß es Dir gut geht und Du Dich anscheinend schon unentbehrlich gemacht hast. Wann kommen die Eltern?

Tausend Grüße Deine Tante Ola

Ich hoffe auf bald wieder. Tante Else

Amsterdam, den 1. September 1939

Mein liebes Jungchen!
Der Handstreich, der heute früh hier proklamiert wurde, hat uns alle sehr erregt. Nur Berthold bewahrt seine stoische Ruhe und unverwüstlichen Optimismus. Wenn es zum Krieg kommt, was meines Erachtens sicher ist, fürchte ich unendlich die Überlegenheit Rußlands, allein schon wegen der Menschenzahl, auch wenn die unbestreitbar tüchtige Strategie Deutschlands das Äußerste leisten wird.

Ich sehe mit Sorgen in die Zukunft. Es ist etwas so Menschenunwürdiges, der aufgeklärten Menschheit Widersprechendes, um schnöden Landgewinnes wegen Millionen junger Menschen hinzuopfern.

Uns gegenüber ist ein Büro, wo ein älterer Herr mit drei jüngeren seit Monaten jede Nacht bis in die zwölfte Stunde gezeichnet hat. Seit drei Tagen, wo hier mobilisiert worden ist, alles dunkel.

Wir waren am Montag beide in Eymuiden, wo es herrlich war. Wir lagen stundenlang am Strande, und ich badete auch. Es war wirklich erfrischend. Gern wäre ich am Mittwoch nochmal rausgefahren, da man die anderthalbstündige Fahrt hin und her für nur 40 cts. zurücklegt, und da wir uns alles, auch Kakao und Kaffee in zwei Thermosflaschen mitnehmen und man so für wenig Geld ein paar intensive Stunden Erholung hat. Aber Lisel war wieder mal überängstlich, es könnte einen schlechten Eindruck machen. Da ließen wir es eben. Aber es ist schade um jede Minute Entspannung, die man nicht ausnutzt. Es gibt einem auch sein inneres Gleichgewicht immer wieder, was doch öfter ins Wanken gerät.

Von Krummhübel kam gestern eine kurze Karte. Ich bin froh, daß sie noch dort sind. Sie wollen ein Abflauen des starken Zugverkehrs abwarten, und ich wäre durchaus dafür, daß sie länger da bleiben, falls sie dadurch nicht ihrer Lebensmittelkarten in Berlin verlustig gehen und neue Schwierigkeiten in Bezug auf Ernährung in Krummhübel entstehen. Das Haus scheint Tante Else fürs erste zu behalten. Was auch das Vernünftigste ist.

Gestern eine Nachricht von Onkel Ludwig, daß er sich auf Befehl seiner Kinder nach Brighton begibt.

Leb wohl, mein Junge, alles Gute. Gib öfters kurze Nachricht.

Innige Grüße. Mutti

Mein lieber Klaus!
Nun erlebst auch Du eine »große Zeit«. Leider.

Während ich hier schreibe, laufen beide Radioapparate. Der meinige ist auf die Kurzwelle London eingestellt, von wo auch für den Nachmittag Berichte in deutscher Sprache in Aussicht gestellt sind. Vor einer halben Stunde hörte ich von Bertholds Apparat, den ich auf Hilversum eingestellt habe, die Nachricht, daß England die volle Mobilisation angeordnet hat. Es ist jetzt 16 Uhr. Hilversum spielt im Augenblick Beethovens »Wut über den verlorenen Groschen«. Die Holländer sind in einer Aufregung, wie wenn sie noch heute den Kampf aufnehmen müßten.

Daß Fritz Ury unseren Reiseplan am letzten Sonntag für Wahnsinn erklärt hat, ist mir durchaus verständlich. In einer krisenlosen Zeit aber würde ich darüber ganz anders denken.

Herzliche Grüße
Vater

Was Käthe Heymann als Handstreich bezeichnete, war der deutsche Überfall auf Polen am 1. September 1939 und der Beginn des Zweiten Weltkriegs. Im Morgengrauen, genau um 4.45 Uhr hatte das deutsche Linienschiff »Schleswig-Holstein«, das zu einem Freundschaftsbesuch in Danzig lag, ohne Kriegserklärung das Feuer auf das festungsartig ausgebaute polnische Munitionsdepot auf der Halbinsel Westerplatte eröffnet. Den Kriegsvorwand lieferte die fingierte Besetzung des schlesischen »Reichssenders Gleiwitz« am Abend zuvor. Dabei hatten Angehörige des Sicherheitsdienstes (SD) in polnischen Uniformen die Rolle der Provokateure übernommen und über den Sender verbreitet, die Stadt

Gleiwitz befände sich in polnischer Hand. Zum Beweis für den polnischen Angriff veröffentlichte die deutsche Presse am nächsten Tag Fotos angeblicher polnischer Aufrührer, die beim Kampf erschossen worden seien. In Wirklichkeit handelte es sich um KZ-Häftlinge, die mit einer Giftspritze getötet und denen anschließend Schußwunden zugefügt worden waren.

In seiner Rede vor dem Berliner Reichstag, die wenige Stunden nach dem »Überfall« von allen deutschen Sendern übertragen und natürlich auch in Amsterdam gehört wurde, vermied Hitler das Wort Krieg. Angeblich ging es ihm nur darum, die seit 1919 unter Völkerbundsmandat stehende Freie Stadt Danzig und den »Polnischen Korridor«, der sie von Deutschland trennte, ins Reich zurückzuholen.

Doch die Westmächte ließen sich nicht täuschen. Am 3. September erklärten England und Frankreich Hitler den Krieg. Es folgten Australien, Indien, Neuseeland, ein paar Tage später Südafrika und schließlich auch Kanada.

Rumänien, die Beneluxstaaten und die Schweiz wollten im Fall eines Krieges neutral bleiben und hatten dafür vom Deutschen Reich entsprechende Garantien erhalten. Einen Tag nach dem Kriegsausbruch erklären auch fast alle übrigen europäischen Länder ihre Neutralität. Ebenso die USA.

Aus Sorge, ihre auf Deutsch verfaßten Briefe könnten von den Engländern beschlagnahmt werden oder Klaus irgendwie gefährden, schrieb Käthe Heymann eine Zeitlang nicht nur auf englisch, sondern versuchte auch, wie sie meinte, unverdächtige Wörter zu benutzen: »nationale Arbeit« oder »Pflicht« statt Armee, Granny statt des deutschen »Omama«. Das gab sie aber bald wieder auf.

Amsterdam, den 6. September 1939

My dear boy!
Danke für Deinen Brief vom letzten Sonntag. Du scheinst von Deinem Vater den Optimismus geerbt zu haben. Ich glaube nicht, daß alles bald vorüber ist.

Sorge Dich nicht um uns, ich hoffe, daß alles ruhig bleibt. Wenn Du diese Karte erhältst, wirst Du schon wissen, was aus Dir wird. Ich hoffe inständig, daß Du (als Deutscher) nicht in Verdacht gerätst und daß Du weiter arbeiten darfst.

Schade, daß Du niemanden hast, mit dem Du sprechen kannst. Vater ist jetzt sehr beschäftigt mit Zeitung lesen und Radio hören.

Stell Dir vor, Omama und Tante Else mußten nach Berlin zurück. Man hat ihnen nicht erlaubt, länger in Krummhübel zu bleiben. Es war eine sehr schwierige Reise in den überfüllten Zügen. Die arme Tante Else muß jetzt viel leisten. Die neue Pflegerin hat sie aus Krankheitsgründen verlassen.

Gestern haben wir den Tag an der See verbracht. Die Tage sind so wundervoll, und der Winter wird lang werden.

Mach's gut, lieber Junge, beste Wünsche an Dich von uns allen. Bitte gib so oft wie möglich Nachricht. Nur kurze Karten, wir glauben, das ist besser.

Deine Mutti

Amsterdam, den 15. September 1939

Lieber Junge!
Ich sitze mit Vater an der Stadionkade, nach zwei Regentagen scheint die Sonne wieder. Dem Himmel sei Dank, denn in unseren Zimmern ist es schon ungemütlich und kalt.

Heute ist das Jüdische Neue Jahr. Ich war am Nachmittag in der Synagoge, bekam dafür ein Ticket von einem Bekannten. Es ist ein interessantes neues Gebäude, ich glaube für die liberalen deutschen

Juden gebaut. Ein junger deutscher Priester spricht normalerweise alles in Holländisch, nur heute hielt er seine Predigt in Deutsch, für alle jene, die in den letzten Monaten rübergekommen sind.

Aus dem Radio erfährt man keine militärischen Entscheidungen, aber wir haben Angst, daß die Deutschen von den Russen überfallen werden.

Wir sind alle gesund, haben viel zu schreiben, weil wir von überallher Neuigkeiten bekommen, die wir weitergeben müssen. Hast Du schon eine »nationale Arbeit« in London? Vater schickt beste Grüße, so ich.

Innigen Kuß. Mutti

Amsterdam, den 21. September 1939

Mein lieber Junge!
Wir bekamen gerade Deine Karte vom 17. September und sind sehr froh, daß es Dir gut geht, denn wir haben lange auf Deine Nachricht gewartet.

Ich bin froh, daß wir hinsichtlich des Abschlusses Deiner Studien konform mit Dir gehen. Natürlich konnte ich nicht wissen, daß es noch andere Pflichten für Dich gibt, die Du zu erfüllen hast. Aus den Zeitungen erfuhren wir von den Plänen Deines Polytechnikums, und wir hoffen, daß sie Erfolg haben und einen geeigneten Platz finden. Vater schlug vor, daß Du und Dein Chef ein Fabrikgebäude finden solltet, das zwischen London und Salisbury liegen sollte und leicht wieder aufzubauen ist.

Wir sind sehr überrascht von der Wendung der politischen Ereignisse, auch Dein eher optimistischer Vater.

Letzte Woche hatte Dein Vater wieder eine sehr schmerzhafte Attacke. Es war so kalt draußen. Jetzt geht es ihm wieder ganz gut, und wir sehen uns mehr vor.

Laß Dir es gut gehen, mein Junge, Viele Grüße von Vater und Deiner Dich liebenden Mutti

Amsterdam, den 1. Oktober 1939

Mein lieber Junge!
Leider kann ich nicht auf der Maschine schreiben, weil Dein Vater beim Radio hören gestört würde. Kannst Du meine Schrift lesen? Ich versuche deutlicher zu schreiben, aber ich fürchte, ohne Erfolg. Danke für Deine Geburtstagskarte.

Nun hast Du nur noch knapp 14 Tage bei Mr. Potter.

Wann wird das Polytechnic wieder eröffnet?

Ich habe über Deine Diplomarbeit nachgedacht – das Luxussportbad – und ich glaube, daß so ein Objekt wohl nicht das Richtige für die gegenwärtige Zeit ist. TIMES ARE NOW SO SERIOUS, SO QUITE INVISIBLE, daß niemand an so einem Luxusbau interessiert sein wird. Schade drum, sicher hast Du eine Menge Zeit damit verbracht, es zu planen. Was stattdessen könntest Du wählen?

Ich mache mir Sorgen, daß alles so unsicher für Dich ist.

Es ist ein Jammer, daß Deine Tante und all die anderen in Deutschland kein Radio mehr hören dürfen.

Gute Nacht, lieber Junge. Leider darf ich vor elf Uhr nicht ins Bett gehen wegen der Nachrichten! Bin müde. Innige Grüße

Mutti

Am 27. September hatte Warschau kapituliert. Nachdem SS und Polizei mit zahlreichen Pogromen gegen die polnischen Juden vorgegangen waren, begann Ende September unter Leitung von SS-Gruppenführer Reinhard Heydrich die systematische Deportation von Juden aus Danzig, Westpreußen, Posen, Oberschlesien, Österreich und dem »Protektorat Böhmen und Mähren« ins besetzte Polen.

Auch im »alten« Reich wurden die Juden durch zwangsweise Zusammenlegung in »Judenhäuser« ghettoisiert.

Ausgangssperren, das Verbot, Zeitungen zu abonnieren und die Beschlagnahme der Rundfunkgeräte verstärkten die weitere Isolation.

Amsterdam, den 2. Oktober 1939

Mein lieber kleiner Bruder!
Danke für Deine Geburtstagswünsche. Ich habe viele schöne Geschenke bekommen. Von Mutter einen selbstgestrickten Pullover, einen Pettycoat – weißt Du, was das ist? –, Parfüm, wunderschöne Blumen, von Bert 35 gelbe Rosen, eine Dusche für unser Badezimmer, Konfekt und in der Schachtel einen Umschlag, enthaltend eine Banknote von 20 Florints mit dem Wunsch, immer im Besitz of a good drawn und eines immer gutgelaunten Weibes zu sein. Armer Mann, wie unglücklich muß er mit mir sein.

Ich kann Dir nicht viel über unser gegenwärtiges Leben berichten. Wir leben ruhig zu Hause.

Allmählich begreifen die Eltern, daß unsere Entscheidung, sie nach Holland zu holen, richtig war. Eben kamen sie vom Spaziergang zurück. Sie trinken Tee und haben Besuch von Tante Almas Bruder, der auch in Amsterdam ist, vis à vis von uns.

Heute bekam ich einen langen Brief von Tante Else. Es geht ihr ganz gut, aber sie langweilt sich an ihren langen Abenden – ohne Radio.

Laß es Dir gut ergehen, schreib, sobald Du wieder Zeit hast. Sei gegrüßt von Deiner großen Schwester Elisabeth.

Bei uns passiert nichts, außer daß unser Radio von früh morgens bis spät abends läuft. Wir sind jetzt Spezialisten für Kurzwelle: Chunan, China, Rio de Janeiro, Boston, Massachusetts etc. Und alles das mit unserem guten alten Philipps-Empfänger.

Ich denke, daß wir mit einem Krieg von mehreren Jahren zu rechnen haben und bin überzeugt, daß am Ende England und Frankreich siegen werden. Herzliche Grüße

Berthold

Amsterdam, den 9. Oktober 1939

Lieber Junge!
Das ist mein letzter Brief nach Salisbury. Hoffentlich kommt er noch rechtzeitig an. Herzlichen Dank für Deine Glückwünsche, für Dein Telegramm und das Geld, das gerade ankam. Wir sind froh, daß Deine Studien jetzt wieder anfangen. Hoffe, Du wirst die Möglichkeit haben, mit den Urys zu leben.

Nun zu Deinem Fahrrad. Wir waren gestern auf dem Britischen Konsulat wegen des Transports. Das Rad braucht eine britische Importlizenz, und eine holländische Exportlizenz. Das Rad ist hier als Eigentum Deines Vaters importiert worden, und nun muß es von Dir deklariert werden. Der Herr auf dem Konsulat sagte, daß Du diese Lizenz selbst beantragen mußt im Import Licencing Department Southampton Building, Clarence Lane, London WC 2. Das Problem ist die deutsche Herkunft. Das Rad ist neun Jahre alt, die Marke »Sternrad«, Fabrikation Ernst Machnow, Berlin, Nr.455211. Ich hoffe, es gelingt Dir, diese Lizenz zu bekommen, die Du uns sofort herschicken mußt.

Mein Geburtstag war sehr hübsch. Ich bekam eine Menge Sachen, und am Abend telefonierte ich mit Omama und Tante Else. Das war wundervoll. Ich las ihnen den Inhalt Deines Telegramms vor.

Nun leb wohl, mein lieber Junge. Bitte, halte Dich warm, damit Du Dich nicht erkältest, und gute Heimkehr nach London!

Innige Grüße von uns allen

Mutti

Thank you very nice indeed – your father

Amsterdam, den 15. Oktober 1939

Mein liebes Geschöpf!
Nun kann ich wohl versuchen, wieder so zu schreiben, wie mir der Schnabel gewachsen ist, das flutscht dann doch better. Ich hoffe, daß Du wohlbehalten nach London gelangt bist mit all Deinen Sachen.

Über das Ergebnis Deine Prüfung waren wir recht erfreut, wenn wir es auch erwartet hatten. Und nun mit frischen Kräften an die Arbeit! Ich bin sehr gespannt, was Du Dir jetzt für die Diplomarbeit wählst. Tante Else schrieb sehr interessiert darüber, weil sie auch annahm, daß Dein Plan mit dem Luxusbad nicht zeitgemäß wäre.

Leider lauten die Nachrichten aus Berlin nicht mehr ganz so beruhigend wie bisher. Sie sind gesund, haben aber wohl in ihrer besonderen Eigenschaft mehr Schwierigkeiten als zunächst schien. Hering zu Mittag scheint Delikatesse, vor allem werden in Fisch- und Geflügelgeschäften Schwierigkeiten gemacht, sie als Kunden anzunehmen, weil man sie noch nicht kennt. Sie sind doch erst Ende April in die Gegend gezogen, und dann bald nach Krummhübel verreist. Ich bin natürlich recht betrübt darüber, habe versucht, ein Muster ohne Wert hinzuschicken, was ich von Holland als unzulässig zurückbekam. Aber ich mache doch wieder einen Versuch, ich muß doch die Möglichkeit haben, meiner alten Mutter ein Päckchen zur Pflege zu schicken, wollen mal sehen, ob es mir nicht doch noch gelingt, soweit hier Ausfuhr erlaubt ist. Außerdem hat Tante Else von Krummhübel ein Schreiben erhalten, daß sie ab 10.10. ihre Wohnung beschlagnahmen, da sie zwei Wohungen hat und dieselbe gebraucht wird. Wann sie ihr Haus räumt und verkauft? Sie hat sich von Onkel Hugo Heymann ein Schreiben aufsetzen lassen, in dem sie Beschwerde und Einspruch erhebt, meint aber, es wird nicht viel nützen.

Immer noch mehr Aufregungen auf der ganzen Linie für das arme Tier. Sie wird alt werden, fürchte ich. Um fünf, wenn es dunkel ist, muß sie zu Haus sein, immer nur mit Omama und dem alten Frl. Minna zusammen. Lesen kann man auch nicht immer. Kein Radio hats nicht, traurig! Bitte, erzähle Onkel Ludwig von der Krummhübeler Affäre, Tante Else bat darum.

Innigen Gruß. Mutti

Amsterdam, den 29. Oktober 1939

Mein lieber Junge!

Wir haben so lange auf Nachricht von Dir gewartet, die gestern endlich eintraf, noch von Salisbury, wo Du anscheinend länger geblieben bist, da es wirklich nicht leicht für Dich war, in London einen geeigneten und nicht zu teuren Raum zu finden.

Ich vermute, Du warst etwas enttäuscht, daß Du nicht mehr mit Fritz und Helen zusammenleben kannst – so ging es mir –, aber schließlich ist es ganz gut für Dich, unabhängig zu sein, Du kannst essen, wann Du willst und kannst arbeiten, wann Du Lust hast, wirst nicht gestört und mußt keine Rücksichten nehmen. Ich hoffe, es wird nicht für lange sein.

Bitte, schreibe uns alles übers Polytechnic. Du weißt, wir interessieren uns für alles.

Gestern bekamen wir eine Karte von Tante Else nach langem Schweigen. Ein Brief, inzwischen geschrieben, kam noch nicht an. Es geht ihnen gut. Ich habe zweimal etwas Butter geschickt. Und dann versuchte ich ein Geburtstagspäckchen zu schicken. Hast Du daran gedacht? (Tante Else 1. Nov.)

Aber ab dieser Woche ist es verboten, Butter usw. zu schicken. Ich muß sehen, was noch erlaubt ist.

Bitte antworte uns.

Und nun leb wohl, mein Junge. Ich würde mich so gern um Dich und Deine Wäsche kümmern. Was machst Du damit?

Herzlichst. Mutti

Amsterdam, den 3. November 1939

Mein geliebter Junge!
Heute ist Vater mal unterwegs. Herr Halberstamm – ein Ehepaar, das wir auf dem Schiff kennenlernten, ältere, sehr feine, etwas zu reiche Leute – hat Vater heute in dem Auto seines Sohnes nach Haarlem mitgenommen. Er möchte gern von Vater dort geführt werden. Na, und für den Vater ist es doch mal was anderes. Er entbehrt doch sehr das Zusammensein mit gleichgesinnten Herren.

Wir sind gesund. Krank ist leider heute nur unser Anthrazit-Ofen, bei dem ein Schamottstein kaputt ist, so daß wir kein Feuer machen können. Trotzdem ist es noch warm genug. Ich wünschte, Du hättest so eine Temperatur in Deinem Zimmer, denn das ist das einzige, was uns an Deiner neuen Behausung mißfällt: die Gasheizung. Erstens ist sie teuer im Gebrauch und dann doch wahnsinnig – in einem Schlafzimmer! Und ich bitte Dich flehentlich, nicht nachts den Ofen brennen zu lassen.

Alles andere scheinst Du ja gut getroffen zu haben. Sicher sind auch nette Menschen in dem Hotel, daß Du abends etwas Anregung in Hause hast, wenn Du nicht arbeitest.

Deinen Brief an Tante Else schicke ich nächstens mit. Du bist ein guter Hund. Hast auch ohne meine Erinnerung daran gedacht. Zu meiner Freude kann ich Dir mitteilen, daß alles, was ich an Omama geschickt habe, gut angekommen ist. Ebenso das Päckchen mit dem Huhn zu Tante Elses Geburtstag. Ist innerhalb von drei Tagen dort gewesen!

Daß Du Dich im Polytechnic wieder so wohl fühlst, freut mich sehr. Es ist wohl das Richtigste, daß Ihr den Rat von Mr. Addison befolgt, im Team zu arbeiten, wenngleich meiner unmaßgeblichen Meinung nach es besser wäre, wenn jeder für sich allein zeigen könnte, was er leistet. Liegt Dir solche Museumsaufgabe?

Onkel Hugo Heymann hatte vorige Woche eine greuliche Herzattacke. Sie waren in Sorge, aber Gottlob lautete die letzte Karte wieder besser. Kein Wunder, die dauernden Aufregungen!

Leb wohl, mein Junge. Mutti

Ich habe solche Sehnsucht nach Dir. Du würdest mich jetzt nachmachen.

Mein lieber Klaus!

Von meinem heutigen Ausflug nach Haarlem bin ich nach drei Stunden zurück gewesen. Es sind ja nur 18km hin, und der Weg mit dem kleinen Viersitzer dauerte kaum eine halbe Stunde. Wir hatten daher für die Besichtigung der Stadt, die ich schon ziemlich gut kannte, volle zwei Stunden zur Verfügung. Herr Halberstamm ist ein sehr unterhaltsamer Herr, der viel von der Welt gesehen hat.

Amsterdam übrigens ist nicht verdunkelt.

Sei vielmals herzlich gegrüßt. Vater

Amsterdam, den 8. November 1939

Mein geliebter Junge!

Ich habe mich ins Schlafzimmer zurückgezogen, da den Vater mein Maschinengesäge beim Radio hören stört.

Hab vielen Dank für Deinen schönen Brief, der schon am 6. abends hier war.

Die Zeit für Dein Studium ist nun abzusehen, wenn Deine Diplomarbeit wirklich schon im März fertig sein soll. Wirst Du doll arbeiten müssen? Man kann ja nicht voraussagen, was alles kommen wird, aber im Sommer kannst Du ja vielleicht mehr ins Freie ziehen.

Tante Elses Geburtstag haben sie in Berlin einigermaßen froh begangen. Gut, daß immer noch einige ihr nahestehende liebe Menschen dort sind. Onkel Hugo Heymann geht es wieder besser, aber es war wohl eine ernste Attacke.

So, mein Junge, inzwischen haben wir unser Lunch gehabt. Nachher will ich mit dem Vater spazierengehen, hoffentlich kriege ich ihn von seiner Malerei los. Er arbeitet jetzt viel mit der Lupe, was ja bei den feinen Architekturzeichnungen, die er jetzt macht, verständlich, aber doch auf die Dauer anstrengend ist.

Ist denn die Liselotte noch auf der ersten Stelle? Hilde Deutsch hat bereits dreimal gewechselt. Wir ärgern uns direkt, daß sie überall was auszusetzen hat. Das darf man sich nicht leisten.

Eben habe ich Deinen Brief nochmal durchgelesen. Du hast uns Dein Zimmer so anschaulich geschildert, daß man es genau vor sich sieht. Das ist sehr vernünftig von Dir, daß Du zum Frühstück Porridge ißt.

Grüße Onkel Ludwig.

Nun lebe wohl, innige Grüße. Mutti

Amsterdam, den 10. November 1939

Mein lieber Klaus!
Heute vormittag fuhren Mutti und ich mit Deinem Fahrrad in einem Taxi zum Hafen, wo das Schiff »Hontestrom« der holländischen Stoom Mij bereit stand. Das Schiff fährt bis zur Themsebrücke, so daß Du es von dort leicht abholen könntest. Aber die Luftpumpe fehlt, Du müßtest Dir eine neue besorgen.

Ob es sich gelohnt hat, das Rad zu schicken, ist eine andere Frage, da wir für den Transport über elf Gulden, das sind 1 1/2 Pfund, ausgegeben haben. Dafür hättest Du vielleicht bereits ein gebrauchtes Fahrrad bekommen können. Na, zu spät.

Bitte fahre vorsichtig. Du bist es nicht mehr gewöhnt.

Tausend Grüße
Mutti und Vater

Amsterdam, den 18. November 1939

Mein lieber Junge!
Hast Du Dein Rad bekommen? Über uns gibt es nichts zu berichten. Unser Leben verläuft gleichmäßig, manchmal haben wir Besuch. Freitag sahen wir einen wundervollen Film: Dr. Robert Koch mit Jannings.

Ein Meisterfilm, sehr interessant. Dein Vater hat die Oudekerk beendet. Sehr schön geworden. Nun beginnt er mit einem Grunewald- Bild nach einem Foto. Wir machen jeden Tag einen Spaziergang. Es ist nicht zu naß und stürmisch, und wir wünschen es uns so sehr, daß es bald eine Möglichkeit geben wird, meine Mutter und Schwester wiederzusehen. Ich sehne mich so sehr nach ihnen, und auch nach Dir. Leb wohl, mein Junge, schreib wieder.

Innige Grüße. Mutti

Amsterdam, den 20. November 1939

Mein lieber Klaus!
Diese Karte soll Dich informieren, daß Du Dich nicht beunruhigen mußt, wenn Du länger nichts von uns hörst, weil nach dem Unglück mit der »Simon Bolivar« die Post möglicherweise ausgesetzt wird, sagt unser Schwiegersohn. Schade um »Simon Bolivar«, so ein wundervolles Schiff. Wir fühlten uns so wohl auf ihr nach den schrecklichen Tagen, die voraus gegangen waren. Und Heinz fuhr mit ihr, genau vor einem Jahr am gleichen Tag, als das Unglück passierte. Wir hoffen, Dir geht es gut, warten auf Nachricht von Dir, aber ohne uns Sorgen zu machen. Von Tante Else bekamen wir seit längerem keine Post mehr. Deine Schwester in Haifa schreibt überhaupt nicht, seit dem 12. August weder zu Lisels, noch zu meinem Geburtstag, noch bedankte sie sich für unseren Brief zu ihrem Geburtstag. Am 1. Dezember ist die Kleine ein Jahr alt. Ich schreibe eine Karte, trotzdem.

Innige Grüße. Mutti
Herzliche Grüße. Vater

Amsterdam, den 27. November 1939

Mein geliebter Junge!
Heute endlich kam Deine Nachricht vom 18., bezw. 20. November, die wir schon sehr ersehnt hatten. Dein Brief vom 10. ist überhaupt nicht

angekommen, ist wohl verlorengegangen, wie leider auch der Gruß an die Omama.

Ich bin froh, daß es Dir gut geht. Die Zahngeschichte war wohl schmerzhaft, aber es ist gut, daß Du gleich zu einem ordentlichen Zahnarzt gegangen bist.

Daß sich Dein Zimmer so bewährt und Du Ruhe und Behaglichkeit hast, ist sehr schön. Du mußt ja jetzt mit Hochdruck arbeiten. Halten Deine Augen denn das aus – tagsüber im Polytechnic und dann abends zu Hause? Überanstrenge Dich nicht. Eventuell mußt Du Dir eine Brille verschreiben lassen.

Ich stelle mir vor, wie gemütlich Dir das Arbeiten abends beim Radio ist.

Wir haben auch unser festes Programm, und Du kannst Dir denken, mit welchen Empfindungen wir alles mit anhören, nur von dem einen Wunsche beseelt, daß es mal wieder anders wird und man nochmal ein freier Mensch wird. Wenn es nur nicht zu lange dauert, daß man durchhält.

Gesundheitlich geht es uns gut. Ich habe zwar augenblicklich einen dollen Schnupfen, aber ist schon im Vergehen. Das Wetter ist ja aber auch zur Zeit greulich, so mißvergnügt, das fehlt einem auch noch! Arbeit habe ich reichlich, und der Vater hat Freude an seiner Aquarellmalerei, daneben liest man viel. So kommt man über die Zeit hinweg. Und Briefe hat man ja dauernd zu schreiben.

Fast zwei Jahre haben wir uns schon nicht mehr gesehen. Und Ilse fünf Jahre. Ihr Kind wird am ersten Dezember schon ein Jahr. Wir hören nichts.

Mit der Windjacke schicke ich Dir noch Ärmelschoner und ein Unterjäckchen mit. Die Ärmelschoner werden Dir bei dem Zeichnen zu Hause gute Dienste tun. Anderes ist leider nicht mehr möglich.

Tante Else hat sich so über Deine Glückwünsche gefreut, läßt Dir sehr danken. Ich glaube, daß beide einigermaßen gesund sind, hoffentlich bleibt es so.

Wo bist Du denn alles eingeladen worden, wo Du absagen mußtest?

Wahrscheinlich wird der Brief wieder lange unterwegs sein. Diese Briefe sind dann immer vom Zensor geöffnet. Karten werden wir jetzt immer englisch schreiben. Laß es Dir gut gehen, innige Grüße

Mutti

Lieber Klausemann, heute füge ich nur herzliche Grüße bei. Vater

Amsterdam, den 4. Dezember 1939

Mein lieber Junge!

Luftpostkarte und Brief von Dir, erst am Donnerstag abgesandt, waren zu unserer Freude bereits Sonnabend abend in unseren Händen. So frische Nachricht hatten wir schon lange nicht. Wollte gleich antworten, aber da kam gestern früh ein lange ersehnter Brief von Tante Else, und sie warten doch dann so sehnlichst auf Antwort, daß ich erst an sie schrieb und ihr ausführlich von Dir erzählte und sie an Deiner Arbeit teilnehmen ließ. Das arme Wurm hatte wieder Aufregungen. Vielleicht hast Du Onkel Ludwig inzwischen gesprochen, und er hat Dir erzählt, daß Onkel Hugo Heymann ganz plötzlich in der Nacht vom 23. auf den 24. nach kurzem Kampf verschieden ist. Tante Else, die morgens früh vom Arzt angerufen wurde, hat der armen Tante Setta zur Seite gestanden, war dauernd bei ihr, hat uns bei ihr vertreten, denn die arme Frau, die nachts ganz allein mit dem Mann war, hat doch niemanden jetzt. Die Kinder ahnen es noch nicht. Uns hat die Nachricht auch sehr betrübt. Wir standen uns sehr nahe, erhielten noch nach seinem Tod einen Brief, den er einen Tag vorher geschrieben hatte. Tante Else war auch am letzten Tage vormittags mit ihm im Park gewesen, wo er so frisch und anregend erzählt haben soll.

Wieder einer weg, und er hat so gern gelebt! Nie zugegeben, daß er krank war.

So, nun ein anderes Bild. Wir freuen uns, daß Du das Rad wohlbehalten bekommen hast. Natürlich ist die tadellose Sattelledertasche jetzt auch noch bei dem Transport gestohlen worden. Berthold meint, man müsse nachrecherchieren.

Vater sieht drin alte Fotos durch, um ein Bild von Onkel Hugo Heymann zur Vergrößerung und Vervielfältigung zu finden. Da haben wir eben unsere netten Fotos aus Mittelberg wieder besichtigt. Trotzdem ich an den Aufenthalt damals gar keine gute Erinnerung habe, müssen die ersten Tage, den Bildern nach zu urteilen, doch wundervoll gewesen sein. Und wir waren so vergnügt! Ob solche Zeiten nochmal wiederkehren?

Wir freuen uns sehr, daß Du mit Deiner Arbeit gut vorwärts kommst und sie Dir Freude macht. Hast Du Dir nicht wieder ein wahnsinnig großes Programm ausgedacht? Wieso gehört ein Schwimmbad zum Museumsviertel? Luftschutzkeller schon eher verständlich. Überhaupt ein unterirdischer Schutz für die Gemälde usw. Unser Reichsmuseum ist auch längst geschlossen, die Bilder in Sicherheit gebracht.

Peter, der sehr erkältet ist, sieht sich mit dem Opa Filme an. Hoffentlich faucht er ihn nicht an. Der Junge ist so für alles Technische interessiert. Als ob es gar nicht dasselbe Kind wäre, das oft so schrecklich ungezogen sein kann. Ist wohl nicht seine Schuld.

Morgen ist Santa Klaas. Lisel macht schon den ganzen Tag Besorgungen. Wir werden eine Waage schenken, wenig, aber herzlich. Daß man mal so rechnen würde!

Grenzenlos enttäuscht bin ich, daß Urys Hausmädchen meine schöne rosa Wolldecke gebraucht, die ich mir für Dich damals von der Seele gerissen habe. Vater braucht seine täglich, jetzt 37 Jahre, sie sieht noch aus wie neu. In welchem Zustande wird sie mal mit Gottes Hilfe zu uns gelangen?

Gott, Klaus, viel sind Deine 62 Kilo nicht, aber Hauptsache, daß du Dich gesund fühlst. Ich freue mich, daß Du abends immer noch Kakao trinkst und selbst für Dich sorgst. Tu das bitte auch weiter. Laß es Dir gut ergehen. Innige Grüße

Mutti

Amsterdam, den 14. Dezember 1939

Mein geliebter Junge!
Ich war so froh, als Dein Brief vom 9. bereits am 12. abends bei uns war. Ich wollte gestern schon antworten, kam aber nicht dazu. Wir hatten nämlich von Onkel Ludwig inzwischen Antwort gehabt, der uns von Deinen diversen nächtlichen Radexkursionen erzählte. Nun kann ich ja verstehen, daß Du das Bedürfnis hast, Dich noch etwas zu bewegen, wenn Du stundenlang gezeichnet hast. Aber daß Du im Dustern diese weiten Touren machst! Wenn Dir nun unterwegs was passiert? Wenn Du fällst? Wie kommst Du dann den weiten Weg wieder zurück?

Außerdem zeigte Peter mir an dem Morgen ein Foto von Dir und teilte mir mit: »Klaus hat nur noch einen Kopf, alles andere ist weg!« Das hatte mir gerade noch gefehlt. Nun bin ich wieder vergnügt, daß es Dir gut geht, daß Deine Arbeit Dir Freude macht und Du gut vorankommst.

Es ist nett für Dich, daß Du den Zusammenhang mit Herrn Potter wieder aufnehmen konntest. Du hast es ihm gewiß in Deinem Zimmer gemütlich gemacht, als er den Abend bei Dir verbrachte.

Wir haben für hiesige Verhältnisse große Kälte, zwar nur 2–3 Grad, was in Berlin überhaupt nichts ist. Aber hier herrscht dabei immer solch scheußlicher Nordostwind, der einem durch Mark und Bein dringt. Außerdem kühlen doch die Zimmer mit den dünnen Wänden und einfachen Fenstern ganz anders aus.

Wir sind froh, wenn wir nachts eine Temperatur von 10 Grad erzielen. Dabei schläft man gut, aber da der Vater doch bekannterweise öfters aufstehen muß, verkühlt er sich leicht. Ich glaube aber nicht, daß es darauf zurückzuführen ist, daß er gestern wieder eine Verhaltung hatte und zum Doktor de Hooch mußte. Nicht tragisch, da die Beschwerde diesmal nur gering war. Nur, er wird in der Nacht dann immer so nervös, und ich schiebe eine Hauptschuld auf diese Nervosität.

Der Arzt arbeitet viel wissenschaftlich, hat mit anderen zusammen ein Präparat entwickelt, das direkt gegen die Vergrößerung dieser Drüse wirken soll. Da die Sache noch nicht im Handel ist, verehrte er dem Vater eine solche Packung. Die hat ihm anscheinend doch gut getan, immerhin hatte er drei Monate Ruhe.

Ich freue mich, daß das Paket so schnell ankam. Gestern hätte ich Dir gern irgendwas fürs Herz, resp. für Nikolaus eingelegt, aber vielleicht kommt die Zeit mal wieder, wo man das kann. Nun haben wir von Dir noch hier: Deine guten Schuhe, den Regenmantel, Deinen Skianzug und eine sehr schöne warme Joppe, die sich Fritz Ury vor Jahren in Krummhübel gekauft, aber anscheinend kaum getragen hat.

Inzwischen war Lunch, Mittagsnachricht, Spaziergang bei hündischer Kälte, Schlaf zu zweien im Sitzen auf dem Herrenzimmersofa im Warmen. Vater an meiner Schulter hat wie ein Wolf geschnarcht. Da kam Peter herein und hat sich furchtbar erschreckt, als sich plötzlich zwei Menschen aus dem Knäuel lösten.

Jetzt, nach dem Kaffee, Fortsetzung, während der Vater Peter aus Max und Moritz vorliest.

Von Omama nur kurze Nachricht gehabt. Es scheint ihnen gutzugehen. Heute muß ich noch an Tante Setta zum Geburtstag schreiben, werde Deine Kondolierung einlegen, was ja nicht ganz geeignet ist. Aber es wird sowieso ein trauriger Tag für sie werden, wenn ich denke, daß ihr Mann sie sonst an diesem Tag verwöhnt hat.

Hat Kurt schon eine Arbeit in Aussicht?

Gestern kam auch ein Brief von Marianne, die ungeduldig auf ihre Einreise zu Heinz wartet. Sie wird über China, Japan, Honolulu, San Francisco fahren müssen. Beide zusammen haben dann die Reise um die ganze Welt gemacht.

Deutschs haben in Berlin jetzt auch ihre schöne Villa verlassen müssen, haben eine Drei-Zimmer-Teilwohnung in der Eisenzahnstraße gefunden. Wohin sind eigentlich Salingers gezogen? Wir haben keine Antwort von ihnen bekommen.

Viele Grüße, mein Junge, in Liebe. Mutti

Herzliche Grüße. Vater

Amsterdam, den 15. Dezember 1939

Meine liebe Mieja,
diesmal habe ich befohlen, daß der Brief zum Anschreiben liegenbleibt. Lange hast Du nicht direkt von uns gehört, aber die Katze ist ja immer ausführlich.

Bei uns ist alles unverändert, unser Zusammenleben sehr gemütlich. Ich finde, die Eltern haben sich wirklich gut eingelebt, und wenn der Vater auch vorige Woche nicht in Ordnung war, so ist er doch in sehr guter Verfassung, beschäftigt sich von morgens bis abends fabelhaft, hört viel Radio und nimmt Piepen, d.h. Zeitansage im Radio, sehr wichtig, mit Lupe und Uhrvergleich. Berthold hat viel Arbeit, aber auch viel Anerkennung seitens des Chefs.

Herzliche Grüße. Deine Lisel

Amsterdam, den 21. Dezember 1939

Mein geliebter Junge!
Friedlich lagen gestern zwei Briefe von Dir in der Briefbox, und zwar war der eine der längst vermißte vom 10. November, so daß nun alle, auch der letzte vom 16. Dezember, hier eingetroffen sind und Du gar nicht notwendig hast, immer noch eine Karte extra zu schicken. Also hab Dank dafür, mein Junge, ebenso für die Rückerstattung der ausgelegten Gelder.

Inzwischen wird ja auch unser letzter Brief bei Dir angekommen sein. Wir sind alle gesund, unser Öfchen brennt herrlich, und jetzt haben wir auch des Rätsels Lösung, wie er nachts durchbrennt. Er muß immer nochmal angestochen werden.

Daß Du jetzt noch Zeit hast, Dich mit Einstein, mit so abstrakten Dingen zu beschäftigen, ist erstaunlich, und ich freue mich, daß Du ein bißchen früher abends mit dem Zeichnen aufhörst.

Die Omama hat ihr Weihnachtspaket nicht erhalten, d.h., es ist weg, aber bisher war alles gut angekommen.

War Weihnachten 1937 in der Westfälischen Straße nicht sehr gemütlich? Mit Frl. Hakl als Heiligabendgast? Sie war am vorigen Sonnabend bei der Omama, läßt Dich herzlich grüßen. Eine treue Seele. Wir werden wieder mit ihr zusammenziehen. Glaubst Du's?

Schreib uns, wie Du die Feiertage verbracht hast, und was Du Silvester machst.

Nun leb wohl, mein Junge, ich möchte Dich so gerne ein bißchen hierhaben. Zwei Jahre haben wir beide uns nicht gesehen, hatten wir uns früher auch nicht vorstellen können. Wenn Lisel den Peter an- und verknutscht, denk ich mir, wie gern ich meinen auch mal ein bißchen liebhaben würde. Glaubst Du das? Grüße auch Kurt von mir.

Gute Nacht, mein Junge, verleb die Feiertage so gut wie möglich.

Innigen Gruß und Kuß. Mutti

»Wir geben uns die größte Mühe, uns einzuleben«, schreibt Käthe Heymann an ihren Sohn Klaus nach London, »wir haben auch unser festes Programm.« Die Eltern versuchen sich anzupassen so gut es geht. Auf den Rat ihrer Tochter Lisbeth nehmen sie Holländisch-Unterricht, um Sprache und Kultur ihres Gastlandes besser kennenzulernen, dessen Vorzüge sie – zu Lisels Ärger – noch immer unterschätzen. Mit Hingabe feiern sie Familienfeste und nehmen jeden Anlaß wahr, dem von Käthe Heymann oft beschworenen »grauen Alltag« einige Glanzpunkte aufzusetzen.

Im übrigen gleicht ihr Tagesablauf dem in Berlin – vom Frühstück mit Kaffee und frischen Semmeln bis zum gemeinsamen Mittagsschläfchen auf dem Sofa und dem obligaten nachmittäglichen Spaziergang, diesmal nicht im Grunewald, sondern im nahe gelegenen Vondelpark, auf der Stadionkade entlang des Südlichen Amstelkanals oder am Jachthafen in Amstelveen. Doch ohne ihre Lieben, mit denen sie früher täglich verkehrten, fühlen sie sich einsam. Gerade jetzt, in der Weihnachtszeit, gehen ihre Gedanken zurück in die Vergangenheit: »Wir waren so vergnügt«, erinnert sich Käthe Heymann, »ob solche Zeiten nochmal wiederkehren?«

Zwei Monate vorher, im Oktober 1939, war das erste zentrale Lager für jüdische Flüchtlinge in den Niederlanden errichtet worden: Westerbork, 11 km von Assen, der Hauptstadt der Provinz Drente im nordöstlichen Teil Hollands, nahe der deutschen Grenze. Nach den Plänen der niederländischen Regierung war es als Auffanglager für etwa 2500 Juden gedacht, die möglichst bald in andere Länder auswandern sollten. Als Anfang Oktober 1939 die ersten Gruppen von Amsterdam aus eintrafen, war das Lager noch in der Bauphase, die Ankömmlinge mußten Baracken errichten und das ca. 25 Hektar umfassende Gelände urbar machen. Die heutigen Wälder des Forstes Hoogdalen sind zum Teil von den deutschen Flüchtlingen angepflanzt worden. Einer von ihnen berichtete von dem ersten Transport:

»Je weiter wir kamen, desto einsamer wurde es. Man sah schließlich nur noch Heide. Ab und zu Gebüsch. Und wo einmal das Lager entstehen sollte, war nur eine riesig große Fläche, nur Heide und Sand. Das war sehr trostlos.«

Finanziert wurde das Lager Westerbork nicht von der niederländischen Regierung, sondern durch Sammelaktionen des »Comité voor Bijzondere Joodse Belangen« und Spenden wohlhabender niederländischer Juden. Mit dem Lager Westerbork hofften sie verhindern zu können, daß sich noch mehr jüdische Flüchtlinge aus Deutschland in die niederländische Gesellschaft integrierten.

Camp Westerbork, das von einem holländischen Kommandanten geleitet und von holländischer Gendarmerie bewacht wurde, durfte von den Flüchtlingen nur mit Sondergenehmigung verlassen werden. Als im Mai 1940 deutsche Truppen in Holland einfielen, wurde aus Westerbork ein Durchgangslager, von dem aus – nun unter Führung von SS und Sicherheitspolizei – zwischen Juli 1942 und September 1944 mehr als 100 000 Menschen in die Konzentrations- und Vernichtungslager deportiert wurden.

Darunter auch die Familien Heymann und Jachmann.

Noch aber leben sie unter fast normalen Verhältnissen und »ganz gemütlich« zusammen. Doch was an Gerüchten und Ängsten unter den Erwachsenen kursiert, wächst sich in der Vorstellungswelt des sechsjährigen Peter zu alptraumhaften Bildern aus: «Klaus hat nur noch einen Kopf, alles andere ist weg.«

Amsterdam, den 22. Dezember 1939

Lieber Junge!
Hier wird jetzt überall Schlittschuh gelaufen, Stadionhalle, Sportplatz, Olympiahain. Vater und ich überlegen ernstlich, ob wir nochmal anfangen sollen. Wir hätten große Lust. Nur glaube ich, daß man sich was tut, wenn man fällt. Leb wohl, Kläuschen. Mutti

Mein lieber Klausemann!
Mit der Relativitätstheorie Einsteins habe ich mich natürlich auch einmal beschäftigt. Trotz mehrfacher Einsicht in verschiedene Bücher und Hörens eines allgemeinverständlichen Vortrags möchte ich jedoch nicht behaupten, sie auch nur zu 40% verstanden zu haben. Durch Dich angeregt, werde ich mir die Sache jetzt, da ich genug Zeit habe, nochmals ansehen. Ich besitze ein Buch: »Atom und Kosmos. Das physikalische Weltbild der Gegenwart« von Reichenbach, Prof. an der Universität Berlin, 1931, das eine gewisse Grundlage dafür bietet, an die schwierige Materie heranzugehen. Wenn Du willst, schicke ich Dir das Buch.

Lebe nun wohl, sei herzlich gegrüßt. Vater

Amsterdam, den 29. Dezember 1939

Mein geliebter Junge!
Ich habe gedacht, die heutige Abendpost würde Nachricht von Dir gebracht haben, was sie aber nicht getan hat. Nur einen Neujahrs- resp. Weihnachtsbrief von Onkel Ludwig, in dem er uns eine Schilderung Eu-

rer Bescherung mitteilte, daß er und Fritz schlafen gingen, ehe Ihr Euch zum Fortgehen entschlossen hattet. Es fällt Dir wohl immer sehr schwer, den weiten Rückweg anzutreten, daß Du erst so spät aufbrichst.

Nun, mein Junge, komme ich zum Zweck dieses Briefes, indem ich Dir ein besonders gutes und erfogreiches Jahr 1940 und zum vierten Januar alles Gute wünsche. Ich hoffe, daß Du froh und zuversichtlich ins neue Jahr gehst. Wie und mit wem verbringst Du es? Und wie hast Du die Weihnachtstage begangen? Ich hatte gehofft, daß Du öfters bei Urys sein würdest, aber Onkel Ludwig scheint ja täglich besetzt zu sein. Wohl ihm, daß er so viele Freunde dort hat. Warum willst Du nicht mit Kurt zusammensein, wenn er bei Onkel Ludwig ist? Magst Du Kurt nicht oder bist Du lieber dort, wenn Helen und Fritz zu Hause sind?

Wir haben die Weihnachtstage gut verlebt und gut ausgeschlafen, sind trotz des nassen Nebelwetters spazieren gewesen, auch am ersten mit Peter im Schneewittchenfilm. Jetzt ist wieder grauer Alltag, d.h. tiefer Winter, hoher Schnee auf allen Straßen und Plätzen. Ein ganz verändertes Bild in Amsterdam. Alle Kinder mit Schlitten draußen, bedaure lebhaft, daß ich unseren kleinen Rodelschlitten aus Krummhübel nicht mitgenommen habe. Ach, was wäre heute für schönes Wetter im Gebirge gewesen!

Silvester verbringen Vater und ich mit den Eltern von Günter Fürst zusammen, die bei ihrem Sohn im Nebenhaus das neugeborene Enkelkind hüten, wobei wir ihnen helfen. Jachmanns haben Besuch, das paßt dann ganz gut.

Ob wir uns im nächsten Jahr wiedersehen? Gott gebe es. Also nochmals alles Gute. Wir werden den Tag in Gedanken mit Dir verleben. Innige Grüße

Mutti

Mein lieber Junge!
Zunächst herzliche Glückwünsche zu Deinem Geburtstage, wie auch zum Neuen Jahr, das Dir auch ferner wie sonst schon Erfolge und nur Gutes bringen möge.

Hoffentlich kommt unser Paket in gutem Zustand und auch rechtzeitig bei Dir an. Sportschuhe und Ohrenschutz werden angesichts des kalten Winters wohl willkommen sein. Der Einfachheit halber haben wir den Regenmantel gleich beigefügt. Von mir als Handarbeit kommen zwei Aquarelle. Sind Dir die dargestellten Landschaften bekannt? Du kennst sie aus der Wirklichkeit. Nähere Erklärungen eventuell später. Leider habe ich die passenden Wechselrahmen nicht auftreiben können. So was ist hier völlig unbekannt.

Nach langer Pause haben wir endlich wieder eine Karte von Ilse erhalten. Es geht allen dreien gut, wie sie schreibt.

Hoffentlich behält Tante Else das »Haus Nesthäkchen«, und wir können es alle noch einmal genießen.

Sei vielmals herzlich gegrüßt. Vater

Lieber Klaus!
Ich gratuliere Dich – frei nach Peter – erstens zum Neuen Jahr, zweitens zum Geburtstag.

Also, alles Gute zum Älterwerden und ebensoviel Glück wie bisher.

Dein Berthold

Mein liebes Kaninchen, auch frei nach Peter, empfange meine herzlichsten Wünsche. Laß es Dir weiterhin so gut gehen wie bisher. Wir sehen dem kommenden Frühjahr mit Besorgnis entgegen. Ich bin absolut nicht sicher, daß Holland beuten het conflict bleiben kann. Aber wir können nur hoffen, daß Deutschland vorher zu Grunde geht. Es ist unmöglich, sich genaue Vorstellungen von der Zukunft zu machen. Jedenfalls verlieren wir zunächst nicht unsere Nerven, sondern leben scheinbar unbesorgt weiter und versuchen, möglichst gar nicht weiterzudenken.

Ansonsten leben wir hier hübsch und harmonisch zusammen.

Ilse hat eine kurze Karte, und dies vor fünf Monaten, an die Eltern geschrieben und seit dem nichts mehr. Entre nous: Berthold und ich machen uns etwas Sorge, daß sie vielleicht ernsthaft was ausgefressen hat. Ich bat Henni darum, die ja auch in Haifa ist, sich mal nach ihr zu erkundigen.

Weißt Du, daß Hilde bereits in ihrer fünften Stellung ist? Im Augenblick ist ihre Adresse:

Cleveland House 38, Iveshamroad, Cheltenham, Glocester.

Sie ist ja bei all ihren Fehlern zu bedauern, ein armes Aas, schuftet sich tot, wird grenzenlos ausgenutzt und sagt sich so oft, wozu? Ein Weiterkommen gibt es doch nicht für sie, und zum Heiraten dürfte sie auch nicht mehr jung genug sein.

Mein Kaninchen, gehab Dich wohl, feiere Deinen Geburtstag recht nett. Mit wem bitte? Und alles Gute zum Neuen Jahr

Deine Lisel

Berlin, Solinger Str. 10
ohne Datum, etwa zw. 24. und 31. Dezember 1939

Mein lieber Junge!
Dein Foto steht vor mir, und so gratuliere ich Dir von Angesicht zu Angesicht recht, recht herzlich zu Deinem Geburtstag. Es ist ein wichtiges Jahr, das Du beginnst, da es Dir hoffentlich den Abschluß Deiner Studien und den Anfang Deiner Lebensarbeit bringt. Möge beides unter einem glücklichen Stern stehen. Das wünsche ich Dir, mein lieber Junge, von ganzem Herzen.

Über Dein Gedenken an meinen Geburtstag habe ich mich sehr gefreut und danke Dir vielmals. Gute Wünsche können wir alle jetzt gebrauchen. Es geht uns alles in allem gut, besonders der Omama, die fast immer heiter, zufrieden und dankbar ist. Sie häkelt noch immer fleißig, trotzdem die Augen leider nachlassen. Sonst ist ihr Gesundheitszustand aber tadellos. Sie läßt Dir durch mich tausend Grüße und Wünsche senden. Es wird ihr immer noch vorgelesen, und sie hat das größte Interesse an allem Schönen. Mir selbst ging es einige Zeit lang nicht besonders. Die Aufregungen durch den Tod von Onkel Hugo Heymann trug natürlich dazu noch bei. Aber jetzt bin ich fast wieder auf der Höhe, nur noch in ärztlicher Behandlung, die mir gutzutun scheint.

Heute ist herrliches Wetter. Ich will nachher mit Tante Setta ein Stück spazierengehen. Sie ist so einsam.

Geht Deine Arbeit gut vorwärts, mein lieber Junge? Wirst Du sie schaffen? Und bist Du bei der Abgabe von den anderen abhängig? Es ist gut, daß Du Dein Rad hast. Das ist doch immerhin nach dem vielen Arbeiten ein gewisser Sport.

Eben erhielt ich die Grüße von Onkel Ludwig und habe mich sehr gefreut und lasse vielmals danken. Grüße alle herzlichst von mir, auch Kurt. Nächstens wird sein Vater siebzig Jahre alt, will aber nichts von dem Tag als wichtigerem Geburtstag wissen. Von Marianne war auch gute Nachricht. Deine Grüße habe ich an alle ausgerichtet. Sie haben sich sehr darüber gefreut.

Ich war zweimal im Kino mit Tante Ola, die immer noch auf ihre Papiere wartet. Sonst lebe ich sehr ruhig, lese viel, an die Luft gehe ich soviel wie möglich. Weißt Du noch – unsere schönen Silvesterabende früher im Gebirge?

Lebe wohl, mein guter Junge, verlebe Deinen Geburtstag vergnügt. Auch alles Gute Euch allen für 1940.

In treuem Gedenken

Deine Tante Else

Amsterdam, den 14. Januar 1940

Mein geliebter Junge!

Deinen lieben Brief hatten wir schon längst erwartet. Erstens, weil Du erkältet warst und ich mir allerhand Gedanken machte, in Deinem kalten Zimmer, wo niemand es überhaupt merkt, wenn Dir was ist. Zweitens, weil wir sehr gespannt waren, ob unser Paket durch den Zoll gekommen ist. Drittens, ob unser Geburtstagsbrief rechtzeitig in Deinen Besitz gelangt ist. Über alles sind wir nun im Bilde, bedauern nur, daß der Geburtstagskuchen nicht einen Tag früher ankam.

Eigentlich wollten wir ja heute aufs Eis gehen. Gestern haben Vater und ich den ersten Versuch gemacht, und der Vater hat sich die linke Vorderpfote verstaucht, hatte nachts richtige Schmerzen, aber heute ist es besser.

Ich konnte übrigens noch ganz gut Schlittschuh laufen, aber war so feige, daß ich mich nicht getraut habe, allein zu laufen. Und das ist ja auch nicht das richtige.

Inzwischen kam ein Brief von Rudi Heymann, der auch Ilse besucht hat. Er schrieb, daß die Kleine ›pretty‹ und ›strong‹ sei. Aber Ilses schöne Möbel scheinen alle weg zu sein. Sie wollen ihr abgeben, was sie entbehren können.

Von Granny lauteten die Nachrichten einigermaßen. Sehr warm haben sie es nicht. Helfen sich elektrisch. Ich war Fritz in diesen Tagen wieder sehr dankbar wegen seiner finanziellen Unterstützung für sie.

Unsere besten Tagesstunden sind am Radio. Und wenn ich nicht um Omama sorgen müßte, würde ich ganz froh sein.

Also, mein Junge, leb wohl. Hoffentlich hast Du den Ekel vor den Werkzeichnungen nun überwunden und wirst bald damit fertig. Innige Grüße. Mutti

Amsterdam, den 22. Januar 1940

Mein geliebter Junge!
Ich wollte Deinen schönen Brief schon gestern erwidern, aber dann begann ich meinen Brief an Granny, und für sie sind doch die Briefe von uns der einzige Lichtblick. Von anderen bekommen sie doch keine. Da bin ich natürlich ein bißchen ausführlicher, teile ihnen alles mit, was nur einigermaßen möglich ist und frische sie ein bißchen auf.

Die Ärmsten haben immer so um 2 Grad minus, dabei war zwei Tage lang die Heizung ausgestellt, da der Kohlenvorrat erschöpft war.

Sie behelfen sich mit einem kleinen Heizöfchen von Onkel Hans.

Auch bei uns ist es kalt. Berthold will von einem Ölofen nichts wissen, fürchtet in dem kleinen Zimmer Feuer. Er traut mir nicht zu, daß ich vorsichtig und langsam damit umgehe. Ich muß mich langsam daran gewöhnen, daß uns die nächste Generation für senil hält. Aber das ist ein Übel, über das die meisten Eltern klagen, die mit ihren Kindern zusammenwohnen. Das Verhältnis hat sich umgedreht. Hoffentlich kehrt es sich zwischen uns nicht auch nochmal um, mein Junge. Vorläufig habe ich das Gefühl, daß, trotzdem wir uns zwei Jahre nicht gesehen haben, zwischen uns noch alles so ist wie früher.

Lausig kalt ist es draußen, minus 12 Grad. Alles treibt sich auf dem Eis herum.

Wir hatten schon zwei holländische Stunden. Gar nicht so einfach. Eine vorzügliche Lehrerin, gratis! Vom Oosteinde-Huus aus. Unsere Freunde Fürth und Frau Schwerin machen auch mit.

Ich lese jetzt fast nur noch Holländisch, allerdings Kitsch, aber da lernt man am meisten.

Leb wohl, mein Junge, laß es Dir gut ergehen. Ich muß jetzt Abendbrot kochen.

Innigen Gruß und Kuß

Mutti und P E T E R

Lieber Klausemann,

es wird Dich vielleicht interessieren, daß mein Aquarell der Oudekerk seit einigen Wochen im Schaufenster des Office Information, Städtisches Fremdenverkehrbüro, ausgestellt ist, im Interesse der bevorstehenden Restauration der Kirche. In dem Fenster am Rockin sind auch andere auf die Oudekerk bezügliche Darstellungen, Geräte und Ausstattungsstücke gezeigt.

Leb wohl. Erkälte Dich nicht wieder. Sei herzlich gegrüßt

Vater

Amsterdam, den 10. Februar 1940

Mein geliebter Junge!
Wir hatten allerdings schon sehr auf Deine Nachricht gewartet, aber uns nicht geängstigt, da wir ja wußten, daß Du erst auf unseren Brief warten wolltest. Na, nun sind wir wieder im Turnus. Im übrigen wissen wir, wieviel Du jetzt zu arbeiten hast und verstehen, wenn Deine Briefe nicht so ausführlich sind.

Wir waren heut vormittag bei herrlichstem Wetter spazieren, jeder für sich, d.h. Vater mit Herrn Fürth, trafen uns dann aber alle zusammen, als ich Peter abholte, der so schüchtern war, daß er sich hinter mir dauernd verkroch und nicht guten Tag sagte. Ich glaube, sie halten ihn für einen Idioten, können sich aber nicht denken, daß ein Schuljunge noch so scheu ist. Wenn sie wüßten, wie frech er hier im Haus ist, und wie klug und logisch er denken kann.

Unser holländischer Unterricht macht uns große Freude, aber wir haben tüchtig zu lernen, was unseren alten Köpfen nicht sehr leicht fällt. Aber da der Unterricht umsonst ist, hat man doch wenigstens die Verpflichtung zu arbeiten. Sie nimmt sehr viel Grammatik, was für uns vielleicht nicht ganz richtig ist. Wir wollen vor allem sprechen. Immerhin behält man dadurch vielleicht leichter.

Leider höre ich jetzt nichts sehr Erfreuliches von Omama. Es ist tagelang so kalt, daß sie im Bett bleiben muß. Sie haben nur einen kleinen elektrischen Ofen, der nicht viel Heizkraft besitzt. Das neue Mädchen ist nur eine sehr schwache Hilfe, und Tante Else scheint gar nicht auf der Höhe zu sein. Ihr Herz ist geröntgt worden, Blutuntersuchung. Es hat nur Überlagerung der Nerven ergeben, aber das spricht für sich. Auch hatte sie einen physischen Ekel vorm Essen, was ja wohl auch nur nervös ist. Jedenfalls kannst Du Dir denken, daß ich mir große Sorgen mache, was werden wird. Und wenn Tante Else schon von einem Arzt zum anderen läuft, auf Tante Olas Drängen, dann muß sie sich schon schlecht fühlen.

Vater liest jetzt Holländisch, »Drei Männer im Schnee«, findet aber, daß es ein recht kindlicher Humor ist. Ich lese auch meist holländische Bücher, dabei lernt man am meisten. Übrigens, wohin man hört: Rohrbrüche, kein Wasser! Auch wir leiden dauernd darunter. Sobald es zu tauen beginnt – bumms! Rohrbruch. Alle Ab- und Zuflüsse zugefroren, kein Wasser an den Waschtischen, kein Wasser im Klo, schöner Zustand. Im übrigen soll es bei Euch genauso sein, wie Neumi gestern schrieb.

Bei uns war ja auch solch ein Matsch. Ich hätte mir nie vorstellen können, daß in einem sonst gepflegten Lande so etwas möglich ist.

Nun, mein Junge, mache ich Schluß und schlafe. Es ist nach dem Lunch. Lisel und Peter auf dem Eis. Wir sitzen wie zwei Vögel auf dem Sofa und schlafen am Tage hier im warmen Zimmer im Sitzen.

Lebe wohl, mein geliebter Junge.

Bist Du immer noch gut verpflegt? Wie gern würde ich das tun, Dir, wie damals vorm Abitur, immer abends mit etwas Freundlichem entgegenspringen.

Grüße Kurt, wenn Du ihn siehst. Rechnet er damit, daß er bald nach USA kommt? Ob das noch nötig ist?

Bleib gesund, mein Junge. Innigen Gruß und Kuß, in Liebe

Mutti

Lieber Klaus!

Meine linke Hand, die seinerzeit auf der Eisbahn zu Schaden kam, ist, von einer leisen Empfindung abgesehen, wieder in Ordnung.

Seit heute haben wir schon wieder starken Frost, und zwar minus acht Grad, da werden die Leitungen wieder einfrieren. Daß Handwerker, geschweige denn Architekten, so unsachgemäße Arbeit zustande bringen können, hätte ich mir in Deutschland nie vorstellen können.

Herzlichen Gruß. Vater

Amsterdam, den 7. März 1940

Mein geliebter Junge!
Wenn diese Zeilen bei Dir ankommen, bist Du schon mittenmang im Examen. Hoffentlich gelingt es Dir wieder so wie all die letzten Male. Bist ja jetzt auf diesem Gebiet kein Neuling mehr, sondern schon routiniert. Kannst Dir denken, wie wir Dich in Gedanken begleiten. Machs gut! Unseren Segenswunsch, den wir einem Brief an Onkel Ludwig beifügten, hast Du wohl inzwischen erhalten. Weißt auch, daß wir gesund sind, daß die Nachrichten über Omama zufriedenstellender lauten und, daß Tante Else nun hoffentlich auf dem Wege der Besserung ist.

Heute sprach ich mit Peter von der Uroma. Bei all seiner Frechheit hat er wohl das Gefühl, daß man auf sie Ausdrücke wie »Ochse«, »Dreckschnauze«, »unverschämte Gans« nicht anwenden darf, eine gewisse, ihm unbewußte, Ehrfurcht. Dann sagt er: »Klaus ist auch ein netter Herr. Er hat mir Gesichterschnitten beigebracht.« Manchmal ist er zu komisch.

Auf Deine Anfrage schreibe ich Dir, daß die Reparatur der Gummischuhe, die wir Dir schickten, mit Porto 3 Gulden 15 gekostet hat. Teuer. Aber, Jungchen, zersplitte Dich jetzt nicht damit, das Geld einzusenden. Das hat Zeit bis nachher, wenn Du wieder freier bist.

Von uns ist sonst auch nichts Besonderes zu berichten. Wir sind gesund. Unsere holländischen Stunden machen uns viel Spaß, trotzdem wir wahnsinnig dafür arbeiten müssen. Allwöchentlich gehen wir in die Vorträge und Konzerte vom Oostendehuis. Sie geben viel Anregung, und die haben wir nötig. Du siehst, Jungchen, wir geben uns die größte Mühe, uns einzuleben und mit unserem Schicksal abzufinden und nicht im Alltag zu versinken, im Gegenteil, immer weiterzustreben. Ich komme auch noch allwöchentlich mit zwei Damen reiferen Jahrgangs zusammen. Eine ist die Schwester von Sanitätsrat Brock, der Dich öfters behandelte. Sie sieht ihrem Bruder lächerlich ähnlich, als wenn er ein Kleid angezogen hätte. Die andere ist Frau Schwerin, die Mutter von Gerda Spitzer.

Weißt Du, daß Kurt die Stelle doch nicht bekommen hat? War er mal bei Dir? Hast Du ihm Tante Olas Brief noch abgeben können? Tante Ola sorgt jetzt so treu für Tante Else und Omama, bringt ihnen alles ins Haus. Ist doch nicht so einfach jetzt.

Alles, alles Gute, innigen lieben Kuß. Mutti

Lieber Klaus!
Mit den Zeichnungen scheinst Du ja schon über den Berg zu sein. Also weiter alles Gute!

Von meinem Neffen Paul Klein und seiner Frau in Palästina, die seit einigen Wochen Eltern eines Töchterchens sind, hatten wir einen recht befriedigenden Brief. Sie haben in der Landwirtschaft Erfolg. Es ist sehr erfreulich, daß sich Paul in diesen Beruf so gut hineingefunden hat.

Nun lebe recht wohl und sei aufs Herzlichste gegrüßt. Vater

Guten Erfolg und herzlichen Gruß. Berthold

Hals und Beinbruch zum Examen! Bekommst Du denn einen Titel? Herzliche Grüße und melde Dich bald

Deine Lisel

Weißt Du, daß wir uns seit Le Touquet nicht mehr gesehen haben? Das waren doch schöne Ferien!

Amsterdam, den 23. März 1940

Mein geliebter Junge!
Nun ist Dein Brief endlich gekommen, und wir ersehen daraus, daß Du trotz reichlicher Arbeit gesund bist, natürlich Dir in Bezug auf das Schriftliche die üblichen Skrupel machst. Wie sollte es auch anders sein!

Nun die letzte schwere Woche, und dann kannst Du hoffentlich einen Strich hinter die Examensnöte machen.

Übrigens, wenn Du mein Sohn bist, gehst Du lieber um zehn schlafen und stehst um sechs auf. Ich war dann immer viel aufnahme- und leistungsfähiger.

Die Berichte aus Berlin lauten einigermaßen. Tante Else wird nicht eher in Ordnung kommen, bis mehrere Zähne gezogen werden und der Eiter Abfluß hat. Dann wird ihre Temperatur wieder normal werden. Sie ist nur dadurch so runtergekommen.

Alles Gute, mein geliebter Junge, klaren Kopf behalten und nicht zu doll büffeln! Innigen Gruß und Kuß, in Liebe

Mutti

Mein lieber Klaus!
Eben kommen wir von unserem zweistündigen Spaziergang zurück, der uns wie oft wieder über den Markt geführt hat, wo Mutti immer soviel Interessantes zu sehen hat. Heute ist sie sogar sehr verschwenderisch gewesen, hat einen Ledergürtel für 10 cts. und zwei Ansichtskarten für je 1 ct, gekauft.

Von Neumann aus London seit langer Zeit wieder ausführliche Nachricht gehabt.

Aufs Herzlichste grüßt

Vater

Amsterdam, den 1. April 1940

Mein geliebter Junge!
Nun hast Du Deine Arbeit abgegeben. Drei Kreuze hinterher. Mag sie unter einem guten Stern stehen. Nur noch morgen und übermorgen zwei schwere Tage, und dann kannst Du hoffentlich auf Deinen Lorbeeren ruhen. Was dann kommt, darüber wollen wir uns noch nicht den Kopf zerbrechen.

Heute haben wir einen anstrengenden Tag hinter uns, waren schon vor neun auf dem Konsulat, unsere Pässe zu verlängern. Es ging alles glatt, auch dann bei der Verlängerung der Aufenthaltsbescheinigung. Es dauerte nur alles. Um halb drei kamen wir endlich nach Hause.

Vorgestern schickte Rudi Heymann reizende Aufnahmen von Familie Steinfeld, Gabriele ein süßes Kind, ganz blond, mit dunklen Augen, Ilses Stirn, vom Vater anscheinend Mund und Augen, und ein bißchen wie Käthchen Ury als Baby, ulkig. Ilse und Leo sehen sehr mager aus, alt geworden, scharfe Züge, was wohl mit dem Klima zusammenhängt. Jedenfalls haben wir uns gefreut, wenn auch indirekt, über sie zu hören.

Von Omama, mein Junge, kann ich leider nicht viel Gutes berichten. Sie hatte einen schweren Anfall, immer wieder neue Schmerzen, jetzt durch Hämorrhoiden, die sie namenlos angreifen und narkotische Mittel erfordern, die natürlich das Herz schwächen. Wir dürfen uns bei ihrem Alter natürlich keinerlei Illusionen hingeben und wollen nicht, daß sie so leidet. Tante Else scheint es besser zu gehen, aber durch die Aufregung mit der Omama kann sie sich nicht recht erholen.

Helen Ury will ihre Eltern schleunigst über Italien raushaben. Es wird jetzt für alle dringend. Und was im augenblicklichen Zustand aus unseren Nächsten wird?

Leb wohl, mein geliebter Junge, wir hoffen bald von Dir Gutes zu hören.

Innigen Gruß und Kuß in Liebe
Mutti

Amsterdam, den 3. April 1940

Mein geliebter Junge!
Eben um 9 Uhr bekamen wir Dein Telegramm, auf das wir insgeheim schon gewartet hatten, obwohl wir nicht wußten, ob Du die Resultate gleich erfährst. Ich bin so glücklich, ich kanns kaum sagen. Ich hab den ganzen Tag daran gedacht, und mein linker Daumen schmerzt schon vom Drücken. Ich wünsche Dir, daß Du Dein ganzes Leben lang so gute Resultate Deiner Arbeit haben wirst.

Leb wohl, mein lieber Junge, ich bin so glücklich, daß Du Dein Ziel erreicht hast. Wir schrieben schon an Tante Else. Sie und Omama werden sich auch freuen.

Herzlichst. Mutti

Viel Glück! Wir freuen uns mit Dir. Vater

Mein lieber kleiner Bruder, ich bin so froh über Dein gutes Examen. All meine Wünsche für Deine Zukunft, Du bist ein kluger Junge, bleib so.

Deine Schwester Elisabeth

Herzliche Glückwünsche und alles Gute für die Zukunft. Berthold

Amsterdam, den 5. April 1940

Mein geliebter Junge!
Heute mittag kam Dein Brief mit ausführlicher Schilderung des Examens. Lisel erschien mit Portwein und Kuchen, und so konnten auch wir sogleich den frischgebackenen Diplomarchitekten begießen.

Das einzig Betrübende ist, daß Du nicht wie in normalen Zeiten gleich in eine geordnete Tätigkeit hineinkommst. Dafür ist Krieg, und ich finde, man muß froh sein, daß Du trotzdem Dein Ziel erreichen konntest.

Natürlich wäre es undenkbar schön gewesen, wenn Du wie geplant im Sommer wieder nach Salisbury hättest gehen können. Aber man muß eben mit den Tatsachen rechnen, und schließlich bist Du erst 23 Jahre, es schadet also nicht, wenn Du Dich noch ein bißchen in der Weltgeschichte umschaust und an Kenntnissen und Erfahrungen sammelst, was sich Dir bietet.

Allerdings, ob ich es für eine glückliche Lösung halten soll, daß Du Gründe suchst, um in Ilses Nähe zu gehen?

Mal Ilse sehen und Mann und Kind kennenlernen und Neues, wäre wohl ganz schön. Von längerem Zusammensein verspreche ich mir für Dich aus bekannten Gründen leider nicht viel Gutes.

Vorläufig lebe mal ein paar Wochen ohne festes Programm ein bißchen in den Tag hinein. Ich bin nur gespannt, wo Du in den nächsten Wochen unterkommen wirst. Ich fürchte, Urys Haus ist so eine Art Taubenschlag geworden. Wer weiß, ob sie Dich aufnehmen.

Lebe wohl, mein Junge! Alles, alles Gute weiterhin. Gruß und Kuß

Mutti

Auch ich rate Dir ab, nach Palästina zu gehen, dadurch würdest Du nur wertvolle Beziehungen unterbrechen, deren spätere Anknüpfung sehr erschwert wäre.

Lebe wohl, erhole Dich gut. Sei aufs Herzlichste gegrüßt.

Vater

Die Freude über das so glänzend bestandene Examen des Sohnes Klaus wurde getrübt. Am 7. April 1940 starb in Berlin die geliebte Omama Franziska Ury im Alter von 92 Jahren. Käthe Heymann hat, wie schon bei ihrer Übersiedelung nach Amsterdam befürchtet, ihre Mutter nicht mehr wiedergesehen. An der Beerdigung auf dem Friedhof Berlin-Weißensee konnten nur noch wenige Familienmitglieder teilnehmen: Else Ury, Ola Davidsohn, Toni Davidsohn-Levy (die Mutter von Marianne und Kurt), Setta Heymann und die Geschwister des Baurats, Max Heymann und Frieda Klein mit ihren Töchtern Ruth und Ilse. Die Söhne Horst und Paul hatten auswandern können.

Berlin, Mitte April 1940

Mein lieber Junge!
In all der Dunkelheit nach dem Hinscheiden unserer Omama war die Nachricht von Deinem so glänzend bestandenen Examen ein Lichtstrahl. Wie hätte sich die Omama darüber gefreut. Mir ist das Herz jetzt sehr weh. Aber trotzdem bin ich glücklich, daß Dein Streben von solch schönem Erfolg gewesen ist. Mein inniger Wunsch ist, daß Du weiter im

Leben befriedigende und erfolgreiche Arbeit leisten wirst. Unsere Omama ruht in Frieden nach schwerem Leiden. Ich weiß, was auch Du, mein lieber Junge, mit ihr verloren hast, wie lieb Du sie gehabt hast. Wir müssen dankbar sein, daß wir sie so lange haben durften.

Ich bin jetzt wieder gesund, nur schlafen kann ich noch nicht. Aber auch das wird in Ordnung kommen. Aber Du, mein Junge, brauchst nach der anstrengenden Examensarbeit sicher Erholung. Hoffentlich kannst Du ein paar Tage ins Freie fahren. Und pflege Dich, auch ohne daß Mutti dafür sorgt.

Lebe wohl, mein guter Junge, weiter alles Gute für Dich.

Innige Grüße

Deine Tante Else

Amsterdam, den 19. April 1940

Mein geliebter Junge!
Trotzdem ich unserer Omama die Ruhe nach all den Qualen gönne, ist mir der Gedanke, daß ich sie nie wiedersehen werde, daß wir ihr das ganze letzte Jahr vielleicht ohne zwingenden Grund genommen wurden, unsagbar schmerzlich. Und daß ich Tante Else in den letzten Wochen keine Hilfe sein konnte, daß sie die furchtbare Nacht so ganz allein mit ihrer Trauer und ihren furchtbaren Sorgen war, das ist schrecklich. Darunter leide ich am meisten. Immer ist sie für uns alle dagewesen, unter Hintanstellung ihres eigenen Ichs. Und so muß man es ihr vergelten!

Ein Glück, daß Tante Ola noch in Berlin ist. Sie hat sich in den letzten Wochen wirklich wie eine Tochter und Schwester um die beiden gekümmert.

Ich schreibe jetzt beinahe täglich an Tante Else, damit sie das Gefühl hat, daß ich ihr wenigstens brieflich nahe bin. Und sie schreibt auch alles, was sie denkt und was sie bedrückt, und da ist es ihr eine Wohltat, wenn ich auf alles eingehe.

Eben hat Vater Posen-Mittelwelle eingestellt: arabische Musik aus

Marrakesch. Also, genau wie Synagogengesang! Stell es mal Onkel Ludwig ein, es wird ihn interessieren, wie ein ›nigen‹ klingt.

Leb wohl, mein Junge. Und schreib uns von Deinen Plänen, aber erhol Dich erst mal in Ruhe.

Bleib gesund, viele, viele Grüße! In Liebe
Mutti

Es ist ein Jammer, daß Tante Else gerade jetzt nicht mehr das »Haus Nesthäkchen« zur Verfügung steht, um sich zu erholen. Anscheinend hat es ihr der Krummhübeler Arzt Dr. Köhler abgepreßt, hatte wohl gute Beziehungen. Da das in jeder Hinsicht gegen Treu und Glauben verstößt, so bin ich der Ansicht, daß der Tag noch kommen wird, an dem man auf Wiedergutmachung wird dringen können.

Herzlichst. Vater

Kurz nach Abschluß seines Studiums, hatte Klaus Heymann seinen entsetzten Eltern mitgeteilt, er habe vor, nach Palästina oder Kanada zu gehen. Es wird weniger die Nähe zu seiner Schwester Ilse gewesen sein, die ihn nach Palästina zog, als vielmehr Erich Mendelsohn und andere aus Deutschland geflohene Avantgarde-Architekten, wenngleich er sich nach allem, was er über die dortige schwache Baukonjunktur wußte, wenig Hoffnung auf Arbeit machen konnte und deshalb nach Ausweichmöglichkeiten suchte:

»Ich konnte in England nach dem Diplom keine Stellung finden. Es wurde nichts gebaut, kein Mensch wollte einen haben, besonders keinen unerfahrenen, unqualifizierten Architekten, absolut nicht.

Nun war es so, ich hatte mich im Frühjahr 1940 bei der Armee gemeldet, aber das dauerte immer seine Zeit, besonders, wenn man Ausländer war. Ich mußte mich also umsehen, konnte nicht immer meinem Vetter auf der Pelle liegen oder meinem Onkel Ludwig Gesellschaft leisten. Mir fiel ein, in Palästina und in Kanada suchten sie doch Leute in der Landwirtschaft. Dann bekam ich diesen Brief von meinen Eltern und überlegte es mir wieder. In England wurden auch Leute für die Bergwerke gesucht. Davon wußte ich damals nichts, sonst hätte ich mich vielleicht auch noch um die Bergwerke beworben. Erst nach dem Krieg hörte ich, daß die Regierung die Wehrdienstverweigerer dorthin schickten. Muß nicht so herrlich gewesen sein.

Warum ich meinen Eltern von Kanada schrieb, weiß ich nicht mehr. Vielleicht hatte mich mein Vetter Kurt dazu angeregt. Er wurde von der britischen Regierung, die eine faschistische Unterwanderung fürchtete, zusammen mit 6560 anderen in England lebenden deutschen Flüchtlingen im Frühsommer 1940 nach Kanada deportiert. In ein Camp, ein Lager, aus dem er erst nach Monaten frei kam.

Das einzige, was ich bis zu meiner Einberufung im Juni 1940 dann tatsächlich gemacht habe: ich hab mich im Polytechnic zu einem neuen Kurs für Städtebau und einem Kurs für structural engineers, für Bauingenieure, gemeldet, bin vier Mal in der Woche hingegangen. Und dann wurde ich aufgerufen und war weg.

Meinen Eltern gegenüber hab ich es so ausgedrückt: Ich geh in dieselbe Firma wie Günther Lehmann, der Neffe meines Schwagers Berthold, von dem sie wußten, daß er bei der Army war. Und meine Mutter umschrieb meine militärische Ausbildung später mit »Arbeit in gesunder Umgebung«.

Amsterdam, den 30.April 1940

Mein geliebter Junge!
Wir hatten Deinen Brief schon sehnsüchtig erwartet. Nachdem er aber schon heute gekommen ist, also nur einen Tag unterwegs war, bin ich total durchgewühlt, und ich muß sagen, recht deprimiert. Zunächst muß ich Dir sagen, daß Du, mein Junge, mir am meisten leid tust. Nun hast Du vier Jahre Dein Menschenmöglichstes getan, um das Studium

durchzuführen, hast ein glänzendes Schlußexamen gemacht und bist nun vor so schwerwiegende Entscheidungen gestellt.

Es war doch von vornherein damit zu rechnen, daß Du zunächst keine Arbeit finden würdest, deshalb willst Du Deinen selbstgewählten, Dir lieben Beruf, der mit allen möglichen Schwierigkeiten durchgeführt wurde, an den Nagel hängen?

Ich weiß doch, wie unsympathisch Dir stets der landwirtschaftliche Beruf war. Vor Jahren habe ich manchmal mit Dir darüber gesprochen. Du hattest eine direkte Abneigung. Glaubst Du, daß man in einem Beruf, in den man mit Widerwillen geht, etwas leistet?

Ich gebe zu, daß wir die Situation von hier aus nicht im einzelnen beurteilen können, aber soviel, daß nach einem Krieg, der ja nicht ewig dauern kann, sich stets eine rege Bautätigkeit entwickelt.

Mein Junge, es tut mir schrecklich leid, daß man Dich in solchen schwerwiegenden Überlegungen nicht positiv beraten kann. Man kann nur alle Fürs und Widers beleuchten. Ich hoffe, daß Du dort interessierte und maßgebende Berater hast, die die Situation klarer überblicken. Ich glaube nicht, daß Dein Londoner Studium in Kanada angerechnet wird. Deshalb können wir nicht zuraten, aus England fortzugehen.

Ach, mein Jungchen, wie kann einen die Wut packen, daß wir so gewaltsam aus unserer Bahn gerissen sind! Es sind so viele Dinge, die einem durch den Kopf gehen, dazu die Trauer um die Omama, nach der mir oft so bange ist.

Leb wohl, mein Junge, schreib alles, was Dich bedrückt, auch wenn wir Dir nur beschränkt raten können.

Innigen Gruß und Kuß. In Liebe. Mutti

Mein lieber Klaus!
Mich hat Dein jüngstes Schreiben nicht so sehr in Unruhe versetzt, wie Dir das bei Mutti gelungen ist. Ich kenne Dich doch einigermaßen, und schon einmal kamen Deine »Es geht nicht!«- Rufe aus London, es sind jetzt gerade vier Jahre her, bei Beginn Deines Studiums, als Du in den

Vorlesungen auch nur zu 80 bis 85% folgen konntest. Wie schnell hattest Du auch diese Schwierigkeiten damals überwunden. Als ich vor einigen Tagen an Neumann nach London schrieb, der mir zu Deinem besonders schönen Examenserfolge gratuliert hatte, sagte ich ihm, daß jetzt aber erst das Große für Dich käme: wie nämlich weiter?

Vor dieser Frage steht oder stand jeder nach dem Examen. Auch früher schon, also selbst unter Verhältnissen, die mit den gegenwärtigen auch nicht im Entferntesten zu vergleichen sind. Auch ich wußte vier Wochen nach Abschluß des akademischen Studiums noch nicht, wo ich unterkommen würde, bis ich plötzlich nach einem weiteren Versuch innerhalb einer Stunde meine Anstellung am Erweiterungsbau des Stettiner Bahnhofs in Berlin hatte.

Ich kann Dir nur raten, Dich zu gedulden. Jedenfalls aber solltest Du den Gedanken, Deinen Beruf an den Nagel zu hängen, weit von Dir weisen.

Unter keinen Umständen würde ich Dir daher raten, sofern es sich nicht aus den gegenwärtigen Verhältnissen als notwendig herausstellt, an einen Domizilwechsel zu denken in dem Ausmaß, wie Du es angedeutet hast, bei dem Du Deine Beziehungen zum Poly, zu Mr. Addison und Mr. Potter für immer verlieren würdest. Günther Lehmanns Verpflichtung gilt zwar für die Dauer, aber nur die Dauer eines begrenzten Zeitabschnitts. Also überlege in Ruhe weiter und überstürze nichts.

Das Wetter scheint ja jetzt beständig gut zu bleiben. Eventuell also gute Erholung.

Ich habe jetzt wieder gebastelt. Der Balkonplatz, also Klapptisch mit unseren Balkonschirmen, ist fertig und leicht zum Gebrauch einzurichten und wieder in den Ausgangszustand zu bringen. Neulich haben wir hier zu fünft den Nachmittagskaffee getrunken. Ob wir auch noch die von Mutti gewünschten Blumenkästen anbringen, wissen wir noch nicht.

Lebe nun recht wohl und sei herzlich gegrüßt. Vater

Tante Else geht es einigermaßen.

Während sich Hugo und Käthe Heymann mit harmlosen Freuden das eintönige Emigrantendasein annehmbarer gestalteten, hatte Anfang April 1940 Hitlers Westfeldzug mit der Besetzung Norwegens und Dänemarks begonnen. Am 10. Mai fiel die Wehrmacht in die Beneluxstaaten ein, am 15. Mai kapitulierten die Niederlande, am 28. Mai gaben Belgien und Luxemburg auf, am 17. Juni Frankreich.

Nach diesen siegreichen »Blitzkriegen« beherrschte das Deutsche Reich den europäischen Kontinent vom Nordkap bis zur spanischen Grenze, durch das befreundete Italien sogar bis Sizilien und Afrika. Schon nach der Einnahme Polens hatte Hitler proklamiert: »Das deutsche Kriegsziel hat in der endgültigen militärischen Erledigung des Westens zu bestehen.« Das hieß Unterwerfung aller europäischen Völker.

Lisbeth und Berthold Jachmann waren nicht die einzigen in Holland, die einen deutschen Überfall befürchteten, ihn aber im Grunde für unwahrscheinlich hielten. Jeder wollte nur zu gern daran glauben, daß der deutsche Nachbar den Neutralitätspakt respektieren würde. Die wahren Ziele Hitlers und den verbrecherischen Charakter seines Regimes durchschauten auch die meisten Politiker nicht. Noch Ende April hatte Ministerpräsident Hendrik Colijn seinen Landsleuten versichert:

»Geht ruhig schlafen, ihr braucht keine Angst zu haben!«

Doch in den frühen Morgenstunden des 10. Mai 1940 fielen deutsche Truppen, unterstützt von Flugzeugen und Tausenden von Fallschirmjägern, in Holland ein. Um den ohnehin schwachen militärischen Widerstand schneller zu brechen, bombardierte die deutsche Luftwaffe am 14. Mai die historische Innenstadt von Rotterdam und einen Teil des Hafens. 900 Zivilisten kamen durch die Angriffe ums Leben, 78 000 Menschen wurden obdachlos.

Angesichts der feindlichen Übermacht und der hohen Verluste unterzeichnete der Oberbefehlshaber der niederländischen Streitkräfte am 15. Mai 1940 in Rijsoord, einem kleinen Ort in der Nähe von Rotterdam, die Kapitulation.

Trotzdem gab es Holländer, die die Besatzer willkommen hießen. Mitglieder und Sympathisanten der niederländischen »Nationaal-Socialistische Beweging« (NSB) – standen freudig bewegt am Straßenrand und grüßten die vorbeimarschierende Wehrmacht mit einem strammen »Heil Hitler!«, Frauen reichten den fremden Soldaten Kaffee, Kinder ließen sich von ihnen Schokolade und Bonbons schenken.

Für die Flüchtlinge aus Deutschland, Österreich oder der Tschechoslowakei, die sich in Holland sicher geglaubt hatten, bedeutete der Überfall höchste Gefahr. In Panik versuchten viele die Küste zu erreichen, um von dort ins Ausland zu gelangen. Vergeblich.

In dieser ausweglosen Situation nahmen sich 150 Juden das Leben, darunter ganze Familien.

In letzter Minute gelang der niederländischen Königin Wilhelmina die Flucht. Sie verließ, begleitet von Familie und Hofstaat, ihr Land noch am 13. Mai an Bord eines britischen Zerstörers. Wenige Stunden später folgte ihr das Kabinett nach England. Die zurückbleibenden Generalsekretäre, die dem Behördenapparat vorstanden, hatten den Auftrag, im Amt zu bleiben und mit der Besatzungsmacht zusammenzuarbeiten. »Um Schlimmeres zu verhindern«, wie es hieß.

Ende Mai wurde aus dem Königreich der Niederlande ein »Reichskommissariat«. An der Spitze der berüchtigte vormalige Innenminister Österreichs, Arthur Seyss-Inquart, der schon 1938 beim Anschluß seines Vaterlandes an das faschistische Deutschland eine Schlüsselrolle gespielt hatte.

Mit Hilfe eines Stabes routinierter Spezialisten aus Sicherheitsdienst (SD), Sicherheitspolizei(Sipo), Kriminalpolizei (Kripo), Geheimer Staatspolizei (Gestapo) und hohen Funktionären des Staatssicherheitsdienstes (SS) bemächtigten sich die Nazis zielstrebig des besetzten Landes. Mit den erprobten und perfektionierten Überwachungs- und Terrormaßnahmen sorgten sie für die beinahe reibungslose Gleichschaltung der niederländischen Öffentlichkeit und die Entrechtung der Juden. In der Bevölkerung regte sich anfangs kaum Widerstand. Erst als nach einer Razzia 425 junge Juden verschleppt wurden, angeblich in ein Arbeitslager, tatsächlich aber ins KZ Buchenwald, kam es Ende Februar 1941 auf Initiative der verbotenen kommunistischen Gewerkschaft zu einem Generalstreik, der vorübergehend ganz Amsterdam lahmlegte und sich auch auf andere Städte ausdehnte. Er wurde von der deutschen Polizei brutal niedergeschlagen. Auf die Judenverfolgung der Nazis hatte er ebenso wenig Einfluß wie die Proteste einzelner Geistlicher oder Politiker.

Das Leben in der Watteaustraat 12 veränderte sich dramatisch. Vorbei war es mit den kleinen Freiheiten, die Hugo und Käthe Heymann ab und zu für ein paar Stunden das Gefühl gegeben hatten, Herr ihrer selbst zu sein: für 40 Cents mit der Straßenbahn ans Meer zu fahren wie ganz normale Feriengäste, mit dem Zug einen Ausflug in die schönen holländischen Städte zu machen, sich in einem Restaurant eine Tasse Kaffee zu gönnen, mal ins Kino oder ins Rijksmuseum zu gehen oder einfach nur im Vondelpark zu spazieren und sich auf eine Bank zu setzen. Das war jetzt »Für Juden verboten!«, wie Schilder überall in der Stadt vorschrieben. Das kannten die Heymanns aus Berlin und Krummhübel, und auch die Tatsache, daß sie einen zweiten jüdischen Vornamen bekamen, »Sara« und »Israel«.

Viel schlimmer für sie war die Abhängigkeit von ihrem Schwiegersohn, dessen Großzügigkeit einer schweren Belastungsprobe ausgesetzt wurde, als er selbst finanziell unter Druck geriet. Wenige Monate nach dem Einmarsch der Deutschen waren alle Juden und jüdischen Organisationen mitsamt ihrem Besitz auf einer zentralen Kartei erfaßt worden. Bald darauf mußten sie ihr gesamtes Kaiptalvermögen, auch Barbeträge und Schecks, auf ein Bankhaus übertragen, das die Deutschen den jüdischen Besitzern – Lippmann, Rosenthal & Co, Amsterdam – abgenommen hatten. Über 700 Millionen holländische Gulden kamen so in Nazibesitz. Jeder Jude durfte für sich höchstens 1000 Gulden in bar behalten.

Seit Oktober 1941 war Berthold Jachmann durch eine Verordnung, die jegliche Erwerbstätigkeit von Juden von der Willkür der neuen Machthaber abhängig machte, in seiner Existenz bedroht. Der Bauingenieur konnte sich nicht mehr darauf verlassen, daß ihn sein ausländischer Chef, Dr. Rösler, weiter beschäftigen und schützen würde.

Zu all diesen Unsicherheiten kam die Angst vor der Zukunft: was hatten die Nazis mit den Juden vor? Was geschah mit jenen, die in den Osten »umgesiedelt« oder angeblich zum »Arbeitseinsatz« geschickt wurden? Manchmal sickerten in die Watteaustraat schlimme Gerüchte durch, aber da sie jegliches Vorstellungsvermögen überstiegen, wurden sie als deutschfeindliche Propaganda abgetan. Doch die Frage blieb bestehen: wann war man selbst an der Reihe?

Gab es noch eine Fluchtmöglichkeit?

Die nervliche Belastung muß für die Heymanns und die Jachmanns unerträglich gewesen sein. Man ging sich aus dem Weg, zog sich zurück, mied jede Gemeinsamkeit. Die Briefe an Klaus und all die anderen Verwandten, früher eine willkommene Gelegenheit, als Familie aufzutreten, wurden nun ohne Anschrift von Lisel oder Berthold abgeschickt.

Die Situation in der Watteaustraat wurde noch angespannter, als der achtjährige Peter nach den Sommerferien 1941 nicht mehr in seine Schule zurückkehren durfte, weil Juden der Besuch »arischer« Bildungsstätten verboten wurde. Bis der von den Nazis geforderte »Judenrat«, ein Gremium aus Vertretern der jüdischen Gemeinde, Räumlichkeiten und Lehrer für jüdischen Unterricht organisiert hatte, blieb Peter zu Hause. Er verlor nicht nur seine geliebte Lehrerin und die Schulkameraden. Bei der permanenten antisemitischen Hetze kann man annehmen, daß er auch von den nichtjüdischen Kindern seines Viertels gemieden wurde.

Das konnte der Junge nicht verstehen. Es verunsicherte ihn und machte ihn aggressiv. Aus Bemerkungen seiner Mutter und seines Vaters muß er geschlossen haben, daß die Großeltern, die aus dem Land der Besatzer zu ihnen gekommen waren, irgendwie Schuld hatten. Für ihn, der seit seinem zweiten Lebensjahr in Amsterdam lebte und sich mit Holland identifizierte, waren sie »Moffen«, wie die Deutschen hier abschätzig genannt wurden. Er wehrte sich gegen sie mit seinem ganzen kindlichen Groll. Käthe und Hugo Heymann, gewöhnt an die heile Welt fester Familientraditionen, waren gekränkt, aber, wie man aus ihren Briefen ersehen kann, nicht ohne Verständnis.

Während sich Berthold Jachmann fieberhaft – aber viel zu spät – auf die Jagd nach Visa für sich und seine Familie machte, bemühte sich die Londoner Verwandtschaft um eine Ausreisemöglichkeit für Else Ury. Vergeblich. Aber Peter, so erinnert sich Helen Ury später, hätte zu diesem Zeitpunkt noch gerettet werden können:

»Wir haben uns die größte Mühe gegeben, ihn rauszuholen. Ich war vor dem Überfall der Deutschen mehrmals in Holland gewesen, beruflich, und hatte Peter erlebt, und mir gefiel das Kind so gut, es war so ganz besonders begabt. Wir wollten den Jungen nehmen. Es wäre noch möglich gewesen, ihn mit einem der Kindertransporte rüberzuholen. Wir haben nach Amsterdam telegrafiert, auch mit den Jachmanns telefonisch gesprochen, aber Lisbeth wollte sich nicht von dem Kind trennen.«

Die Eltern Heymann hatten die Hoffnung, dem Zugriff der Nazis zu entkommen, inzwischen aufgegeben und ihr Schicksal akzeptiert. Umsiedlung? Arbeitseinsatz? Möglicherweise stellten sie sich darunter etwas vor, was sie notfalls bewältigen konnten. Käthe Heymann schrieb ihrem Sohn, sie fühle sich noch kräftig genug, um mit anzupacken, wenn es sein müßte. Im übrigen – wer wußte denn, ob nicht vorher der Krieg zu Ende war?

Hugo Heymann glaubte, Grund zum Optimismus zu haben. Seine unermüdlichen Eingaben an das Preußische Bau- und Finanziministerium waren wider allen Erwartens doch noch von Erfolg gekrönt: Die Behörde überwies ihm zwei Jahre nach seiner Auswanderung zumindest einen Teil seines Geldes. So war er die größte Sorge los, von seinem Schwiegersohn abhängig zu sein.

Die Besetzung der Niederlande unterbrach die Korrespondenz der Heymanns für fast ein Jahr. Ab April 1941 erreichten Klaus Heymann die Briefe seiner Eltern auf dem Umweg über die (damals noch neutralen) USA, wo inzwischen die Schwester von Lilo Lachmann, Gerda Japson, mit ihrem Mann und dem Weihnachten 1939 in London geborenen Kind lebte. Aus Rücksicht auf die Postzensur – es war ja verboten, mit dem feindlichen England zu korrespondieren – versetzte Käthe Heymann ihren Sohn in die fingierte »Hausgemeinschaft« nach Amerika. Gerda Japson leitete die an sie adressierten Briefe von Louisville, Kentucky, nach London weiter. Da die Post auf dem Seeweg befördert wurde, dauerte es Monate, bis die Eltern die Antwort von Klaus erhielten und darauf reagieren konnten.

Für Käthe Heymann, die sich in all den Jahren der Trennung um das Wohl ihres Jungen sorgte, muß es besonders schmerzvoll gewesen sein, daß ihre mütterlichen Ratschläge oft zu spät eintrafen.

Amsterdam, den 5. April 1941

Meine Lieben!
Zunächst bitte ich um Entschuldigung, wenn meine Anrede etwas intim erscheint, aber da Ihr doch jetzt eine Hausgemeinschaft bildet, erscheint es mir so das Beste.

Ihnen, liebe Frau Japson, besonderen Dank. Ich hoffe, daß es Ihnen gut ergeht, daß es Ihrem Mann geglückt ist, sich einen neuen Wirkungskreis zu schaffen, und daß Ihr Kindchen – es war doch ein Töchterchen? – sich zu Ihrer Freude entwickelt.

Sie, liebes Fräulein Liselotte, arbeiten wohl noch in derselben Weise, oder hat sich Ihnen etwas anderes geboten?

Nun zu Dir, mein geliebter Junge.

Du kannst Dir denken, wie glücklich wir über Deine Zeilen waren, daß es Dir gut geht, daß Du eine Tätigkeit gefunden hast, die Dir einigermaßen liegt, und auch in gesunder Umgebung. Hoffentlich bleibt alles weiter gut.

Ja, Klaus, es scheint, daß Briefe von Dir uns nicht erreicht haben, denn wir hatten ja keine Ahnung von der so engen Bindung zwischen Dir und Lilo, und Du kannst Dir denken, wie überrascht wir waren. Nun wissen wir ja nicht, was wir Deinen Zeilen entnehmen sollen. Ob es eine Freundschaft ist, die Euch bindet, oder ob Ihr von der Zukunft mehr erhofft.

Mein guter Junge, Du weißt, Du bist schon als kleiner Junge stets mein Vertrauter gewesen, und das vertrauensvolle Verhältnis zwischen uns dreien wollen wir uns trotz räumlicher Trennung zu erhalten versuchen, und so faß auch meine folgenden Zeilen auf.

Ich bin glücklich, mein Junge, daß Du dort jemanden hast, der Dir innerlich nahesteht, daß Ihr beide etwas habt, worauf Ihr Euch immer wieder freuen könnt, auf ein gemeinsames weekend, auf Ferien oder Festtage. Aber hütet Euch für die nächsten Jahre, aus den Feiertagen einen grauen Alltag zu machen, wie er unbedingt kommt, wenn man nur das Herz sprechen läßt, ohne den Verstand zu Rate zu ziehen. Ihr seid beide noch jung, Du Klaus, im Verhältnis noch viel jünger. Es ist so verständlich, daß die gemeinsame Schicksalsverbundenheit Euch aneinanderkettet, und wir gönnen es Euch von Herzen. Vorläufig werdet Ihr in dieser Krisiszeit ja auch keine festen Entschlüsse für später fassen, aber wenn wieder einmal normale Zeiten gekommen sein werden, dann beginnt für Dich erst das Hineinwachsen in Deinen Beruf, dann darfst Du nicht, um möglichst Geld zu verdienen, eine Stellung annehmen, ohne Rücksicht darauf, ob sie Dich fördert, ob Du beruflich dabei weiterkommst. Das wäre eine große Gefahr und traurig, wo Du bisher stets Deine Pflicht getan und Überdurchschnitt geleistet hast. Ich glaube auch, daß Du dafür viel zu gewissenhaft und zielbewußt bist.

Unser Wunsch für Euch geht dahin, daß Ihr noch drei bis vier Jahre in gleicher Weise weiterlebt, Euch immer näher kennenlernt, und wenn Du, mein Junge, Dir eine sichere Existenz gegründet hast und Ihr nach dieser Zeit fühlt, daß Ihr ohne einander nicht sein könnt, dann ist noch nichts versäumt, selbst dann seid Ihr noch jung, Du, Klaus, jünger als die meisten Männer aus unseren Kreisen, wenn sie solch folgenschweren Schritt tun.

Also, ich hoffe, Ihr versteht uns recht, wir wollen Euch keineswegs trennen. Im Gegenteil, wir sind glücklich, wenn Du glücklich wirst, mein Junge. Nur von Herzen bitten wir Euch, nichts zu übereilen. Vielleicht aber haben wir uns damit viel zu ernsthaft befaßt, und Ihr beiden jungen Menschen denkt nur an die Gegenwart und seid zu verständig, um Euch jetzt schon festzulegen. Dann lach Deine olle Mutter aus, Kläuschen, mit ihren Sorgen, wie Du mich manchesmal schon ausgelacht hast.

Ach, ich wünschte, ich könnte Dich so sehen, wenn Du nicht ins Bett zu kriegen warst, soviel hatte man zu reden. Tempi passati.

Nun noch ein wenig über uns. Wir sind gesund, auch dem Vater geht es ganz gut, unser Leben verläuft in gewohnter Weise. Leider hat sich daran nichts geändert, wie man es hätte erwarten können, wenn Vaters Pension ausgezahlt würde. Das hätten wir uns in unserem und Bertholds Interesse gewünscht, denn die Länge trägt die Last, und die Zeiten sind schwer.

Tante Else ist gesund. Gerade jetzt wollte Tante Ola sie verlassen, die zu den Jungen nach Bogotà kommen soll und mit allen Vorbeitungen restlos fertig war. In letzter Stunde mußte sie ihre Reise auf unbestimmte Zeit verschieben, da sie die notwendigen Durchgangsvisa nicht erhalten hat. Ihre Ausreise wird für Tante Else ein harter Schlag sein. Ich bin ihr daher brieflich zur Seite, so gut es geht. Aber aussorgen kann niemand. Wir hoffen nur, daß noch einmal alles gut wird.

Daß Du Onkel Ludwig öfter siehst, freut uns sehr. Tausend Grüße für ihn.

Und nun herzlich leb wohl! Wir denken in inniger Liebe an Dich. Sei überzeugt, daß wir nur die besten Wünsche für Euch hegen. Euch allen viele herzliche Grüße

Eure Käthe Heymann und Mutti

Meine sehr Verehrten, mein lieber Klaus!
Auch ich habe mich sehr darüber gefreut, endlich wieder einmal Nachricht von Euch zu erhalten. Es scheint wirklich, daß uns zugedachte Nachrichten verlorengegangen sind. Besonders freue ich mich darüber, daß es Dir, lieber Klaus, gut geht, daß die Dir jetzt obliegende Arbeit Dich in Deinem Beruf fördert und Dir zusagt. Im übrigen hoffe natürlich auch ich, daß Du an die Verwirklichung etwaiger Zukunftspläne erst dann herangehen wirst, wenn Du nicht nur die allererste, sondern auch die weiteren, zur Begründung Deiner Existenz notwendigen Etappen hinter Dir haben wirst.

Ich beschäftige mich weiter wie bisher mit der Aquarellmalerei und habe mich sogar an Bildnisse herangewagt. Als erstes habe ich im vergangenen Jahr ein Selbstbildnis, Größe 30 mal 37cm fertiggestellt, das allerdings von den meisten als zu ernst aufgefaßt und verurteilt wurde. Bei den Arbeiten nach dem Spiegel kommt freilich, wie ich beobachtet habe, bei Selbstbildnissen wohl allgemein ein ernster Gesichtsausdruck zustande. Sodann aber entspricht der Ernst in diesem Bilde, das ich übrigens schon bei der Arbeit Dir zugedacht hatte, dem Ernst der Gegenwart, wie ja auch Du Deinen zweiten Vonamen den gleichen Zeitumständen zu verdanken hast. Inzwischen habe ich ein zweites Bildnis Onkel Hugos nahezu fertiggestellt, wozu mir bedauerlicherweise nur ein Foto in Postkartengrüße zur Verfügung stand. Ich will das Bild zum 13. Mai an Tante Setta schicken. Hoffentlich hören wir bald wieder von Euch

Mit herzlichen Grüßen für Euch alle, besonders aber für Dich, lieber Klaus

Vater

Amsterdam, den 17. November 1941

Mein geliebter Junge!

Herzlich haben wir uns mit Eurem Brief und allen Anschriften gefreut. Habt alle vielen Dank. Wir sind glücklich, daß Ihr alle gesund seid, daß Ihr mit Eurem Leben, Eurer Arbeit zufrieden seid. Es ist natürlich herrlich für Euch, daß es Dir gelungen ist, in Lilos Nähe zu kommen und Ihr es Euch nach getaner Arbeit gemütlich macht. Von Deinem Zusammentreffen mit Hilde hatte uns ihre Mutter schon geschrieben. Sie brannte darauf, uns die Neuigkeit mitzuteilen.

Inzwischen haben sich unsere Briefe gekreuzt. Meine Nachricht vom Oktober wirst Du inzwischen erhalten haben.

Leider waren die letzten Wochen recht aufregend für uns, was Ihr Euch aus Nachrichten von Tante Ola wohl vorstellen könnt. Du kannst Dir nicht vorstellen, mein Junge, wie ich darunter leide, daß Tante Else nun so ganz allein ist, das Leben so grenzenlos schwer und die Zukunft bedrohlich für sie ist. Ich hörte heute, daß Ihr Euch um Kuba-Visum für sie bemüht, wie Gerda Neumann mitteilte. Aber zur Zeit besteht, wie Tante Else heute schrieb, absolut keine Möglichkeit. Man spricht davon, daß sie als Blutsverwandte zu uns jetzt kommen darf, aber Positives weiß niemand. Es klingt mehr als unwahrscheinlich, vor allen Dingen wird eine Garantie verlangt, für die wir, auch wenn sich die Sache bewahrheiten sollte, niemand finden. Dagegen hätte Tante Setta durch ihren Bruder größere Möglichkeit. Ich weiß genau, daß es sich bei Tante Else nur um ein kurzfristiges Darlehen handeln würde, da sie doch später sicher wieder mit ihrem Bruder zusammenzieht. Wir und unsere Kinder sind natürlich nicht in der Lage zu garantieren. Falls wir überhaupt nach mehrmonatlicher Pause etwas erhalten, dann ist es so reduziert, daß es kaum für das Existenzminimum reicht. Aber bisher hatten wir noch keine Antwort auf unseren Antrag, wissen es nur von anderen.

Dazu kommt, daß die Lage von Berthold und seiner Familie sehr labil ist. Sein Chef will ihn mit seiner fünfköpfigen Familie über Kuba hin haben, d.h. also auch uns beide. Da wir aber empfanden, daß es der Wunsch von Lisel und Berthold war, ihr Leben nur zu dreien dort zu leben, da sie uns in keiner Weise zurieten, sondern nur auf die großen Schwierigkeiten hinwiesen, die für sie drei schon entstehen könnten, trotzdem Berthold in viel günstigerer Lage rüberkommt als die meisten anderen, sahen wir daraus, daß wir sie nicht länger belasten dürften, und wir lehnten aus diesem Grunde ab, so wahnsinnig es auch allen Menschen, mit denen wir darüber sprachen, erschien. Vielleicht haben die Kinder recht. Wir sind beide nicht mehr jung, Vater zeitweise durch das bewußte Leiden sehr gequält, dauernd in ärztlicher Behandlung, ich selbst ja noch sehr leistungsfähig, würde vielleicht auch dort noch Arbeit finden, aber die letzten Jahre waren sehr schwer für uns. Wir haben unsere wirtschaftliche Abhängigkeit bitter empfunden.

Ich hoffe zu Gott, daß wir uns nochmal wiedersehen, mein Junge. Heute teile ich Dir dies nur so ausführlich mit, daß Du im Bilde bist, auch wenn Dir der Fall mal anders geschildert werden sollte. Im übrigen kann alles bei den Kindern noch sehr lange dauern, und wir dürfen überhaupt keine Pläne für die Zukunft machen. Es kommt doch alles, wie es kommen soll. Man muß einen gewissen Fatalismus haben. Tante Elses Briefe, soviel Erregung auch daraus spricht, beweisen doch eine solche Seelengröße, solch ein Auf-sich-nehmen-Wollen des Schicksals, nur den einen Wunsch, gesund zu bleiben, um uns alle nochmal wiederzusehen. Du kannst Dir denken, Jungchen, wie es in mir aussieht, daß ich nicht bei ihr geblieben bin.

Und nun lebt alle wohl, auch Onkel Ludwig. Viele Grüße, dank für alles und innige Grüße, bleibt gesund. Hoffentlich können wir wenigstens um Euch ruhig bleiben. In Liebe

Eure K.

Mein lieber Junge, ich kann auf Muttis Zeilen nur kurz, aber in vollem Einverständnis eingehen. Ich hoffe, daß Du sie trotz unübersichtlichen Inhalts verstehen wirst. Unser Entschluß auf den Vorschlag von Bertholds Chef konnte, den obwaltenden Umständen und durchaus dem innersten Wunsch von Lisbeth und Berthold entsprechend, nur negativ ausfallen. In Deiner Antwort an uns, die wir hoffentlich bald erhalten, gehst Du darauf aber besser nicht ein.

Ich freue mich sehr, daß es Dir und Euch allen gut ergeht und erhoffe auch für die Zukunft für Euch alle das Beste. Mit herzlichen Grüßen und in der Hoffnung auf baldige Nachricht. H.

Tante Ola (Olga Davidsohn) hatte im Frühsommer 1941 endlich die Erlaubnis bekommen, nach Kolumbien auszuwandern. Ihrer Schwägerin, Toni Davidsohn-Levy, der Mutter von Marianne und Kurt, gelang es nicht mehr. Sie hatte alle notwendigen Papiere für die Ausreise beisammen, bis auf die Bestätigung der Schiffahrtsgesellschaft, als die Nazis Ende Oktober ein generelles Emigrationsverbot erließen. Zu dieser Zeit war bereits mit dem systematischen Abtransport von Juden aus dem »Altreich« begonnen worden.

Als Toni Davidsohn-Levy am 24. November den Deportationsbefehl erhielt, muß sie mit Hilfe von Else Ury, die ihr beistand und sie tröstete, noch ihren Koffer gepackt haben. Am Abend jedoch nahm sie Gift. Der Selbstmord gelang nicht sofort, und Toni wurde ins Jüdische Krankenhaus gebracht, wo Else Ury in den letzten zwei Lebenstagen bei ihr war. Wegen der Postzensur umschrieb sie in ihrem Brief an Marianne und Heinz Wallenberg den Suizid als »Krankheit wie bei Tante Else«, der Frau von Ludwig Ury, die sich 1932 das Leben genommen hatte.

Berlin, den 28. November 1941
Solinger Str. 10

Mein Mariannchen, mein lieber Heinz,
bitterschwer wird mir dieser Brief. Es ist wohl der schwerste, den ich in meinem Leben geschrieben habe. Und doch muß es sein. Eure Mutti ist nicht mehr. Sie ist gestern morgen, am 27. Nov. nach zweitägiger Krankheit sanft hinübergeschlafen. Daß ich Dir und Kurt diesen Schmerz zufügen muß, geht beinahe über meine Kraft. Von Dienstag früh an, d. 25ten war Mutti im Jüd. Krankenhaus. Bis zuletzt hatte ich gehofft, daß ihre gute Konstitution den Sieg über ihre Krankheit tragen wird und daß Euch doch nochmal – wenn auch nicht in absehbarer Zeit – ein Wiedersehen beschieden sein würde. Es sollte nicht sein, das Schicksal hat anders entschieden. Sie war so glücklich über ihre Einreise nach Kolumbien, und der Sturz in die aussichtslose Verzweiflung war wohl zu jäh für ihr Herz. Ich war täglich bei ihr bis zu ihrer Erkrankung und habe ihr beigestanden. Sie hat mich am letzten Abend noch so innig in die Arme genommen und hat mich immer wieder geküßt. Bis ich sagte: Wir müssen standhaft bleiben. Wir haben morgen noch einen schweren Tag. Als ich am nächsten Morgen kam, war sie schon im Krankenhaus. Onkel Levy ist mit ihr gefahren und die Tochter von Dr. Hugo H. hat sie gepflegt. Was geschehen konnte, ist geschehen. Auch vorher. Mutti sowohl wie ich haben keinen Weg unversucht gelassen. Die Krankheit verlief wie bei Tante Else.

Mein Mariannchen, ich kann heute nicht mehr schreiben. Vielleicht später. Es ist mir so weh ums Herz. Mutti und ich haben uns immer nahe gestanden, aber in letzter Zeit nach Vaters Tod noch viel mehr.

Du mußt tapfer sein, mein Mariannchen. Sehr tapfer, wie Mutti immer war. Vielleicht wäre es besser gewesen, sie wäre weniger energisch und gründlich in allem gewesen. Du hast Deinen Heinz, der Dir helfen wird, das Schwere zu tragen. Und auch Tante Ola, die vielleicht schon bei euch ist, wird Dir mit warmem Herzen helfen. Aber der arme Kurt muß es allein durchleiden. Armer Junge. Mit welcher Liebe hat

Mutti noch am letzten Tag von Euch beiden gesprochen. Auf dem Tisch lag ihr Testament. Es begann: Heute bin ich mit all meinen Gedanken bei euch, meine geliebten Kinder, die ich nun niemals wiedersehen werde. Ihr Generalbevollmächtigter Stern hat es an sich genommen und wird euch noch Näheres mitteilen. Über die Trauerfeier ist noch nichts bestimmt. Ich schreibe bald wieder. Ich umarme euch, vereint mit euch in Liebe und Schmerz. Eure Tante Else

Wie Lilo und Klaus Heymann erst nach dem Krieg erfuhren, hatte auch die Mutter von Lilo versucht, sich das Leben zu nehmen, als sie etwa um die gleiche Zeit den Befehl zur Deportation erhielt. Auch sie wurde ins Jüdische Krankenhaus gebracht. Dort starb sie kurz darauf. Ihr Mann war untergetaucht. Als er vom Schicksal seiner Frau erfuhr, eilte er ans Krankenbett und stellte sich der Gestapo. Er wurde in Auschwitz umgebracht.

Auch Berthold Jachmann in Amsterdam bekam Nachricht aus Deutschland. Seine Verwandten, die nicht hatten auswandern können, so erfuhr er, »sind plötzlich alle an der gleichen Krankheit gestorben«.

Für Else Ury wurde das Leben in Berlin immer unerträglicher. Nach dem Tod ihrer Mutter Franziska Ury mußte sie zwei jüdische Mieter in die Wohnung nehmen. Ab September 1941 wurde das Tragen des Judensterns Pflicht. Nicht nur ihr Radio, sondern auch ihr Telefon und ihre Schreibmaschine wurden beschlagnahmt. Sie durfte, außer dem jüdischen Gemeindeblatt, keine Zeitung mehr abonnieren oder am Kiosk kaufen, nach 20 Uhr nicht mehr ausgehen, die wenigen erlaubten Lebensmittel (ab September 1942 kein Fleisch, keine Milch, keine Eier) nur noch in bestimmten Geschäften zu einer festgesetzten Stunde (16–17 Uhr) besorgen. Bei der Sammelaktion »für die Ostfront« Anfang Januar 1942 mußte sie – wie alle Juden – ihre Winterstiefel, Pelz- und Wollsachen abliefern. Bald durfte sie auch nicht mehr die öffentlichen Verkehrsmittel benutzen. Den weiten Weg ins Jüdische

Krankenhaus in der Exercierstraße, wo sie regelmäßig bei der Pflege aushalf, mußte sie nun zu Fuß machen.

Am 6. Januar 1943 wurde Else Ury zur Deportationssammelstelle in das ehemalige Jüdische Altersheim an der Großen Hamburger Straße gebracht. Vorher hatte sie ihre Vermögenswerte und das Inventar ihrer Wohnung vom Biedermeiersekretär bis zum Silberbesteck korrekt in die ihr zugestellten Listen eingetragen. Das war Pflicht, und sie hat sie bestimmt mit aller Sorgfalt erfüllt.

Während sie mit Hunderten anderer Betroffener auf den Transport wartete, erschien ein Gerichtsvollzieher und händigte ihr im Auftrag der Gestapo die amtliche Verfügung aus, nach der »Haus Nesthäkchen« in den Besitz des Deutschen Reiches übergegangen war. Sie brauchte nur noch zu unterschreiben und die Zustellungsgebühr zu bezahlen. Alles mußte seine Ordnung haben.

Am 12. Januar 1943 trat Else Ury zusammen mit genau 1109 anderen Juden vom Bahnhof Berlin-Grunewald aus den Transport nach Auschwitz an. Nach einer etwa zwanzigstündigen Fahrt im Viehwaggon wurde sie bei ihrer Ankunft als »nicht arbeitsfähig« selektiert und am 13. Januar im KZ Auschwitz-Birkenau vergast. 50 Jahre später fand man unter einem Berg von Koffern auch ihr Reisegepäck – eine alte Arzttasche, die sehr wahrscheinlich einmal ihrem Bruder Dr. Hans Ury gehört hatte.

Seit Kriegseintritt der USA im Dezember 1941 konnte die Familie Ury-Heymann nur noch kurze Nachrichten – 25 Worte plus Unterschrift – über das Internationale Rote Kreuz austauschen. Auf diese Weise erfuhren Hugo und Käthe Heymann im August 1942, daß Helen (Herta) Ury endlich den von der Omama reklamierten Nachwuchs bekommen und Onkel Ludwig zum Großvater gemacht hatte. Aber was die Eltern Heymann noch mehr überrascht haben dürfte als dieses glückliche Ereignis, war die Heirat ihres Jüngsten, Klaus, den sie doch im Jahr zuvor noch so eindrücklich vor einer festen Bindung und vor dem »grauen Alltag« gewarnt hatten. Lilo hatte die Zeilen in Vertretung von Klaus im Red Cross Message Office in London-Hammersmith aufgegeben:

2. August 1942

Meine Lieben, lange ohne Nachricht. Glücklich mit Lilo ohne grauen Alltag. Abendkurs Städtebau Polytechnikum. Sind gesund. Herta Töchterchen. Hoffe Euch alle gesund. Innigst

Klaus, Lilo

Klaus Heymann war zu der Zeit in Greenford nahe Brentford in Middlesex stationiert:

»Dahin hatte die Army mich zu den elektrischen Ingenieuren als Maschinenbauzeichner geschickt, aber diese Abteilung konnte überhaupt nichts mit mir anfangen. Ich hatte viel frei, nach fünf Uhr nachmittags konnte ich sowieso machen, was ich wollte. Wir waren in der Nähe der Untergrundbahn stationiert, und so konnte ich bequem nach London zum Polytechnikum fahren, wo ich einen Städtebaukurs begann. Doch dann bekam ich die Chance, mich als Offiziersanwärter zu bewerben, ich wurde wieder versetzt, und zu dem Städtebaukurs, zu dem mein Vater mir immer geraten hatte, kam es dann erst nach dem Krieg.«

Auf Lilos Telegramm antworteten Hugo und Käthe Heymann umgehend:

Amsterdam, 21. September 1942

Innigste Glückwünsche Euch beiden, Herta, Fritz und Onkel Ludwig.

Alles Gute weiterhin.

Unsere Septembernachricht schon unterwegs.

Wir alle und Else gesund.

Herzliche Grüße

Vater,

Mutti

Zwei Monate später telegrafierte Lilo noch einmal in Vertretung von Klaus:

Hammersmith, 24. November 1942

Glücklich über Septembernachricht. Wir alle gesund, hoffen dasselbe von Euch. Bin zeitweilig auf dem Lande, sehe Lilo sonntags, auch Onkel Ludwig. Innigste Neujahrswünsche.

Lilo, Klaus

Das letzte Lebenszeichen aus Amsterdam war nur von Hugo Heymann unterzeichnet:

23. Februar 1943

Erfreut über Nachricht. Wir alle gesund. Prostataoperation erfolgreich überstanden.

Tante Elses Aufenthalt leider unbekannt.

Von Ilse endlich gute Nachricht.

Dir, Lilo, Ludwig herzliche Grüße

Vater

# Deportation

Vom weiteren Schicksal seiner Eltern erfuhr Klaus Heymann erst zweieinhalb Jahre später, nach dem Krieg:

»Es war im Juli 1945. Ich war mit meiner Einheit in Düsseldorf stationiert und unmittelbar, nachdem die kanadische Armee aus Holland abgezogen war, erbat ich mir von meinem Kommandanten die Genehmigung, mich für zwei oder drei Tage in einer privaten Angelegenheit von der Truppe entfernen zu dürfen. Ich fuhr mit meinem kleinen Militärauto, begleitet von einem Sergeant, nach Amsterdam, um zu sehen, was aus meiner Familie geworden war. Wir hielten vor dem Haus Watteaustraat 12, wo gerade jemand die Tür aufschloß, um in die Wohnung hinaufzugehen. Ich fragte, ob er sich an meine Eltern oder die Jachmanns erinnere? Und er sagte: ›Wer sind Sie denn?‹ Ich war Oberleutnant, in britischer Uniform: ›Ich bin der Bruder von Lisbeth Jachmann.‹ – ›Ach, von der Lisbeth Jachmann! Dann gehen Sie mal rüber zur Familie Brandis am Van Tuyll van Serooskerkenplein, die können Ihnen mehr sagen.‹ Das war die Adresse, an der Lisel und Berthold früher gewohnt hatten, und Hedy und Felix Brandis waren gute Freunde von ihnen gewesen und auch von meinen Eltern. Felix, der etwa im Alter meines Vaters war, sah furchtbar blaß und krank aus, völlig unterernährt. Er hatte die letzten zwei Jahre der deutschen Besatzung versteckt im Untergrund verbracht, wie sie mir erzählten. Frau Brandis führte mich in ihr Wohnzimmer: ›Setzen Sie sich hin, ich geb Ihnen was zu trinken, und wenn Sie es wünschen, erzähle ich Ihnen alles.‹

Und so erfuhr ich, daß sie alle deportiert worden waren. Die

Hedy Brandis bekam zwei oder drei Postkarten von meinen Eltern aus verschiedenen Lagern, und sobald sie den jeweiligen Aufenthaltsort kannte, hat sie ihnen in gewissen Zeitabständen kleine Futterpäckchen geschickt.Obgleich es zur damaligen Zeit mit einer gewissen Gefahr verbunden war, wenn man sich als Freund von Juden erwies, hat sie das getan. Dabei hatten sie selber kaum noch was zu essen.

Frau Brandis brachte mir noch eine große Tasche mit Sachen von meinen Eltern – Akten, Fotografien, darunter auch den letzten gemeinsamen Brief an mich, mit dem Testament, geschrieben in mehreren Etappen, bis sie abgeholt wurden:

Für unseren Sohn Ernst Klaus Heymann
Amsterdam-Z., den 9. September 1942

Geliebter Klaus!
z.Z. kritische Tage! Es besteht die Gefahr, daß wir beide, Mutti und ich, von hier irgend wohin »evakuiert« werden. Das geschieht gewöhnlich in den Abendstunden von 8–11 Uhr, so daß wir im Augenblick für 10 Stunden etwa in relativer Sicherheit sind.

Ich möchte, daß die hiermit verbundenen Aktenstücke – dieses Schreiben füge ich in das Aktenstück »Klaus« ein –, sobald das möglich sein wird, in Deine Hände gelangen, damit Du, den wir beide als unseren alleinigen Erben betrachten, etwaige wieder aufgekommene Rechte an unseren Vermögenswerten oder meinen Versorgungsbezügen (Pension) an zuständiger Stelle geltend machen kannst.

In Betracht kommen im wesentlichen:

Das bei der Reichsschuldenverwaltung Breslau s.w. 68 verbliebene Vermögen, wie ich es in dem Schreiben vom 1. 6. 1942 an Dr. Eliass festgelegt habe.

Meine Pension, die ich nur bis Ende November 1941 ausgezahlt erhalten habe.

Den in Höhe von 571,47 RM einbehaltenen Gehaltsbetrag.

Der Barbetrag auf meinem Sonderkonto (Versorgungsbezüge) bei der Deutschen Bank Berlin W 8.

Für Schreiben an die Reichsschuldenverwaltung Berlin SW 68 kommt das Aktenzeichen Kto. I H, 279 in Betracht. Für Schreiben an das preußische Finanzministerium Berlin C2 das Aktenzeichen: Bau P 3H 343 rep./3.3.

Wegen des z. Z. (Ende November) verfügten Verlustes meiner Deutschen Staatsangehörigkeit und meiner Pensionsansprüche mache ich auf das Schreiben der Preußischen Bau- und Finanzdirektion Berlin NW 40 vom 12.1. 1942 (Personalakten) und auf den Erlaß des Preußischen Finanzministers vom 13.3. 1939 aufmerksam. Durch letztgenannten Erlaß wurde mir die Genehmigung erteilt, meinen Wohnsitz in Amsterdam zu nehmen u.z. unter Belassung meiner Pension. Diese Genehmigung wurde mir noch durch das Schreiben der Preußischen Bau- und Finanzdirektion Berlin vom 4.11. 1941 bestätigt.

Es liegt daher in dem Schreiben vom 12.1. 1942 ein Widerspruch, wenn der Verlust meiner Staatsangehörigkeit und meiner Pensionsansprüche damit begründet wird, daß »ich seit nahezu drei Jahren im Ausland wohne«, weil mir doch zur Rückkehr nach Deutschland die Erlaubnis nicht erteilt worden wäre.

Im Hinblick auf die Unsicherheit unserer Zukunft legen wir Dir, lieber Sohn, dringend nahe, Dich, sobald das möglich sein wird, mit jeder der nachbenannten, uns im Laufe der Zeit nahegetretenen Familien in Verbindung zu setzen, um über uns Aufschluß zu erhalten.

(Ich sehe doch davon ab, unsere Freunde hier zu benennen, da nach Lage der Verhältnisse ihnen aus der Aufrechterhaltung freundschaftlicher Beziehungen zu uns Unannehmlichkeiten erwachsen könnten.)

Unsere jüdischen Freunde führe ich hier deshalb nicht an, weil wegen deren Verbleib natürlich dieselbe Unsicherheit wie für uns besteht.

Wegen des eben erwähnten Verlustes meiner Staatsangehörigkeit und meiner Pensionsansprüche weise ich noch auf das Schreiben des

Präsidenten der Preußischen Bau- und Finanzdirektion Berlin vom 4. November 1941 hin (vergl. Personalakten!), in welchem mir am Schluß auf Seite 1 noch ausdrücklich bestätigt wird, daß der Preußische Finanzminister mir die Genehmigung zur Wohnsitznahme in Amsterdam erteilt hat. Der s.Z. vorbehaltene Widerruf ist natürlich niemals erfolgt.

In finanzieller Hinsicht folgendes:

Sollten, was ich erwarte, aus unserem hiesigen Besitz noch erhebliche Beträge an Dich fallen, so bitte ich Dich, mein lieber Klaus, hiervon einen Betrag von 1000 Holl. Gulden an Berthold zu zahlen und zwar als Entschädigung für den Unterhalt von Mutti und mir in der Zeit von April 1939 bis einschließlich März 1941. Von April 1941 an, zu welchem Zeitpunkt ich Geldmittel aus Deutschland hierher transferieren konnte, habe ich an Berthold für Mutti und mich und zwar bis heute monatlich je 80 Gulden gezahlt, wobei wir alle nötigen Kosten für uns beide wie Arzt, Apotheke, Reparaturen, Reisen und dergleichen mehr natürlich selbst bestritten haben.

Der vorerwähnte Betrag von 1000 Gulden errechnet sich wie folgt:

24 Monate (1. 4. 1939–31. 3. 1941) — zum Unterhalt je 70 Gulden = 1680 Gulden. Hiervon abgezahlte Barbeträge 712,50 Gulden verbleiben 1680 minus 712,50 = 967,50, aufgerundet 1000 Gulden.

Seitdem ich dieses Schreiben begonnen habe, sind über vier Monate vergangen – wir haben heute den 26.Januar 1943. Die persönliche Unsicherheit für uns beide ist noch größer als zuvor, da man zu jeder Tages- und Nachtzeit »evakuiert« werden kann. Wir beide nämlich sind nicht geschützt, im Gegensatz zu Berthold, Lisbeth und Peter, die auf Grund von Bertholds Tätigkeit beim »Joodse Raad« vom »Arbeitseinsatz in Deutschland bis auf weiteres freigestellt sind.«

Ich selbst habe in der Zeit vom 6. 12. 1942 – 17. 1. 1943 im Krankenhaus gelegen und bin an der Prostata operiert worden. Ich stehe jetzt vor der Genesung, kann aber schon heute sagen, daß ich von den Prostata- Beschwerden völlig geheilt bin.

Inzwischen, am 13. 1. 1943 abends 8 1/2 Uhr, hat man Mutti zur

»Evakuierung« aus der Wohnung geholt; glücklicherweise ist sie am 14. 1. 1943 nachmittags gegen 4 Uhr, wohl mit Rücksicht auf mein Leiden, wieder freigelassen worden.

Am 6.1. 1943 ist Tante Else »evakuiert« worden, bis heute wissen wir noch nicht, wohin. Diese Nachricht kam hier gerade am 13.1. 1943, von Tante Setta übermittelt, an.

Noch liegt die Zukunft dunkel vor uns, wenn sich die Anzeichen dafür auch mehren, die das Kriegsende für das kommende Frühjahr erhoffen lassen. Das stärkt auch unsere Hoffnung, Dich, lieber Junge, und die anderen Lieben wiederzusehen. Sollte uns das nicht beschieden sein, so hoffen und wünschen wir von ganzem Herzen, daß Du mit Lilo einer wirklich glücklichen Zukunft entgegengehen mögest.

In Liebe. Vater

Amsterdam, den 26. Januar 1943

Hier noch die Mitteilung, daß Tante Else uns am 20.9. 1942 schrieb, daß sie ihr Testament, das für Dich, lieber Klaus, von Bedeutung ist, beim Amstgericht Charlottenburg niedergelegt hat. Der Anwalt, Dr. Kurt Landsberger, Berlin, Jenaer Str. 3, hat von ihr Generalvollmacht erhalten für den Fall, daß sich bei Tante Else irgendetwas ändert.

Mein geliebter Junge!
Schwere Wochen liegen hinter uns, noch schwerere Zeiten wohl vor uns. Gottlob ist die Operation glänzend verlaufen, ohne alle Komplikationen. Nun müssen wir gefaßt der Zukunft entgegengehen. Gott schenke uns ein Wiedersehen mit Euch geliebten Kindern! Bleibt glücklich miteinander, Gott schütze Euch und uns alle!

In inniger Liebe und größter Sehnsucht
Mutti.

Wie Klaus Heymann erst später durch das Internationale Rote Kreuz erfuhr, wurden seine Eltern im April 1943 verhaftet und zunächst in das »Polizeiliche Judendurchgangslager« Westerbork nahe der deutsch-niederländischen Grenze gebracht. Fünf Monate später – am 14. September 1943 – kamen sie in das Konzentrationslager Bergen-Belsen, etwa 50 km nördlich von Hannover. Von dort am 27. Januar 1944 in das sogenannte »Altersghetto Theresienstadt« in Nordböhmen, von wo sie neun Monate später – am 28. Oktober 1944 – mit dem letzten Transport nach Auschwitz geschickt wurden. Sie dürften die letzten gewesen sein, die dort vergast wurden. Ende Oktober zerstörte die SS die Vernichtungsanlagen. Drei Monate später traf die Rote Armee ein und befreite das Lager.

Während seines zweitägigen Aufenthalts in Amsterdam erfuhr Klaus Heymann auch, was aus seiner Schwester Lisbeth, seinem Schwager Berthold und dem Neffen Peter geworden war:

»Hedy Brandis gab mir noch Adressen von Freunden meiner Schwester. So kam ich zu einer jungen Familie mit Kindern etwa im Alter von Peter. Sie waren sehr erfreut – nein, das ist nicht der richtige Ausdruck –, sie waren eher bestürzt, als ich plötzlich vor ihnen stand, der Bruder ihrer Freundin, wo sie doch wußten, daß sie umgekommen war.

Die junge Frau erzählte mir dann von diesem grausigen Abschied. An einem bestimmten Tag im Juli 1943 wurde der ganze Süden von Amsterdam, das sogenannte Judenviertel, von der SS, von holländischer Polizei und ich nehme an, auch von Besatzungstruppen abgeriegelt. Sie hatten ja die Adressen von allen Juden, die holten sie aus den Häusern, darunter auch die Familie Jachmann mit dem Jungen. Es muß morgens um vier oder um fünf Uhr gewesen sein, wo noch nicht viele Menschen unterwegs waren. Die Juden wurden zu den Straßenbahnen getrieben, die anscheinend aus ganz Amsterdam dort zusammengebracht worden waren, lange Reihen von Straßenbahnen, die dann – nicht zum Hauptbahnhof in der City, sondern zu einem Güterbahnhof fuhren, wo die Züge für die Weiterfahrt in den Osten warteten. Die Freunde haben die Jachmanns noch zur Tram begleitet, das durften sie anscheinend. Und dann haben sie gesehen – Peter hatte sein Köfferchen und auf dem Arm sein kleines Kätzchen, das er unbedingt mitnehmen wollte –, da kam ein SS-Mann, hat ihm die Katze weggerissen und sie so – paff! – auf den Steinboden geschlagen. Vor den Augen des Jungen! Das Tier war natürlich sofort tot. Solche Menschen waren das!

Die Jachmanns kamen zuerst nach Westerbork. Dort trafen sie meine Eltern, die schon seit zweieinhalb Monaten da lebten. Und dieses letzte Wiedersehen muß nicht schön gewesen sein. Sehr tragisch. Hedy Brandis erzählte mir, daß die Beziehungen zwischen den Jachmanns und den Heymanns schon seit langem sehr gespannt waren, und daß der kleine Kerl, der Peter, entsetzlich gemein gegenüber seinen Großeltern war. Er war neuneinhalb, als meine Eltern wegkamen, ein gescheiter Junge, aber anscheinend vollkommen überfordert von der ganzen Situation und – ich weiß nicht, wo er diese häßlichen Schimpfworte herhatte, ob er die von meiner Schwester hatte? Ich kann es nicht verstehen, denn es waren nur deutsche Worte, wie Frau Brandis mir sagte, und er sprach doch im Allgemeinen holländisch.

Mein Schwager Berthold hatte sich in den »Judenrat« wählen lassen, wohl in der Hoffnung, damit Einfluß auf die Deportationslisten zu bekommen und für sich und seine Familie zumindest einen Aufschub zu gewinnen – allerdings auf Kosten anderer. Ich hätte nicht in seiner Haut stecken mögen. Auf jeden Fall hat es ihm gar nichts genützt.

Berthold, Lisbeth und Peter mußten Westerbork bereits am 31. August 1943 verlassen, und zwar mit einem der ersten Deportationszüge Richtung Auschwitz. Dort sind Lisbeth und Peter sehr wahrscheinlich gleich in die Gaskammer geschickt worden. Berthold erst einige Monate später, im Jahr 1944.

Was ich in den zweieinhalb Tagen im Juli 1945 in Amsterdam erfuhr, das war mir alles vollkommen neu und so entsetzlich! Der Kummer hat mich ganz zerstört, und ich war in einem Nervenzustand, daß ich glaubte, ich könnte nicht mehr zu meiner Truppe zurückfahren. Ich mußte mich furchtbar zusammennehmen.

Man hatte mich auch noch zu einem Mann gewiesen, der Auschwitz überlebt hatte und gerade erst zurückgekommen war. Rudolf Meyer hieß er. Ich bat ihn, mir seine Erlebnisse aufzuschreiben. Das hat er sofort getan. Den Bericht hab ich dann übersetzt und unserer Field Security übergeben, weil ich dachte, die wüßten das nicht und sie könnten den Bericht als Zeugnis bei den Nürnberger Prozessen gebrauchen. Aber für die war das überhaupt nichts Neues, die wußten alles. Die Alliierten wußten seit mindestens 1942 Bescheid über den Massenmord an den Juden, über Gaskammern, Erschießungen usw. Wenn man bedenkt, daß sie vielleicht frühzeitig etwas dagegen hätten unternehmen können – «

Als Klaus Heymann wieder in England war, bekam er durch einen anderen Überlebenden letzte Kunde von seinen Eltern. Ein ehemaliger Häftling, dessen Name nicht überliefert ist, schrieb an einen Bekannten in London, der den Brief dann zunächst an Ludwig Ury weiterleitete:

Hast Du die Freunde von Adolf Neumann dem Namen nach gekannt, Herrn Regierungsbaurat Hugo Heymann und Frau Käthe, geb. Ury, Schwester von Else Ury? Sie gehörten zu meinen Getreuen seit September 1943, wo wir uns in Bergen-Belsen gefunden und nie mehr verloren hatten, bis sie leider im Oktober 44 ihre Todesfahrt antraten, zum Glück ahnungslos, denn Herr Heymann war ein ständiger Optimist, der mir das Unken verboten hatte. Frau Heymann, um ihrem Mann Brot und Zucker zu verschaffen, hat für Freunde gewaschen und genäht, eine vorbildliche Frau. Wie sie um mich, obwohl zwei oder drei Jahre jünger, mit fast mütterlicher Sorgfalt bemüht war, ist nicht zu sagen.

Vielleicht schreibt Gerda (Neumann, New York) es ihrem Vater, daß wir oft von ihm (H.H.) gesprochen haben, wir waren uns darüber einig: ein eigenartiger Kauz, aber ein guter Mensch.

# NACHWORT

In den zwölf Jahren der Naziherrschaft wurde die Schriftstellerin Else Ury verfemt, verfolgt und schließlich umgebracht, weil sie Jüdin war. In den vierzig Jahren des »real existierenden Sozialismus« der DDR wurden ihre Bücher und jede Erinnerung an die Autorin unterdrückt, weil sie das überwundene bürgerliche Zeitalter repräsentierten. In der Deutschen Bundesrepublik und in Österreich erlebten Else Urys beliebteste Roman-Reihen »Nesthäkchen« (bis auf Band 4 »Nesthäkchen und der Weltkrieg«) und »Professors Zwillinge« eine regelrechte Renaissance. Zwischen 1950 und 1998 erschienen diese Bände in mehrfachen Auflagen. Allerdings hatte man sie nach dem Krieg auf politische Korrektheit überprüft und entsprechend bearbeitet. Nationale Begeisterung war der Schere ebenso zum Opfer gefallen wie die Erwähnung von Schlesien und Ostpreußen und viel zeittypischer Kontext. Gestrichen wurde – leider – auch der typische Ury-Esprit, der sich in der Zeichnung der Charaktere und vor allem in ausgedehnten, teils mundartlichen Dialogen zeigte.

Trotzdem: auch die Strichfassungen sind bis heute ein Erfolg. Die beiden ersten Nesthäkchen-Bände wurden verfilmt und 1983 vom ZDF ausgestrahlt, bei Junior TV 1999 wiederholt. Es entstanden neun Schallplatten, 14 Tonkassetten, 3 CDs und 2 DVD-Videos. Auf dem antiquarischen Markt erreichen die Original-Ausgaben von Else Ury aus den Jahren 1905 bis 1933 inzwischen fast astronomische Preise.

Im Jahr 2006 erschien in New York die erste englische Übersetzung des in der Bundesrepublik tabuisierten »Nesthäkchen und der Weltkrieg« (»Nesthäkchen and the World War«), allerdings mit einer Einführung und wissenschaftlichen Anmerkungen zum Zeithintergrund. Der Herausgeber und Übersetzer Steven Lehrer plant, die gesamte »Nesthäkchen«-Reihe auf den englischen Markt zu bringen.

In der Beurteilung der Schriftstellerin Else Ury haben sich seitdem zwei Lager gebildet: auf der einen Seite die (jungen) Leser/innen und die (älteren) Kenner/innen, welch letztere keine Mühe und Kosten scheuen, alles aufzuspüren, was es von und über Else Ury gibt. Auf der anderen Seite stehen die Gegner: manche Jugendbuchkritiker und Pädagogen, die in Else Ury eine Vertreterin der bürgerlichen Reaktion sehen und ihre vaterländische Gesinnung als »tragische Verstrickung« mit dem Nationalsozialismus deuten.

Der Autor eines Fernsehbeitrages (»Kulturreport«, 1996) verstieg sich sogar zu der Behauptung, Else Ury habe »in das System ihrer Mörder gepaßt«.

Die Ury-Renaissance und die emotionsgeladene Auseinandersetzung mit der Autorin hat eine Gruppe von Wissenschaftlern dazu gebracht, sich gründlicher und vor allem sachlich mit Leben und Literatur von Else Ury zu beschäftigen. Die Kinderbuchforscherin Barbara Asper, Berlin, hat die Erzählungen auf ihre historischen und gesellschaftlichen Bezüge hin untersucht und das erste vorläufige Werkverzeichnis erstellt. Der Bibliothekar Jens Störmer, Köln, forscht seit Jahren nach exakten Daten sämtlicher, auch fremdsprachlicher (französischer, niederländischer, norwegischer, finnischer und schwedischer) Auflagen, um endlich eine vollständige Bibliografie veröffentlichen zu können. Die Historikerin Hannelore Kempin, Berlin, entdeckte in Archiven zahlreiche Dokumente, die heute genauere Angaben über Herkunft, Kindheit und Jugend von Else Ury zulassen, als das vor zehn Jahren noch möglich war. Die Germanistin Bettina Münchmeyer-Schöneberg, Berlin, trug eine bisher einmalige Bibliothek von Ury-Ausgaben zusammen.

Die beharrliche Überzeugungsarbeit der Ury-Forscher hat auch für die breite Öffentlichkeit sichtbare Ergebnisse gebracht:

Seit 1996 erinnert eine Tafel am Haus Kantstraße 30 in Berlin an die beliebte Autorin, die hier fast drei Jahrzehnte wohnte.

Eine Straße am S-Bahnhof Savigny-Platz in Charlottenburg trägt Else Urys Namen. Auch in neueren Lexika ist Else Ury nun als Schriftstellerin präsent.

Selbst im Riesengebirge ist die Erinnerung an Else Ury heute wieder erwacht. Zu verdanken ist das einem Hamburger Malermeister, Michael Ebeling, der sich in seiner freien Zeit in der Gedenkstättenpflege engagiert und dabei auf das Schicksal der Schriftstellerin aufmerksam wurde. Bei einem Besuch in Karpacs (Krummhübel) fand er ihr Haus in der ehemaligen Brückenberger Chaussee unversehrt, sogar renoviert, und im Erdgeschoß, der früheren Ury-Wohnung, in seine alte Funktion zurückverwandelt: eine Privat-Pension. Mit Hilfe eines polnischen Freundes, der die Verständigung übernahm, gelang es Michael Ebeling im Jahr 2003, eine Gedenktafel mit deutschem und polnischem Text und einem Foto der ehemaligen Besitzerin an dem Haus anzubringen, ein Jahr später sogar wieder den vertrauten Schriftzug unter dem Dachgiebel, nur diesmal aus Rücksicht auf das polnische Umfeld »Dom Nesthäkchen« und nicht in der von den Nazis bevorzugten altdeutschen Fraktur, sondern in einer allerdings ähnlichen englischen Schreibschrift.

Nesthäkchen-Freunde können also wieder ihrer Nostalgie frönen. Die drei Pensionswirtinnen hoffen jedenfalls, daß sich der noch brachliegende individuelle Tourismus auf diese Weise beleben läßt.

Krummhübel übrigens, das heute Karpacs heißt und in Polen liegt, hat nach der Vertreibung und Enteignung seiner Juden noch eine kurze Karriere als Nazi-Hochburg gemacht. Genau in jenen Januar-Tagen 1943, in denen Else Ury in Berlin auf ihre Deportation wartete – in einem eisigen, schneereichen Winter – ließ der Außenminister des Dritten Reichs, Joachim von Ribbentrop, einen Teil seines Ministeriums nach Krummhübel verlegen. Um die 500 Mitarbeiter und ihre Büros unterzubringen, beschlagnahmte das Auswärtige Amt sämtliche Gasthöfe und Hotels des Ortes und der Umgebung, ebenso zahlreiche Privathäuser, vermutlich auch Else Urys »Haus Nesthäkchen«, dessen prominente Lage oben am Hang ja schon unter den ansässigen Krummhübeler Parteigenossen Begehrlichkeiten geweckt hatte. Allerdings waren die evakuierten Berliner Beamten – hohe Parteifunktionäre und viele adlige Diplomaten – an ein mondäneres Ambiente gewöhnt und peinlich berührt von der Schlichtheit dieses schlesischen Ferienortes. Marie »Missie« Wassiltschikow, eine junge, vor den Bolschewiki geflohene russische Aristokratin, die das ministerielle Fotoarchiv betreute, erinnert sich in ihren »Berliner Tagebüchern 1940–1945«:

»17. Januar 1943. Um drei Uhr nachmittags kamen wir in Hirschberg an, wo die Bahnlinie nach Krummhübel abzweigt. Hier nahm uns unser örtlicher Quartiermeister in Empfang. Er war in Ski-Kleidung – gar nicht eindrucksvoll! Wir stiegen in eine kleine elektrische Lokalbahn um und gelangten eine halbe Stunde später nach Krummhübel, das tief im Schnee lag.

Das Dorf ist recht hübsch. Es liegt an einem steilen Hang, die Häuser stehen weit verstreut und sind von Gärten mit vielen Fichten umgeben. Die Büros sind alle unten am Fuß des Hanges, und meine Kollegen fahren zur Arbeit hinunter auf kleinen Schlitten, die sie abends wieder den Berg hinaufziehen. Eines habe ich schon festgestellt: Je bedeutender die Leute, desto weiter oben am Hang wohnen sie.«

Die verwöhnte Klientel, die ihre Winter sonst in Sankt Moritz oder Davos verbrachte, mußte bei ihren Ski- und Rodelausflügen die Schneekoppe erst zu Fuß erklimmen, ehe sie die Talfahrt genießen konnte: »Wir mußten sehr lange steigen, denn es gibt natürlich keine Skilifte.«

Doch das Riesengebirge übte auf die Fremden bald auch den Zauber aus, den Else Ury und Käthe Heymann in ihren Briefen beschworen hatten: »Auf dem Berg hörten wir die Alarmsirenen tief unter uns im Tal. Sie klangen ganz unwirklich. Es fällt einem hier bisweilen schwer, sich klarzumachen, daß Krieg ist.«

# DANKSAGUNG

Mein größter Dank gilt Klaus Heymann (Ernest Keith Heyman, London), der mir sein Familienarchiv öffnete und mit nie nachlassender Geduld und großer Offenheit meine Fragen beantwortete. Ebenso seiner Frau Lilo (Lillian Heyman), die mir von ihrer Jugend in Berlin und den ersten Jahren der Emigration erzählte und mir Einsicht in die letzten Briefe ihrer Eltern erlaubte. Bei meinen Besuchen in ihrem Haus in Mill Hill war und ist sie eine wunderbare Gastgeberin, deren Humor selbst heikle, belastende Themen erträglich macht.

Heinz und Marianne Wallenberg (Bogotà, später Chicago) gaben mir unerschöpflich Auskunft in allen Familienangelegenheiten. Die geistreiche Korrespondenz mit ihnen, die stundenlangen Gespräche und die e-mails würden ein neues Buch füllen.

Dankbar und bewegt denke ich an das letzte Interview mit der 92-jährigen Helen Ury in der vornehmen South Lodge an der Circus Road, London. Durch ihre persönliche, unabhängige Sicht auf die Familie, in die sie 1934 eingeheiratet hatte, konnte sie mir ein differenzierteres Bild der einzelnen Mitglieder geben und machte vieles verständlicher.

Dr. Annelen Kranefuss-Gembardt, Köln, verdanke ich die Bekanntschaft mit Ilse A. Bentham, die in Neuteich, Westpreußen, als Ilse Ruhm geboren wurde und als Kusine 2. Grades zur großen Ury-Familie gehört. Ilse war so liebenswürdig, mir während meiner wochenlangen Aufenthalte in London ihre Wohnung zur

Verfügung zu stellen und mir einige besonders schöne Aspekte der britischen Metropole zu zeigen.

Vielen Dank an Barbara Asper und Hannelore Kempin, Berlin, sowie Jens Peter Störmer, Köln, für viele wichtige Hinweise zu Leben und Werk von Else Ury.

Die umfangreichen Recherchen zu diesem Buch wurden mir erleichtert durch meine Redakteurin Ute Bromberger (NDR, Hamburg), einer begeisterten Nesthäkchen-Leserin, die mich, freie Autorin, immer wieder mit Aufträgen versorgte und mich zum Schreiben dieses Buches ermutigte.

Mein besonderer Dank gilt meiner Agentin Erika Stegmann, Köln, und meiner Lektorin Krista Maria Schädlich, Berlin, die sich beide mit ganzer Kraft dafür einsetzten, daß dieses Buch erscheinen konnte.

# LITERATUR


Akademie der Künste (Hrsg.): Geschlossene Vorstellung. Der jüdische Kulturbund in Deutschland 1933–1941. Berlin 1992

Aly, Götz: Hitlers Volksstaat. Raub, Rassenkrieg und nationaler Sozialismus, Frankfurt/M. 2005

Améry, Jean: Jenseits von Schuld und Sühne. Bewältigungsversuche eines Überwältigten, München 1966

Arendt, Hannah: Eichmann in Jerusalem, München 1964

Asper, Barbara: Schatten der Vergangenheit. In: Fundevogel. Kritisches Kinder-Medien-Magazin, 1992, H. 98, S. 12–13

Asper, Barbara: Else Ury. Biografie. Mit der ersten vorläufig vollständigen Bibliografie der Werke Else Urys. In: Lexikon der Kinder- und Jugendliteratur, 2004, S. 1–23

Asper, Barbara/Brüggemann, Theodor: Über eine frühe Erzählung von Else Ury »Im Trödelkeller«. In: Die Mahnung 40,1994, H. 2, S. 7–8

Bauman, Zygmunt: Dialektik der Ordnung: Die Moderne und der Holocaust. Hamburg 1992

Benz, Wolfgang: Die Juden in Deutschland 1933–1945. Leben unter nationalsozialistischer Herrschaft. München 1993

Benz, Wolfgang (Hrsg.): Das Exil der kleinen Leute. Alltagserfahrungen deutscher Juden in der Emigration. Frankfurt/M. 1994

Benz, Wolfgang/Neiss, Marion (Hrsg.): Deutsch-jüdisches Exil. Das Ende der Assimilation? Identitätsprobleme deutscher Juden in der Emigration. Berlin 1994

Benz, Wolfgang: Feindbild und Vorurteil. Beiträge über Ausgrenzung und Verfolgung. München 1996
Beuys, Barbara: Familienleben in Deutschland. Neue Bilder aus der deutschen Vergangenheit. Hamburg 1984
Bock, Claus Victor: Untergetaucht unter Freunden. Ein Bericht 1942–1945. Amsterdam 1989
Bruhns, Wibke: Meines Vaters Land. Geschichte einer deutschen Familie. Berlin 2004
Dahrendorf, Malte: Else Ury. In: Doderer, Klaus (Hrsg.): Lexikon der Kinder- und Jugendliteratur, Bd. 3. Weinheim/Basel 1984, S. 660–661
Deutscher, Isaac: Die ungelöste Judenfrage. Zur Dialektik von Antisemitismus und Zionismus. Berlin 1977
Dittrich, Kathinka/Würzner, Hans (Hrsg.): Die Niederlande und das deutsche Exil 1933–1945. Königstein/Ts. 1982
Doerry, Martin (Hrsg.): »Mein verwundetes Herz«. Das Leben der Lilli Jahn 1900–1944. München 2002
Friedländer, Saul: Das Dritte Reich und die Juden. Die Jahre der Verfolgung 1933–1939. München1998
Feiner, Hertha: Vor der Deportation. Briefe an die Töchter. Januar 1939-Dezember 1942. Frankfurt/M. 1993
Fischer, Erica: Aimée und Jaguar. Eine Liebesgeschichte. Berlin 1943. Köln 1996
Fox, Anne L.: My Heart in a Suitcase. London 1996
Freden, Herbert: »Bleiben oder gehen?« Ein Kapitel aus der jüdischen Presse im nationalsozialistischen Deutschland. In: Publizistik, Jg. 31, 1986, H. 1 u. 2, S. 91–107
Fuehrer, Karl-Christian: Mit Juden unter einem Dach? Zur Vorgeschichte des nationalsozialistischen Gesetzes über Mietverhältnisse mit Juden. In:1999, Jg. 7, 1992, H. 1, S. 51–61
Gay, Peter: Freud, Juden und andere Deutsche. Herren und Opfer in der modernen Kultur. München 1989

Gay, Peter: Meine deutsche Frage. Jugend in Berlin 1933–1939. München 1999

Geisel, Eike: Im Scheunenviertel. Bilder, Texte, Dokumente. Mit einem Vorwort von Günter Kunert. Berlin 1981

Gidal, Nachum T.: Die Juden in Deutschland von der Römerzeit bis zur Weimarer Republik. Gütersloh 1988

Gilbert, Martin: Liebe Tante Fori. Eine Geschichte der jüdischen Kultur, erzählt in Briefen. Reinbek 2003

Ginzel, Guenter: Jüdischer Alltag in Deutschland 1933–1945. Mit zahlr. Abb. Düsseldorf 1984

Grübel, Monika: Judentum. Köln 1996

Grunenberg, Angelika: »ZeitZeichen«, WDR, Sendung v. 12. 1. 1988 zum 45. Todestag von Else Ury

Grunenberg, Angelika: Geliebtes Deutschland, schlimmer Feind, NDR, Sendung v. 29. 10. 1997

Grunenberg, Angelika: Die Schriftstellerin Else Ury und ihr »Haus Nesthäkchen« im schlesischen Krummhübel, NDR, Sendung v. 12. 7. 1998

Hausen, Karin: Große Wäsche. Technischer Fortschritt und sozialer Wandel in Deutschland vom 18. bis ins 20. Jahrhundert. In: Geschichte und Gesellschaft 13, 1987, S. 273–303

Hermann, Georg: Jettchen Gebert. Berlin 1919

Herzig, Arne/Lorenz, Ina (Hrsg.): Verdrängung und Vernichtung der deutschen Juden unter dem Nationalsozialismus. Hamburg 1982

Heuberger, Georg/Backhaus, Fritz: Leo Baeck 1873–1956: aus dem Stamme von Rabbinern. Frankfurt/M. 2001

Hirschfeld, Gerhard: Fremdherrschaft und Kollaboration. Die Niederlande unter deutscher Besatzung 1940–1945. Stuttgart 1984

Hilberg, Raul: Die Vernichtung der europäischen Juden. Frankfurt/M. 1990

Hofer, Walther: Der Nationalsozialismus. Dokumente 1933–1945. Frankfurt/M. 1981

Hoffmann, Gabriele: NS-Propaganda in den Niederlanden. Orga-

nisation und Lenkung der Publizistik unter deutscher Besatzung 1940–1945. München, Berlin 1972
Jakob, Volker/Van der Voort, Annet: Anne Frank war nicht allein. Lebensgeschichten deutscher Juden in den Niederlanden. Berlin, Bonn 1988
Kempin, Hannelore: Auf Else Urys Spuren im Riesengebirge. In: Die imposante Landschaft. Künstler und Künstler-Kolonien im Riesengebirge im 20. Jahrhundert. Hrsg. v. d. Gesellschaft für interregionalen Kulturaustausch. Berlin 1999
Klüger, Ruth: Weiter leben. Eine Jugend. Göttingen 1994
Kogon, Eugen: Der SS-Staat. Das System der deutschen Konzentrationslager. München 1989
Krokow, Christian Graf von: Heimat. München 1992
Laqueur, Walter: Was niemand wissen wollte. Die Unterdrückung der Nachrichten über Hitlers Endlösung. Frankfurt/M., Berlin, Wien 1981
Levy, Primo: Die Untergegangenen und die Geretteten. München 1986
Mak, Geert: Das Jahrhundert meines Vaters. München 2003
Mann, Golo: Deutsche Geschichte 1919–1945. Frankfurt/M. 1964
Mehden, Heilwig von der: Backfischchens Leiden und Freuden. Wie Großmama erzogen wurde. Freiburg 1981
Melcher, Peter: Weissensee. Ein Friedhof als Spiegelbild jüdischer Geschichte in Berlin. 1986
Müller, Melissa: Das Mädchen Anne Frank. Die Biographie. München 1998
Neumann, Klemens: Der Spielmann. Liederbuch für Jugend und Volk. Mainz 1932
Pech, Klaus-Ulrich: Ein Nesthaken als Klassiker. Else Urys »Nesthäkchen«-Reihe. In: Hurrelmann, Bettina (Hrsg.): Klassiker der Kinder- und Jugendliteratur. Frankfurt/M. 1995, S. 339–357
Posener, Julius, Heimliche Erinnerungen. München 2004

Reich-Ranitzki, Marcel (Hrsg.): Meine Schulzeit im Dritten Reich. Erinnerungen deutscher Schriftsteller. Köln 1982

Richarz, Monika (Hrsg.): Bürger auf Widerruf. Lebenszeugnisse deutscher Juden 1780–1945. München 1989

Roskamp, Heiko: Tiergarten 1933–1945. Verfolgung und Widerstand in einem Berliner Innenstadtbezirk. Berlin 1984

Rotzoll, Christa: Zu Nesthäkchen stehe ich. Nachwort in: Nesthäkchen und ihre Kücken. Ungekürzte Ausgabe nach der Originalfassung von 1923. Illustriert von Helene Evers. Frankfurt/M. 1980

Rühe, A./Mörs, F.: Liederbuch für den Braunschweiger Landwehrverband. Zur 25. Jubelfeier des glorreichen Krieges von 1870/71. Schöningen 1895

Schoeps, Hans-Joachim: »Bereit für Deutschland!« Der Patriotismus deutscher Juden und der Nationalsozialismus. Frühe Schriften 1930–1939. Berlin 1970

Schoeps, Hans-Joachim: Juden als Träger bürgerlicher Kultur in Deutschland. Bonn 1989

Schultz, Violet: In Berlin in Stellung. Dienstmädchen im Berlin der Jahrhundertwende. Berlin 1989

Seyppel, Joachim: Lesser Ury. Der Maler der alten City. Leben-Kunst-Wirkung. Berlin 1987

Shirer, William: Das Jahrzehnt des Unheils. Meine Erlebnisse und Erfahrungen in Deutschland und Europa 1930–1940. München 1989

Simon, Heinrich: Jüdische Feiertage. Festtage im jüdischen Kalender. Berlin 2003

Sombart, Nicolaus: Jugend in Berlin 1933–1943. Ein Bericht. Frankfurt/M. 2002

Sperber, Manès: Churban oder die unfaßbare Gewißheit. Wien 1979

Stern, Guy: Leben, Werk und Ermordung der Else Ury. In: Literarische Kultur im Exil. Dresden 1998, S. 230–240

Stinde, Julius: Die Familie Buchholz. Aus dem Leben der Hauptstadt. Frankfurt/M. 1974

Strauss, Herbert A.: Über dem Abgrund. Eine jüdische Jugend in Deutschland 1918–1943. Berlin 1999
Ury, Else: Nesthäkchen, Bände 1–9. Berlin 1913–1925
Ury, Else: Jugend voraus! Berlin 1933
Ury, Else: Professors Zwillinge, Bände 1–5. Berlin 1923–1929
Ury, Else: Das Rosenhäusel. Eine Erzählung aus dem Riesengebirge für die reifere Jugend. Berlin 1930
Van der Zee, Nanda: »Um Schlimmeres zu verhindern ...« Die Ermordung der niederländischen Juden: Kollaboration und Widerstand. München 1997
Wassiltschikow, Marie »Missie«: Die Berliner Tagebücher 1940-1945. Berlin 1991
Weber-Kellermann, Ingeborg: Frauenleben im 19. Jahrhundert. München 1988
Weber-Kellermann, Ingeborg (Hrsg.): Die deutsche Familie. Versuch einer Sozialgeschichte. Frankfurt/M. 1996
Wilkending, Gisela: Spuren deutsch-jüdischer Vergangenheit in den kinder- und mädchenliterarischen Werken Else Urys. In: »Hinauf und zurück/in die herzhelle Zukunft«. Deutsch-jüdische Literatur im 20. Jahrhundert. Festschrift für Birgit Lermen. Bonn 2000, S. 177–188
Wollenberg, Jörg (Hrsg.): Niemand war dabei und keiner hat's gewußt. Die deutsche Öffentlichkeit und die Judenverfolgung 1933–1945. München 1989
Wyman, David S.: Das unerwünschte Volk. Amerika und die Vernichtung der europäischen Juden. Frankfurt/M. 1989
Zeller, Ron/Griffioen, Pim: Judenverfolgung in den Niederlanden und in Belgien während des Zweiten Weltkriegs. Eine vergleichende Analyse, Teil I. In: Hamburger Stiftung für Sozialgeschichte des 20. Jahrhunderts, Jg. 12., 1996, H. 3., S. 30–54; Teil II ebenda., Jg. 12., 1997, H.1., S. 29–48

# FAMILIE URY

- Emil Ury (1835–1920) ⚭ Franziska Schlesinger (1847–1940)
  - Ludwig (1870–1963) ⚭ Else Freidländer (1883–1932)
    - Fritz (1906–1975) ⚭ Helen Plaut (1910–1993)
    - Marlene (1909–1932)
  - Hans (1873–1937)
  - Else (1877–1943)
  - Käthe (1881–1944) ⚭ Hugo Heymann (1873–1944)
    - Lisbeth (1903–1943) ⚭ Berthold Jachmann (1901–1944)
      - Peter (1933–1943)
    - Ilse (1908–1989) ⚭ Leopold Steinfeld (1891–1964)
      - Gabriele (1938)
    - Klaus (1918) ⚭ Lilo Lachmann (1919)

# FAMILIE DAVIDSOHN/WALLENBERG

Leopold Davidson
ca. (1835–1910)
⚭
Clara Schlesinger
(1849–1926)

- Martha (1870–1940) ⚭ Theodor Wallenberg (1865–1939)
  - Charlotte (1906–1975)
  - Fritz (1901–2001)
  - Rudolf (1905)
  - Heinz (1907–2003)
- Olga (1872–1953)
- Edmund (1873–1921) ⚭ Toni Moses (1888–1940)
  - Marianne (1913)
  - Kurt (1917–2000)

***»Ein bewegendes Buch«***
***Hamburger Abendblatt***

Edith Piaf versteckte ihn vor den Nazis in einem Schloß am Mittelmeer. Ohne sie hätte der Würzburger Komponist Norbert Glanzberg den Krieg nicht überlebt. Später feierte Piaf mit Glanzbergs Kompositionen weltweit Erfolge. *Chanson für Edith* ist die Geschichte einer wunderbaren Freundschaft – und das beeindruckende Porträt eines Mannes, der dem Irrsinn seiner Zeit trotzte.

Astrid Freyeisen
**Chanson für Edith**
Das Leben
des Norbert Glanzberg
ISBN-13: 978-3-548-60560-9
ISBN-10: 3-548-60560-5

List Taschenbuch

L206